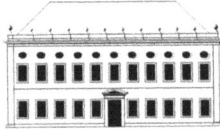

D O C U M E N T O S

IMPRENSA DA UNIVERSIDADE DE COIMBRA
COIMBRA UNIVERSITY PRESS

EDIÇÃO

Imprensa da Universidade de Coimbra
Email: imprensa@uc.pt
URL: http//www.uc.pt/imprensa_uc
Vendas online: http://livrariadaimprensa.uc.pt

COORDENAÇÃO EDITORIAL

Imprensa da Universidade de Coimbra

CONCEÇÃO GRÁFICA

António Barros

IMAGEM DA CAPA

Photo by Jean-Frederic Fortier
under Creative Commons Licence

INFOGRAFIA

Mickael Silva

PRINT BY

CreateSpace

ISBN

978-989-26-1100-6

ISBN DIGITAL

978-989-26-1101-3

DOI

http://dx.doi.org/10.14195/978-989-26-1101-3

DEPÓSITO LEGAL

401416/15

# ROTEIRO DO PLANE(J)AMENTO ESTRATÉGICO

## PERCURSOS E ENCRUZILHADAS DO ENSINO SUPERIOR NO ESPAÇO DA LÍNGUA PORTUGUESA

Margarida Mano
Coordenadora

IMPRENSA DA UNIVERSIDADE DE COIMBRA
2015

# SUMÁRIO

# PREÂMBULO

O *Roteiro do Plane(j)amento Estratégico* propõe-se ser um percurso de conhecimento entre os países e regiões de língua portuguesa nos territórios do planeamento estratégico. Com o *Roteiro* pretende-se, sobretudo, constituir uma base de reflexão para dirigentes universitários com responsabilidade na gestão universitária e um instrumento de trabalho para todos aqueles que, nas suas atividades, intervêm no processo de planeamento estratégico, tanto ao nível da análise como ao nível da implementação ou do acompanhamento e introdução de melhorias na estratégia universitária.

A ideia desta obra surgiu da necessidade de partilhar o conhecimento e a enriquecedora experiência recolhidos pela Universidade de Coimbra na sequência do desenvolvimento do seu *Plano Estratégico e de Ação para 2011-2015*[1]. Convocar diversos olhares sobre a mesma temática e seus diferentes escopos afigurou-se-nos como sendo o passo natural a empreender de seguida. A partir daí multiplicaram-se os convites à colaboração, procurando recolher contributos de atores (académicos e gestores profissionais) envolvidos em processos de planeamento e expor perspetivas de todos os territórios onde a língua portuguesa é veículo de conhecimento, comunicação e cultura. A resposta foi generosamente afirmativa e diversificada, tendo, assim, sido possível obter contributos de Angola, Brasil, Cabo Verde, Macau,

---

[1] www.uc.pt/planeamento

Moçambique, Portugal e Timor-Leste, de autores provenientes de quatro continentes. O processo acabaria por tirar partido das redes formais e informais já existentes entre os diferentes autores, sendo indubitavelmente importante o papel desempenhado, no contexto, pela estrutura FORGES, a Associação Fórum da Gestão do Ensino Superior nos Países e Regiões de Língua Portuguesa. As instituições de Ensino Superior – recorrentemente designadas, ao longo da obra, pela sigla IES – são, no fundo, o foco da atenção e da reflexão, sendo essencialmente essa a realidade em causa quando, em alternativa, se faz menção à Universidade em abstrato.

Quanto à efetiva participação na obra, ela assumiu, na sua concretização escrita, modalidades diversas e com grau variável de aprofundamento, desde subcapítulos inteiros até à ilustração de casos específicos, passando por estudos de iniciativas institucionais e de sistemas, reunidos no final de cada capítulo sob a forma de "relatos de experiências", e ainda sugestões de ordem vária. No seu conjunto, todos estes contributos fazem do *Roteiro* um guia para todo o terreno no âmbito do Planeamento Estratégico.

O livro, na sua forma acabada, está plasmado no português global em que se entendem os seus muitos autores. Assim, as convenções do novo Acordo Ortográfico coexistem aqui lado a lado com as nuanças da própria diversidade geolinguística representada e com as ocasionais marcas do estilo pessoal. É essa uma coexistência bem pacífica e, ela própria, eloquentemente enriquecedora no seu colorido multicultural, que se achou por bem não só manter como cultivar. Porque também aí, nesse esforço constante de comunicação e de compreensão mútua, se abrem e cruzam os inúmeros caminhos do planeamento estratégico do Ensino Superior feito em língua portuguesa.

O mérito maior da obra que aqui se oferece residirá, sem dúvida, na própria qualidade dos contributos que a integram, a cujos autores deve ser dirigido, antes de mais, um firme Obrigada, pela participação desinteressada, competente e diversamente fecunda. Um

Obrigada muito especial, desde logo, ao Doutor Fernando Carvalho, da Faculdade de Economia da Universidade de Coimbra, pela inspiração e pela ajuda solidária. Um muito merecido reconhecimento é igualmente devido pelo labor invisível mas imprescindível daqueles que, ao longo dos diversos estádios e tempos do projeto – em que é justo salientar o papel decisivo do Dr. João Paulo Moreira, meu assessor e da Dra Maria João Padez, da Imprensa da Universidade, bem como do respetivo Diretor, Doutor Delfim Leão –, colaboraram na sua concretização. E porque aí residiu a génese do trabalho agora apresentado e da reflexão que ele tornou possível, um profundo agradecimento se impõe, ainda, não só a quantos aderiram, com o seu esforço e entusiasmo, à construção do primeiro Plano Estratégico da Universidade de Coimbra, mas muito especialmente ao Reitor da Universidade, Doutor João Gabriel Silva, responsável primeiro pelo desencadear de todo o processo de planeamento e pelo seu êxito.

Margarida Mano, Universidade de Coimbra

Coimbra, 21 de setembro de 2015

# INTRODUÇÃO

O planeamento estratégico corresponde a um esforço disciplinado que visa envolver o coletivo e concentrar a sua ação no rumo estratégico capaz de conduzir a Instituição ao sonho da sua projeção no futuro. Para o sucesso desta aspiração há que ouvir e sentir a Instituição em cada momento; olhar para o contexto e compreendê-lo; identificar responsáveis e atores; definir objetivos e metas; proceder ao alinhamento dos objetivos com os recursos disponíveis; operar e integrar a mudança; comunicar; incorporar melhorias de modo contínuo (caixa 0.1).

Caixa 0.1 Sobre as origens da estratégia

Estratégia, do grego stratègós (de stratos, "exército", e ago, "liderança" ou "comando"), tinha inicialmente o significado de "a arte do general".

O general Sun Tzu, estratega chinês do século IV a.C. e autor de "A Arte da Guerra", o primeiro tratado de estratégia militar, estrutura esta arte em torno de quatro princípios que podem, atualmente, ser transpostos para a esfera organizacional:

↗ a escolha do local de batalha – aspeto correspondente ao contexto e mercados em que a organização competirá;

↗ a concentração das forças – o que se prende com a os recursos organizacionais internos;

↗ o ataque – desenvolvimento e implementação de ações que potenciem a competitividade da organização;

↗ a análise das forças diretas e indiretas -- isto é, a gestão das circunstâncias.

Não existe planeamento estratégico sem estratégia. Visto na sua aceção originária de arte de vencer a guerra, ou, numa perspetiva mais atual, arte de bem concretizar a visão num ambiente competitivo e global, a estratégia é o princípio e o fim de um planeamento que só faz sentido existir para ajudar no seu sucesso.

Descobrir formas de alinhar as capacidades da organização com as exigências e oportunidades externas e de demonstrar o uso efetivo e eficiente de recursos, coloca enormes responsabilidades sobre o governo e a gestão de topo das Instituições de Ensino Superior. O planeamento estratégico potencia a reflexão sobre os posicionamentos mais adequados e implica a necessidade de consensos colaborativos para que a instituição se desenvolva e se mova em direção a um determinado futuro, permitindo assim, num meio envolvente dinâmico e instável, minimizar o risco e realçar o valor que atrai estudantes, académicos, investigadores, parceiros e a sociedade em geral, ao mesmo tempo que cria condições para uma mudança sustentável.

Alguns benefícios relacionados com a implementação do planeamento estratégico têm vindo a ser salientados pela literatura pertinente (Austin, 2002; Bryson, 1988). Destacam-se a reflexão e a clarificação da missão da instituição; o reforço da capacidade da instituição para enfrentar desafios; a resiliência na gestão da inovação e da mudança; a fundamentação de suporte à tomada de decisão; o fortalecimento das lideranças e da própria instituição; a sustentação na captação de recursos e sua alocação interna; a garantia de melhoria da qualidade; e, não menos importante, a formação de uma cultura institucional que absorva o pensamento estratégico.

O reforço da capacidade da instituição para alcançar o sucesso organizacional é tanto maior quanto mais profunda for a cultura de planeamento, incorporando nas suas estruturas e processos, por esta via, uma conceção de progresso continuado. Deste modo, o planeamento estratégico contém em si o preceito de enfatizar a pró-atividade necessária ao fortalecimento gradual da instituição (Cameron, 1983; Peterson, 1980).

O planeamento estratégico ainda é indissociável de um conjunto de referenciais, metodologias e processos que, desencadeados em contínuo, resultam numa síntese em forma de plano. De facto, as ações de análise, discussão, consensualização, definição de prioridades, decisão, calendarização, seleção de cenários, alocação de recursos, implementação de projetos, medidas e ações, seleção e execução de mecanismos de monitorização, revisão e preparação de novas fases, não podem ser rígidas, mas devem ser objetivas. Cada uma delas faz parte do processo de planeamento estratégico, traduzindo-se nas escolhas – sempre passíveis de revisão – que determinam o futuro das instituições.

É frequente a literatura salientar a importância da qualidade no planeamento estratégico. Entendido na sua plena extensão, um processo de planeamento estratégico, para além de estabelecer um quadro orientador, possibilita que, fazendo uso de uma criteriosa seleção de indicadores, se acompanhe e se (re)oriente a qualidade dos processos utilizados na sua prossecução. Por isso partilhamos a convicção de muitos autores no sentido de que, no mundo de hoje, a adoção do plano estratégico é imperativa para a sobrevivência, bem como para o sucesso, das Instituições de Ensino Superior.

Caixa 0.2 Sobre os fatores que influenciam a adoção
do planeamento estratégico

São vários os autores que, ao longo das últimas cinco décadas, se têm dedicado a estudar os fatores que influenciam a adoção do planeamento estratégico, nomeadamente:

↗ a complexidade organizacional e constrangimentos externos (Peterson, 1986);

↗ a escassez de recursos financeiros (Kashner, 1990);

↗ a criação de processos que melhoram a qualidade da tomada das decisões, bem como a cadeia de tomada de decisões (Chaffee, 1987; Meredith, 1985);

↗ a capitalização das novas tecnologias (Apps, 1988; Ferrante *et al.*, 1988);

↗ a estruturação de um canal que permita que todos trabalhem para um mesmo fim (Bacig, 2002);

↗ a criação de mecanismos que respondam à turbulência do meio pós-industrial, à necessidade de aumentar a competitividade, melhor lidar com a imprevisibilidade e com a crescente escassez dos recursos disponíveis (Cameron e Tschirhart, 1992; Newsom, 1993);

↗ a possibilidade de envolver as partes interessadas e de desenvolver políticas internas geradoras de mudanças e assentes em processos de tomada de decisão informados.

Em suma, considerar os fundamentos, os modelos e os processos próprios do planeamento estratégico permite clarificar análises, promover a geração de ideias, testar fórmulas e triar as melhores práticas para desenvolver e gerir, de modo a que as Instituições de Ensino Superior melhor possam cumprir a sua missão. Partindo desta tríade (clarificar ideias, testar fórmulas e triar as melhores práticas) sinalizam-se de seguida os principais desafios e objetivos que nos propomos atingir através do percurso desenhado para este Roteiro de Plane(j)amento Estratégico.

## Objetivos do Roteiro do Planeamento Estratégico

O plano estratégico de uma Instituição de Ensino Superior, enquanto comunidade académica capaz de gerar novo conhecimento e de participar em redes passíveis de o difundir e amplificar, deve ser, ele próprio, um documento de reflexão permanente, que permita construir, de uma forma clara, uma orientação estratégica para a instituição. Mais que um mero sumário de análises, este instrumento deve assegurar uma perspetiva integrada da atuação futura da Instituição de Ensino Superior. Um plano estratégico numa instituição desta natureza pode ser um documento essencial, na medida em que incentiva a academia a pensar na estratégia institucional e mobiliza as lideranças a conduzi-la, distinguindo as variáveis críticas do sucesso relativamente àquelas que têm apenas um impacto marginal no seu desempenho. Desta forma, o processo de conceção do plano estratégico transforma-se num precioso exercício de aprendizagem sobre e para a organização. O valor de um plano mede-se também pelo seu contributo para o reforço da comunicação dentro da organização e pela ressonância que consegue produzir a todos os níveis das suas funções e estruturas.

Criar condições para fundear a reflexão e os debates (gerais e temáticos) numa perspetiva ampla, a partir de uma Visão estratégica clara, é um dos propósitos do planeamento estratégico. O planeamento tem, assim, a importante função de motivar para a ação, de incentivar a concretização dos objetivos propostos. Reside aqui uma razão adicional para os principais agentes que asseguram a implementação do plano estratégico participarem na sua elaboração e partilharem, de modo articulado, as atividades das Instituições de Ensino Superior. Como se tem dito, o processo de discussão e geração de soluções de compromisso tem um valor elevado que acresce ao da própria conceção do documento. O desenvolvimento de processos de planeamento estratégico nas Instituições de Ensino Superior é hoje, pela magnitude crescente da complexidade e dos desafios globais que estas instituições têm que enfrentar e superar, um instrumento fundamental de gestão na academia.

Cremos que, em larga medida, esses desafios são comuns à maioria das Instituições de Ensino Superior do mundo que se expressa na língua portuguesa, território real e imaginário que Fernando Pessoa delimita como verdadeira pátria, quando nos vinculou, profeticamente, a uma vasta pertença cujas fronteiras definiu do seguinte modo: "a minha pátria é a língua portuguesa". Não é, de facto, por acaso que tal mote se encontra inscrito nas páginas de abertura do Livro de Memória[2] de criação da Universidade da Integração Internacional da Lusofonia Afro-Brasileira (abordado por alguns autores neste Roteiro), exemplo de um projeto jovem (todavia já referência de intercâmbio cultural, científico e educacional), do respeito pela diversidade étnico-racial, do diálogo entre culturas, valores e projetos de sociedade, e da solidificação

---

[2] http://www.unilab.edu.br/wp-content/uploads/2013/07/LIVRO-UNILAB-5--ANOS-2.pdf

da ponte histórica e cultural entre os países de língua portuguesa. A criação de um palco de ampla discussão que conjuga, no seu espectro, experiências de planeamento estratégico provenientes de Instituições de Ensino Superior dos quatro cantos do mundo por onde se distribui a língua portuguesa é, em suma, um objetivo central deste Roteiro.

Juntam-se neste livro, assim, a resiliência própria de existências seculares de que é exemplo a Universidade de Coimbra (que em 2015 comemora o seu 725º aniversário); o desafio emergente de cooperação solidária da UNILAB na rede de Instituições de Ensino Superior desenhada pela(s) geografia(s) dos cerca de 250 milhões de falantes da língua portuguesa, cuja afirmação a Oriente, por outro lado, constitui objetivo do Instituto Politécnico de Macau; o envolvimento no relançamento, modernização e massificação do Ensino Superior em Angola, mobilizado pela Universidade Agostinho Neto e outras Instituições de Ensino Superior angolanas; a descoberta de modelos de governação pela Universidade de Cabo Verde. Na linha deste exemplo, muitas outras combinações se poderiam fazer. Cremos que, partindo das múltiplas camadas aqui reunidas, o leitor poderá ingressar no propósito entusiasmante de refletir sobre os desafios que se colocam ao planeamento estratégico nas Instituições de Ensino Superior.

Deste modo, o Roteiro do Planeamento Estratégico apresenta um conjunto de informação e recursos passível de ser tomado, quer como base de reflexão teórica, quer como estudo de experiências em curso, e desejavelmente útil às Instituições de Ensino Superior.

O gatilho impulsionador do desenho do Roteiro foi o processo de planeamento estratégico vivido na Universidade de Coimbra em 2011. A cadeia de trabalhos então postos em movimento, desde a conceção inicial do modelo, passando pelo desenvolvimento de uma visão comum até à consequente implementação e monitorização do Plano Estratégico e de Ação, reclamou contactos e partilhas que se iriam amplificar estabelecendo as bases de um Roteiro que recolheria saberes e contributos de experiências dispersas, diversas e muito enriquecedoras, a decorrer nos diferentes territórios que se expressam na língua portuguesa.

Alicerçado nesse esforço coletivo, o Roteiro do Planeamento Estratégico visa, então, produzir uma base de reflexão para dirigentes universitários com responsabilidade na gestão universitária e, em simultâneo, servir como instrumento de trabalho para todos aqueles que nas suas atividades intervêm no processo de planeamento estratégico, seja no campo da análise, seja na implementação, seja ainda no acompanhamento e monitorização de estratégias universitárias. Em organizações complexas como são as Instituições de Ensino Superior, compostas por estruturas organizativas muito distintas e diversas, a reflexão sobre como tornar a visão uma meta coletivamente alcançável é fundamental para um Reitor, bem como, a um outro nível, para o responsável de um Centro de Investigação ou para o coordenador de um grau académico. Este Roteiro confere particular destaque à reflexão crítica em torno dos futuros desejáveis para as instituições universitárias, propondo linhas por onde os respetivos dirigentes perspetivem a formulação de uma estratégia institucionalmente partilhada, alinhada e assumida.


## Estrutura para o Roteiro

O Roteiro desenvolve-se em três capítulos, precedidos por estas páginas introdutórias e rematados por uma proposta de síntese integradora dos conteúdos.

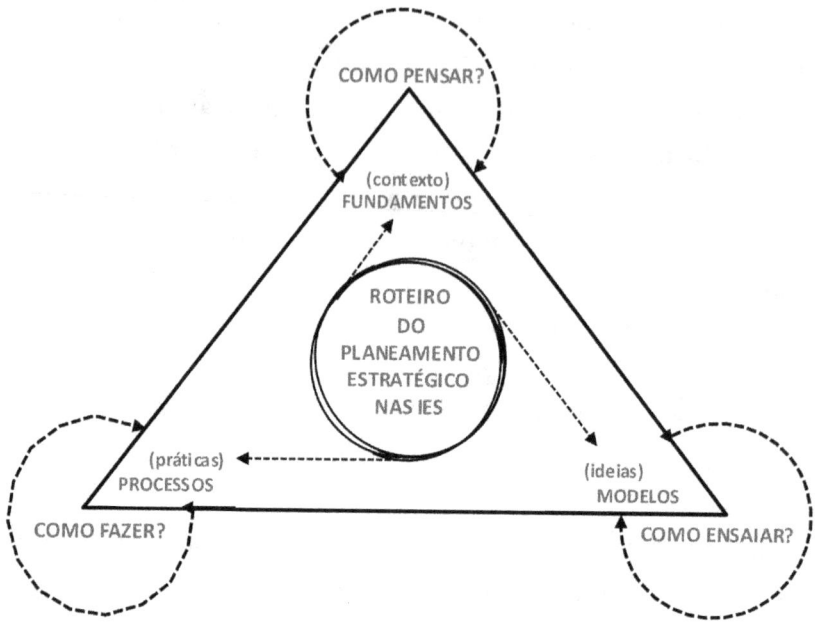

Figura 0.1 Um mapa para o RPE

Como se pode ver pela estrutura esquematizada na figura 0.1, o mapa para este Roteiro procura, num primeiro momento (capítulo 1), identificar os fundamentos do planeamento estratégico no Ensino Superior, discutindo diferentes abordagens teóricas através das quais se decantam ideias direcionadas para clarificar o modo como pensar o planeamento estratégico nas Instituições de Ensino Superior. Na paragem seguinte (capítulo 2) abordam-se os modelos de planeamento estratégico no Ensino Superior, apresenta-se o modo como os modelos evoluíram, a natureza das crises e o acréscimo de relevância que os modelos de planeamento estratégico assumem para lidar com quadros de incerteza e indefinição. Por fim (capítulo 3) apresentam-se as incidências do processo de planeamento estratégico na UC (e não só), tratando-se, separadamente, as diferentes fases do processo.

É ainda oferecida uma "visão de conjunto", onde se sistematizam pontos de reflexão, trocas de experiências e principais ensinamentos, colhidos a partir de perspetivas e geografias tanto mais interessantes e sugestivas quanto diversas.

Pelo que já se apresentou, são muitos os elementos de singularidade que esta obra traz para o seu âmago. Para além da temática em si mesma, importa referir outros dois aspetos que conferem unicidade ao presente Roteiro: a natureza híbrida dos conteúdos, e a diversa e ampla geografia que nele se congrega.

Relativamente ao primeiro aspeto (a natureza híbrida dos conteúdos), refira-se que para este espaço de encontro convergem pequenos depoimentos, contributos para a reflexão e para o conhecimento das práticas levadas e efeito em Instituições de Ensino Superior que partilham o espaço da língua portuguesa. A riqueza do trabalho que pudemos reunir no espaço de língua comum corre a par com os conteúdos que preenchem os diferentes capítulos enunciados acima. Ou seja, ao longo das três partes o leitor vai encontrar conteúdos de pendor teórico, outros com enfoques muitos concretos (caixas), ainda contributos que densificam a discussão e, a encerrar cada secção, um conjunto de depoimentos sobre experiências em curso respeitantes ao planeamento e gestão de mudanças no Ensino Superior.

Reside no que anteriormente se disse a segunda marca de singularidade deste Roteiro, isto é, a diversa e ampla geografia que nele se congrega. Na sua conceção, foi nossa intenção configurar uma plataforma de experiências capaz de, recorrendo a contributos provenientes dos diferentes cantos de um mapa global, proporcionar uma panorâmica das transformações que estão em curso e do modo como esses estimulantes relatos de experiências se podem revestir de extrema utilidade para perspetivar o planeamento estratégico no Ensino Superior neste nosso "mundo que se expressa em português".

Com uma bitola tão própria, o resultado final apresentado neste Roteiro de Plane(j)amento Estratégico comporta, por certo, um desafio que não evita riscos. Fruto da reflexão sobre as incidências do processo de planeamento estratégico na Universidade, desagregado nas suas diferentes fases e para o efeito complementado com depoimentos pontuais, contributos, relatos de experiência e exercícios de triagem de boas práticas, os tipos de conteúdos que habitam este Roteiro assumem, no seu efeito conjugado, o desafio (ao qual procuram responder) de ilustrar dificuldades e sucessos que, no detalhe, vão determinando o êxito da ação daqueles que projetam a Universidade na esperança de fazer melhor futuro.

Capitalizando a reflexão produzida e as experiências recolhidas, ao longo dos últimos anos, num caminho percorrido lado a lado por académicos e gestores de inúmeras Instituições de Ensino Superior de países e regiões de expressão portuguesa, partilhando preocupações/ensinamentos com os sucessos (e insucessos) da gestão, este Roteiro surge enriquecido pelo trabalho realizado a muitas mãos. Essas mãos uniram, nestas páginas, colaborações de colegas e amigos universitários que, no final, conferem o valor maior desta publicação.

# CAPÍTULO 1
## FUNDAMENTOS DO PLANEAMENTO
## ESTRATÉGICO NO ENSINO SUPERIOR

## 1.1 Transformações

### 1.1.1 Um olhar breve sobre o passado

A fundação da Universidade de Bolonha, em 1088, marca o nascimento da "Universidade" no mundo Ocidental. Assim se abre caminho para as Universidades, constituídas, na sua matriz medieval, como corporações que procuravam disseminar o conhecimento. Neste movimento inicial podem destacar-se como exemplos as Universidades de Oxford (1167), Sorbonne (1170), Salamanca (1218) e a de Coimbra (1290). A palavra Universidade designa a coletividade dos mestres e estudantes – *Universitas magistrum et scholarium* –, prevalecendo sobre "Estudo Geral", designação cujo significado marcava a reunião das disciplinas pedagógicas (Braga, 1892, tomo I, p. 65).

Na sua origem está um movimento crescente de acumulação de saber, nomeadamente em disciplinas como Teologia Científica, Direito Romano, ou Direito Canónico. Certo é que, neste período, se começam a diferenciar com mais clareza os vários meridianos do saber. Em paralelo, iam-se estruturando centros urbanos de grande relevância (desde logo no plano comercial, que traz consigo a burguesia), assistia-se ao crescimento demográfico e, por conseguinte, ao número dos que demandavam as escolas eclesiásticas. Surgem, assim, dois tipos de Universidade: as que nascem por via espontânea (*ex consuetudine*) e as que têm origem em processos de desmembramento de instituições já existentes (*ex secessione*).

De formação consuetudinária, as primeiras amplificam costumes já existentes nas escolas que lhes dão origem. Exemplos são as Universidades de Paris e de Bolonha, primeiro, e depois as de Oxford, Montpellier e Orléans. O interesse por mestres que lecionam nestas escolas, ou a fama da especialização numa disciplina específica (por exemplo em Teologia), atraem mais alunos e potenciam o seu crescimento e consolidação.

As segundas têm lugar quando os Doutores (e, atrás destes, os estudantes) abandonam uma Universidade preexistente para fundar outra noutra cidade, criando nesta os novos *Studia*. Reproduziam-se assim processos de cisão e contestação que marcavam o distanciamento face às condições de funcionamento precedente. Cambridge (separando-se de Oxford em 1209) e Pádua (afastando-se de Bolonha em 1222) são exemplos que repercutem este tipo de criação.

A tensão entre o processo de emancipação da razão humana e o peso da teologia, que teve lugar no decurso do séc. XII, traz consigo as raízes do que Auguste Comte (1851, tomo II: 509) designa por revolução ocidental. A Universidade passa a ser a instituição que protagoniza a afirmação de outras formas de poder (por exemplo o dos jurisconsultos) relativamente à hegemonia do clero, o qual, para além do mais, tutelava todas as formas de ensino, umbilicalmente ligado às sínteses teológicas que vigoravam durante a Idade Média. Esta referência remete o cerne da Universidade para a criação do conhecimento que permita a afirmação da razão, na modelação dos poderes que estruturam as sociedades.

Em traços largos, podemos diferenciar as principais fases do trajeto histórico da Universidade. A primeira fase compreende a Universidade Medieval (séc. XIII), ligada, como se disse, ao clero e direcionada para a nobreza, que ensinava com base no conservadorismo, no elitismo, no saber diferenciado (Cunha, 2011) e na teologia. A Universidade produzia, desinteressadamente, conhecimento que depois transmitia a uma elite restrita que a ela acedia. No séc. XV este primeiro modelo cai em desuso e dá lugar à Universidade Liberal, onde a erudição começa a admitir a necessidade de utilização rentável do conhecimento. Surge, assim, a Universidade como local de pesquisa, de produção de saber, de estímulo ao debate e de geração de ideias, de conhecimento. A Universidade ganha, deste modo, três características fundamentais: assume-se como comunidade, procura autonomia, e visa a universalidade.

Com a profissionalização, o liberalismo e a crescente relação entre pesquisa e ensino, surgiram os três modelos clássicos de Universidade:

1. **O francês/napoleónico**, que surge com a universidade imperial criada por Napoleão Bonaparte em 1806. Tinha por fim a formação técnica avançada, centrava-se na profissionalização e procurava alimentar o processo de industrialização. Aos formados eram atribuídos títulos reconhecidos pelo Estado. Este modelo dividia-se em dois sistemas de gestão: um mais autónomo, em que o corpo docente estava incumbido do governo da estrutura central da Universidade e outro com menos autonomia, em que o Estado era responsável pela governação das instituições.

2. **O anglo-saxónico**. Nesta matriz o Estado não interfere nas Universidades, que funcionavam com estatuto de instituição privada, direcionada para promover a formação especializada

dos estudantes. Estes, por sua vez, tinham uma formação vocacionada para a entrada imediata no mercado de trabalho, privilegiando um maior número de horas de trabalho prático em detrimento de pesadas cargas horárias de preparação teórico-concetual.

3. **O alemão/humboldtiano**, do séc XVIII, para o qual a função central das Universidades era o conhecimento, a sua criação e transmissão. Alexander von Humboldt (1769-1859), geógrafo naturalista, estabeleceu as bases de vários campos científicos (geografia, geologia, climatologia, oceanografia), defendendo o conhecimento e o saber como força libertadora, com o ensino centrado no saber-pensar e não no saber-fazer.

Estado, sociedade civil e comunidade universitária constituem os três elementos dominantes que distinguem cada uma das perspetivas subjacentes aos três modelos.

Vejamos de relance os aspetos que marcam a criação das Universidades em alguns dos países que desenham a geografia privilegiada por este Roteiro.

Em Portugal a Universidade corresponde a uma das iniciativas inovadoras de D. Dinis, que por decreto a faz implantar no país "seculiae teramo mirabili curricularegua nostra ditare". No ano de 1290 o monarca determina o seguinte: "Desejando enriquecer nossos reinos com o tesouro precioso da ciência ( ), tomámos a iniciativa de estabelecer o Estudo Geral, que não só provemos com cópia de doutores em todas as Artes mas ainda roboramos com numerosos privilégios". Implantada, assim, no nosso país em plena época medieval, a instituição Universidade confunde-se, na sua origem, com a história da Universidade de Coimbra, cujas raízes, por sua vez, remetem para as instituições de ensino de cariz religioso (Ordem dos Cónegos Regrantes de Santo Agostinho em Coimbra e Ordem de São Bernardo de Claraval em Alcobaça).

Caixa 1.1 Sobre a História da Universidade de Coimbra;
http://www.uc.pt/sobrenos/historia.

*Ao assinar o "Scientiae thesaurus mirabilis", D. Dinis criava a Universidade mais antiga do país e uma das mais antigas do mundo. Datado de 1290, o documento dá origem ao Estudo Geral, que é reconhecido no mesmo ano pelo papa Nicolau IV. Um século depois do nascimento da nação, germinava a Universidade de Coimbra. Começa a funcionar em Lisboa e em 1308 é transferida para Coimbra, alternando entre as duas cidades até 1537, quando se instala definitivamente na cidade do Mondego.*

A fundação da Universidade em Portugal (1290) interrompe a tradição que levava as elites (sobretudo religiosas) a fazer estudos superiores no estrangeiro (Paris, Bolonha, Montpellier, Salamanca). O salto para os dias de hoje coloca-nos perante uma rede composta por 15 Universidades e 26 Politécnicos públicos, a que se somam 54 Universidades e 67 Politécnicos privados. Em 2011 registaram-se 396.268 matrículas nos cursos de licenciatura (INE, Censos 2011).

No Brasil, o surgimento das Universidades tem lugar no início do séc. XIX, com a criação, por D. João VI, dos primeiros cursos superiores (colégio Médico-cirúrgico da Baía).

Caixa 1.2 Sobre as raízes que ligam Coimbra ao Ensino Superior do Brasil, segundo Anísio Teixeira (1989).

Durante um longo período "a Universidade do Brasil foi a Universidade de Coimbra, onde iam estudar os brasileiros, depois dos cursos no Brasil nos reais colégios dos jesuítas. O brasileiro da Universidade de Coimbra não era um estrangeiro, mas um português nascido no Brasil, que poderia mesmo se fazer professor da Universidade.

*O Reitor Francisco de Lemos de Faria Pereira Coutinho, membro da Junta de Providência Literária, constituída para estudar e projetar a radical reforma universitária do tempo de Pombal, e, depois, o executor da reforma e Reitor por cerca de 30 anos, era um brasileiro nascido nos arredores do Rio de Janeiro; José Bonifácio de Andrada, o brasileiro considerado patriarca da Independência do Brasil, foi antes professor da Universidade de Coimbra. Como estes, vários outros "brasileiros" foram ali professores.*

Entre 1909 e 1912 são criadas três instituições. A Universidade de Manaus foi a primeira, mantendo-se em funcionamento durante onze anos. A segunda foi a Universidade de São Paulo, criada em 1911, confinando a sua existência por uns curtos seis anos. A terceira foi a Universidade do Paraná, que é criada em 1912 e extinta três anos depois. Desse primeiro fôlego, permanecem até hoje, a Universidade do Rio de Janeiro (criada em 1920) e a de Minas Gerais (fundada em 1927). Em 1932, após a Revolução Constitucionalista, surge a Universidade de São Paulo (USP). Adiante será abordado com maior pormenor o processo de expansão do Ensino Superior no Brasil, contudo registe-se apenas que dessa matriz inicial resultou, em 2012, a existência de 2.416 instituições onde se matricularam mais de 7 milhões de alunos.

No caso de Angola, apesar de a Igreja Católica ter implantado o seu Seminário em 1958, com estudos superiores em Luanda e no Huambo, o Ensino Superior surge em 1962, data em que se criam os Estudos Gerais Universitários de Angola com cursos de medicina, ciências e engenharia em Luanda, agronomia e veterinária no Huambo, e letras, geografia e pedagogia no Lubango. Dois anos depois os Estudos Gerais deram lugar à Universidade de Luanda, que, no ano seguinte, inaugurou o seu Hospital Universitário. Em 1964 o sistema superior angolano acolhia 531 alunos. Em 2011, segundo Carvalho (2012), existiam em Angola 22 instituições privadas e 16 públicas, com um total de 140.016 estudantes.

Cabo Verde apresenta uma história ainda mais recente de implantação do Ensino Superior. A Universidade Jean Piaget (Uni-Piaget), de natureza privada, foi, em 2001, a primeira instituída no país, concretamente na cidade da Praia. Sete anos mais tarde, com a junção do Instituto Superior da Educação (ISE), o Instituto Superior de Engenharia e Ciências do Mar (ISECMAR) e o Instituto Nacional de Investigação e Desenvolvimento Agrário (INIDA), surge a Universidade de Cabo Verde (Uni-CV), primeira Universidade pública deste país. Atualmente o sistema dispõe de nove Instituições de Ensino Superior, sendo oito privadas. No ano letivo de 2010/11 estavam inscritos em Instituições de Ensino Superior de Cabo Verde 11.769 alunos, dos quais 6.000 prosseguiam os seus estudos no exterior, dando seguimento a uma prática anterior à criação destas instituições. Atendendo ao registo apresentado pela Fundação Caboverdiana de Ação Social Escolar, o número de alunos matriculados passou de 2.215 em 2002/03 para 13.654 em 2011/12.

O Ensino Superior surge em Moçambique em 1962 com a criação dos Estudos Gerais Universitários de Moçambique, instituição que contava com uma dependência extrema de Portugal. Em 1968 passa a designar-se Universidade de Lourenço Marques e mais tarde, em 1 de maio de 1976, é transformada em Universidade Eduardo Mondlane. A independência de Moçambique marca um novo período na história e na vida da Universidade Eduardo Mondlane, a qual teve de se reestruturar para se adaptar à nova dinâmica social, económica, política e cultural, acompanhando assim as transformações que se operavam na sociedade moçambicana. A Universidade Eduardo Mondlane permaneceu a única instituição de Ensino Superior até à década de 1980, altura em que são criadas, em 1985 e 1986, duas novas universidades públicas, designadas Instituto Superior Pedagógico e Instituto Superior de Relações Internacionais. Em 1993, com a promulgação da lei do Ensino Superior 01/1993, o Ensino Superior expandiu-se em número de alunos e instituições em todo o território nacional, embora inicialmente com alguma concentração em Maputo, tendo passado de cerca de 10 mil estudantes em 1997 para mais de 120 mil estudantes hoje, em mais de 40 instituições de Ensino Superior em todo o país, entre públicas e privadas.

## 1.1.2 Sistemas de Ensino Superior nos países de língua portuguesa[3]

[*Conceição Rego*[4], *Maria R. Lucas*[5], *Isabel J. Ramos*[6],
*Maria L. da Silva Carvalho*[7], *Maria da S. Baltazar*[8]]

## Características dos sistemas de ensino superior nos países de língua portuguesa

Nesta secção procede-se à análise de alguns dados de caracterização dos sistemas de Ensino Superior nos países de língua oficial portuguesa. Dada a escassez e a dificuldade de aceder a dados relativos aos vários países para os anos mais recentes, optou-se, por um lado, por selecionar, sempre que possível, a informação disponível a partir de fontes oficiais (INE português e institutos congéneres) e, por outro, complementar estes dados com informação proveniente de estudos, dissertações ou outros trabalhos de investigação disponíveis.

[3] As autoras agradecem o apoio financeiro da Fundação para a Ciência e Tecnologia e FEDER/COMPETE (concessão PEst-C/EGE/UI4007/2013).

[4] Doutora em Economia; Professora Auxiliar com Nomeação Definitiva no Departamento de Economia da Universidade de Évora. Investigadora Integrada do CEFAGE-UE.

[5] Doutora em Gestão e Professora Associada do Departamento de Gestão na Universidade de Évora. Departamento de Gestão, Escola de Ciências Sociais, Centro de Estudos e Formação Avançada em Gestão e Economia, Universidade de Évora.

[6] Doutora em Planeamento Regional e Urbano pela UTL/Instituto Superior Técnico. Departamento de Paisagem, Ambiente e Ordenamento, Escola de Ciências e Tecnologia, Centro de Estudos de Sociologia da Universidade Nova de Lisboa, Universidade de Évora.

[7] Doutora em Economia e Professora Associada do Departamento de Economia da Universidade de Évora. Departamento de Economia, Escola de Ciências Sociais, Instituto de Ciências Agrárias e Ambientais Mediterrânicas, Universidade de Évora.

[8] Doutora em Sociologia, Professora Auxiliar do Departamento de Sociologia da Universidade de Évora e investigadora do CESNOVA da FCSH da UNLisboa. Escola de Ciências Sociais, Centro de Estudos de Sociologia da Universidade Nova de Lisboa, Universidade de Évora.

# Diagnóstico

Vejamos, em primeiro lugar, alguns dados relativos à caracterização geográfica dos países em estudo (tabela 1.1), que comprovam, desde já, a existência de assimetrias significativas. Em termos de dimensão geográfica bem como de população residente, desde o Brasil com a sua dimensão continental até à pequena ilha de São Tomé e Príncipe, no Atlântico Sul, os países de língua portuguesa são realidades distintas. Estas diferenças refletem-se na forma como a população ocupa o território: Cabo Verde, São Tomé e Príncipe e Portugal são os países com maior densidade populacional. Os que têm maior área, como Angola, Brasil e Moçambique são também os que apresentam a população mais dispersa e menores densidades populacionais. A população urbana predomina na maioria destes países, sendo apenas Moçambique, Timor e a Guiné-Bissau os países onde predomina a população não urbana. A ocupação da população, ainda em atividades muito relacionadas com o espaço rural, bem como a ausência de grandes aglomerações urbanas, podem contribuir para explicar a distribuição da população.

| | Portugal | Angola | Brasil | Cabo Verde | Moçambique | Timor | Guiné-Bissau | São Tomé e Príncipe |
|---|---|---|---|---|---|---|---|---|
| Área (km²) | 92207,4 | 1246700 | 8514876,6 | 4033 | 799380 | 14954,4 | 36125 | 1001 |
| População | 10636979 | 17429637 | 190755799 | 494040 | 22416881 | 1066409 | 1515224 | 163784 |
| Densidade Populacional | 115,4 | 14,0 | 22,4 | 122,5 | 28,0 | 71,3 | 41,9 | 163,6 |
| População Urbana (%) | 60,7 | 58,5 | 84,4 | 61,8 | 30,8 | 29,6 | 30,0 | 61,1 |
| Mediana da Idade | 41 | 16,6 | 29 | 22 | 17 | 18,8 | 19 | 19 |

Tabela 1.1 Algumas variáveis de caracterização demogeográfica dos países de Língua Oficial Portuguesa (2010); INE, 2012

Na generalidade dos países a população é muito jovem (com menos de 20 anos), variável que denota uma tendência proporcionalmente direta à sua esperança de vida. Os países com níveis de desenvolvimento humano mais baixo são aqueles que têm uma estrutura populacional mais jovem. Portugal não se inclui nesta tendência demográfica, onde a população mais envelhecida tem uma proporção mais significativa.

Na generalidade dos países de língua portuguesa os sistemas de Ensino Superior são relativamente recentes. Nos casos dos países africanos, apenas após os processos de independência estes sistemas de ensino começaram a registar níveis de crescimento significativos e a tornarem-se menos elitistas. No caso de Portugal, o Ensino Superior já tem cerca de 700 anos mas após a revolução de 1974 cresceu bastante, massificou-se e democratizou-se, passando a estar presente na generalidade do país. Nos diversos países analisados, as Instituições de Ensino Superior (IES) estão presentes por todo o território, ainda que predominem nas cidades capitais. Por exemplo, no caso do Brasil, 841 Instituições de Ensino Superior encontram-se na capital, enquanto as restantes 1550 estão instaladas de forma dispersa pelo país. Quase metade (48,6%) das Instituições de Ensino Superior brasileiras está localizada na região sudeste, enquanto a região norte é a que tem menor número de Instituições de Ensino Superior (6,4%) (INEP 2013, 2014). Em Cabo Verde, das nove Universidades ou Institutos Superiores, só existe uma universidade pública localizada na Ilha de Santiago. As Instituições de Ensino Superior localizam-se maioritariamente nas cidades da Praia e no Mindelo, o que representa cerca de 90% da oferta do Ensino Superior do país e são estes dois concelhos que albergam, no conjunto, 42,3% do total de população do país (MESCI, 2013). No caso de Angola, de acordo com Buza (2012), apesar de as Instituições de Ensino Superior estarem agora em 18 províncias, 64,7% das Universidades estão na cidade de Luanda.

Habitualmente, quando a pressão da procura é muito forte, a resposta mais rápida é oriunda das instituições privadas, que prontamente disponibilizam oferta formativa de nível superior. O facto de a população ser maioritariamente jovem nos países em análise – com exceção de Portugal – e de, nos últimos anos, estes terem conhecido a pacificação, faz com que a procura de educação em geral, e de Ensino Superior em particular, tenha aumentado bastante. Algumas características formais das instituições de Ensino Superior são descritas na caixa 1.3.

Caixa 1.3 Características das Instituições de Ensino Superior nos diferentes países. Elaboração própria

↗ **Portugal:** ensino Universitário e Politécnico em ambos os casos, podendo ser público, privado ou cooperativo.

↗ **Angola:** Universidades (estruturadas em faculdades, institutos superiores, escolas superiores e centros de estudos e investigação científica), Academias, Institutos superiores (técnicos e politécnicos), Escolas superiores (técnicas e politécnicas) em Instituições públicas e privadas.

↗ **Brasil:** Universidades, Centros Universitários, Faculdades e IF e CEFET (Institutos Federais de Educação, Ciência e Tecnologia e Centro Federal de Educação Tecnológica), Instituições públicas (natureza federal, estadual ou municipal), Instituições privadas que podem ter ou não fins lucrativos.

↗ **Cabo Verde:** ensino universitário (Universidades e em escolas universitárias não integradas), ensino politécnico (institutos politécnicos e em escolas superiores especializadas nos domínios da tecnologia, das artes e da educação, entre outras) em Instituições de Ensino Superior públicas (1) e privadas.

↗ **Moçambique:** Universidades e Institutos Superiores (organizados em Faculdades), Escolas Superiores, Institutos Superiores Politécnicos e Academias em Instituições de Ensino Superior públicas e privadas.

↗ **Timor:** ensino universitário e Superior Politécnico, este último orientado para a formação profissional. Em ambos os casos, pode ser público e privado.

↗ **Guiné:** Universidades constituídas por unidades orgânicas (faculdades ou instituições de pesquisa e investigação científica no ensino público e Centros de formação ou Escolas Técnicas Superiores no Ensino Politécnico), organizadas por domínios de conhecimento. Prevê-se a organização das Universidades Privadas com base nos respetivos Estatutos.

↗ **São Tomé e Príncipe:** Universidade, Institutos e Ensino Politécnico em Instituições públicas ou privadas.

A dimensão média das Instituições de Ensino Superior (tabela 1.2), medida pelo número médio de estudantes por instituição (variável NMESt da tabela 1.2.), é um indicador simples que permite perceber a dimensão dos estabelecimentos de Ensino Superior. No caso dos países em análise, verifica-se que São Tomé e Príncipe e a Guiné-Bissau são os países com Instituições de Ensino Superior com menor número de alunos, ainda que todos os países tenham IES com dimensões médias muito pequenas. A título de comparação com dados para a Europa (Rego *et al.*, 2013), constata-se que a Noruega –- país europeu com menor número de alunos por instituição – tem cerca de 4400 alunos, em média, por Instituição de Ensino Superior pública. Estes valores, obtidos para os países de língua portuguesa, são influenciados pelo facto de se estar a ponderar as Instituições de Ensino Superior públicas e privadas, sendo que, normalmente, as Instituições de Ensino Superior privadas têm uma dimensão menor que as públicas.

| | Portugal (1) | Angola (2) | Brasil (3) | Cabo Verde (4) | Moçambique (5) | Timor (6) | Guiné-Bissau (7) | São Tomé e Príncipe (8) |
|---|---|---|---|---|---|---|---|---|
| IES Públicas | 39 | 23 | 301 | 1 | 18 | 1 | 7 | 1 |
| IES Privado | 82 | 40 | 2090 | 8 | 27 | 11 | 6 | 2 |
| IES Universitário | 59 | nd | nd | nd | nd | nd | nd | nd |
| IES Politécnico | 62 | nd | nd | nd | nd | nd | nd | nd |
| Total IES | 121 | 63 | 2391 | 9 | 45 | 12 | 13 | 3 |
| Total de Alunos1 | 389841 | 66251 | 6552707 | 10144 | 101362 | 16727 | 3689 | 1197 |
| NMESt | 3321,8 | 1052 | 2741 | 1127 | 2252 | 1394 | 284 | 399 |
| IES Publ/10$^6$hab | 3,6 | 1,3 | 1,5 | 2,0 | 0,8 | 0,9 | 4,6 | 6,1 |

Tabela 1.2 Estrutura do sistema de Ensino Superior[9]; (*) INE (2012); (1)- A3ES (obtido a partir de http://www.a3es.pt/sites/default/files/ R4_MAPAS&Nos.pdf); (2) – Simões (2014); (3) – INEP (2013); (4) MESCI (2013); (5) – Zeca e Cassamo (2013); (6) Martins (2012); (7) – Sani (2013); (8) – http://www.africanos.eu/ceaup/uploads/PAG66_03.pdf

---

[9] Os dados recolhidos variam conforme as fontes utilizadas, nomeadamente no caso particular de Angola. Para permitir comparações fiáveis optou-se por utilizar, sempre que possível, a mesma fonte

De modo a complementar a análise da capacidade de acesso da população dos diversos países aos estabelecimentos de Ensino Superior, calcula-se o número de Instituições públicas por milhão de habitantes (variável IES Publ/$10^6$hab da tabela 1.2.). Neste caso usam-se apenas os dados para os estabelecimentos públicos, uma vez que os estabelecimentos privados possuem habitualmente regras de acesso que excluem da sua frequência uma parte significativa dos estudantes (por exemplo, propinas mais elevadas afastam de imediato os estudantes com menor capacidade financeira). Os resultados obtidos mostram que nos diversos países a possibilidade de acesso ao Ensino Superior público é muito distinta: Moçambique e Timor são os países onde a oferta pública de instituições por milhão de habitantes é menor, enquanto a Guiné-Bissau e São Tomé e Príncipe são os países onde é mais fácil aceder à oferta pública. Neste último país, o facto de a população ser diminuta contribui decisivamente para o resultado. Wilson-Strydom e Fongwa (2012), citando SADC (2007), identificam os desafios que as Instituições de Ensino Superior dos países africanos enfrentam – equidade, qualidade, eficácia, relevância e democracia – e destacam o problema do acesso às instituições, que consideram estar ainda reservado às elites.

Nos países em estudo verifica-se que a importância do Ensino Superior no conjunto dos diversos graus de ensino é, em geral, muito pequena (tabela 1.3). Com exceção dos casos de Portugal e do Brasil, onde a proporção de estudantes no Ensino Superior, no total de estudantes, é superior a 10%, os alunos do Ensino Superior são uma pequeníssima parcela do conjunto total de estudantes (variável PropES (%) da tabela 1.3.). Para este resultado contribui o facto de as populações jovens destes países terem populações escolares muito grandes nos níveis de ensino mais baixos, mas também o facto de o Ensino Superior ainda ser acedido por uma pequena proporção de jovens. Entre os jovens que estudam no Ensino Superior, a análise do rácio de feminização do sistema mostra que as mulheres são predominantes, neste grau de ensino, em Portugal, no Brasil e em Cabo Verde (variável RFemES (%) da tabela 1.3.).

| | Portugal (1) | Angola (2) | Brasil (3) | Cabo Verde (4) | Moçambique (5) | Timor (6) | Guiné-Bissau (7) | São Tomé e Príncipe (8) |
|---|---|---|---|---|---|---|---|---|
| PropES (%) | 18 | 1 | 14 | 7 | 2 | 5 | 1 | 2 |
| RFemES (%) | 53 | 45 | 57 | 55 | 39 | 40,0 | nd | nd |
| PDocD (%) | 49,0 | 11,0 | 32,8 | 8,4 | nd | 21,0 | 7,0* | nd |
| RAIDocES (N°) | 11 | 0,57 | 9 | 11 | 16 | 29 | - | 13 |

Tabela 1.3 Características dos sistemas de Ensino Superior; INE (2012); (3) – INEP (2013); (4) MESCI (2013); *estimado a partir de Sani (2013)

Mesmo nos casos em que não predominam, têm uma participação muito elevada. Tendo em consideração que as mulheres são fortemente responsáveis pela escolarização dos filhos, estes resultados indiciam que, nas futuras gerações, será mais intensa a participação no Ensino Superior. A proporção de docentes doutorados, que de alguma forma revela a maturidade do sistema de Ensino Superior, mostra que Portugal é o país que tem a melhor posição neste indicador, seguido do Brasil (variável PDocD (%) da tabela 1.3). No caso português, para estes resultados foram decisivas as medidas de política científica que, durante a década de 1990, permitiram que grande parte do corpo docente das IES portuguesas se doutorasse com o apoio de bolsas de estudo, sobretudo para o estrangeiro, bem como através da concessão de dispensa de serviço docente para a realização das dissertações de doutoramento.

Outros estudos sobre o Ensino Superior nos países lusófonos concluem também neste sentido (Silva, 2013). As universidades dos países de língua portuguesa, sobretudo dos africanos, considera este autor, apresentam ainda diversas fragilidades, entre as quais se destaca a falta de corpo docente qualificado bem como de pessoal técnico e administrativo também qualificado, a debilidade das infraestruturas, falta de financiamento e de condições para a investigação e extensão. A análise do rácio alunos por docente revela uma situação bastante equilibrada nos diversos países, muito em linha com os dados verificados, por exemplo, nos países da Europa, sendo ainda assim melhor no Brasil que em Timor (variável RAlDocES (Nº) da tabela 1.3). Por exemplo, os valores de Angola apresentados por Carvalho (2012) apontam para uma média de 25,46 alunos/docente.

Nos vários países de língua oficial portuguesa os estudantes do Ensino Superior frequentam predominantemente cursos de licenciatura. No caso de Portugal são 60,1% dos estudantes e 32,5% frequentam cursos de mestrado ou mestrados integrados[10]. Nos países africanos (Silva, 2013) o Ensino Superior concentra-se, nas licenciaturas, nas áreas do comércio, gestão e direito, humanidades e ciência sociais. A reduzida incidência de alunos inscritos nas áreas das ciências e tecnologias faz com que os resultados das Instituições de Ensino Superior sejam pouco direcionados para a utilização do conhecimento em prol do desenvolvimento e do crescimento económico. No caso português, cerca de 1/3 dos estudantes do Ensino Superior frequentam cursos na área das ciências sociais, comércio e direito. Contudo, 1/5 dos alunos estudam nas áreas da engenharia, indústria transformadora e construção e cerca de 1/6 estuda saúde e proteção social. Para o caso do Brasil, os estudantes que frequentam cursos de bacharelato e de licenciatura representam 86,1% do total dos estudantes do Ensino Superior. O grau académico ao nível do bacharelato e a modalidade presencial destacam-se, no Brasil, tanto na rede pública como na privada (INEP, 2014).

---

[10] Dados DGEEC, obtidos a partir do PORDATA.

| Países | Duração dos ciclos de estudos |
|---|---|
| Portugal | Licenciatura: 3 a 4 anos<br>Mestrado: 1,5 a 2 anos<br>Mestrado Integrado: 5 a 6 anos<br>Doutoramento – variável. O grau de doutor é conferido pelas universidades e institutos universitários aos que tenham obtido aprovação nas unidades curriculares do curso de doutoramento quando exista, e no ato público de defesa da tese. |
| Angola | Bacharelato 3 anos<br>Licenciatura: 4 a 6 anos<br>Mestrado: 2 a 3 anos<br>Doutoramento: 4 a 5 anos<br>Pós-graduação profissional: Especialização que corresponde a cursos de duração variada, em função dos cursos, tendo como objetivo o aperfeiçoamento técnico profissional do licenciado. |
| Brasil | Cursos graduados (bacharelado, licenciatura e tecnológico): 4 a 6 anos<br>Cursos pós graduados: mestrados e doutoramentos (mestrado –2 anos doutoramento – máximo 4 anos) |
| Cabo Verde | Cursos de Estudos Superior e Profissionalizante: 2 anos<br>Bacharelato: 3 anos<br>Complemento de licenciatura: 2 anos<br>Licenciatura: 5 anos<br>Mestrado: 2 anos<br>Doutoramento: 2 anos (Decreto-Legislativo nº 2/2010) |
| Moçambique | Cursos graduados (licenciatura – 1º ciclo: 3-4 anos.)<br>Cursos pós graduados: Mestrado – 2º ciclo (1,5 a 2 anos); Doutoramento – 3º ciclo, 3 anos |
| Timor | Cursos graduados (profissionalizante, bacharelado, licenciatura e tecnológico): 2 a 5 anos;<br>Cursos pós graduados: mestrados e doutoramentos (mestrado – 2 anos; Doutoramento – máximo 3 anos.) |
| Guiné-Bissau | Ensino e Formação Profissional (2 anos) e Cursos graduados (bacharelato, licenciatura e tecnológico): 4 a 6 anos;<br>Cursos pós graduados: mestrados e doutoramentos (mestrado –2 anos; doutoramento – máximo 4 anos) |
| São Tomé e Príncipe | Cursos graduados (bacharelado, licenciatura): 3 a 5 anos. |

Tabela 1.4 Duração dos ciclos de estudo.
Elaboração própria

No que respeita às áreas de formação, mais de metade dos estudantes (59,3 %) frequentam cursos de ciências sociais, negócios, direito e educação. A área de engenharia, produção e construção tem apenas 13,9% do total dos alunos inscritos em cursos graduados. Nas Instituições de Ensino Superior públicas predominam os cursos na área de educação, enquanto na rede privada são maioritários os cursos da área de ciências sociais, negócios e direito (INEP, 2013).

### 1.1.3. Desafios e transformações

Os países e regiões de língua portuguesa, marcados por paradigmas políticos e evoluções muito diversos, são hoje confrontados com um conjunto de desafios próprios dos seus contextos. Contudo, todos eles coexistem num cenário global em que o movimento de tendências e transformações estabelece denominadores comuns com muito impacto nas suas escolhas e estratégias.

A Universidade (conceito usado de forma simplificada, como atrás ficou dito, e que agrega todas as Instituições de Ensino Superior) tem vindo a sofrer diversas alterações e profundas transformações ao longo dos seus séculos de existência. Hoje, ser responsável pelos destinos de uma Universidade corresponde a um desafio muito exigente num contexto particularmente instável: a uma Universidade subjazem atualmente doutrinas e organizações diversas, em cada um dos sistemas nacionais, regionais e continentais. Em simultâneo o contexto vertiginoso de mudanças ambientais num cenário tendencialmente global cria fatores de pressão que determinam, de forma decisiva, as regras e os graus de liberdade dos líderes universitários, para quem a questão crítica é, cada vez menos, "O que fazer?" e cada vez mais "Para onde ir?"

As Instituições de Ensino Superior têm sofrido alterações estruturais que se prendem (entre outros fatores) com os desafios demográficos, com a necessidade de formação ao longo da vida, com a globalização e com a implantação crescente das fórmulas de *e-learning*. A Universidade compete, mais do que nunca, para poder incubar e expandir áreas de saber com relevância global.

O sistema de Ensino Superior constitui, hoje, um pilar de suporte ao desenvolvimento económico, social e cultural. Nos tempos que correm, o conceito de Instituição de Ensino Superior assimila doutrinas e organizações diversas, que respaldam conjuntos de pressões de várias naturezas, quer a nível interno, quer externo.

Neste quadro, o futuro das Instituições de Ensino Superior joga-se na clarividência da sua orientação. É nesta esfera que se desenham as garantias de sobrevivência e de sucesso.

As Instituições de Ensino Superior nunca foram postas à prova num contexto tão exigente como aquele que hoje enfrentam. A literatura põe em relevo diversos tipos de mudanças de contexto com impacto na educação em geral e no Ensino Superior em particular. Incluem-se nesse elenco de exigentes transformações: as alterações demográficas; os constrangimentos de financiamento público; o aumento da exigência da sociedade; a necessidade de formação ao longo da vida; a inovação e o desenvolvimento tecnológico; as redes com outras Instituições de Ensino Superior ou com a comunidade envolvente; e ainda, tudo o que envolve o desafio da globalização.

As dinâmicas emergentes nas economias do mundo e a formulação do Espaço Europeu do Conhecimento são exemplos de reptos que as Instituições de Ensino Superior enfrentam, aos quais poderia ser acrescentada uma lista de forças como a diversificação crescente dos perfis de estudante ou a concorrência decorrente da ampliação do número, e de tipos, de instituições que conferem graus pós-secundário. No seu espaço de funcionamento interno, estas Instituições enfrentam outros fatores de pressão, tais como a necessidade de adaptação institucional e a busca de novas vias de reestruturação, de melhorias na sua *performance* e de meios de resposta às reformas governamentais. Ademais, cabe-lhes atender às suas responsabilidades sociais, ampliar o espaço de autonomia institucional, diversificar as fontes de financiamento e fortalecer as suas estruturas de modo a poder gerar, continuamente, liderança transformativa e qualidade de gestão. Todos estes fatores encontram na globalização, bem como na disseminação tecnológica que lhe é afeta, uma enorme caixa de ressonância amplificadora dos seus efeitos (positivos e negativos).

Entre as exigências da sociedade e as restrições (de financiamento) impostas pelo Estado, as universidades veem-se hoje desafiadas a repensar os seus objetivos, tendo em conta o arranjo de transformações profundas que estão em curso. Cabe-lhes, antes de mais, assumir-se como "lugar onde, por concessão do Estado e da sociedade, uma determinada época pode cultivar a mais lúcida consciência de si própria" (Santos, 1989, citando Jaspers, 1965). Seguindo os autores citados, à Universidade cabe o propósito de buscar incondicionalmente a verdade, que por sua vez implica uma procura sistemática (investigando), uma visão abrangente que se derrama para lá da ciência (produzindo cultura) e uma vocação para ensinar (formação integral). As mudanças mais recentes impelem a universidade para uma tríade de fins – investigação, ensino, transferência de conhecimentos – que lhe conferem uma matriz de existência singular e desafiante.

As Instituições de Ensino Superior são organizações que desenvolvem atividades diversas, algumas conflituantes entre si no que respeita à relação entre recursos e obrigações. Os seus objetivos primordiais são a criação e disseminação de conhecimento por via da investigação e do ensino, ao mesmo tempo que procuram dar resposta às necessidades do meio onde se inserem, sejam elas de natureza endógena, sejam as que decorrem de fatores exógenos (Clark, 1983).

## 1.1.4 Missão das universidades

A missão traduz a vocação específica de cada instituição universitária, determinada, em maior ou menor grau, pela sua história e pela visão estratégica que os seus líderes e diferentes agentes conseguem institucionalizar. A heterogeneidade dos sistemas de Ensino Superior implica, só por si, diferenças ao nível dos enquadramentos legais e da função de missão das várias instituições no que se prende com a distribuição da dedicação ao ensino, à investigação ou à intervenção na sociedade. Mas são sem dúvida as escolhas de cada instituição que constituem os factores diferenciadores da missão. A diferenciação das missões adotadas pelas Instituições de Ensino Superior e a forma como estas escolhem prossegui-las evidenciam um lastro histórico-social que é muito relevante em termos estratégicos e que explica o modo como se posicionam e competem entre si.

Assume particular relevância, na reflexão sobre a missão das Universidades, o conceito de missão de Jaspers (1965:51): "A finalidade da Universidade pode, por conseguinte, dividir-se em três funções, a saber, a investigação, a transmissão do saber, o ensino e a cultura. Cada uma delas é claramente inseparável das outras duas". Este triângulo de finalidades, apelidado como mágico pelo facto de ser simples, claro e geral, veio apenas, segundo Santos (1994:164), a ser abalado, no turbilhão da década de 60 do séc. XX, num dos seus vértices: o "sentido utilitário, produtivista" veio substituir a dimensão cultural da Universidade, que passou a ter como terceiro objetivo a prestação de serviços (figura 1.1).

Esta função encontra-se, hoje, generalizada no contexto das Universidades, embora possa assumir características significativamente diferentes: surgindo internamente ligada a uma das funções base, pela venda da investigação científica ou do *Know-how* de ensino – uma *prestação de serviço* chamada *ativa* ou *de fluxo* –, ou decorrendo de outros ativos considerados não fundamentais relativamente às atividades base, que a Universidade detém e rentabiliza – *prestação de serviço passiva*.

Utilizaremos no Roteiro a perspetiva de um terceiro vértice do triângulo de missão das universidades, o de "Extensão Universitária", designação comummente utilizada hoje em muitas Universidades e que de algum modo expande e agrega as perspetivas dos triângulos de Jaspers e Santos quanto à terceira missão, tratando-se de uma "Extensão" que corresponde fundamentalmente à ligação à sociedade.

Figura 1.1 Evolução do triângulo mágico da
Missão das Universidades

Na perspetiva de Jaspers, o que distingue, na essência, a missão da Universidade é a coexistência das três funções. No atual contexto, a missão da Universidade passará pelo desenvolvimento, em simultâneo, de uma atividade de ensino e de investigação, enquadrado numa perspetiva de comprometimento social validada pela sociedade. Muito se pode ler, na literatura americana, europeia e latina, sobre a cultura empreendedora como sendo paradigmática de uma época de massificação, de abertura e da globalização no Ensino Superior. Esta cultura é frequentemente apresentada como o modelo de sucesso ou de referência para a mudança universitária, o que provoca frequentemente dois tipos de reações opostas, de identificação e de oposição.

A identificação nos que, valorizando o contexto presente, acreditam que o atual paradigma do mercado e da globalização, sendo estável, conduz à inevitabilidade da Universidade-empresa como forma de desenvolvimento universitário. Pelo contrário, num contexto atual de instabilidade assente em lógicas e valores diferentes dos tradicionais, aqueles para quem a Universidade é uma referência de estabilidade pela força da sua cultura social veem a cultura empreendedora como uma moda e não como referência. Veja-se, a este propósito, o exemplo dado por Kerr acerca das 85 instituições que se mantêm desde 1520 até ao presente com funções similares: dessas, 70 são Universidades.

A Universidade interliga-se, por via da designada "terceira missão", com os circuitos socioeconómicos. Ou seja, estes acionam os canais de produção (e de transferência de conhecimentos) que ligam as diversas estruturas constituintes das regiões, dos países, das sociedades. Desenha-se uma geografia de fronteiras iminentemente fluidas, composta por múltiplas camadas de ligações envolvendo redes, tendencialmente mais complexas, de parcerias (formais ou informais) interessadas na criação e no uso de novos conhecimentos.

Pela articulação dialogante entre os vários elementos da cadeia (investigação básica, investigação aplicada, desenvolvimento tecnológico, inovação, formação, criação de capital humano, transferência de tecnologia, modernização dos processos, produção de novos bens e serviços apresentada por Novoa e Belmar (2014), a Universidade assume uma posição de parceiro relevante no progresso civilizacional. Cabe-lhe uma contribuição decisiva para a (re)configuração e aperfeiçoamento constantes dos modelos de desenvolvimento que movem as comunidades.

Por via da investigação básica a Universidade incrementa, de modo sistemático, o volume de conhecimento sobre as leis que regem o funcionamento do mundo e da sociedade. Ao desenvolvimento tecnológico cabe a captação e uso dos conhecimentos científicos, transpondo-os para aplicações práticas (novos bens, serviços e processos) direcionadas para a resolução de problemas. Na conceção de inovação pressupõe-se a transformação de ideias em mutações de conhecimento, que por sua vez é introduzido em produtos, serviços ou processos comercializáveis. Mediante a transferência de tecnologia processa-se a transição gradual dos paradigmas científico-tecnológicos entre organizações, com o intuito de alimentar o processo de desenvolvimento visando oportunidades de comercialização. Este processo é desagregado, da seguinte forma: i) identificação de novas tecnologias propostas pelos projetos de investigação e desenvolvimento; ii) proteção dos direitos de propriedade (por exemplo, patenteando); e comercialização com terceiros, recorrendo a contratos de licenciamento ou criando novas empresas, designadas pela literatura por *spin-offs*, para explorar as vias de aplicação da tecnologia desenvolvida (Novoa e Belmar, 2014).

Para compreender a natureza das externalidades que a Universidade gera neste campo, é necessário tomar em conta a proposta de sistematização que o modelo designado *triple helix* apresenta. Estabelecendo um padrão de relações não lineares e não hierarquizadas, as Universidades cooperam com as diferentes ramificações do âmbito dos Estados e, gerando assim a interação com as empresas ou, dito de outro modo, com os setores produtivos (sem ordem estabelecida). Desta matriz complexa de relações emergem os sistemas de inovação que fazem mover as estruturas socioeconómicas, injetando-lhes incrementos graduais de qualidade de vida e bem-estar, viabilizados pela introdução de conhecimento científico nas diferentes ramificações que formatam as sociedades com futuro (comummente apelidadas de "sociedades do conhecimento").

Em conformidade com o modelo da *tripla hélice*, a Universidade, sobretudo por via da sua "terceira missão", injeta energia para que a hélice funcione, impulsionando a modernização dos Estados, a vivacidade das economias, a sustentabilidade (pacificando a relação entre o Homem e a Natureza) e a densificação da apropriação (inter)cultural. Em suma: mobiliza o progresso civilizacional, atuando em cada uma das dimensões assinaladas na caixa 1.4.

Caixa 1.4 Sobre as dimensões da terceira missão das universidades; adaptado de Laredo (2007)

Laredo (2007) identifica um conjunto de dimensões associadas à terceira missão das universidades:

↗ Recursos humanos: transferência de conhecimento de competências obtidas através da investigação para a indústria e serviços públicos, protagonizada por estudantes de doutoramento e graduados.

↗ Propriedade intelectual: conhecimento produzido pela universidade, que se traduz em patentes, direitos de autor e comissões.

↗ *Spin-offs:* transferência de conhecimento através do empreendedorismo e criação de empresas, que pode ser medido através de indicadores das relações entre a instituição e as empresas criadas.

↗ Relações com a indústria: coprodução e troca de conhecimentos com a indústria. Este é um dos principais indicadores de atratividade das universidades por parte dos atores económicos. Esta dimensão inclui ainda a participação em redes e associações profissionais, atividades de consultoria e programas de estágios.

↗ Relações com entidades públicas: foco na dimensão de serviço público da investigação. Relativamente importante quando o foco da investigação são as áreas sociais ou culturais, mas também na área da saúde.

↗ Participação no desenvolvimento de políticas: envolvimento no desenvolvimento e implementação de políticas públicas a diferentes níveis de decisão. Isto é muitas vezes observado sob a forma de desenvolvimento de estudos de política económica, na formulação de programas de longo prazo, no envolvimento em vários tipos de comités e em debates formais sobre IDI.

Envolvimento na vida cultural e social: envolvimento da universidade na vida "social" da cidade. Este envolvimento é possível, quer através da utilização das suas infraestruturas (ex. museus, instalações desportivas), quer no envolvimento de laboratórios e outras orgânicas em eventos culturais e sociais.

Entendimento público da ciência: interação e disseminação de conhecimento com o público em geral. Todo o envolvimento no debate de questões públicas (parte da dimensão 6), assim como as atividades de promoção do conhecimento científico junto das populações.

A simplicidade do triângulo de Jaspers contribuiu em larga medida para a ideia da pluralidade de funções ao propor que as Universidades possuem um triângulo em que cada uma das componentes (ensino, investigação e cultura) ocupa um dos vértices, caindo os restantes sempre que um é subtraído.

Caixa 1.5 Sobre a pluralidade de funções das Universidades, segundo a OCDE

No final da década de 1980, a OCDE propôs (ainda que com abertura para a discussão e análise) as dez funções das Universidades, das quais constam:

1. providenciar educação geral pós-secundária;

2. desenvolver a formação e a investigação;

3. fornecer as qualificações necessárias à sociedade;

4. desenvolver atividades de formação altamente especializada;

5. reforçar a competitividade da economia;

6. funcionar como filtro de seleção para empregos altamente exigentes;

7. contribuir para a mobilidade social;

8. oferecer serviços diversificados à região e à comunidade;

9. funcionar como paradigma de políticas nacionais; e

10. preparar os líderes de gerações futuras.

A valorização do capital humano (no sentido em que a educação e a formação criam valor acrescentado para o indivíduo e para a sociedade em que se insere), a geração de conhecimento, a investigação e desenvolvimento (tidos como propulsores da sociedade de conhecimento), a socialização (por via da interação, da integração e transmissão de valores socioculturais e organizacionais), são componentes indissociáveis da missão das Universidades.

Caixa 1.6 Sobre as perspetivas relativas à missão da Universidade

O conceito de missão da Universidade surge na literatura sob diferentes perspetivas, contextos e doutrinas:

1. A valorização do capital humano. Numa perspetiva ampla, o valor acrescentado ao capital humano pode ser encarado como sendo a formação newmaniana, integral, do indivíduo, ou, numa abordagem próxima das metáforas industriais e burocráticas, como um processo produtivo cujo *output* reveste a forma de um serviço [Jorma (1996:122)]. Becher (1993), por exemplo, considera a "educação" como um investimento, onde o retorno do capital humano deve ser quantificado e avaliado, numa perspetiva quer de serviço público, quer de serviço privado, de distribuição para o mercado ou de integração interna. Constituindo os recursos humanos um fator crítico no desenvolvimento económico e social, as Universidades assumem um papel determinante nesse processo de desenvolvimento.

2. A produção de conhecimento. Será que, na senda da Universidade medieval, o que de facto releva no papel da Universidade é a criação de conhecimento? E, assim sendo, tem o alargamento exponencial da base do conhecimento disponível induzido a algumas das importantes mudanças no Ensino Superior? "Existem hoje em dia mais de 1000 revistas de matemática que abrangem 62 grandes domínios e 4500 sub-domínios. Na área da História publicaram-se, entre 1960 e 1980, mais trabalhos académicos do que até então. Também na área da química se publicaram, num período de dois anos de meados da década de 1980, mais artigos do que haviam sido publicados até ao ano de 1900. De um modo geral parece ter havido um aumento de produção da ordem dos 4 a 8% por ano na maioria dos ramos da ciência." (Becker, 2001). Neste âmbito, a dimensão de Investigação e Desenvolvimento das universidades apresenta-se também como uma atividade estruturante com vantagens competitivas, face à crescente complexidade do processo de interligação e inovação.

3. Socialização – no sentido de integração de valores sociais/socioculturais/organizacionais. Existe a Universidade para transmitir valores sociais? Ou, numa perspetiva mais recente, enquanto agente de "responsabilidade social"? Trata-se de um conceito que pode, em si, contemplar a intervenção concreta em problemas sociais das comunidades, ou, a um outro nível, a intervenção estratégica de cooperação com a indústria, mas cuja essência resulta na abertura da Universidade aos contributos externos das "vozes da sociedade". Mesmo a tradicional "Torre de Marfim", em simultâneo resguardada das pressões sociais e isolada no seu saber, mas também toda poderosa na sua centralidade social, pôde encontrar formas de projeção, por iniciativa própria ou de forma reativa, através da socialização.

Pluralidade de funções. Será que, por outro lado e como referem vários autores, a missão da Universidade é essencialmente, e obrigatoriamente, multifuncional?

Kogan, em Pedrosa e Queiró (2004), no contexto de multiplicidade de funções, considera que à missão tradicional das Universidades – "criar e testar conhecimento, divulgá-lo e formar recursos humanos qualificados" – se juntam duas novas missões: "promover a igualdade social e a mobilidade" e "apoiar a aprendizagem ao longo da vida e o desenvolvimento económico". Santos (1994), a propósito da explosão de funções a que a Universidade se viu sujeita nas últimas décadas, designa a sobreposição de finalidades que são solicitadas à Universidade do final do séc. XX *"Fins sem fim"*.

As diferentes perspetivas de modelos económicos e sociais, de desenvolvimento e crescimento e seu impacto nas Universidades vão alimentando a literatura da área. O referido modelo da "tripla hélice", de Henry Etzkowitz e Loet Leydesdorff, coloca a Universidade, em conjunto com o Estado e a Indústria, como um dos três pilares da inovação. É neste contexto que floresce o conceito das *entrepreneurial universities*.

A ideia das Universidades Empreendedoras é usada em diversos contextos: enquanto capacidade das Universidades para defenderem, com sucesso e de forma equilibrada, os seus níveis de evolução nos vértices de missão; as Instituições de Ensino Superior especialmente vocacionadas para o terceiro vértice; a capacidade das Instituições de Ensino Superior para reforçarem e gerirem redes alargadas de suporte às suas funções.

Para Clark (2001) a Universidade empreendedora corresponde a um reforço da colegialidade, da autonomia e da realização da Universidade. Esta mudança é apresentada, para as Universidades que pretendem ser viáveis e competitivas num mundo global do conhecimento, como uma necessidade que decorre fundamentalmente de duas ordens de razão:

- as limitações sentidas pela Universidade pública em responder às pressões crescentes, dadas as suas estruturas internas rígidas, adequadas a um Ensino Superior de elite;

- a homogeneização nacional promovida pelos Estados no processo de descentralização, que retira às Universidades margem de experimentação e de risco.

Só as Universidades podem, por si próprias, fazer a sua reforma. A multiversidade retirou às Universidades tradicionais as características de colegialidade. A Universidade Cosmopolita cresceu em alunos e em conhecimento, mas não conseguiu fazer com que as diferentes Faculdades operassem como um todo no conjunto universitário, pelo que de Universidade ela só tem o nome. Para Burton Clark a Universidade empreendedora permite integrar aquilo que o espírito colegial tem de mais positivo, permite reinventar a colegialidade.

Altbach (2010) refere-se ao facto de alguns governos desenvolverem esforços para medir a intensidade das relações entre as Instituições de Ensino Superior e os seus espaços de implantação, indexando estes resultados à definição de políticas de aproximação entre todas as partes interessadas. Esta preocupação representa uma mudança de paradigma, uma vez que marca a desvinculação da Universidade em relação à lógica de organismo isolado, aproximando-a das restantes estruturas que organizam as comunidades. Este caminho faz-se pela via da produção de conhecimento (investigação), pela sua difusão (ensino) e pela transplantação do potencial de inovação e desenvolvimento para os tecidos social e económico.

A Universidade Empreendedora é, contudo, indissociável do pensamento de Burton Clark, que partilhamos enquanto base de reflexão.

A vocação específica de cada instituição universitária, determinada em maior ou menor grau pela sua história e, fundamentalmente, pela visão estratégica que os agentes e os líderes do momento conseguem institucionalizar, é o que designamos, num determinado momento histórico, por missão de uma Universidade. Considerando o universo heterogéneo das Universidades, é expectável, do ponto de vista institucional, que exista diferenciação no conceito de missão. Esta diferenciação é crítica, na medida em que traduz a forma como cada Instituição vê, neste universo, o seu posicionamento e como compete num mundo cada vez mais aberto e global.

Neste contexto, a discussão em torno da missão da(s) Universidade(s) ganha especial centralidade, expondo um conjunto amplo de questões que correspondem a linhas de reflexão em aberto.

Quais os equilíbrios de concetualização numa Universidade cada vez mais global? O que têm de comum a missão de uma Universidade Corporativa, guarda-chuva estratégico de uma organização, e a missão da Universidade do Cardeal Newman, lugar de cultivo do "saber pelo saber", segundo Kerr [*in* Smith e Langslow, 1999], educadora de homens livres (*"an education suitable for men"*) e verdadeiro instrumento de formação da mente (*"the real cultivation of mind"*)? O que têm, nos dias de hoje, de estrategicamente comum, os mutantes do "paradigma do ensino profissional" da Universidade napoleónica ou do "paradigma da investigação" da Universidade humboldtiana? É, ou não, razoável pensar um sentido comum de missão na Universidade de hoje? A existir, deverá ser possível, a uma qualquer Universidade, ver nos seus objetivos estratégicos a presença desta referência?

A um nível de análise global, com um olhar abrangente e forçosamente redutor, tornar-se-á talvez menos fácil compreender o que podem ter em comum as missões da Universidade: o que é, hoje, a missão da Universidade, essa entidade virtual que resulta do somatório das Universidades? Quais os consensos possíveis, hoje, sobre o sentido de uma Universidade que pode ser, ao som de um *Imagine*, não de John Lennon, mas de Jamil Salmi (*in* OCDE 2001:105), uma universidade sem edifícios nem salas de aula ou sequer biblioteca Imagina uma universidade sem departamentos académicos, sem cursos obrigatórios, nem majors, nem graus. Imagina uma faculdade aberta 24 horas por dia, sete dias por semana, 365 dias por ano. Imagina uma faculdade a propor bacharelatos de Estudos Individualizados ou de Estudos Interdisciplinares, com uma oferta de mais de 4000 cursos diferentes. Imagina uma formatura com a validade de cinco anos apenas. Imagina... .

## 1.2 Expectativas e tendências

As transformações estruturais do Ensino Superior ao longo das últimas décadas tiveram natural impacto na ação das Universidades bem como nas expectativas dos indivíduos e da sociedade em geral. Nesta secção serão discutidos aspectos que envolvem o acesso, a frequência e o retorno da formação universitária.

Aborda-se ainda o contexto que envolve o Ensino Superior, visitando algumas das tendências com impacto transformador na Universidade: a massificação do acesso; a aceleração da internacionalização; a globalização; o impacto da evolução tecnológica na oferta disponibilizada e nos processos; a velocidade vertiginosa com que se densificam redes colaborativas e/ou de cooperação na investigação, no ensino, e na malha de relações em que assenta a transferência de conhecimento no início do Terceiro Milénio.

Finalmente alinham-se alguns contextos relacionados com as expectativas e tendências em sistemas de Ensino Superior de países de língua portuguesa e com a gestão da mudança nas universidades de um modo geral: a recente explosão do acesso ao Ensino Superior em Portugal e na Europa; a reconfiguração do Ensino Superior em Cabo Verde; a educação, a investigação e a rede do

Ensino Superior em Portugal e, finalmente, o REUNI e a trajetória de expansão da Educação Superior no Brasil.

## 1.2.1 Externalidades associadas ao Ensino Superior

O Ensino Superior é socialmente associado a um conjunto de vantagens cujo valor é inextricável da missão da Universidade e do retorno social da atividade desta. Os benefícios que a educação superior gera ao nível do ensino, investigação e extensão, prefiguram ganhos baseados em externalidades materiais (por exemplo, efeitos na produtividade das regiões ou países) e não materiais (por exemplo a melhoria nos serviços de interesse geral), quer coletivas, quer individuais. O impacto das Universidades na criação de riqueza pode ser, em algumas dimensões, imediato, mas o seu maior efeito é, seguramente, diferido no tempo para usufruto das gerações futuras.

A ideia de que a formação superior assegura, no plano individual, vantagens monetárias decorrentes do acesso a melhores empregos e, consequentemente, a rendimentos mais elevados pode ser ilustrada a partir de vários estudos. Os resultados apresentados pela OCDE (figura 1.2) evidenciam o facto de apenas 10% da população com formação superior se posicionar nas categorias de rendimentos mais baixos. Pelo contrário, quem conclui formação superior tem uma elevada probabilidade de auferir, pelo menos, o dobro (30% destes trabalhadores duplica o salário médio) do salário auferido por aqueles que apresentam níveis de educação próximos da média. O Brasil é apresentado como um dos países onde os trabalhadores com níveis de educação abaixo do Ensino Superior são penalizados, auferindo, na melhor das hipóteses, menos 35% do que aqueles que transpõem esse patamar.

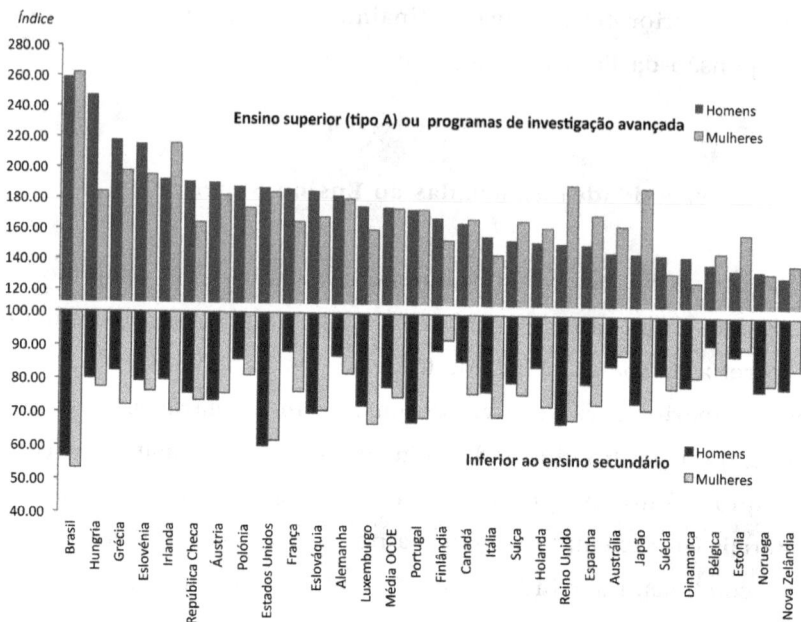

Figura 1.2 Rendimento relativo por trabalhador, por nível de instrução e género em 2012 (população entre os 25 e os 65 anos que aufere rendimento do trabalho; educação superior ao secundário =100); extraído de 'Education at a Glance' 2014 (OCDE:132)

Neste âmbito Portugal aproxima-se do panorama médio da OCDE, apesar de algumas diferenciações relevantes, como a maior penalização, no que toca aos rendimentos auferidos, pelos trabalhadores sem formação superior, conforme se pode observar na figura 1.2, ou a maior desvalorização dos homens menos qualificados no mercado de trabalho relativamente à média.

16
14
12
10
8
6
4
2
0

Espanha · Grécia · Holanda · Itália · Alemanha · Hungria · Suécia · Polónia · Bélgica · Áustria · Finlândia · Canadá · França · Dinamarca · Estados Unidos · Luxemburgo · Austrália · Portugal · Suíça · Irlanda · Reino Unido

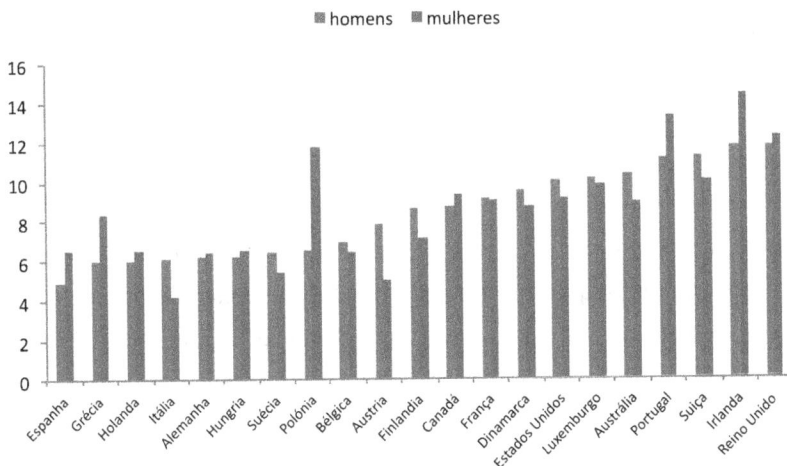

Figura 1.3 Taxa Interna de Rentabilidade (masculina e feminina), por ano adicional de Educação Superior, 2001[11]; Fonte: Boarini e Strauss (2010), com tratamento nosso

O estudo de Boarini e Strauss (2010), cujos dados se apresentam na figura 1.4, permite observar o facto de Portugal se encontrar entre os países com maior retorno em termos de Taxa Interna de Rentabilidade do Ensino Superior, por confronto com países como, por exemplo, o Reino Unido, Estados Unidos da América, Alemanha ou Espanha. Este indicador, que traduz o retorno do investimento por ano adicional de escolaridade, na data apontada, correspondia, no período em análise (1994 a 2001), a 11,2% para os homens e 13,3% para as mulheres. A título de exemplo refira-se que no mesmo período a Espanha apresentava, no mesmo ano, taxas da ordem dos 4,9% para os homens e 6,5% para as mulheres.

Note-se que, a partir do ano 2000, se verifica uma inversão no que respeita à maior preponderância do benefício extraído pelos homens (evidente nos casos de Portugal, Reino Unido e Alemanha).

---

[11] Com exceções para a Hungria (1997), Suíça e Polónia (2001).

A partir daquele ano o retorno da formação superior, no feminino, é maior do que o registado para os homens.

Observando o benefício dos homens, registava-se em Portugal em 1997 um retorno de 15,7% por ano adicional de formação superior, taxa que se quedava nos 11,2% em 2001. No caso da componente feminina a tendência mantém-se, com oscilações até ao ano 2000, data a partir da qual também parece começar a decair. Importa ainda destacar, com base nos dados, o aparente fim de um ciclo de crescimento acelerado da valorização da formação superior, começando uma trajetória de declínio que tem expressão mais clara no contexto português.

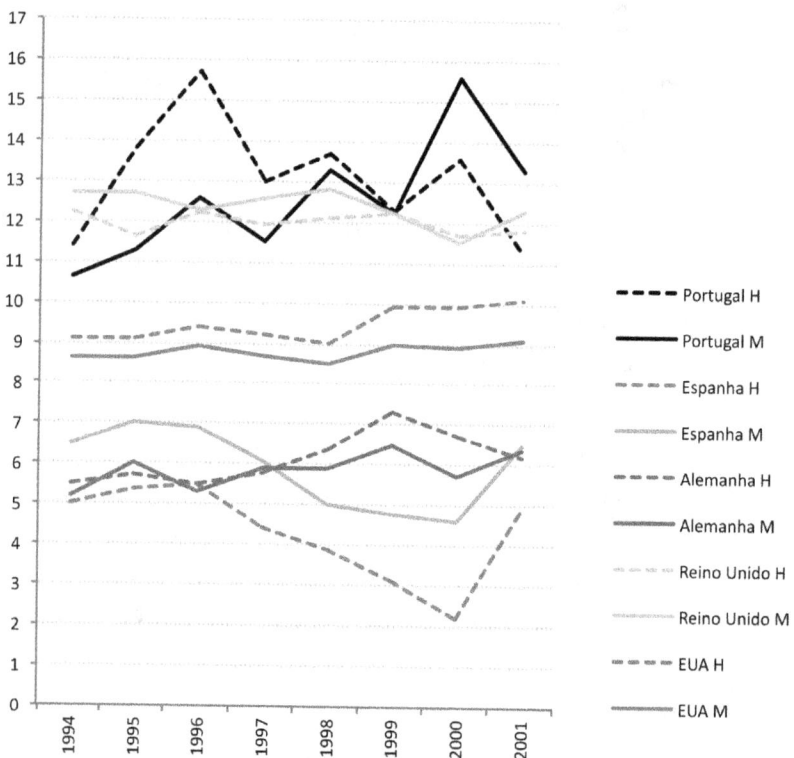

Figura 1.4 Evolução da Taxa Interna de Rentabilidade (masculina e feminina) da Educação Superior, entre 1994 e 2001 em Portugal; Fonte: Boarini e Strauss (2010) com tratamento nosso

A análise do retorno da educação superior, seja no plano individual, seja na esfera das comunidades ou da sociedade tomada como um todo, permite identificar efeitos diversos em diferentes contextos, traduzíveis em: progressos sociais, crescimento e desenvolvimento económico, amplificação da consciência ambiental, aprofundamento cultural, reconhecimento e prestígio. Na caixa 1.7 enunciam-se alguns dos benefícios para a sociedade, de acordo com o estudo de McMahon (2004).

Caixa 1.7 Sobre as externalidades individuais e sociais positivas da educação superior segundo McMahon (2004).

Além dos benefícios individuais, são várias as vantagens (externalidades positivas) para a sociedade, das quais se destacam:

↗ os efeitos na saúde, permitindo reduzir as taxas de mortalidade infantil, aumentar a longevidade e melhorar a saúde pública;

↗ os efeitos ao nível da fertilidade, uma vez que maiores níveis de educação traduzem-se numa descida das taxas de natalidade, em democratização e respeito pelos direitos humanos, e na melhoria global das instituições civis;

↗ a sustentação das taxas de crescimento demográfico decorrentes dos efeitos dos dois fatores anteriores;

↗ a estabilidade política, alicerçada na democratização e educação;

↗ a mitigação dos custos associados às taxas de criminalidade e correspondente diminuição das taxas de ocupação das cadeias e das despesas com segurança pública e justiça (embora exista um aumento de crimes de colarinho branco, que constituem uma externalidade negativa);

↗ a redução da pobreza e dos níveis de desigualdade, através de uma distribuição equitativa da educação;

↗ a consciência do valor coletivo dos recursos ambientais; e, por fim,

↗ o contributo da educação para a investigação e desenvolvimento e para a difusão do uso de novas tecnologias

↗ redução dos fluxos migratórios de países/regiões desfavorecidas para guetos urbanos, incentivando processos de integração (quanto ao reforço da tendência para movimentos migratórios que concentram a população mais jovem e mais qualificada nas regiões mais dinâmicas, é um resultado negativo).

De acordo com Wolfe e Haveman (2002), são 17 as categorias dos benefícios da qualificação superior decorrente da frequência da universidade (tabela 1.5), aí se incluindo compensações de natureza pessoal ou familiar, com retorno económico direto e indireto, de cariz monetário e não monetário. Ganhos de produtividade, de retribuições, de rendimentos, de saúde, propensão para a valorização das crianças, hábitos de consumo mais informados, capacidade e aptidão para a poupança, coesão social, acompanhamento das mutações tecnológicas, independência económica e capital de segurança pessoal e coletiva, são alguns dos impactos visados.

| BENEFÍCIOS |
| --- |
| Ganhos de produtividade individual valorizados no mercado |
| Maior acesso a retribuições não salariais, obtidas no mercado de trabalho |
| Capitalização e valorização do rendimento familiar |
| Maior propensão para valorizar as crianças: investimento na educação e desenvolvimento cognitivo |
| Maior propensão para valorizar as crianças: qualificação da saúde |
| Maior propensão para valorizar as crianças: ganhos de fertilidade |
| Valorização da saúde pessoal |
| Qualificação e ganhos de eficiência nos hábitos de consumo |
| Eficiência na seleção de hipóteses de acesso ao mercado de trabalho |
| Ampliação e maior eficiência na escolha das relações conjugais |
| Decisão mais consciente quanto à dimensão dos agregados familiares |
| Maior propensão para contribuir para ações de beneficência |
| Valorização de hábitos de poupança |
| Propensão para participar na mudança tecnológica |
| Mais coesão social |
| Mais autoconfiança ou independência económica |
| Redução da criminalidade |

Tabela 1.5 Categorias e natureza das compensações decorrentes da qualificação. Adaptado de Wolf e Haveman (2002:104)

As externalidades positivas geradas pela educação superior constituem uma base de defesa do investimento nesta área como fator determinante para o desenvolvimento socioeconómico. Numa altura em que muitos países se debatem com os efeitos de crise(s) económica(s) e financeira(s), o investimento em educação em geral, e no Ensino Superior em particular, é seguramente uma garantia de progresso cultural, económico e social.

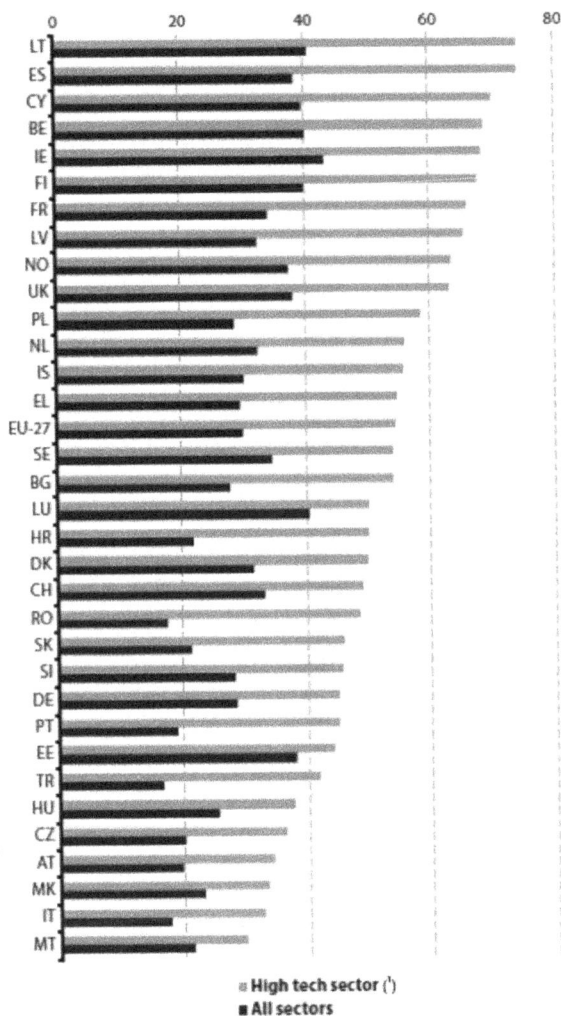

Figura 1.5 Proporção de pessoas com Ensino Superior no total dos setores de atividade e nos setores de alta tecnologia. Extraído de Eurostat (2013:121)

Segundo o relatório "Science, Technology and Innovation in Europe" (Eurostat, 2013), a média da população com Ensino Superior nos setores mais intensivos em tecnologia, na União Europeia, aproxima-se dos 55% (30% se se considerar a sua participação no cômputo de todos os setores. Portugal situa-se abaixo da posição média, todavia é de assinalar que, num quadro em que a presença da formação superior no total da força de trabalho se queda pelos 19%, nos setores de base tecnológica cerca de 45% apresentam qualificações desta natureza.

## 1.2.2 Tendências transformadoras

De acordo com Quinn (1988), são mudanças transformacionais aquelas que verdadeiramente transformam as instituições, isto é, aquelas que, pela sua abrangência e profundidade, transformam culturas e valores. Passamos, de seguida, a enunciar algumas:

Massificação do acesso

De acordo com Trow (1973), os sistemas de Ensino Superior podem ser classificados, em função da sua participação etária, em três categorias: elitista, massificado e universal.

| Índice de Participação Etária | Tipo de sistema |
| --- | --- |
| <15% | elitista |
| 15-40% | massificado |
| >40% | universal |

Tabela 1.6 Escalões do SES de Trow; Smith (1999:152).
Adaptado de Trow (1973)

O crescimento exponencial do número de alunos no Ensino Superior, ocorrido nas últimas décadas por motivos demográficos e outras causas sociais, veio mudar a natureza deste nível de ensino. De um sistema de elite na conceção de Trow (1970), o Ensino

Superior tem-se transformado num sistema de massas que tende para a universalidade. Estas categorias têm por base um Índice de Participação Etária (IPE) que tem em conta o número de alunos entrados no sistema com menos de 21 anos em relação à população na faixa etária com 18 e 19 anos.

Este processo de massificação e socialização foi mais precoce nos Estados Unidos, onde se atingiu a fase da universalidade na década de 1960. Na Europa só na década de 80/90 se atingiu a massificação, com o Reino Unido a atingi-la em 1988, de acordo com Becher e Trowler (2001:4). As Universidades viram alterado o seu papel relativamente à sociedade: deixou de lhes ser pedido que formassem uma elite, passou a ser-lhes exigido que respondessem à qualificação da sociedade em geral. Não se tratou de meras alterações quantitativas, mas de mudanças qualitativas profundas na qualificação superior, com alterações de processos e dos objetivos da formação.

O relatório da OCDE *Education at a Glance* referente ao ano de 2014 ilustra bem a natureza e a extensão das transformações ocorridas nos últimos anos no conjunto de países que integra esta organização. A OCDE diferencia, a propósito, duas categorias de formação superior: a de tipo-A e a de tipo-B. Ao Ensino Superior tipo-A (ISCED 5A) correspondem programas fortemente teóricos, desenhados para proporcionar aos estudantes qualificações que lhes permitam aceder a ciclos de estudos avançados e, por conseguinte, dar entrada no mercado de trabalho através de uma vertente mais especializada e exigente. Trata-se de qualificações (por exemplo em medicina, arquitetura) cuja duração nunca é inferior a três anos. O ensino de tipo-B (ISCCED 5B) é, por norma, de menor duração que o primeiro (mínimo de dois anos em regime de tempo inteiro) e foca-se numa vertente mais prática, técnica e ocupacional, apontando para a entrada direta no mercado de trabalho.

Nos últimos dezassete anos o Ensino Superior de tipo-A aumentou 22% em média entre os países da OCDE, enquanto as taxas do

Ensino Superior de tipo-B permaneceram estáveis. No mesmo relatório afirma-se que, tendo em conta as tendências de graduação atuais, em média 39% dos jovens adultos dos países da OCDE completarão estudos superiores do tipo-A (esperando-se que se consolide uma prevalência das graduações de mulheres, com 47%, face às dos homens, com 31%) e 11% do tipo-B. Os doutoramentos representam apenas uma pequena parte dos programas de Ensino Superior, no entanto a taxa de graduação duplicou nos últimos 17 anos.

O aumento revela uma maior acessibilidade à educação superior em muitos países (figura 1.6), por força, em alguns casos, de mudanças estruturais ao nível dos sistemas de educação superior, como seja a criação de novos programas (em função das necessidades do mercado de trabalho) ou programas mais curtos.

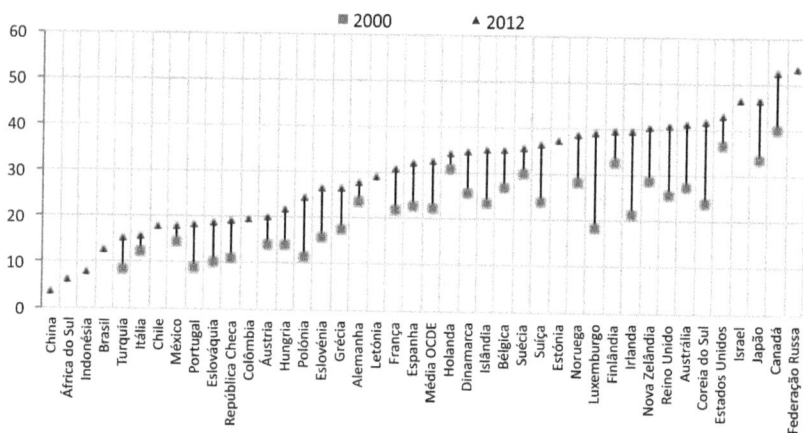

Figura 1.6 Variação da percentagem de adultos (25-64 anos) com educação superior entre 2000 e 2012; extraído de Education at a Glance 2014 (OCDE:30)

O panorama geral de expansão do Ensino Superior materializa-se no aumento gradual de qualificação da população com este nível académico. Nos 12 anos que medeiam 2000 e 2012, o peso relativo deste grupo face à população total passou de cerca de 21% para 33%.

Apesar de apresentar uma progressão assinalável (passando de cerca de 9% para 20%), Portugal ainda se posiciona no grupo dos países mais frágeis relativamente a este indicador. O Brasil, segundo estes registos, apresentava em 2012 13% de adultos (25-64 anos) com educação superior.

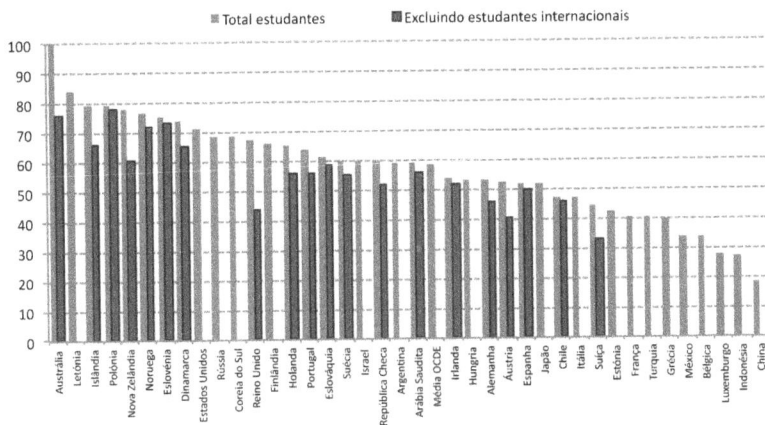

Figura 1.7 Taxas de entrada no Ensino Superior tipo-A, 2012; Education at a Glance 2014 (OCDE:330)

Nos países da OCDE, espera-se que 58% dos jovens adultos acabem, mais tarde ou mais cedo, por ingressar no Ensino Superior do tipo-A (figura 1.7). A participação em programas avançados de investigação/formação não ultrapassa os 3%. Mais uma vez, as mulheres lideram esta tendência para a massificação, uma vez que a sua taxa de participação ascende aos 65%, enquanto a dos homens se queda pelos 52%, tendo em conta as médias da OCDE.

As taxas de entrada assinalam a proporção de estudantes que se espera entrem num tipo específico de programa de formação superior durante as suas vidas. Indiciam também a acessibilidade ao Ensino Superior e o valor percecionado da frequência deste tipo de formação, fornecendo indicações sobre o crescente grau de aqui-sição de competências e conhecimentos por parte das populações.

Portugal apresenta-se, neste indicador, nas proximidades da média da OCDE. Para isto muito contribui a participação dos estudantes internacionais, a qual, embora com representações mais modestas face ao que se verifica na Austrália, na Islândia, na Nova Zelândia ou no Reino Unido (onde cerca de 1/3 dos estudantes do Ensino Superior são provenientes de outros países), permite que o fluxo de entrada, quando se considera o valor agregado (estudantes nacionais mais internacionais), supere a limiar da OCDE. Não é negligenciável o facto de a capacidade de Portugal para atrair estudantes estrangeiros se aproximar da de países como a Alemanha, Holanda ou Dinamarca.

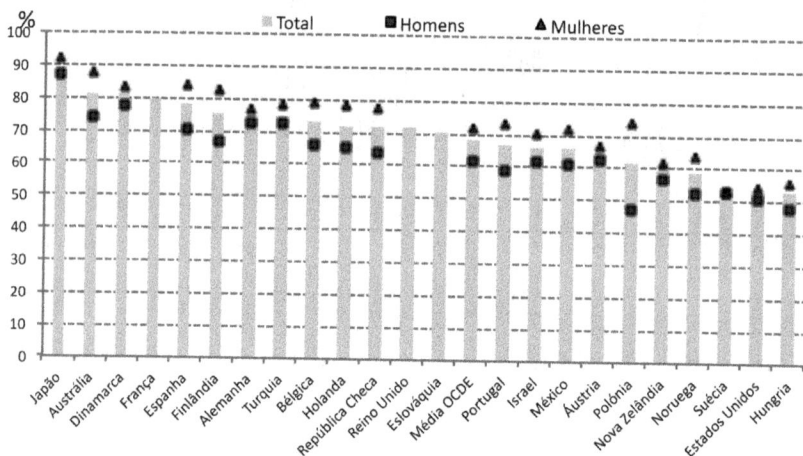

Figura 1.8 Proporção de estudantes que atingem a educação superior e concluem pelo menos o primeiro grau/licenciatura, por género, 2011; Education at a Glance 2013 (OCDE:64)

Contudo, as taxas de conclusão em Portugal são mais baixas do que a média da OCDE (figura 1.8). Esta realidade pode traduzir uma variedade de razões, que incluem as más escolhas de área/curso, o custo de frequência do Ensino Superior, a existência de oportunidades de emprego atraentes antes de completar os ciclos de formação, ou desajustes entre as expectativas e as necessidades do mercado de trabalho percecionadas pelos estudantes. No entanto, e de forma geral, taxas de conclusão baixas (ou seja, elevadas taxas de abandono) podem indicar que o sistema de ensino não está a conseguir ir ao encontro das necessidades de formação dos estudantes e do mercado de trabalho, o que implica uma necessidade de reestruturação e de reavaliação da formação oferecida.

As taxas de conclusão do Ensino Superior são indicadoras da eficácia dos respetivos sistemas, uma vez que mostram a relação entre a entrada e a saída de estudantes que se graduaram. O espetro varia entre a proporção de 90% verificada no Japão e os 56% da Hungria. As mulheres apresentam, invariavelmente, rácios de conclusão superiores aos dos homens.

Caixa 1.8 Massificação do Ensino Superior

A análise do número de estudantes que frequentavam o Ensino Superior em Portugal de 1978 a 2012 (figura 1.9) permite observar um crescimento acentuado no início da década de 80, exponenciado após a entrada de Portugal na Comunidade Económica Europeia em 1986. Esse número atinge um pico entre os anos de 2000 e 2002 e decresce até 2006, para depois dar início a uma fase de estabilização.

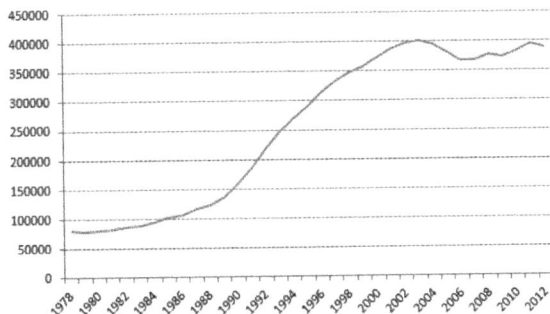

Figura 1.9 Número de alunos no Ensino Superior português 1978-2012; elaborado a partir de DGEEC/MEC – DIMAS/RAIDES

Apesar da explosão do Ensino Superior vivida nas décadas de 1980 e 1990, a trajetória de crescimento abrandou no final da última década assinalada na figura 1.9. Seguiram-se anos de alguma contração e, nos anos pós-2006, o número de alunos localizou-se, com oscilações, entre os patamares dos 35.000 e dos 40.000.

# Internacionalização, estratégia e gestão num mundo global

[*Joaquim Ramos de Carvalho*[12]]

O Ensino Superior é hoje um setor de atividade globalizado, envolvendo fluxos crescentes de pessoas e serviços entre países. Aumenta o número de estudantes que procuram educação superior fora do seu país de origem e os apoios financeiros disponíveis de suporte a esses fluxos. A esfera de ação das instituições de Ensino Superior alarga-se cada mais para fora do seu país de origem, quer em termos de recrutamento de estudantes, docentes e funcionários, quer no que toca ao estabelecimento de parcerias de importância estratégica, de tal forma que a componente internacional da sua atividade assume um papel cada vez mais indispensável no desenvolvimento institucional.

Acresce que a internacionalização do Ensino Superior recolhe uma atenção cada vez mais significativa dos governos, quer como fator de desenvolvimento económico e social, quer como fator de aferição de qualidade institucional, quer ainda, em algumas regiões, como setor de exportação de serviços economicamente significativos.

Este processo tem desencadeado uma reflexão alargada no seio do mundo académico, que procura compreender as mutações em curso e derivar as implicações estratégicas que elas acarretam.

As instituições debatem-se com o lugar da internacionalização nas estratégias institucionais. Colocam-se questões como qual o posicionamento estratégico da instituição em termos internacionais, de que forma estruturas e processos sustentam, ou não, a estratégica de internacionalização e, de uma forma mais geral, de que forma

---

[12] Professor do Departamento de História da Faculdade de Letras da Universidade de Coimbra, Vice-Reitor para as Relações Internacionais da mesma Universidade.

a internacionalização pode transformar a realização da tripla missão institucional de ensino, investigação e inovação. O posicionamento global das instituições tem um papel crescente na sua relevância local.

Neste contexto, os países lusófonos estão a atravessar um período particularmente dinâmico, fruto de tendências divergentes, com grandes necessidades de formação avançada por toda a lusofonia e a situação particular de Portugal que, em contraciclo, se defronta em muitas áreas com excesso de capacidade formativa para a procura interna existente.

## O contexto global

Segundo dados da OCDE, o número de estudantes a frequentar estudos fora do seu país aumentou dramaticamente nas últimas 3 décadas, de 0,8 milhões no mundo para 4,5 milhões em 2012, um aumento de mais de 5 vezes (OCDE 2014).

Os fatores que levam ao incremento geral da mobilidade estudantil são variados. A procura de formação superior está a aumentar em todo o mundo. Em algumas regiões do globo existem políticas específicas de fomento à mobilidade estudantil e estudo no estrangeiro em áreas de carência de recursos humanos nos países de origem. Adicionalmente alguns países e respetivas instituições desenvolvem esforços consideráveis de atração de estudantes fora de fronteiras. Existe uma convergência entre os esforços dos países que desejam atrair estudantes internacionais, pelo talento e pelos recursos financeiros que trazem, e a necessidade de países com sistemas de educação superior que não conseguem corresponder às necessidade formativas nacionais, em enviar estudantes para obterem além-fronteiras uma formação superior de qualidade.

A própria evolução do processo de globalização estimula a mobilidade associada à educação superior. A competição mundial realça a primazia das economias baseadas no conhecimento e na inovação e as metas de desenvolvimento dos diferentes países e regiões passam pela qualificação crescente da força de trabalho e aumento da capacidade de inovação baseada em conhecimento avançado. A generalização da língua inglesa como língua franca de comunicação e as facilidades de comunicação trazidas pelas novas tecnologias simplificam o acesso à informação sobre as oportunidades existentes. Em muitas regiões do globo as famílias aspiram a fornecer aos seus filhos uma educação global, quer por as condições económicas locais serem desfavoráveis, quer, paradoxalmente, porque o dinamismo da economia cria oportunidades de internacionalização.

Dentro do sistema global de fluxos de pessoas e serviços associados à formação avançada, os países lusófonos passam por significativas transformações. A internacionalização do Ensino Superior está na ordem do dia nos países de expressão portuguesa. No Brasil, o programa Ciência sem fronteiras, ao enviar para o exterior mais de 100.000 estudantes universitários num período muito curto, trouxe às universidades brasileiras e às agências governamentais envolvidas (CAPES, CNPq, MRE, rede Consular) uma exposição repentina e em muitos casos maciça a uma vertente importante da internacionalização, a mobilidade de estudantes. Nos países da África lusófona, a expansão e crescimento dos sistemas de Ensino Superior nacionais provocaram uma intensificação de parcerias internacionais, muitas vezes em contexto de ações de capacitação e desenvolvimento mas, de forma cada vez mais relevante, em projetos de investigação e ensino partilhados com instituições internacionais. Em Timor-Leste as necessidades formativas de uma população muito jovem trazem desafios importantes em que a cooperação internacional assume um papel primordial.

No contexto português a publicação do Estatuto do Estudante Internacional criou o quadro jurídico necessário à internacionalização do Ensino Superior na perspetiva do recrutamento global dos seus estudantes, competindo com outros países que há muito implementaram políticas agressivas de atração de talentos extra fronteiras. Uma primeira definição de uma estratégia de internacionalização para o Ensino Superior português foi formulada num relatório de um Grupo de Trabalho interministerial (Grupo de Trabalho, 2014). Acresce que o arranque de um novo ciclo de fundos europeus e o desenvolvimento dos programas Horizonte 2020 e Erasmus+ estão a criar novos estímulos e oportunidades à internacionalização do ensino, investigação e cooperação ao alcance das universidades portuguesas. A Comissão Europeia promove ativamente a internacionalização do Ensino Superior europeu, entendido como espaço diferenciado, formulando linhas estratégicas com impacto nos programas de financiamento e na orientação das políticas dos Estados membros (Comissão Europeia, 2013).

Dentro desta dinâmica global e da sua inscrição no universo de língua portuguesa impõe-se uma reflexão, em primeiro lugar, conceptual sobre o que significa a internacionalização das instituições de Ensino Superior e quais as suas modalidades principais e, num segundo momento, sobre as consequências institucionais, em termos de definição de estratégias e gestão.

## Três faces da internacionalização: cooperação, globalização e internalização

O conceito de internacionalização aplicado ao Ensino Superior tem evoluído nos últimos anos, fruto sobretudo de condições externas mas também de uma reflexão crescente no mundo académico.

É comum identificar três perspetivas sobre internacionalização que coexistem em maior ou menor grau em cada instituição específica: a internacionalização enquanto cooperação interinstitucional, a internacionalização enquanto esforço de globalização da ação da universidade e a internacionalização como abordagem integrada e internalizada da estratégia internacional. Embora as fronteiras entre as várias dimensões sejam fluídas, é útil analisar cada uma delas, em primeiro lugar porque correspondem *grosso modo* a fases históricas de ênfase diferenciada em diferentes modalidades de internacionalização e, em segundo lugar, porque o verdadeiro desafio que se coloca às instituições hoje é equilibrar estas várias dimensões e incorporá-las eficazmente nos seus quadros estratégicos e estruturas de governo.

## A internacionalização como cooperação interinstitucional

*O PAPEL DAS "RELAÇÕES INTERNACIONAIS" E DA MOBILIDADE* // Uma dimensão importante da internacionalização das universidades é a da cooperação com pares de outros países.

A existência, dentro das universidades, de divisões, gabinetes, diretorias e outras estruturas denominadas "relações internacionais" resulta de uma conceção de internacionalização baseada no estabelecimento de "relações" com outras instituições fora de fronteiras, com as quais formam parcerias que enquadram projetos comuns e fluxos de mobilidade.

Esta conceção de internacionalização como cooperação com instituições congéneres noutros países, centrada sobretudo na mobilidade de pessoas e, em menor grau, na realização de projetos de formação ou investigação conjuntos, é, ainda hoje, a face mais comum do que se entende por internacionalização das universidades e foi grandemente impulsionada por programas de mobilidade, quer na Europa, quer noutras regiões do globo.

Na Europa, o programa Erasmus, ao requerer o estabelecimento de acordos de cooperação bilaterais entre as instituições que queiram usufruir dos financiamentos de apoio à mobilidade de estudantes, professores e funcionários, foi um fator de dinamização da internacionalização entendida como cooperação entre instituições. A participação no programa implica a obtenção pelas instituições, junto da Comissão Europeia, de um "Erasmus Charter" em que assumem uma série de compromissos relativamente à implementação do programa, incluindo a utilização de ferramentas de aferição de qualidade, a criação de serviços de suporte a estudantes internacionais e até à elaboração de estratégias de internacionalização abrangentes. As regras do programa Erasmus cristalizaram assim em processos internos e tiveram impacto nos sistemas de informação académicos e de forma geral no desenvolvimento institucional.

No Brasil, a criação, pelo governo federal, de grandes programas de mobilidade estimulou também o desenvolvimento de diretorias de relações internacionais e a cristalização de processos de internacionalização centrados na cooperação bilateral. O Programa de Licenciaturas Internacionais, centrado na mobilidade de estudantes em cursos de formação de professores, requer que as instituições brasileiras que enviam estudantes para o exterior estabeleçam acordos de cooperação genéricos com as instituições de acolhimento e termos aditivos específicos para as atividades suportadas pelo programa. É assim, também, um exemplo de como a mobilidade promove explicitamente a cooperação internacional. Já o programa Ciência sem Fronteiras não teve a mesma exigência, o que se explica pela dimensão do mesmo e pela dificuldade de implementar procedimentos complexos, tendo por isso um impacto menos direto, mas não negligenciável, no estabelecimento de relações interinstitucionais.

Os serviços de relações internacionais das instituições têm, ainda hoje, uma parte importante da sua atividade centrada na gestão da mobilidade e dos acordos que a suportam e, em grau variável conforme as instituições, na gestão de projetos com ela relacionados, como as antigas ações Erasmus Mundus de mobilidade com países exteriores à Europa, agora enquadradas pelo novo programa Erasmus+.

A identificação da internacionalização com as "relações internacionais" manifesta-se também nos processos internos. É comum as instituições terem um modelo geral de acordo que enquadra, em termos genéricos, o estabelecimento de relações com instituições de outros países e é frequente assistir a apresentações institucionais em que o número de acordos deste tipo é mencionado como um indicador de internacionalização (ainda que a experiência demonstre, um pouco por todo lado, que muitos acordos não geram atividade significativa).

***PROGRAMAS E PROJETOS CONJUNTOS DE ÂMBITO INTERNACIONAL*** // A um nível mais sofisticado, a internacionalização como cooperação manifesta-se na criação de programas conjuntos, sobretudo a nível de mestrado e doutoramento, e, mais raramente, na criação de estruturas de apoio à investigação em parceria internacional.

O surgimento de graus conjuntos na Europa foi estimulado pela Comissão Europeia dentro de uma estratégia de promoção do Ensino Superior europeu no mundo, que teve um instrumento eficaz na "marca" Erasmus Mundus, associada a mestrados e doutoramentos, e também na assunção correta de que a criação de graus conjuntos representa um nível muito elevado de cooperação, por implicar uma partilha de objetivos de aprendizagem, métodos de ensino, estratégias de recrutamento e mecanismos de reconhecimento de graus. Assim, os programas de financiamento europeus sempre incluíram incentivos à criação de cursos conjuntos e procuram promover aqueles considerados de excelência através da marca "Erasmus Mundus".

Outros instrumentos de incentivo à cooperação institucional na Europa foram criados nos últimos anos, como as redes temáticas Erasmus, o apoio a cursos intensivos transnacionais e a elaboração de estudos de várias ordem que informaram políticas de cooperação europeia no Ensino Superior. Estas políticas continuam sob novas formas dentro do novo programa Erasmus+, com instrumentos como as "Alianças Estratégicas" e as "Alianças de Conhecimento", para além do apoio continuado ao desenvolvimento de cursos conjuntos.

O programa Erasmus+ é, ao nível global de objetivos e estrutura, mais ambicioso na promoção de um entendimento transversal da internacionalização, promovendo iniciativas que extravasam o domínio estreito e especializado do mundo académico, promovendo as ligações entre agentes externos às universidades, e incorporando de uma forma mais coerente a frente de capacitação e desenvolvimento com países exteriores à Europa e a ligação entre ensino, investigação e transferência de saber para a sociedade.

Para além da dimensão de ensino, existe uma atividade significativa de cooperação internacional no que toca a participação em projetos ou redes de investigação envolvendo vários países. O número de publicações científicas publicadas em coautorias transfronteiriças cresceu de 8% em 1988 para 22% em 2007 (Huzdik, 2013:51).

Na Europa, os financiamentos à investigação científica e inovação exigem o estabelecimento de parcerias plurinacionais, estimulando o incremento de relações interinstitucionais. A participação em consórcios de projetos europeus ou outros é obviamente um fator importante na cooperação internacional, embora o impacto no estabelecimento de relações institucionais duráveis seja muito variável. A participação em projetos envolve normalmente setores muito especializados das instituições, por vezes uma pessoa singular ou uma pequena equipa, e o caráter necessariamente focado e disciplinarmente restrito dos projetos limita o seu impacto institucional.

Finalmente a cooperação internacional em termos de capacitação e desenvolvimento é muito relevante no contexto atual da internacionalização do Ensino Superior. Portugal tem aí uma longa tradição dentro do espaço lusófono, que é hoje cada vez mais concretizada dentro dos quadros europeus de cooperação de desenvolvimento. Na comunicação de 2013 sobre o Ensino Superior Europeu e o Mundo, é salientado que a cooperação com países em vias de desenvolvimento e respetivas instituições de Ensino Superior deve ser um elemento importante das estratégias de internacionalização (Comissão Europeia, 2013:9).

*O PAPEL DAS REDES INTERNACIONAIS //* Com o crescimento da cooperação internacional, as instituições de Ensino Superior tenderam naturalmente a eleger parceiros preferenciais e a forma mais eficaz de o fazer foi através da participação em redes. Os últimos 20 anos assistiram à multiplicação de redes universitárias transnacionais. Na Europa, o Coimbra Group teve um papel pioneiro e foi um espaço de inovação cooperativa, tendo tido um papel relevante na criação do programa Erasmus e no estabelecimento de uma metodologia de cooperação baseada em grupos de trabalho especializados com interações frequentes. Mais recentemente, redes europeias como a LERU, Utrecht e UNICA assumiram um papel relevante na cooperação interuniversitária. O Grupo de Montevideo na América Latina e o Grupo de Coimbra de Universidades Brasileiras são outros exemplos extra-europeus de redes universitárias de relevância para a internacionalização das instituições que agregam.

As redes respondem à necessidade de criar laços preferenciais dentro do vasto universo de colaborações possíveis, partilhar conhecimento e capital relacional, obter massa crítica na influência de políticas internacionais relevantes e criar plataformas cooperativas que agilizam a participação em projetos conjuntos (Hénard *et al.* 2012:22–23).

Mas hoje a internacionalização não tem uma dimensão apenas cooperativa, assumindo também uma dimensão competitiva, na medida em que cada vez mais universidades competem no palco global pela atração de estudantes, professores e investigadores e pela externalização dos seus serviços fora de fronteira – o que nos leva à dimensão da internacionalização como globalização.

*A INTERNACIONALIZAÇÃO COMO GLOBALIZAÇÃO //* O termo "globalização" tem servido para distinguir uma dimensão da internacionalização universitária que não está centrada na cooperação, mas antes na competição por recursos e públicos. Com a procura de educação superior a crescer exponencialmente no globo, os estudantes procuram cada vez mais uma formação que corresponda às suas ambições e fazem-no dentro ou fora do seu país (*The Economist* 2015, Chang 2014, OCDE 2014). As instituições de Ensino Superior são levadas a responder a essa procura crescente e a competir no palco global para atrair estudantes e recursos humanos qualificados. Nesta vertente o Ensino Superior tornou-se uma verdadeira indústria global com uma dimensão económica muito significativa, chegando em alguns países a ser dos principais setores de exportação (caso dos EUA e da Austrália).

Neste domínio as universidades são levadas a desenvolver competências específicas necessárias para a eficaz promoção da sua oferta, a gestão de processos de recrutamento internacionais e a prestação de serviços de qualidade adaptados a públicos que vieram de diversos contextos educativos e realizaram um investimento considerável na sua formação.

Num tal contexto, as instituições são necessariamente concorrentes, já não ao nível nacional, mas internacional. Isso é uma novidade importante, tanto mais que em muitos países a concorrência pelos públicos nacionais é reduzida, porque as instituições captam sobretudo estudantes nacionais da sua região de influência direta. Assim, paradoxalmente, a competição é mais forte fora das fronteiras do que dentro. Isso é verdade em Portugal e em outros países onde os fluxos de estudantes dentro do próprio país são reduzidos.

O caráter concorrencial que decorre da globalização não significa que as instituições não possam, nem devam, cooperar entre si, como acontece aliás nos setores exportadores mais importantes.

Assim, os países em que a globalização do Ensino Superior é uma estratégia assumida, desenvolvem iniciativas e estruturas de apoio que promovem o sistema universitário como um todo no exterior e, a esse nível, promovem a cooperação interinstitucional. É o caso da presença em feiras educativas, da elaboração de materiais promocionais do sistema de Ensino Superior como um todo e da criação conjunta de processos de facilitação do acolhimento de estudantes internacionais, em articulação com as entidades governamentais relevantes, nomeadamente em matéria de vistos e estatutos específicos para residência de estudantes internacionais.

*A INTERNALIZAÇÃO DA INTERNACIONALIZAÇÃO* // Nos últimos anos alguns autores começaram a chamar a atenção para uma outra dimensão da internacionalização, que não tem a ver tanto com as relações externas, seja no sentido de cooperação, seja no de globalização, mas com a realidade interna das instituições.

A expressão "internacionalização em casa" foi inicialmente usada para referir as estratégias usadas pelas instituições para proporcionar uma experiência internacional a todos os seus estudantes e não apenas aos que usufruem de um período de mobilidade, que serão sempre uma minoria. Na verdade, o processo de mundialização que envolve as instituições de Ensino Superior impele-as a preparar os seus estudantes para um mundo global, o que implica o desenvolvimento de competências internacionais e interculturais. Essa preparação pode incluir competências genéricas, como a capacidade de comunicar e trabalhar com pessoas de outras culturas e a valorização da diferença, mas também competências específicas nas áreas de formação.

Este último aspeto passa por um esforço de internacionalização dos conteúdos dos programas de estudo, sobretudo naquelas áreas em que a dualidade local/global faz mais sentido, que é o caso das ciências sociais e humanas, incluindo o direito. Contudo em todas as áreas, em maior ou menor grau, faz sentido refletir sobre se os conteúdos e competências desenvolvidas nos estudantes são pensados em termos internacionais e interculturais, permitindo-lhes ser mais significativos para a suas comunidades de referência num mundo em crescente globalização.

Nessa perspetiva, o conceito de "internacionalização em casa" está ligado ao conceito de "internacionalização do *curriculum*".

O processo de Bolonha foi um passo muito significativo para a "internacionalização em casa" das instituições de Ensino Superior europeias. A uniformização do sistema de créditos, o foco nos resultados de aprendizagem, a harmonização relativa dos processos de garantia de qualidade, constituem enormes progressos para a internacionalização dos programas de estudo, ainda que o seu foco, laboriosamente conquistado, tenha sido mais nos quadros formais do que nos conteúdos. Mas seria um erro ignorar, no contexto da internacionalização dos sistemas de Ensino Superior, a enorme transformação trazida pelo Processo de Bolonha e o enorme potencial que este representa na internacionalização das instituições de Ensino Superior portuguesas, dentro e fora da Europa.

Esta linha de raciocínio vai além das questões das competências desenvolvidas dentro do quadro dos planos de estudo. Facilmente se entende que uma instituição verdadeiramente capacitada para formar cidadãos de e para um mundo global tem de ter políticas de internacionalização transversais a toda a sua atividade, desde as políticas de contratação de docentes e funcionários à capacidade dos serviços mais variados de atenderem uma população culturalmente diversificada e ao desenvolvimento de políticas internas de valorização da diversidade e combate a preconceitos e formas de discriminação sub-reptícias.

Essa consciência da internacionalização como algo que não tem a ver com o relacionamento com outras instituições, quer cooperativo, quer competitivo, mas antes com a essência da própria instituição, deu origem a expressões como "comprehensive internationalisation", "mainstream internationalisation", "deep internationalisation" or "internationalisation at home", que no entanto podemos considerar como a internalização da dimensão internacional em todas as esferas de atividade da instituição.

Inquéritos feitos por organizações internacionais parece mostrarem que esta dimensão de internalização do *curriculum* e de internacionalização em casa se encontram ainda em estados embrionários de desenvolvimento, embora com significativas variações regionais (Beelen, 2011).

De assinalar que a Comissão Europeia, na sua comunicação estratégica sobre o Ensino Superior Europeu e o mundo, recomenda como prioridade chave para as instituições e estados membros o desenvolvimento de estratégias globais de internacionalização (em inglês, "comprehensive internationalization strategies"), definindo-as como "posicionar as IES, os seus alunos, investigadores e pessoal, e os sistemas nacionais, ligados às várias atividades relevantes relacionadas com a investigação, a inovação e o Ensino Superior, num plano mundial, de acordo com o seu perfil individual, as necessidades do mercado de trabalho e a estratégia económica do país" (Comissão Europeia, 2013:4).

Dessa forma a internacionalização torna-se uma dimensão transversal da atividade universitária. Na verdade os grandes desafios da internacionalização das instituições de Ensino Superior residem hoje não só na frente externa, mas sobretudo na frente interna, na forma de garantir que os fins, processos e recursos da instituição têm uma dimensão global, para que nas três missões tradicionais das universidades a dimensão internacional esteja presente de forma estruturante e transformativa, o que implica processos de gestão de mudança não triviais (Hudzik e McCarthy, 2012; Santos e Almeida FIlho, 2012).

## Evitando visões simplistas: as falsas verdades da internacionalização

Caminhamos assim para uma conceção de internacionalização das instituições de Ensino Superior que tem de superar abordagens simplistas e limitadas decorrentes das consequências de processos em grande medida externos às instituições. Isso passa por repensar algumas noções simplistas que cristalizaram historicamente nas práticas institucionais:

1. a identificação da internacionalização com o número de estudantes internacionais, quer em mobilidade, quer em

programas completos de concessão de grau, sem pensar qualitativamente o seu impacto estratégico;

2. a ideia de que a língua inglesa é a base do processo de internacionalização, quando, cada vez mais, a diversidade linguística e experiência intercultural são valorizadas nos mercados globais;

3. a ideologia latente de que a experiência internacional de mobilidade e o contacto com estudantes de outros países geram competências automaticamente, que não necessitam de ser avaliadas e incorporadas de forma devidamente pensada nas estratégias formativas;

4. a abordagem da internacionalização como um fim em si, enquadrada por uma estratégia autónoma e não como um processo transversal e integrado que deve informar toda a atividade institucional e que tem sempre como fim último a realização plena da sua missão.

As tendências atuais apontam antes na direção de uma abordagem da internacionalização que é parte integrante da visão estratégica da instituição e uma componente fundamental da realização das suas diferentes missões sociais. Isso significa que, em sede de planeamento estratégico e implementação de sistemas de gestão e qualidade, a internacionalização deve ser incorporada de forma transversal, cristalizada em objetivos específicos nas diferentes frentes de atuação e monitorizada por métricas abrangentes e multissetoriais.

A dificuldade reside em que a internacionalização, mesmo quando entendida de forma global e integrada, tem sempre de encontrar um foco e uma visão, que traduzem a forma como a instituição se posiciona na cena global, tendo em conta as suas forças e fraquezas e as oportunidades e ameaças que deteta no seu contexto alargado.

Daí a importância de pensar de que forma a estratégia de internacionalização se articula com a visão estratégica geral da instituição.

## A internacionalização e a estratégia institucional multinível

Dentro do contexto acima descrito as instituições deparam-se com um dilema cuja resolução não é fácil. Por um lado, parece fazer sentido a definição de uma estratégia de internacionalização que se foque na evolução institucional dentro de um cenário de globalização crescente do Ensino Superior e forneça um plano detalhado e fundamentado de desenvolvimento assente na análise da especificidade da instituição na sua relação com o mundo. Por outro lado, também faz sentido promover o desenvolvimento de uma perspetiva integrada de internacionalização que toque todos os setores da instituição e por isso seja antes uma dimensão adicional numa visão estratégica que necessariamente se centra na tripla missão das universidades: ensino, investigação e transferência de saber. Dito de outro modo, devem as instituições ter uma estratégia de internacionalização específica ou terem a internacionalização como componente das diferentes estratégias setoriais?

A diluição da reflexão estratégica sobre internacionalização de forma transversal no planeamento estratégico institucional tem a vantagem de não fechar essa dimensão num setor autónomo, que tenderá sempre a ser o das relações internacionais e/ou do recrutamento internacional e a promover a abordagem integrada necessária para que a instituição cumpra verdadeiramente a sua missão de ser um agente transformativo local através da formação que dá aos seus estudantes. Mas, por outro lado, tem o efeito nocivo de dificultar a expressão clara das opções institucionais em matéria de posicionamento global, uma vez que, no plano internacional, a instituição terá que encontrar a sua especificidade e o seu nicho, o que decorrerá sempre de uma reflexão estratégica de internacionalização no sentido lato.

Num recente inquérito promovido pela European University Association constatou-se que a maior parte das instituições consultadas (56%) tem uma estratégia autónoma de internacionalização e uma percentagem menor (30%) inclui a internacionalização noutras estratégias (Gaebel, 2013). Assim as instituições têm de encontrar um equilíbrio entre a necessidade de focar estrategicamente a sua frente internacional e de a tornar simultaneamente abrangente a nível interno. De certo modo este dilema ultrapassa-se quando a internacionalização é incluída como parte de um processo interno abrangente de planeamento estratégico com o objectivo explícito de a tornar uma dimensão transversal a toda a missão e visão institucional, com envolvimento efetivo de todas as partes interessadas e planos de ação e métricas associados. Isso exige abordagens criativas do ponto de vista de formulação estratégica e um grande esforço de comunicação, motivação e mobilização interna (Hudzik e McCarthy, 2012; Hénard *et al.*, 2012).

Adicionalmente as instituições, ao definirem o seu posicionamento estratégico internacional, têm de ter em conta vários níveis de estratégias encadeadas na sua envolvente. Hoje é comum existirem formulações explícitas de estratégias de internacionalização de Ensino Superior a nível regional, nacional e supranacional (por exemplo a nível europeu, conforme referido neste texto e Grupo de Trabalho, 2014). Assim as instituições têm de pensar as suas estratégias em articulação com esses vários níveis interligados que definem prioridades estratégicas a montante e, mais importante ainda, oportunidades de acesso a recursos e quadros preferenciais de cooperação.


## Conclusões

Num mundo cada vez mais globalizado, em que os fluxos de estudantes e de serviços de Ensino Superior crescem a ritmos acelerados, as instituições de Ensino Superior não podem deixar de incluir a internacionalização nas suas reflexões estratégicas, nos seus processos de gestão e nos seus mecanismos de avaliação e de melhoria contínua.

As perspetivas mais simples e tradicionais sobre internacionalização, quer enquanto cooperação interinstitucional, quer enquanto competição por talento e recursos no espaço global, necessitam de ser encaradas numa visão mais abrangente de uma internacionalização integrada, que engloba todas as área de atividade da instituição num esforço de proporcionar aos seus estudantes uma formação que os torne cidadãos do mundo, com um horizonte alargado de realização pessoal e profissional e capazes de responder aos desafios contemporâneos.

Hoje é claro que, para realizarem a sua missão local, a sua responsabilidade perante as comunidades onde se encontram, as instituições de Ensino Superior têm de ser eficazes no plano global, quer no que toca às suas relações externas, quer na forma como internalizam a dimensão internacional.

Essa internalização da internacionalização na missão das instituições de Ensino Superior exige, contudo, novas abordagens em sede de planeamento estratégico e implementação de processos de gestão e sistemas de suporte. Simultaneamente é necessário um grande esforço de mobilização da comunidade académica com vista à transição do conforto de uma existência focada localmente para os desafios da cidadania e responsabilidade global.

### 1.2.3 Dinâmicas de mudança

Nesta secção ilustram-se três contextos de sistemas de Ensino Superior distintos: de Cabo Verde, Portugal e Brasil.

## Cabo Verde

Cabo Verde é um arquipélago de 10 ilhas vulcânicas localizadas na região central do Oceano Atlântico, com uma população em crescimento na última década. Em 2012 o número de habitantes aproximava-se dos 506.000, contudo a representatividade da população mais jovem (entre os 0 e os 14 anos) tem decaído.

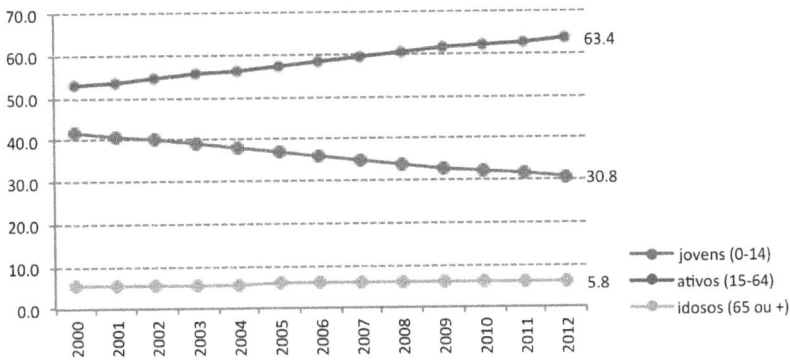

Figura 1.10 Distribuição da população (%)
por grandes escalões etários entre 2004 e 2012;
INE Cabo Verde

O número dos alunos inscritos nos diferentes níveis de ensino aumentou cerca de 9.800 entre 2005 e 2006, mantendo-se desde então entre os 140.000 e os 150.000. Refletindo a tendência verificada na estrutura demográfica, exposta acima (reforçada pela redução do índice de fertilidade, que passou de 2,95 em 2003 para 2,39 em 2011), as inscrições no primeiro nível de ensino têm diminuído, ao passo que se regista um ritmo de crescimento nas matrículas no segundo e terceiro níveis. A precocidade da implantação do Ensino Superior manifesta-se no facto de os universitários corresponderem a cerca de 7% da população estudantil em 2010.

160.0
150.0
140.0
130.0
120.0
110.0
100.0
90.0
80.0
70.0
60.0
50.0
40.0
30.0
20.0
10.0
0.0

1º nível (básico)
2º nível (secundário)
3º nível (superior)
total

2002 2003 2004 2005 2006 2007 2008 2009 2010

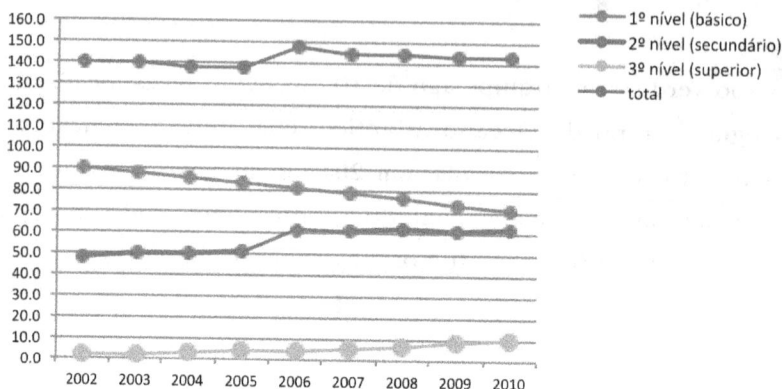

Figura 1.11 Nº de inscritos (milhares) por nível de ensino entre 2002 e 2010; INE Cabo Verde

O contexto do Ensino Superior em Cabo Verde define-se, em 2010, na circunstância de apenas cerca de 5% da população deter formação superior (tabela 1.7), concentrada, em grande medida, nas áreas urbanas.

| Nível de ensino | Distribuição da população (%) por níveis de ensino (3 anos ou mais) | | | | | | | |
|---|---|---|---|---|---|---|---|---|
| | Sem nível / Nunca frequentaram | Pré-escolar | Alfabetização | Ensino básico | Secundário | Curso médio | Bacharel ou superior | nd |
| Cabo Verde | 12,5 | 4,6 | 1,7 | 43,0 | 31,2 | 1,0 | 5,1 | 1,0 |
| Áreas urbanas | 9,9 | 4,5 | 1,3 | 39,9 | 34,8 | 1,3 | 7,5 | 0,9 |
| Áreas rurais | 16,8 | 4,7 | 2,3 | 47,8 | 25,5 | 0,6 | 1,2 | 1,1 |

Tabela 1.7 Nível de ensino da população; INE Cabo Verde, Censos de 2010

No ano letivo de 2011/2012, o Ministério do Ensino Superior, Ciência e Inovação de Cabo Verde, recenseou 13.068 alunos a frequentar o Ensino Superior (tabela 1.8). Marca-se o início de um processo de reconfiguração do Ensino Superior neste país, "despoletado pela apro-vação do novo Regime Jurídico das Instituições de Ensino Superior, a que se seguiu a publicação do Regime de Graus e Diplomas" (MESCI, 2013). Este impulso foi acompanhado de mudanças nas modalidades de financiamento, tendo sido introduzidas soluções de apoio aos estudantes, por via quer de bolsas, quer de empréstimos concedidos pelos bancos, assentes em garantias asseguradas pelo Estado. Nesse ano foram concedidas 1000 bolsas/empréstimos (MESCI, 2013).

Em 2010 existiam em Cabo Verde 10 instituições, contando a Universidade de Cabo Verde (Uni-CV), a Universidade Piaget (Uni-Piaget) e o Instituto Superior de Ciências Económicas e Empresariais (ISCEE), no seu conjunto, quase 66% dos alunos matriculados. A proporção dos estudantes inscritos na Uni-CV correspondia a 34,2% do total. O acesso ao Ensino Superior por parte das mulheres é um dado relevante, na medida em que corresponde a cerca de 59% da população universitária cabo-verdiana.

Nº de alunos (ano letivo de 2011/12)

| Instituição | F | % | M | % | Total | % |
|---|---|---|---|---|---|---|
| Universidade de Cabo Verde (Uni-CV) | 2298 | 51,4 | 2171 | 48,6 | 4469 | 34,2 |
| Universidade Jean Piaget de Cabo Verde (Uni-Piaget) | 1188 | 54,0 | 1014 | 46,0 | 2202 | 16,9 |
| Universidade do Mindelo (Uni-Mindelo) | 648 | 66,3 | 330 | 33,7 | 978 | 7,5 |
| Instituto Superior de Ciências Económicas e Empresariais (ISCEE) | 1301 | 67,6 | 623 | 32,4 | 1924 | 14,7 |
| Instituto Superior de Ciências Jurídicas e Sociais (ISCJS) | 691 | 66,0 | 356 | 34,0 | 1047 | 8,0 |
| Mindelo Escola Internacional de Arte (M_EIA) | 30 | 66,7 | 15 | 33,3 | 45 | 0,3 |
| Universidade Losófona de Cabo Verde Baltasar Lopes Silva | 407 | 61,5 | 255 | 38,5 | 662 | 5,1 |
| Universidade Intercontinental de Cabo Verde (UNICA) | 218 | 74,4 | 75 | 25,6 | 293 | 2,2 |
| Universidade de Santiago (US) | 459 | 58,6 | 324 | 41,4 | 783 | 6,0 |
| Instituto Universitário da Educação (IUE) | 415 | 62,4 | 250 | 37,6 | 665 | 5,1 |
| Total | 7655 | 58,6 | 5413 | 41,4 | 13068 | 100,0 |

Tabela 1.8 Distribuição do nº de alunos por sexos e por Instituições de Ensino Superior em Cabo Verde no ano letivo 2011/12; Anuário Estatístico 2011/12, MESCI (2013); J. Nascimento (2013), com tratamento próprio

Esta população encontra-se fortemente concentrada em termos geográficos, com 90% nas cidades da Praia e do Mindelo. A oferta de Ensino Superior manifesta uma taxa de crescimento, no período apresentado na figura 1.13, de 94,5%, correspondendo, em média, a ganhos de 9,5% ao ano (passou de 717 alunos em 2000/01 para 13.068 em 2012/13).

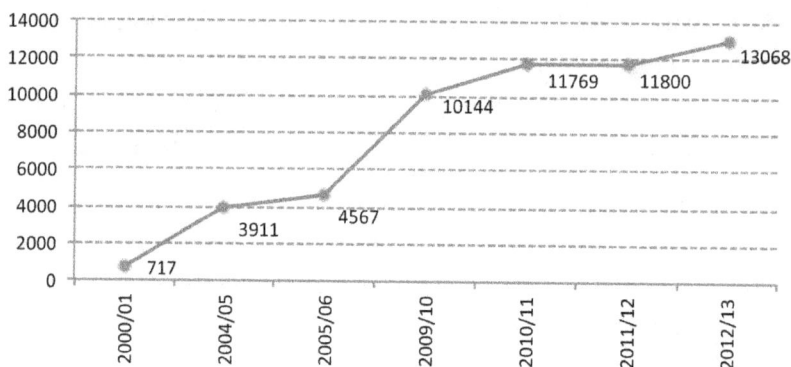

Figura 1.12 Evolução do número de estudantes entre 2000 e 2013; Nascimento (2013), com tratamento próprio

Tomando em conta os registos de 2012/2013, as áreas de formação com mais prevalência são as ciências económicas, jurídicas e políticas (36% dos estudantes), seguidas das ciências sociais, humanas, letras e línguas (32,3%). As ciências exatas, engenharias e tecnologias congregam 20,5% e as ciências da vida, ambiente e saúde 10,8% do total de estudantes inscritos. O corpo docente era composto por 152 doutorados (111 no ano letivo anterior), 646 mestres, 142 pós-graduados e 442 licenciados (figura 1.13).

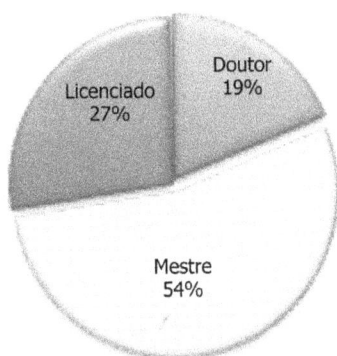

Figura 1.13 Corpo docente em Cabo Verde por grau académico no ano
letivo de 2012/2013; adaptado de Nascimento (2013)

Caixa 1.9 Sobre o quadro de ganhos recentes no Ensino Superior de
Cabo Verde; extraído de Nascimento (2013)

↗ Criação do Ministério do Ensino Superior, Ciência e Inovação;

↗ Publicação da última revisão da lei de Bases do Sistema Educativo (introduzindo
Cursos de Estudos Superiores Profissionalizantes);

↗ Publicação do Novo Regime Jurídico das Instituições de Ensino Superior;

↗ Publicação do Regime de Graus e Diplomas;

↗ Publicação do Regime Jurídico das Sociedades de Garantia Mútua;

↗ Aumento do nível de acesso ao Ensino Superior, tornado possível devido ao
aumento e consolidação das Instituições de Ensino Superior em Cabo Verde;

↗ Aumento e diversificação das ofertas formativas;

↗ Melhoria das infraestruturas e equipamentos para o ensino (apoiando a
investigação e a extensão);

↗ Investimento na qualificação de docentes ao nível do doutoramento e pós-
doutoramento;

↗ Modernização do Ensino Superior pelo investimento nas Novas Tecnologias
de Comunicação e Multimédia;

↗ Reconversão do modelo de financiamento do apoio público aos estudantes
(Fundo de Garantia Mútua);

Na caixa 1.9 assinalam-se alguns passos que marcam o processo recente de implantação do Ensino Superior no arquipélago de Cabo Verde. Apesar de se registarem grandes avanços, é notória a necessidade de aprofundar o processo de estruturação de um sistema que se capacite para trilhar o longo caminho que poderá conduzir à expansão e massificação do Ensino Superior.

## Portugal

[*Henrique Pires*[13]]

Neste ponto apresentamos uma breve caracterização da população portuguesa em termos demográficos e o seu enquadramento no contexto da União Europeia a 27 (UE27). Desenhamos um retrato sobre a educação e a estrutura das qualificações dos portugueses, bem como sobre a dimensão dos desafios que ainda se colocam relativamente às necessidades de melhoria dos seus níveis de qualificação, e analisamos alguns dados sobre a investigação e desenvolvimento.

***DEMOGRAFIA*** | | De acordo com dados do Eurostat e do INE (2011), Portugal, em termos de população residente, ocupa a 11ª posição na UE27. Não obstante, entre 2001 e 2011, a população residente em Portugal ter aumentado de 10.394669 para 10.542398 indivíduos, Portugal mantém a tendência de envelhecimento demográfico, com a redução dos efetivos populacionais jovens como resultado da baixa da natalidade, a par com o acréscimo do número de pessoas idosas devido ao aumento da esperança de vida.

---

[13] Especialista em Gestão e Administração, Professor no IPAM – Instituto Português de Administração de Marketing.

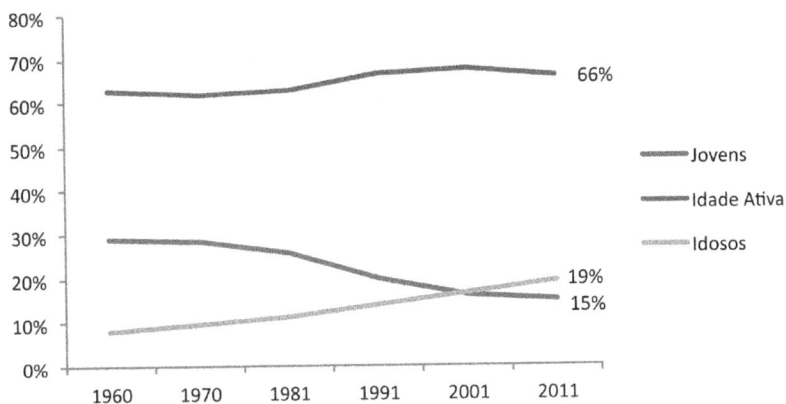

Figura 1.14 Proporções de jovens (com menos de 15 anos), idade ativa (entre 15 e 64 anos) e idosos (com 65 e mais anos) em relação à população residente; PORDATA com tratamento próprio

Desde o início da década de 60 do séc. XX que se observam taxas de crescimento natural tendencialmente mais reduzidas ou mesmo negativas (figura 1.14). Se analisarmos a década entre 2001 e 2011, a proporção de jovens (população dos 0 aos 15 anos de idade) decresceu de 16,2% para 14,9% da população residente total. No mesmo período, a proporção de indivíduos em idade ativa (população dos 15 aos 64 anos de idade) também se reduziu de 67,3% para 66,1%, verificando-se simultaneamente o aumento da percentagem de idosos (população com 65 ou mais anos de idade) de 16,6% para 19,0%. Em resultado destas alterações, o índice de envelhecimento – número de idosos por cada 100 jovens – aumentou de 103 para 128 idosos entre 2001 e 2011. Esta tendência acentuou-se em 2012, tendo-se registado menos de 90 mil nascimentos, e em 2013 a situação ainda se agrava mais, ficando o número de nascimentos abaixo dos 80 mil.

**EDUCAÇÃO E QUALIFICAÇÕES** || A educação em Portugal apresenta-se num cenário de contrastes. Se, por um lado, atingimos razoáveis níveis educativos na população jovem, por outro lado, refletindo um passado de grande atraso, persistem fracos índices de qualificação da população menos jovem, que se agravam de modo dramático à medida que se progride para escalões etários superiores.

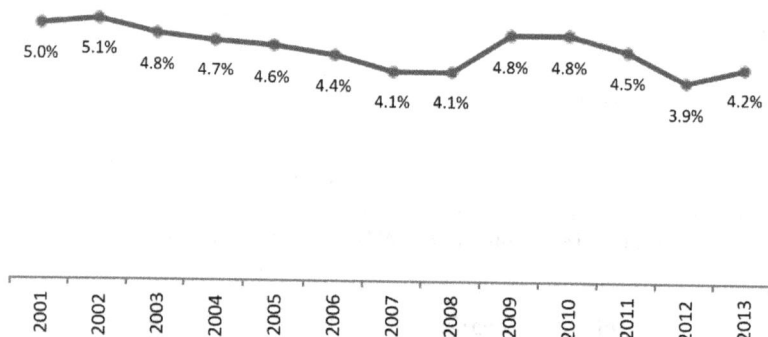

Figura 1.15 Despesas do Estado com educação em % do PIB; PORDATA com tratamento próprio

Comecemos por analisar as despesas do Estado português com educação em percentagem do PIB (figura 1.15). Estas revelam um decréscimo contínuo entre 2002 (5,1%) e 2008 (4,1%). Em 2009 regista-se um ligeiro incremento, que se mantém em 2010. Em 2011 conhecem novo decréscimo (4,5%) e as estimativas para o ano de 2012 apontavam para um valor de 3,9%. A verdade é que Portugal ainda tem um longo caminho a percorrer para se aproximar dos valores médios da EU27 nas várias estatísticas sobre educação e qualificação.

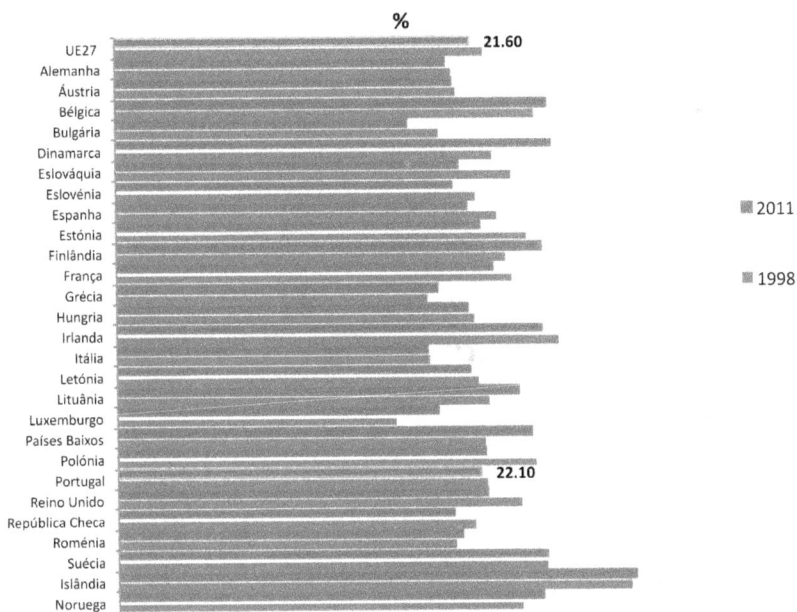

Figura 1.16 Alunos no total da população residente; PORDATA com
tratamento próprio

Se observarmos a figura 1.16 verificamos que, segundo os dados
do Eurostat, Portugal ocupa a 11ª posição na EU27, obtendo uma
média de alunos no total da população residente de 22,1%, ligeiramente superior à média europeia, que é de 21,5%.

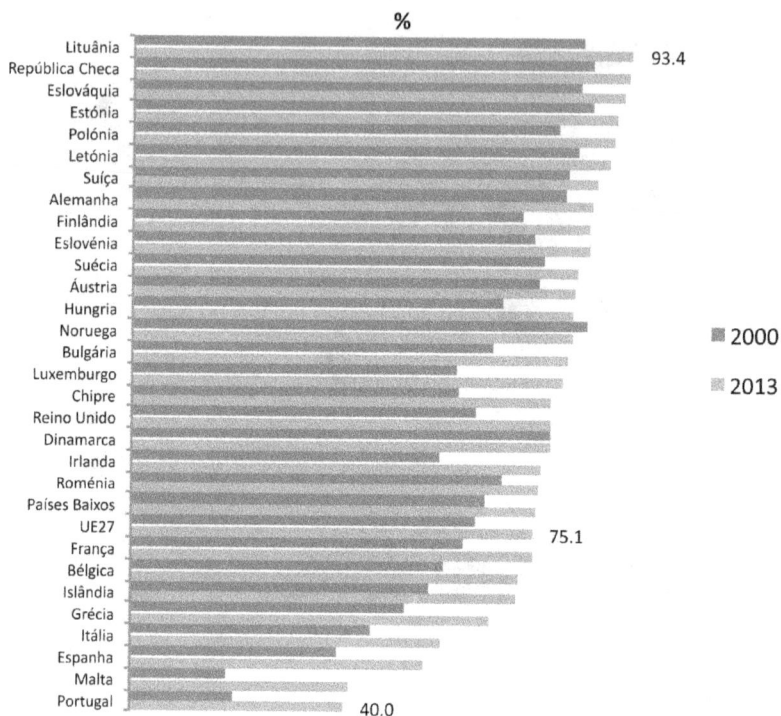

%

Lituânia ▓ 93.4
República Checa
Eslováquia
Estónia
Polónia
Letónia
Suíça
Alemanha
Finlândia
Eslovénia
Suécia
Áustria
Hungria
Noruega ▓ 2000
Bulgária
Luxemburgo ▓ 2013
Chipre
Reino Unido
Dinamarca
Irlanda
Roménia
Países Baixos
UE27 75.1
França
Bélgica
Islândia
Grécia
Itália
Espanha
Malta
Portugal 40.0

Figura 1.17 População residente com, pelo menos, o ensino secundário entre os 25 e os 64 anos; EUROSTAT, PORDATA com tratamento próprio

Contudo, se analisarmos a população entre os 25 e os 64 anos que tem pelo menos o ensino secundário, Portugal desce para a 27ª e última posição na UE27 (figura 1.17). A média de 40% desta população com o ensino secundário fica visivelmente distante da média europeia, que se situa nos 75,1%. Apesar disso, entre 2001 e 2011 houve uma aproximação de Portugal à média europeia, reduzindo-a de 45 para os 35 pontos percentuais.

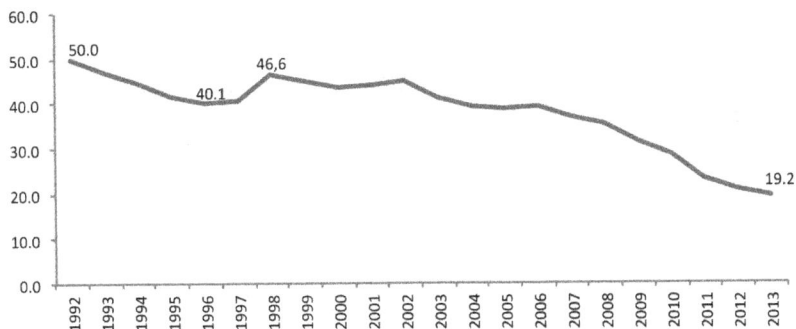

Figura 1.18 Taxa de abandono precoce de educação e formação entre os 18 e 24 anos (em 2013 era de 23,6% nos homens e 14,5% nas mulheres); INE, PORDATA com tratamento próprio

Não é com certeza alheia a esta discrepância a taxa de abandono precoce da escola entre os 18 e 24 anos (figura 1.18) que se regista em Portugal (19,2%), a terceira mais elevada da EU27. Embora tenha vindo a decrescer nos últimos anos, esta taxa em 2013 já se situava nos 19,2% e na verdade ainda está distante da média europeia, que se situa nos 13,5% (em 2012).

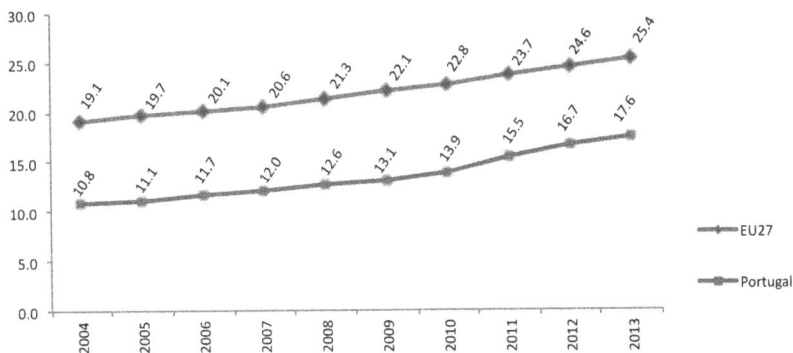

Figura 1.19 População (%) com o Ensino Superior no grupo de idade 25--64 anos, na UE27 e em Portugal; PORDATA com tratamento próprio

Analisando a população com o Ensino Superior, na idade compreendida entre os 25 e os 64 anos (figura 1.19) verificamos que a diferença entre Portugal e a média da UE27 se situava, em 2004, nos 10,8%. Na última década regista uma progressão positiva, situando-se a distância que nos separa da UE27, no final deste período, nos 7,8%.

Apesar da evolução positiva é bem visível a distância a que nos encontramos da média da UE27, em termos de qualificação da população em idade ativa que não se encontra a estudar.

Em seguida aprofundamos um pouco mais estes dados sobre a estrutura da qualificação da população portuguesa, apresentando a comparação dos números da população com 15 ou mais anos de idade e 25-64 anos, por nível de escolaridade mais elevado completo.

| | 15 ou mais anos de idade | | 25-64 anos | |
|---|---|---|---|---|
| | 2001 | 2011 | 2001 | 2011 |
| Sem nível de escolaridade completo (*) | 1.568.250 | 934.129 | 621.737 | 270.321 |
| 1.º Ciclo | 2.625.865 | 2.444.206 | 1.982.393 | 1.409.099 |
| 2.º Ciclo | 1.203.798 | 1.152.362 | 833.167 | 897.066 |
| 3.º Ciclo | 1.417.095 | 1.714.586 | 741.346 | 1.114.791 |
| Ensino secundário e pós-secundário | 1.210.413 | 1.499.824 | 761.867 | 1.066.420 |
| Ensino superior | 674.094 | 1.244.742 | 585.925 | 1.074.773 |
| Total | 8.699.515 | 8.989.849 | 5.526.435 | 5.832.470 |

Tabela 1.9 População residente (N.º) com 15 ou mais anos de idade e 25-64 anos, por nível de escolaridade mais elevado completo. Portugal (à data dos Censos 2001 e 2011); Conselho Nacional de Educação (2012) Estado da Educação 2012. Autonomia e Descentralização, p29

(*) Nota: Nos grupos etários em análise estão incluídos os indivíduos que nunca frequentaram a escola:
• no grupo 15 ou mais anos de idade: 831 695 (em 2001) e 541 871 (em 2011);
• no grupo 25 – 64 anos: 240 472 (em 2001) e 122 551 (em 2011)

Observando a tabela 1.9 e considerando como qualificações muito baixas as que são iguais ou inferiores ao 1º ciclo do Ensino Básico, em 2011 temos ainda cerca de 3,4 milhões de indivíduos com 15 ou mais anos de idade que não alcançaram um nível mínimo de literacia, apesar da quebra de 19% registada relativamente ao ano de 2001.

Considerando como baixas qualificações os indivíduos que completaram no máximo o 2º ou 3º ciclos do Ensino Básico (níveis 1 e 2 do quadro nacional de qualificações), em 2011 este grupo era constituído por quase 2,9 milhões de pessoas de 15 ou mais anos.

Nas qualificações médias, correspondentes aos indivíduos detentores do nível secundário ou pós-secundário de educação (níveis 3, 4 e 5 do quadro nacional de qualificações), este grupo era constituído por 1,5 milhões de pessoas. Ao longo da década, neste segmento, verifica-se que há um aumento de 2,8% da população residente com 15 ou mais anos.

Os diplomados do Ensino Superior, no mesmo período, também registaram um crescimento representando, em 2011, 13,8% dos indivíduos do escalão etário com 15 ou mais anos. É, portanto, um retrato de grandes contrastes o da estrutura da qualificação da população portuguesa.

***INVESTIGAÇÃO E DESENVOLVIMENTO*** | | O desenvolvimento do sistema científico e tecnológico nacional tem recebido um incentivo positivo, num esforço continuado e persistente que resultou na sua expansão e aproximação, em muitos aspetos, da média europeia.

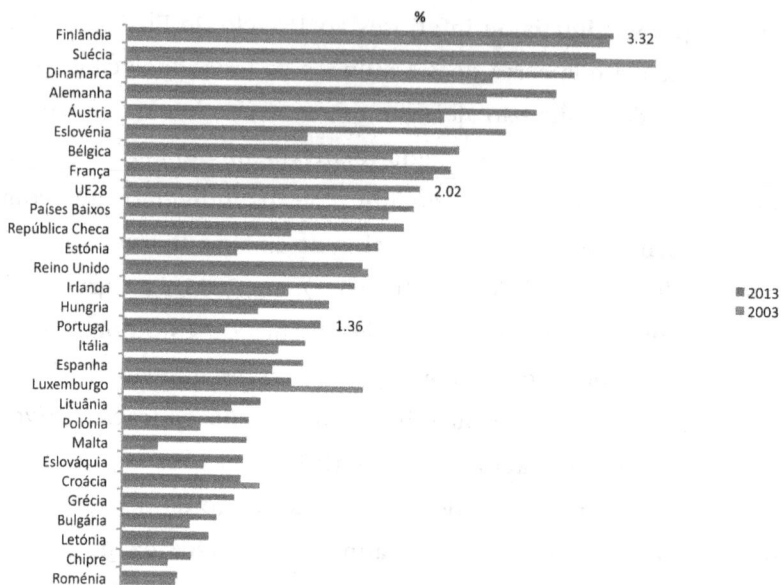

Figura 1.20 Despesas totais em investigação e desenvolvimento (I&D) em % do PIB; EUROSTAT, PORDATA com tratamento próprio

Em Portugal as despesas em investigação e desenvolvimento (I&D) receberam um forte incremento a partir de 2003, ano em que a percentagem representava 0,7 do PIB, tendo crescido desde esse ano a um ritmo de 15,9% ao ano, situando-se em 1,36% em 2013. Para 2013 os números apontam para uma quebra, situando-se nos 1,4%. A média da UE27 é de 2,0% (ver figura 1.20).

Segundo dados de 2012 da DGEEC/MEC, IPCTN e do INE, as empresas são as que executam a maior parte da despesa com I&D (47%), cabendo ao Ensino Superior 38%. Além disso, os serviços da administração central representam ainda 7%, enquanto os restantes 8% são realizados por instituições privadas sem fins lucrativos.

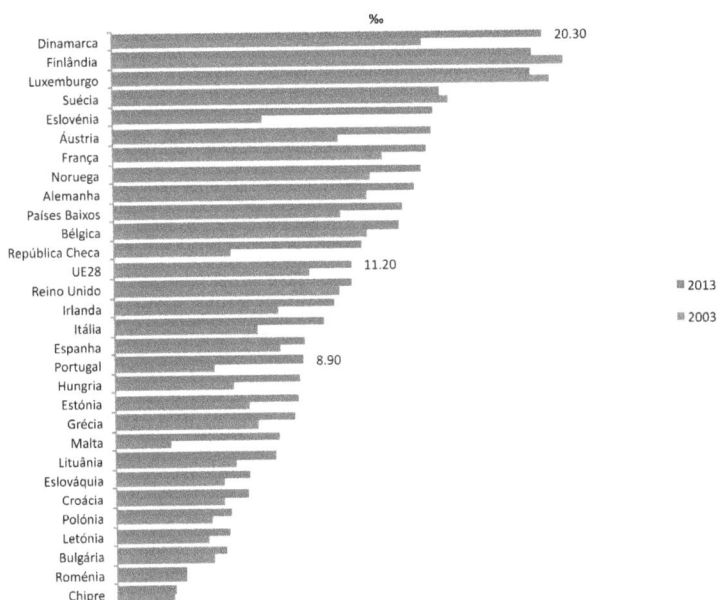

Figura 1.21 Pessoal em atividades de I&D por 1.000 ativos; EUROSTAT,
PORDATA com tratamento próprio

O número de pessoas envolvidas em atividades de I&D por
1.000 ativos (figura 1.21) tem vindo a crescer, colocando Portugal
na UE27 na 13ª posição, com uma média de 8,9 indivíduos por
1.000 ativos, que compara com os 11,2 na UE27.

De acordo com os dados do último Inquérito ao Potencial
Científico e Tecnológico Nacional (IPCTN12), o número total de
investigadores, medido em "equivalente a tempo integral" – ETI
–, é de 50.694. Os investigadores concentram-se sobretudo no
Ensino Superior, com 30.185 (ETI), seguindo-se o setor das empresas, com 12.117 (ETI).

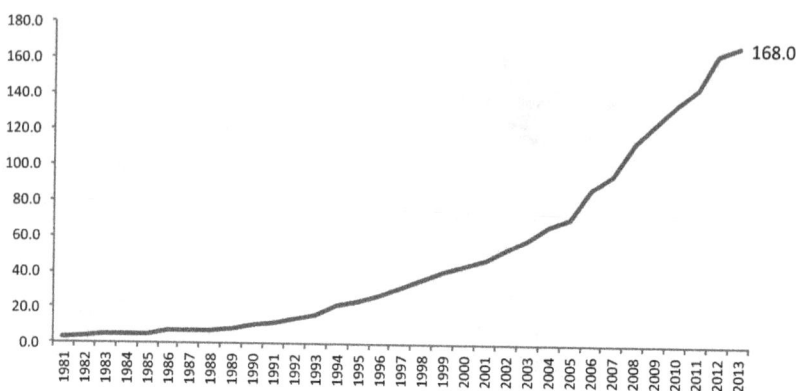

Figura 1.22 Publicações científicas por 100 mil habitantes; DGEEC/MEC, INE, PORDATA, com tratamento próprio

Por fim é de registar o aumento exponencial do número de publicações científicas. Se, até final da década de 1980, o número de publicações por 100 mil habitantes foi sempre inferior a dez, atualmente é de 168,6, ou seja, aumentou quase dezassete vezes em 20 anos, o que representa um salto muito significativo.

**REDE DE INSTITUIÇÕES DE ENSINO SUPERIOR** || O Ensino Superior em Portugal é um sistema binário que integra universidades e institutos politécnicos, com instituições públicas (inclui a Universidade Aberta e as instituições de Ensino Superior militares e policiais) e instituições privadas, em que está abrangida a Universidade Católica Portuguesa. Estas instituições apresentam estruturas de organização e dimensão diversificadas e de diferente natureza jurídica.

| | Instituições Públicas | Estabelecimentos Privados | Total |
|---|---|---|---|
| Ensino Universitário | | | |
| Universidades | 14 | 10 | **24** |
| Institutos universitários | 1 | 2 | **3** |
| Escolas universitárias não integradas | 5 (*) | 25 | **30** |

| Ensino Politécnico | | | |
|---|---|---|---|
| Institutos Politécnicos | 15 | 2 | 17 |
| Escolas politécnicas não integradas | 6(**) | 53 | 59 |
| Total | 41 | 92 | 133 |

Tabela 1.10 Rede de Ensino Superior por subsistema e natureza institucional. (*) quatro instituições de ensino militar e uma policial (**) uma instituição de ensino militar – Escola do Serviço de Saúde Militar; DGES-MEC

A tabela 1.10 mostra-nos que a rede de instituições de Ensino Superior público é composta por 41 instituições e a rede privada por 92 instituições. No setor público há um equilíbrio entre subsistemas (20 IES de ensino universitário e 21 IES de ensino politécnico). Já no privado o número de instituições politécnicas é superior ao das universitárias (55 IES de ensino politécnico e 37 IES de ensino universitário).

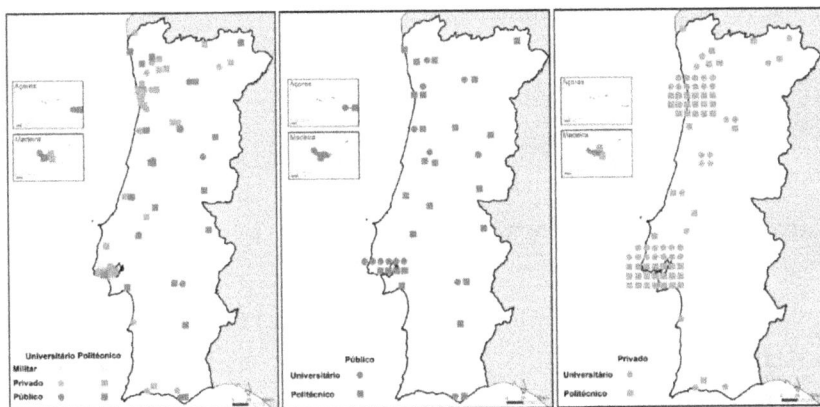

Figura 1.23 Distribuição geográfica das instituições de Ensino Superior. Mapa 1. IES; mapa 2. IES – setor público; mapa 3. IES – setor privado

Ao observarmos o mapa 1 da figura 1.23 vemos que as instituições de Ensino Superior, no global, distribuem-se por todos os 18 distritos do continente e regiões autónomas dos Açores e da Madeira. No entanto, há uma concentração grande no litoral e nas grandes cidades de Aveiro, Braga, Coimbra, Lisboa e Porto. Cerca de 50% do total das instituições está concentrada nos distritos de Lisboa e Porto. Já se observarmos por setor público *versus* privado, essa distribuição altera-se. O mapa 2 da figura 1.23, IES do setor público, mostra que as instituições de ensino universitário se localizam em 10 cidades do continente e nas duas regiões autónomas, e que as de ensino politécnico cobrem 44 concelhos do país. As instituições do setor privado concentram-se, maioritariamente, nas áreas metropolitanas de Lisboa e Porto e no litoral centro e norte do país. A região autónoma dos Açores não conta com nenhum estabelecimento de Ensino Superior privado (mapa 3 da mesma figura).

Segundo dados da Pordata, em 2013 estavam inscritos no Ensino Superior 370.587 alunos. Destes, 303.297 estariam inscritos no Ensino Superior público e 67.290 no Ensino Superior privado. Se tomarmos em conta estes números de inscritos, facilmente chegamos à conclusão de que a dimensão média das instituições públicas é de aproximadamente 7.390 alunos, enquanto no setor privado a dimensão média é de cerca de 728 alunos por instituição.


## Incompatibilidades entre oferta e procura

*MERCADO DO ENSINO SUPERIOR EM PORTUGAL //* Para caracterizarmos o mercado do Ensino Superior em Portugal começamos por fazer o levantamento do número de Instituições de Ensino Superior (IES) reconhecidas pelo Ministério da Educação e Ciência (MEC), atendendo à sua distribuição geográfica e dimensão média por subsistema de Ensino Superior universitário e politécnico. Em termos de análise da oferta e procura, baseamo-nos no universo de ciclos de estudos oferecidos e na distribuição de vagas e de inscritos. Registamos ainda a procura do Ensino Superior português por estudantes estrangeiros.

*OFERTA E PROCURA* // Com a implementação do Processo de Bolonha, os graus académicos oferecidos pelas IES em Portugal são três: licenciatura, mestrado e doutoramento. Só o subsistema universitário pode oferecer ciclos de estudos de doutoramento e mestrados integrados, ciclos de estudos com pelo menos 300 ECTS que integram, num único ciclo de estudos, o 1º e o 2º ciclos.

Foi também criada, em 2007, a Agência de Acreditação e Avaliação do Ensino Superior (A3ES), que tem por missão garantir a qualidade do Ensino Superior em Portugal através da avaliação e acreditação das instituições e ciclos de estudos oferecidos. A partir de 2009 o sistema de Ensino Superior foi submetido a um processo de avaliação e acreditação de todos os ciclos de estudos em funcionamento. A oferta de novos ciclos de estudos também passou a estar condicionada à acreditação prévia por parte da A3ES.

|  |  | Licenciatura | Mestrado | Doutoramento |
|---|---|---|---|---|
| **Público** | Universitário | 441 | 1190 | 512 |
|  | Politécnico | 587 | 404 | - |
|  | Sub-total | 1 028 | 1594 | 512 |
| **Privado** | Universitário | 318 | 363 | 59 |
|  | Politécnico | 225 | 123 | - |
|  | Subtotal | 543 | 486 | 59 |
|  |  | 1 571 | 2 080 | 571 |
| Total |  | 4 222 |  |  |

Tabela 1.11 Cursos (nº) em funcionamento por subsistema de ensino e ciclo de estudos, 2010/2011, adaptado de A3ES (2012)

Segundo dados da Comissão Nacional de Educação – CNE – e da A3ES (2012) em Portugal, o Ensino Superior oferece um universo de 4.222 ciclos de estudos (tabela 1.11). Destes, o setor público representa quase ¾ da oferta (74%). As universidades públicas oferecem mais de metade (2.143) dos ciclos de estudos, com destaque para a expansão dos de pós-graduação, mestrados e doutoramentos. A oferta de mestrados representa mais de 50% da oferta destas instituições e os doutoramentos representam cerca de 14% do total de ciclo de estudos do sistema.

O subsistema politécnico público oferece um total de 991 ciclos de estudos, entre os quais as licenciaturas representam mais de 60%. O setor privado corresponde a cerca de ¼ do total da oferta educativa existente: 1088 cursos. A distribuição de cursos por tipo de graus evidencia que a oferta de mestrados representa perto de metade (49,3%) dos cursos, as licenciaturas 37,2% e os doutoramentos 13,5%.

A procura destes cursos em Portugal organiza-se através de três modalidades principais: o regime geral, com fixação de vagas quer para o concurso nacional de acesso ao Ensino Superior público, quer para os concursos institucionais realizados pelas instituições de Ensino Superior privado; os regimes especiais (atletas de alta competição, filhos de diplomatas em missão no estrangeiro ou de diplomatas estrangeiros em Portugal); e os concursos especiais (maiores de 23 anos, titulares de CET, etc.).

| Subsistema de ensino | 2009/10 | | 2010/11 | |
|---|---|---|---|---|
| | Vagas (regime geral) | Inscritos no 1.º ano pela 1.ª vez | Vagas (regime geral) | Inscritos no 1.º ano pela 1.ª vez |
| Ensino Superior Público | 51 918 | 60 827 | 53 986 | 93 915 |
| Universitário | 29 257 | 34 802 | 28 637 | 35 236 |
| Politécnico | 22 661 | 26 025 | 25 349 | 28 679 |
| Ensino Superior Privado | 39 692 | 20 541 | 35 529 | 19 718 |
| Universitário | 26 146 | 14 886 | 22 553 | 13 888 |
| Politécnico | 13 546 | 5 655 | 12 976 | 5 830 |
| Total | 91 610 | 81 368 | 89 515 | 83 633 |

Tabela 1.12 Vagas no Ensino Superior e inscritos no 1.º ano, pela 1.ª vez, por subsistema e natureza institucional, 2010-11, GPEARI-MCTES

A tabela 1.12 mostra o conjunto de vagas oferecidas por subsistema e natureza institucional e os inscritos no 1º ano, pela 1ª vez através de todos os regimes de acesso, nos anos de 2009/2010 e 2010/11. Observa-se que o setor público oferece cerca de 60% do total de vagas e concentra 77% dos estudantes inscritos no 1º ano pela 1ª vez no ano de 2010/2011. No Ensino Superior privado a situação é inversa, oferecendo 40% das vagas, o que no entanto representa apenas cerca de 23% do total de inscritos pela 1ª vez no Ensino Superior.

Por observação do gráfico pode ver-se que a falta de vagas verificada até ao final da década de 1990 termina em 2001, quando o número de candidatos foi inferior ao número de vagas. Esta situação mantém-se nos anos seguintes e o tradicional excedente de oferta no Ensino Superior, relativamente ao volume de candidaturas acaba por persistir.

Este deficit pode causar estabilidade no sistema de ensino e obrigar a uma readequação dos recursos, através quer de um reajustamento da oferta, quer de estímulos à procura. Esta situação eleva também a concorrência entre as IES ao nível da captação de estudantes.

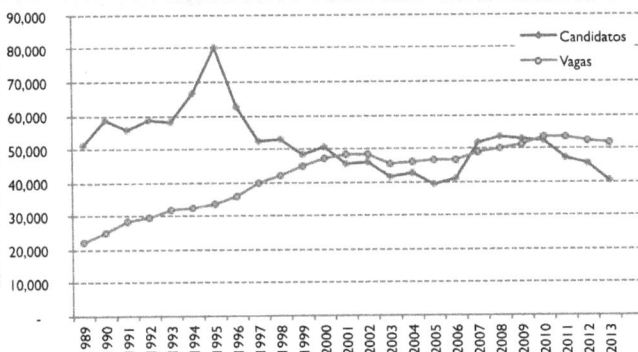

Figura 1.24

Nos últimos três anos (2009 a 2011) as vagas disponíveis para ingresso no Ensino Superior público cresceram 3,9%, o número de candidatos diminuiu 9,6% e os estudantes colocados representaram menos 6,8% face a 2009. Em termos absolutos, na 1ª fase do concurso de 2011 ficaram por ocupar 11.248 vagas. No mesmo período, as vagas disponíveis para ingresso no ensino privado diminuíram 10,5% e os estudantes colocados representaram menos 4,1% comparativamente com 2009. Em termos absolutos, na 1ª fase do concurso de 2011 ficaram por ocupar 15.811 vagas. Na tabela seguinte analisaremos as taxas de ocupação no Ensino Superior.

| NUTS I e II / Subsistema de Ensino | | Portugal | Continente | | | | | | R.A. Açores | R.A. Madeira |
|---|---|---|---|---|---|---|---|---|---|---|
| | | | Total | Norte | Centro | Lisboa | Alentejo | Algarve | | |
| | | | TAXAS DE OCUPAÇÃO (%) | | | | | | | |
| Público | Universitário | 94,6 | 95,0 | 96,1 | 98,2 | 96,5 | 83,2 | 58,4 | 77,9 | 93,5 |
| Público | Politécnico | 72,7 | 72,6 | 74,9 | 69,5 | 84,2 | 54,2 | 70,9 | 98,8 | 95,0 |
| Privado | Universitário | 29,2 | 29,2 | 32,4 | 16,5 | 30,6 | 4,7 | 6,5 | - | - |
| Privado | Politécnico | 20,8 | 20,7 | 22,3 | 7,3 | 21,1 | - | 14,4 | - | 23,4 |
| | | | VAGAS | | | | | | | |
| Público | Universitário | 28820 | 27632 | 8187 | 5973 | 11502 | 1098 | 872 | 603 | 585 |
| Público | Politécnico | 25248 | 25148 | 7767 | 8906 | 4966 | 2509 | 980 | 80 | 20 |
| Privado | Universitário | 20939 | 20939 | 8307 | 1350 | 10202 | 150 | 930 | - | - |
| Privado | Politécnico | 11633 | 11396 | 5820 | 755 | 4663 | - | 160 | - | 235 |
| | | | NOVOS INSCRITOS | | | | | | | |
| Público | Universitário | 27272 | 26255 | 7866 | 5867 | 11100 | 913 | 509 | 470 | 547 |
| Público | Politécnico | 18360 | 18262 | 5819 | 6190 | 4196 | 1360 | 695 | 79 | 19 |
| Privado | Universitário | 6106 | 6106 | 2690 | 223 | 3126 | 7 | 60 | - | - |
| Privado | Politécnico | 2415 | 2360 | 1297 | 55 | 965 | - | 23 | - | 55 |

Tabela 1.13 Taxas de ocupação dos cursos de formação inicial, segundo as NUTS I e II e subsistema de ensino, 2011-12, adaptado de DGEEC (2013)

De acordo com a Direção-Geral de Estatísticas de Educação e Ciência – DGEEC (2013), as taxas de ocupação dos cursos de formação inicial, isto é, licenciaturas e mestrados integrados, representam, no Ensino Superior público universitário, 94,6% do total das vagas disponibilizadas. No politécnico essa taxa baixa para os 72,7%. O Ensino Superior privado apresenta taxas ainda inferiores, situando-se nos 29,2% para o universitário e 20,8% no caso do politécnico.

| Grupos / Países | Subsistema de ensino | | | | | |
|---|---|---|---|---|---|---|
| | Total | | Público | | Privado | |
| | 1998 | 2011 | 1998 | 2011 | 1998 | 2011 |
| União Europeia (27 países) | 100 | 100 | 73,4 | 71,3 | 26,6 | 28,7 |
| Portugal | 100 | 100 | 65,5 | 77,7 | 34,5 | 22,3 |
| Estados Unidos da América | 100 | 100 | 73,8 | 72,3 | 26,2 | 27,9 |
| Japão | 100 | 100 | 21,2 | 21,3 | 78,8 | 78,7 |

Tabela 1.14 Alunos matriculados no Ensino Superior (ISCED 5-6): total e por subsistema de ensino (%), 1998, 2011, Eurostat / UNESCO UIS / OCDE / Entidades Nacionais, PORDATA

Quanto ao peso dos subsistemas de Ensino Superior público e privado, podemos verificar na tabela 1.14 que, em comparação quer com a UE27, quer com os EUA, Portugal, apresenta uma proporção semelhante entre o Ensino Superior público e privado, embora desde 1998 o ensino privado no país tenha vindo a perder quota de mercado. No Japão as proporções invertem-se e é o ensino privado que domina o mercado do Ensino Superior.

***MERCADOS EM CRESCIMENTO //*** Num cenário em que a oferta tem vindo a crescer e a procura a diminuir, encontrar novos mercados e mercados em crescimento é essencial. Se, em termos demográficos, Portugal não apresenta um cenário favorável para o futuro, já no que diz respeito à procura de alunos estrangeiros pelo Ensino Superior português podemos ter perspetivas mais favoráveis.

| País de Origem | 2000/ 01 | 2001/ 02 | 2002/ 03 | 2003/ 04 | 2004/ 05 | 2005/ 06 | 2006/ 07 | 2007/ 08 | 2008/ 09 | 2009/ 10 | 2010/ 11 | 2011/ 12 |
|---|---|---|---|---|---|---|---|---|---|---|---|---|
| Total | 12717 | 15492 | 18760 | 16155 | 17010 | 17077 | 17950 | 18584 | 17900 | 19223 | 21824 | 28656 |
| Brasil | 1375 | 1525 | 1760 | 1842 | 1796 | 1907 | 2204 | 2912 | 3813 | 4421 | 5335 | 6989 |
| Angola | 2711 | 3183 | 3367 | 3527 | 4258 | 4116 | 4794 | 4648 | 3587 | 3238 | 3129 | 3471 |
| Cabo Verde | 2075 | 2497 | 3011 | 3516 | 3835 | 4086 | 4342 | 3844 | 3544 | 3464 | 3359 | 3213 |
| Espanha | 489 | 456 | 485 | 490 | 567 | 679 | 648 | 613 | 679 | 1083 | 1566 | 2689 |
| Itália | 179 | 126 | 167 | 158 | 185 | 239 | 240 | 215 | 334 | 487 | 616 | 1226 |
| Polónia | 33 | 66 | 79 | 66 | 101 | 141 | 170 | 160 | 188 | 256 | 322 | 844 |
| São T. Príncipe | 392 | 441 | 496 | 540 | 581 | 556 | 644 | 644 | 673 | 676 | 829 | 796 |
| França | 901 | 1313 | 1177 | 1173 | 1015 | 746 | 653 | 823 | 584 | 557 | 596 | 777 |

| | | | | | | | | | | | | |
|---|---|---|---|---|---|---|---|---|---|---|---|---|
| Alemanha | 320 | 315 | 306 | 309 | 374 | 300 | 303 | 310 | 274 | 357 | 420 | 772 |
| Moçambique | 852 | 1074 | 1066 | 1155 | 1345 | 1216 | 1006 | 983 | 876 | 746 | 707 | 669 |
| Ucrânia | 5 | 8 | 15 | 24 | 28 | 41 | 84 | 127 | 215 | 319 | 425 | 511 |
| Guiné--Bissau | 308 | 360 | 348 | 452 | 360 | 376 | 426 | 318 | 391 | 401 | 413 | 461 |
| Turquia | 2 | 6 | 2 | 4 | 3 | 25 | 29 | 29 | 66 | 79 | 123 | 339 |
| China | 38 | 39 | 53 | 60 | 75 | 80 | 76 | 102 | 127 | 152 | 221 | 335 |
| Roménia | 39 | 38 | 48 | 67 | 85 | 95 | 86 | 114 | 129 | 160 | 200 | 327 |
| Rep. Checa | 0 | 0 | 0 | 0 | 23 | 31 | 28 | 34 | 36 | 53 | 77 | 259 |
| Bélgica | 73 | 75 | 72 | 77 | 71 | 77 | 80 | 80 | 121 | 137 | 171 | 254 |
| Moldávia | 2 | 0 | 2 | 8 | 8 | 24 | 36 | 68 | 143 | 196 | 247 | 245 |
| EUA | 300 | 261 | 495 | 216 | 182 | 162 | 136 | 158 | 153 | 147 | 180 | 237 |
| Rússia | 24 | 18 | 28 | 37 | 55 | 65 | 85 | 96 | 134 | 171 | 187 | 234 |

Tabela 1.15 Inscritos de nacionalidade estrangeira (as 20 mais frequentes) por país de origem, 2000-2012, DGEEC-MEC

Da observação da tabela 1.15 podemos verificar que em Portugal, na última década, o número de estudantes de nacionalidade estrangeira a frequentar o Ensino Superior tem vindo sempre a crescer. Em termos globais estes representavam, no ano letivo de 2011/12, cerca de 7,5% do total de inscritos. É de registar o peso dos países da CPLP, mas sobretudo há que destacar o crescimento que alguns países europeus têm tido, tais como Espanha, Itália, Polónia e Alemanha e mercados emergentes como a Turquia e a China.

# Brasil

[Sônia Fonseca[14]]

O preceito constitucional brasileiro em vigor aponta, em seu Art. 205, que a educação superior é um direito de todos, dever do Estado e da família. Além disso, o Plano Nacional de Educação

---

[14] Doutora em Educação pela Pontifícia Universidade Católica de São Paulo. Professora da Universidade Estadual de Santa Cruz (UESC).

(PNE), Lei nº 10.172/2001 estabeleceu metas para a expansão da oferta da educação superior, até o final da década, no sentido do atendimento a pelo menos 30% dos jovens de idade entre 18 a 24 anos, do aumento do atendimento em todos os níveis da educação superior e do inevitável aumento dos investimentos.

O gráfico da figura 1.25 mostra o crescimento das Instituições de Ensino Superior no Brasil, públicas e particulares, evidenciando uma procura bem maior que o crescimento da oferta. O gráfico a seguir mostra, ainda, o crescimento do número de cursos, evidenciando o extraordinário crescimento da iniciativa privada na educação brasileira.

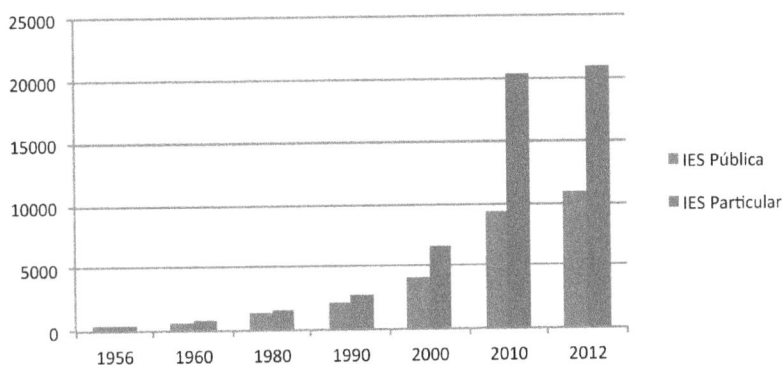

Figura 1.25 Distribuição do Ensino Superior por dependência – Número de Cursos; MEC/INEP, tratamento da autora

Novas e emergentes mudanças movimentavam a economia global durante estas décadas e, para um país capitalista esperando por maiores oportunidades globais, não era possível o fechamento a uma realidade que se fazia presente.

Desta forma, no período de 2003-2012, o atendimento amplo deste nível de conhecimento foi enfático, entendido que o papel da Universidade era o de promover as transformações sociais dando impulso ao desenvolvimento económico e, por sua vez, impelindo uma nova classe social ao acesso a novas demandas. Considera-se como de grande importância para esta expansão o Programa de Apoio aos Planos de Reestruturação e Expansão das Universidades Federais (REUNI), com as seguintes diretrizes:

Art.2º

i. redução das taxas de evasão, ocupação de vagas ociosas e aumento de vagas de ingresso, especialmente no período noturno;

ii. ampliação da mobilidade estudantil, com a implantação de regimes curriculares e sistemas de títulos que possibilitem a construção de itinerários formativos, mediante o aproveitamento de créditos e a circulação de estudantes entre instituições, cursos e programas de educação superior;

iii. revisão da estrutura acadêmica, com reorganização dos cursos de graduação e atualização de metodologias de ensino-aprendizagem, buscando a constante elevação da qualidade;

iv. diversificação das modalidades de graduação, preferencialmente não voltadas à profissionalização precoce e especializada;

v. ampliação de políticas de inclusão e assistência estudantil; e

vi. articulação da graduação com a pós-graduação e da educação superior com a educação básica. (Lei nº 6.096/2007)

O REUNI tem papel central para consolidar a política nacional de expansão da educação superior, promovendo, inclusive, a interiorização das Universidades, abrindo *campi* em muitos municípios longínquos, neutralizando os efeitos da qualidade questionável da educação particular, promovendo a integração regional e internacional como é o caso da criação da Universidade Federal da Integração Latino-Americana (UNILA) e da Universidade Federal da Integração Internacional da Lusofonia Afro-Brasileira (UNILAB).

Nos últimos 12 anos, segundo dados do censo de 2012 do Instituto Nacional de Estudos e Pesquisa Educacionais Anísio Teixeira (INEP), foram criadas 14 novas Universidades Federais e 321 *campi*. Sem contar com as 103 universidades particulares, assim distribuídas: 24 na Região Sul, 65 na Região Sudeste, 1 na Região Norte, 7 na Região Nordeste e 6 na Região Cento Oeste, com mais 2.044 Faculdades isoladas, conforme ilustra a tabela a seguir (tabela 1.16).

| Organização Acadêmica | Instituições | | Matrícula de graduação | |
|---|---|---|---|---|
| | Total | % | Total | % |
| Total | 2.416 | 100,0 | 7.058.084 | 100,0 |
| Universidades | 193 | 8,0 | 3.822.998 | 54,2 |
| Centros Universitários | 139 | 5,8 | 1.086.787 | 15,4 |
| Faculdades | 2.044 | 84,6 | 2.036.660 | 28,9 |
| IFs e Cefets | 40 | 1,7 | 111.639 | 1,6 |

Tabela 1.16 Distribuição do número de Instituições de educação superior e de matrículas na graduação por organização acadêmica no Brasil em 2012; Mec/Inep; tabela elaborada por Inep/Deed

Entretanto, apesar de todos os apoios financeiros e das facilidades para a consolidação da expansão do Ensino Superior, o animado crescimento deparou-se com o fato de que as classes sociais "D e E" que ascenderam para a classe "C", não tiveram em seus salários o crescimento real que garantisse a demanda constante de suas necessidades. Obviamente a demanda por educação viu-se frustrada, impelindo o empresariado da educação superior a rever seus custos fixos e variáveis para a promoção de uma educação de custo baixo, sacrificando a qualidade desses serviços. Tal reflexo é sentido também nas Universidades públicas brasileiras, que apesar de serem gratuitas veem seus alunos debater-se com dificuldades para frequentar as aulas, sem recursos para sua manutenção, transporte, material didático, alimentação etc., em razão do não acompanhamento do salário real das famílias.

A figura 1.26 mostra a distribuição das matrículas, por dependência administrativa e, apesar do grande crescimento do atendimento
das Universidades públicas, o atendimento das Instituições particulares ainda é responsável por 73% das matrículas. Com essa
configuração, a importância do modelo de gestão das Instituições
de Ensino Superior particulares passa a ser primordial para sua
sobrevivência económica e cumpre os objetivos e finalidades quanto
à oferta de ensino de qualidade.

As Universidades públicas, embora queixando-se da falta de
recursos, vêm-se, em comparação com períodos anteriores, em situação privilegiada, com recursos para a pesquisa, melhoramento da
estrutura física e ainda com uma visão de futuro otimista. Medidas
como 10% do PIB aplicado na Educação, recursos do pré-sal e outras melhorias animam a academia pública.

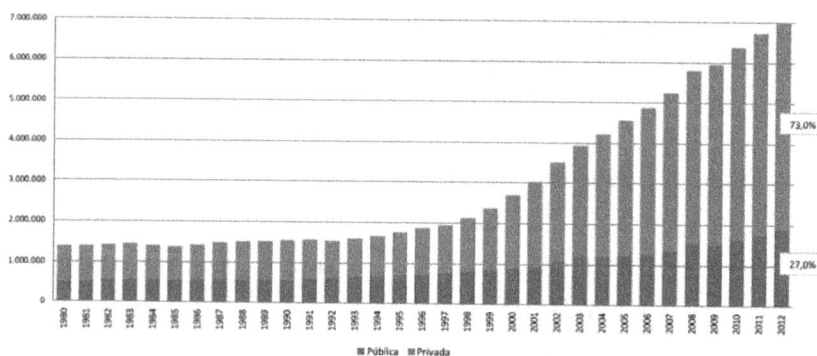

Figura 1.26 Evolução de matrícula na educação superior de graduação
por categoria administrativa no Brasil entre 1980 e 2012; Mec/Inep

O preâmbulo da Declaração Mundial sobre Educação Superior
no Século XXI: Visão e Ação (Paris, 9 de outubro de 1998), publicada pela ONU, indica:

A educação superior tem dado ampla prova de sua viabilidade
no decorrer dos séculos e de sua habilidade para se transformar

e induzir mudanças e progressos na sociedade. Devido ao escopo e ritmo destas transformações, a sociedade tende paulatinamente a transformar-se em uma sociedade do conhecimento, de modo que a educação superior e a pesquisa atuam agora como componentes essenciais do desenvolvimento cultural e socioeconômico de indivíduos, comunidades e nações. A própria educação superior é confrontada, portanto, com desafios consideráveis e tem de proceder à mais radical mudança e renovação que porventura lhe tenha sido exigido empreender, para que nossa sociedade, atualmente vivendo uma profunda crise de valores, possa transcender as meras considerações econômicas e incorporar as dimensões fundamentais da moralidade e da espiritualidade (ONU, 1998).

Como, então, as Universidades particulares e públicas poderão cumprir esse e outros desafios quando se deparam com questões de baixa qualidade do Ensino Médio, professores da rede pública com enormes lacunas em suas formações, famílias com renda baixa, entre outros desafios? Nossa concepção é que uma das alternativas factíveis para enfrentar os desafios é o estilo de gestão que a Instituições de Ensino Superior poderão adotar para fazer frente ao crescimento com qualidade, cumprindo em sentido amplo o que preconiza a Declaração Mundial sobre Educação Superior publicado pela ONU (WCHE, 1998).

A gestão das empresas não educacionais passou, e passa, por diversas concepções de gestão, no intuito de encontrar soluções que viabilizem as estratégias de crescimento e manutenção de suas atividades, conciliando produção, produtividade e qualidade. Entretanto, as organizações de Ensino Superior parecem não perceber a necessidade de acompanhar ou desenvolver teoria sobre gestão que possa auxiliar, não apenas na eficácia dos recursos físicos e financeiros, mas também, de maior importância, nos resultados da gestão pedagógica. O mais estranho dessa relação é que as Instituições de Ensino Superior discutem, mas não se apropriam das inovações que, na maioria das vezes, desenvolvem para as organizações não educacionais. Na verdade, há forte resistência à mudança de cultura das Instituições de Ensino Superior, principalmente as públicas, e no âmbito da gestão elas tendem a permanecer no modelo de Gestão estruturalista burocrático.

Como, então, as Universidades, públicas e particulares, poderão conciliar resultados financeiros com eficácia educacional? Nossa sugestão, baseada em estudos realizados em consultoria com organizações educacionais e não educacionais, diz-nos que uma das alternativas é a adoção da Gestão Estratégica.

## 1.3. Princípios e estruturas de atuação

### 1.3.1 Governação: modelos e princípios

A utilização recente do conceito de governação no Ensino Superior traduz a existência de uma nova linguagem para descrever a realidade de funcionamento da Universidade de hoje e é um sinal das mudanças que caracterizam as últimas décadas no Ensino Superior. "A forma como as organizações são geridas, os rumos que tomam e os valores que incorporam fornecem sinais claros sobre o papel e as funções que desempenham na sociedade. Por esta razão, as estruturas de governação das universidades não foram questionadas ao longo de boa parte do séc. XX" (Kennedy, 2003:55).

O vocábulo "governação" tem implícita uma perspetiva alargada e dinâmica que não se restringe internamente ao governo e estruturas organizativas. Pelo contrário, engloba os processos de alocação de poder, de transparência na tomada de decisão, na prestação de contas e na gestão de recursos públicos. Shattock (2003:97) sublinha a adequação do conceito à complexidade governativa das universidades. A complexidade governativa, do nosso ponto de vista, não incide apenas nas características estruturais dos contextos territoriais e académicos, como afirma este autor, mas também na sobreposição de funções e papéis que as Instituições de Ensino Superior hoje assumem, densificando a(s) missão(ões) já analisadas no início deste capítulo.

Governação pressupõe, em simultâneo, uma avaliação externa do retorno social numa Universidade. Marginson e Considine (2000) referem, a propósito, que governação "compreende as relações entre a instituição e as várias divisões académicas em que se desagrega. Para além disso, engloba as ligações intracomunidade e as que ocorrem fora das suas fronteiras: administração pública, estruturas económicas e sociedade em geral". Nesta perspetiva, concomitantemente com o conceito de "governação corporativa", as estruturas das universidades devem ser vistas como parcerias alargadas entre académicos, gestores, governos e *stakeholders*.

O processo de fixação de políticas e de metas a longo prazo por atores internos ou externos, assim como as estratégias para as atingir, entroncam diretamente com a noção de governação (*Educação em Números*, 2008).

No âmbito deste estudo o significado de governação será abordado em torno de três eixos:

- a Universidade e as relações com *stakeholders*, governos e outras organizações (financiadoras ou não) que interagem com o equilíbrio das universidades em termos de autonomia e de prestação de contas;
- o processo de tomada de decisões, democracia e transparência, regras de auto-regulação com a comunidade académica;

- as estruturas de governo e liderança estratégica: identidade
  e futuras direções para a Universidade.

O enquadramento do sistema de Ensino Superior e das "forças" que influenciam as suas instituições encontra no célebre "Triângulo de Coordenação" (Clark, 1983) um modelo representativo claro e, ainda hoje, uma referência básica: Estado, Mercado e Oligarquia Académica são os três vértices do triângulo de influências que coordenam e controlam, de forma e em proporções variadas, os atores institucionais do Ensino Superior nas últimas décadas.

A cada um dos vértices corresponderá um modelo ideal de organização, que a título de exemplo Lars Niklasson (1995:347) tipifica em *government agency*, *private company* e *self-ruling monastery*. Os três modelos representam parcerias de padrões de governação claramente distintos, que são, respetivamente:

1. Governo burocrático – onde as regras externas são determinantes e onde o planeamento decorre de uma avaliação *ex ante* muito importante;
2. Governo baseado em práticas de gestão – onde as principais regras são estabelecidas à entrada e o mercado é o principal palco de avaliação da *performance* da instituição;
3. Governo de decisão colegial – com regras internas muito fortes e onde a avaliação assenta em princípios de colegialidade e de conhecimento (*peer review*).

Posteriormente Clark (1997) introduz uma nova categoria no modelo: "Organização". A organização interage de perto com a liderança, a gestão, a governação. A este propósito podem apontar-se ainda outras abordagens, como por exemplo as propostas por Schimak em Braun e Merrien (1999:179-194), ou a de Sporn (1999:15-20).

Caixa 1.10 Sobre o conceito de governança; Gabinete de Estatística e Planeamento da Educação (2008)

"No que concerne o ensino superior, a governança diz respeito às regras e mecanismos através dos quais os diversos atores intervenientes influenciam as decisões, como e a quem é feita a prestação de contas. No contexto do ensino superior, governança refere-se ao «exercício formal e informal da autoridade no âmbito das leis, políticas e regras que articulam os direitos e as responsabilidades de diversos atores, incluindo as regras pelas quais aqueles interagem» (1). Por outras palavras, a governança engloba «o quadro no qual uma instituição prossegue as suas metas, objetivos e políticas de maneira coerente e coordenada», de modo a responder às questões: «quem é o responsável e quais são as fontes de legitimidade para as decisões tomadas pelos diversos atores?». Por outro lado, gestão refere-se à implementação de um conjunto de objetivos prosseguidos por uma instituição de ensino superior de acordo com regras estabelecidas. Responde à pergunta «como é que são aplicadas as regras» e diz respeito à eficiência, eficácia e qualidade dos serviços prestados pelos atores internos e externos (2)".

**Referências:**

↗ (1) Hirsch e Weber, 2001.

↗ (2) Fried, 2006.

O conceito de *stakeholders,* na Universidade do século XXI, é indissociável da influência exercida pela sociedade sobre a Universidade, quer através de agentes externos, quer através de agentes internos. Groof *et al.* (1998:103) consideram que a utilização do termo *stakeholder* reproduz uma convenção da literatura anglo-americana neste domínio, "uma divertida figura de estilo que identifica, espera-se que inadvertidamente, a educação superior com corridas de cavalos, galgos e rufias em fatos de xadrez berrantes". Com efeito, o termo *stakeholder* designa, "tradicionalmente, aquele a quem se confia o dinheiro dos vários apostadores até à definição de qual, ou quais, serão os que o irão receber (Amaral e Magalhães, 2000:7). A ideia de diversidade está, assim, subjacente a este conjunto de imagens, traduzindo com alguma fidelidade a complexidade da matriz de interesses que deverá estar associada à avaliação e análise de *stakeholders*. Na tradução para português do termo poderão ser consideradas as propostas de Amaral: "representante de interesses" ou "amigo imaginário". Porém, para o efeito presente utilizar-se-á a expressão "partes interessadas".

A evolução das Universidades legitimou a institucionalização dos representantes de diferentes interesses sociais não só no aconselhamento da gestão universitária mas também numa participação efetiva nessa gestão. Amaral e Magalhães (2000:441) sugerem, a propósito, a imagem das torres imaginárias: "o modelo da «torre de Marfim» parece, assim, estar a dar lugar ao modelo da «torre de Babel», no qual o interesse nacional parece ser protegido por representantes do mundo exterior no interior das próprias instituições académicas" (Amaral e Magalhães, 2000:12). Reveste-se, de facto, de cada vez mais relevância na gestão do planeamento estratégico das Instituições de Ensino Superior o conhecimento aprofundado das suas partes interessadas, em particular no que se refere à sua identificação e a uma correta avaliação do seu poder de influência.

## Partes interessadas

[*Rodrigo Teixeira Lourenço*[15]]

O Ensino Superior vive uma realidade cada vez mais marcada por uma lógica concorrencial baseada na criação de vantagens competitivas sustentáveis que passam pela conquista de mais e melhores estudantes, pelo desenvolvimento de mais e melhores estruturas de investigação e pela melhoria do desempenho organizacional

---

[15] Equiparado a Professor Adjunto no Instituto Politécnico de Setúbal, prepara uma dissertação de doutoramento sobre a avaliação do desempenho organizacional das IES públicas portuguesas.

através da melhoria dos níveis de satisfação das diferentes partes interessadas. A ideia de um Ensino Superior direcionado a um conjunto relativamente pequeno de pessoas, muito baseado na sua própria atividade e, como tal, fechado relativamente à envolvente onde se insere, está, cada vez mais, a desaparecer. Hoje existe uma massificação a vários níveis, desde o ensino à investigação, à qual está associada uma perspetiva mais aberta das Instituições de Ensino Superior (IES), baseada nas suas diferentes missões e no seu contributo para a sociedade.

A Teoria dos *Stakeholders*, que tem como ponto de referência a obra de Edward Freeman *Strategic Management: A stakeholder approach* (1984) e que tornou este autor um nome incontornável das abordagens à gestão das organizações (Donaldson e Preston, 1995) (Mitchell *et al.*, 1997), poderá dar um contributo importante para a perspetiva atual do Ensino Superior. O seu paradigma essencial baseia-se na ideia de que, sempre que existe a necessidade de encontrar padrões de eficiência e de eficácia que respondam aos pressupostos de existência de uma organização, não é suficiente olhar para dentro da própria organização, sendo antes essencial olhar também para fora da organização, nomeadamente para aqueles cujas necessidades se procura satisfazer e com quem se interage diretamente. Freeman definiu *stakeholders* como sendo uma organização ou indivíduo que afeta o alcance dos objetivos de outra organização ou é por ele afetado, isto é, um "detentor (*holder*) de uma parte (*stake*) da organização, isto num sentido de que é parte interessada na existência (funcionamento) da organização" (Sousa, 1997:22).

Em parceria com Stoner, Freeman dividiu ainda este conceito em dois grandes grupos, integrados no chamado ambiente de ação direta (Stoner e Freeman, 1992:47): os *stakeholders* internos, entendidos como "grupos ou indivíduos que não fazem estritamente parte do ambiente de uma organização, mas pelos quais um administrador individual é responsável", nomeadamente os empregados, os acionistas e os *boards*; e os *stakeholders* externos, entendidos como "grupos ou indivíduos do ambiente externos de uma organização e que afetam as suas atividades", nomeadamente consumidores, fornecedores, governo, grupos de interesse especiais, os órgão de comunicação social, sindicatos, instituições financeiras, competidores e outros grupos ou indivíduos.

No âmbito do Ensino Superior, a identificação de alguns exemplos de partes interessadas não se reveste de especial complexidade. No caso das internas, por exemplo, os docentes, os investigadores e os não docentes, são exemplos claros. No caso das externas, os empregadores, o Estado, os fornecedores, as agências de acreditação, entre muitas outras, são também exemplos. Porém, tendo em conta os impactos que as diferentes missões das IES têm na sociedade, a identificação das diversas partes interessadas depende em muito dos contextos concretos e das características das próprias instituições. Para além disso, as IES apresentam características específicas que as distinguem das outras organizações, pelo que o conceito de parte interessada requer aprofundamento.

No caso das partes interessadas internas surge, desde logo, uma particularidade: a existência de duas tipologias com características muito diferenciadas. Por um lado, os não docentes, detentores de um poder relativamente baixo na concretização das diferentes missões das IES com as quais têm vínculo laboral, apesar da relação muito concentrada entre a instituição e as atividades profissionais que desenvolvem. Por outro lado, os docentes/investigadores, detentores de um poder muito elevado na concretização dessas missões, mas com relações mais distribuídas entre a instituição com a qual têm um vinculo laboral e as restantes origens de atividade profissional, possuidoras de missões e objetivos não necessariamente idênticos e, em algumas dos casos, divergentes ou concorrenciais, como sejam áreas científicas, Faculdades/Escolas, grupos de investigação, entidades parceiras de projetos, entidades financiadores, outras IES.

Também no caso das partes interessadas externas existem particularidades. Por um lado as IES interagem de forma direta com um conjunto muito diversificado e complexo de atores, cada um deles com necessidades e níveis de satisfação muito diferenciadas, como é o caso dos órgão governamentais, das agências de acreditação, dos fornecedores, dos sindicatos, dos empregadores, das outras IES, etc. Por outro lado, elas têm capacidade de influência sobre um conjunto de partes interessadas pertencentes às comunidades onde atuam e que, por não serem alvo de uma interação direta, não se enquadram no conceito tradicional de *stakeholders*, sendo disso exemplo as famílias, o tecido empresarial de uma região, a designada sociedade civil, etc. Acresce o facto de que, para além do âmbito regional destas partes interessadas, é cada vez mais preponderante a dimensão nacional e internacional.

Entre tipologias internas e externas, surgem os estudantes como caso particular. Por um lado são clientes das IES e, como tal, partes interessadas externas, não só porque são os consumidores da atividade de ensino, mas também porque despendem recursos financeiros para a sua aquisição. Por outro lado são coprodutores de um dos principais *outputs* da atividade de ensino, o estudante diplomado, não só porque assumem um papel ativo nesse processo, gerando valor acrescentado em função do seu nível de participação, como também porque assumem um papel de decisor, participando em órgãos de gestão com decisão efetiva sobre o mesmo processo, o que os transforma em partes interessadas internas.

As partes interessadas das Instituições de Ensino Superior representam, assim, uma teia complexa que combina a perspetiva interna com a perspetiva externa, esta última, por sua vez, associada à combinação entre uma relação direta e uma relação indireta, quer no âmbito regional, quer no âmbito nacional ou internacional (figura 1.26).

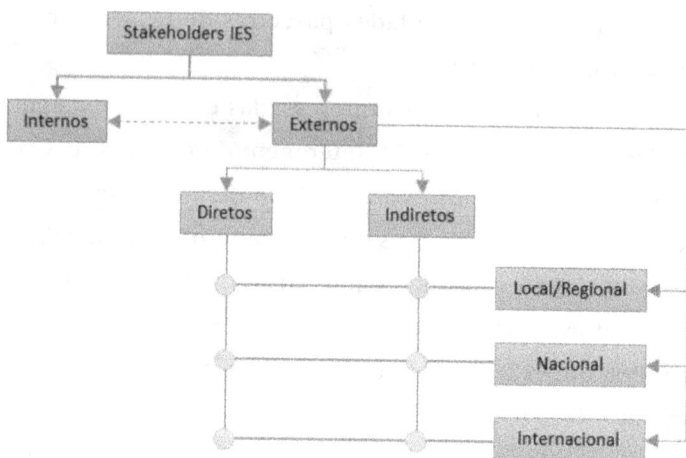

Figura 1.26 Tipologia de stakeholders das IE. Elaboração própria

A complexidade da análise das partes interessadas no âmbito do Ensino Superior aumenta quando se inclui a análise de Mitchell *et al.* (1997), autores que propuseram a Teoria da Identificação dos *Stakeholders*. Através de um modelo dinâmico de identificação de diferentes classes de partes interessadas, os autores procuraram introduzir um mecanismo que permitisse conhecer a situação particular de cada uma das partes interessadas de modo a que a gestão de topo pudesse tomar decisões estratégicas relativamente à ênfase a dar às relações com algumas delas em detrimento de outras. Para tal identificaram 8 tipologias de partes interessadas, tendo por base três atributos distintos: o poder (a relação entre os diferentes atores, em que um pode obter do outro, por via do seu poder, algo que não conseguiria de outra forma), a legitimidade (a perceção generalizada de que as ações de uma entidade são desejáveis e adequadas, dentro de um sistema social constituído por normas, valores e crenças), e a urgência (o grau de premência da atenção exigida pelas partes interessadas).

Destes três atributos, os autores criaram três grupos distintos de *stakeholders*. Ao primeiro grupo chamaram *stakeholders* latentes, ou seja, aqueles em que apenas um dos atributos é percebido pelos gestores, representando assim as partes interessadas às quais se deverá dedicar menos ou até nenhum tempo. Estão Incluídos neste grupo os *Dormant* (Adormecidos), aqueles que têm o poder de impor a sua vontade a uma organização apesar de com ela terem pouca ou nenhuma interação, não tendo por isso nem legitimidade nem urgência; os *Discretionary* (Discricionários), que estão na base da chamada responsabilidade social corporativa, pois representam aqueles que possuem o atributo de legitimidade mas não têm poder de influência nem urgência elevada; e os *Demanding* (Exigentes), que representam os *stakeholders* com reivindicações urgentes mas sem poder nem legitimidade para as fazer cumprir. Ao segundo grupo designaram-no por *stakeholders* expectantes, representando aqueles que possuem dois dos três atributos e que, como tal, obrigam os gestores a uma postura mais ativa e a um aumento de capacidade de resposta às suas necessidades. Estão incluídos neste grupo os *Dominant* (Dominantes) – aqueles que combinam o atributo do poder e da legitimidade, representando por isso os *stakeholders* que têm reivindicações legítimas em relação a uma organização e capacidade para agir sobre esta, embora tenham um grau de urgência relativamente baixo; os *Dependent* (Dependentes) – aqueles que apresentam legitimidade e urgência, mas que dependem de outros para que a sua vontade possa ser tida em atenção; e os *Dangerous* (Perigosos) – aqueles que têm poder e urgência, embora nem sempre tenham legitimidade de influenciar as organizações, assumindo a coercividade uma especial relevância neste caso. Por fim, o terceiro grupo, que designaram por *stakeholders* definitivos, aqueles que combinam os três atributos em simultâneo e que como tal representam as partes interessadas com maior relevância, requerendo dos gestores uma atenção imediata e permanente (figura 1.27).

Trata-se de uma visão dinâmica da tipificação das partes interessadas, em que cada uma delas, a qualquer momento, pode evoluir de um grupo para o outro. Aos gestores é exigida, assim, a capacidade de se manterem bem informados sobre todas as organizações e indivíduos enquadrados em qualquer dos grupos de partes interessadas.

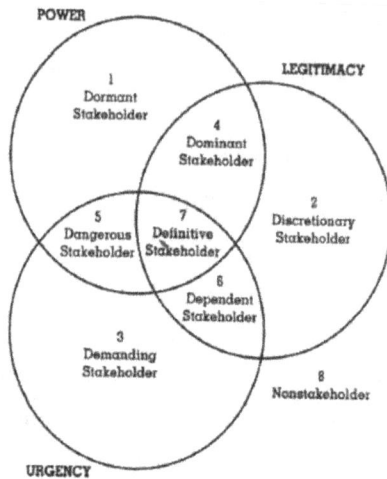

POWER

LEGITIMACY

1
Dormant
Stakeholder

4
Dominant
Stakeholder

2
Discretionary
Stakeholder

5
Dangerous
Stakeholder

7
Definitive
Stakeholder

6
Dependent
Stakeholder

3
Demanding
Stakeholder

8
Nonstakeholder

URGENCY

Figura 1.27 Classificação de stakeholders; Mitchell *et al.*, 1997

Também neste aspeto é possível encontrar exemplos de partes interessadas associadas ao Ensino Superior que se enquadram nas diferentes classificações. Porém, existem situações onde tal desiderato se afigura complexo, como acontece com as partes interessadas adormecidas (aquelas que têm o poder de impor uma revindicação, mas não têm nem legitimidade nem urgência para o fazer) ou com as partes interessadas exigentes (aquelas que têm legitimidade para impor revindicações, mas não têm poder nem urgência). Também nas restantes, embora com maior facilidade de identificação, tal depende da interpretação e da perspetiva da instituição e de quem faz a análise.

Combinando as diferentes tipologias de partes interessadas e as respetivas classificações tendo em conta os seus atributos, e tendo por base a análise de sete trabalhos científicos que estudaram as partes interessadas das Instituições de Ensino Superior em vários países – Jongbloed, Enders, e Salerno (2008), Chapleo e Simms (2010), Bolton e Nie (2010), Mainardes *et al.* (2010a), Mainardes *et al.* (2010b), Singh e Weligamage (2010), Jorge, Hernánde e Cejas (2012) – e ainda o plano estratégico da Universidade de Coimbra, que realizou a sua própria análise (Universidade de Coimbra, 2011), é possível criar uma matriz de tipologia e classificação das partes interessadas das IES que permita uma melhor análise das mesmas. Trata-se de uma matriz que resulta das 107 partes interessadas identificadas nos trabalhos referidos, das quais se destacam 33 por surgirem em mais do que um, por sua vez ordenadas pela sua importância teórica, isto é, pelo número de trabalhos onde são identificadas (tabela 1.12).

| | Partes Interessadas das IES | Tipologia | | Poder | Legitimidade | Urgência | Classificação | Referências |
|---|---|---|---|---|---|---|---|---|
| 1 | Empregadores/Empresas/Indústria de Âmbito Nacional | Externo | Direto | | • | • | Dependentes | 8 |
| 2 | Estudantes Atuais | Externo/Interno | Direto | • | | • | Definitivos | 8 |
| 3 | Órgãos e Governo Nacional | Externo | Direto | • | • | • | Definitivos | 7 |
| 4 | Pessoal Docente/Investigador | Interno | Direto | • | • | • | Definitivos | 7 |
| 5 | Pessoal não Docente | Interno | Direto | • | • | • | Definitivos | 7 |
| 6 | Agências de Acreditação | Externo | Direto | • | • | | Dominantes | 6 |
| 7 | Antigos Estudantes | Externo | Direto | | • | | Discricionários | 6 |
| 8 | Associações Profissionais Nacionais e Internacionais | Externo | Direto | | • | | Discricionários | 6 |
| 9 | Comunidade em Geral | Externo | Indireto | | • | | Discricionários | 6 |
| 10 | Gestão de Topo das IES | Interno | Direto | • | • | • | Definitivos | 6 |
| 11 | Pais/Famílias dos Estudantes | Externo | Indireto | | • | • | Dependentes | 6 |
| 12 | Órgãos e Administração Local | Externo | Direto | | • | | Discricionários | 5 |
| 13 | Associações Empresariais | Externo | Direto | | • | | Discricionários | 4 |
| 14 | Comunidades Locais | Externo | Indireto | | • | | Discricionários | 4 |
| 15 | Entidades Financiadoras | Externo | Direto | • | • | • | Definitivos | 4 |
| 16 | Entidades Parceiras e Consórcios | Externo | Direto | • | • | • | Definitivos | 4 |
| 17 | Órgãos de Comunicação Social | Externo | Direto | • | | • | Perigosos | 4 |
| 18 | Outras IES | Externo | Direto | • | | • | Perigosos | 4 |
| 19 | Sistema de Ensino Local | Externo | Direto | | • | • | Dependentes | 4 |
| 20 | Unidades de Investigação e Desenvolvimento | Externo | Direto | • | • | • | Definitivos | 4 |
| 21 | Agências de Financiamento | Externo | Direto | • | • | • | Definitivos | 3 |
| 22 | Diretores de Unidades Orgânicas | Interno | Direto | • | • | • | Definitivos | 3 |
| 23 | Potenciais Estudantes | Externo | Indireto | | • | • | Dependentes | 3 |
| 24 | Sindicatos | Externo | Direto | • | • | • | Definitivos | 3 |
| 25 | Comunidades Científicas | Externo | Indireto | | • | • | Dependentes | 2 |
| 26 | Conselhos de Curadores | Interno | Direto | | • | | Discricionários | 2 |
| 27 | Conselhos de Investigação | Interno | Direto | • | • | • | Definitivos | 2 |
| 28 | Empregadores/Empresas/Indústria de Âmbito Local | Externo | Direto | | • | • | Dependentes | 2 |
| 29 | Estudantes Internacionais | Externo | Direto | • | • | • | Definitivos | 2 |
| 30 | Fornecedores | Externo | Direto | • | • | • | Definitivos | 2 |
| 31 | Grupos de Interesse Especial | Externo | Direto | | • | | Discricionários | 2 |
| 32 | Instituições de Caridade | Externo | Direto | | • | | Discricionários | 2 |
| 33 | União Europeia | Externo | Direto | • | • | • | Definitivos | 2 |

Tabela 1.17 Matriz de tipologia e classificação de Partes interessadas das IES. Elaboração própria

Da análise destacam-se os seguintes pontos:

- predominância de partes interessadas diretas, com 85% das situações;
- existência de um conjunto relevante de partes interessadas indiretas, representando 15% das situações;
- nas primeiras 11 partes interessadas da tabela – aqueles que aparecem em pelo menos 6 dos 8 trabalhos analisados – apenas cinco são classificadas como definitivas;
- ainda nestas 11, os indiretos aumentam o seu peso para cerca de 18%.
- a parte interessada mais referenciada (Empregadores/ Empresas/Indústria de âmbito nacional) é classificada como dependente e não como definitiva.

Apesar de se tratar de uma análise com algum nível de subjetividade, uma vez que depende das perceções de quem a realiza, ela reforça a ideia de que as IES têm particularidades específicas à luz da Teoria dos *Stakeholders*. Essas particularidades são visíveis na ocorrência, com alguma relevância, de partes interessadas indiretas, conforme já referido, mas também no facto de não ser suficiente a gestão de topo prestar especial atenção às partes interessadas definitivas para dar resposta às necessidades da sociedade, tendo em conta a existência de um conjunto de partes interessadas relevante que, mesmo não tendo um papel direto no funcionamento da instituição, tem um papel vital na sua sustentabilidade.

Se a análise de *stakeholders* assume especial atenção, não é menos verdade que a sua gestão se reveste de especial importância. É nesse sentido que a Teoria dos *Stakeholders* sofreria desenvolvimentos importantes nos anos subsequentes à publicação de Freeman. O próprio autor viria a clarificar alguns dos fundamentos da teoria (1994), em particular propondo três princípios à volta dos quais as empresas se deveriam organizar, e que representam importantes contributos para os pilares essenciais da Responsabilidade Social das Organizações (Granada e Simões, 2011). Esses três princípios foram designados por (1) *stakeholder-enabling principle*, segundo o qual as empresas deveriam ser geridas no interesse dos seus *stakeholders*; (2) *principle of director responsibility*, segundo o qual a gestão de topo deve ter o cuidado de usar critérios razoáveis para gerir as empresa de acordo com o primeiro princípio; e (3) *principle of stakeholder resource*, segundo o qual os *stakeholders* podem intentar ações contra a gestão de topo caso esta não concretize e segundo princípio.

A evolução histórica dos modelos de governação das IES tem vindo ao encontro destes três princípios. Numa leitura ao contexto português verifica-se que se passou de um modelo muito centralizado e muito dependente do poder governamental, para um reforço progressivo da autonomia das instituições. É, aliás, no âmbito da governação que se dão as mais importantes transformações do novo Regime Jurídico (RJIES), o qual exigiu mudanças profundas, nomeadamente na reestruturação da estrutura interna de governação (Mano e Marques, 2012). A gestão mais orientada para os interesses das partes interessadas, onde as competências e composição do atual Conselho Geral assumem especial destaque, vai ao encontro do primeiro princípio, tendo em conta que as decisões estratégicas passam a ser partilhadas entre elementos internos (docentes e não docentes), estudantes, e "personalidades externas de reconhecido mérito, não pertencentes à instituição, com conhecimentos e experiência relevantes para esta" (Lei nº 62/2007). Por sua vez, a separação dos dois principais órgãos de governação, o Conselho Geral e o Reitor/Presidente, a criação da figura de Presidente do Conselho Geral, agora assumida por um dos elementos externos, e a complementaridade de competências entre os dois órgãos, o primeiro com um caráter mais estratégico e de supervisão, o segundo com um caráter mais operacional e de execução, dota o modelo com um mecanismo de autorregulação e de supervisão que, em boa medida, vem dar reposta ao segundo princípio, segundo o qual a gestão de topo deve ter critérios razoáveis para gerir no interesse dos seus *stakeholders*. Por fim, o facto de o Conselho Geral ter como competência supervisionar a atuação do Reitor/Presidente, podendo propor medidas para melhorar o funcionamento da instituição, vem ao encontro do terceiro princípio, segundo o qual as partes interessadas podem intentar ações contra a gestão de topo caso esta não efetive o segundo princípio.

O Conselho Geral assume, assim, clara preponderância no atual modelo de governação das IES Públicas Portuguesas (IESPuP) e um papel crucial na perspetiva de maior complementaridade entre as IES e a sociedade, numa atuação que dê resposta não apenas à visão mais imediata do papel das IES na sociedade, mas também a uma visão mais abrangente e mais sustentada no desenvolvimento global. A sua composição repartida entre docentes/investigadores, não docentes/não investigadores, estudantes (no mínimo 15%) e elementos externos (no mínimo 30%), a sua dimensão entre 15 e 35 membros, e as suas competências – que vão desde o eleger o Reitor/Presidente, pronunciar-se sobre a sua atuação, propor medidas de melhoria da instituição, até à aprovação dos documentos estratégicos e do orçamento –, são uma tendência das últimas décadas nos sistemas de Ensino Superior dos países europeus, tendo em conta os processos de reforço de autonomia que se têm vindo a verificar de forma generalizada (Eurydice, 2008). O órgão, porém, tem levantado um conjunto de interrogações associadas ao papel efetivo na estrutura interna de governação, às suas competências, ao seu funcionamento, ao perfil dos membros externos e ao respetivo processo de escolha, entre outras (Pedrosa *et al.*, 2012).

Como tal, reveste-se de importância compreender a composição dos diferentes Conselhos Gerais, nomeadamente no que se refere aos seus elementos externos. O inquérito realizado aos membros dos Conselhos Gerais das IESPuP em 2013 permitiu conhecer melhor as categorias de partes interessadas nas quais os membros externos com assento nos Conselhos Gerais mais se reviam. De um universo de 788 membros foram obtidas 160 respostas, das quais 33 foram de elementos externos, que, em função da lista de partes interessadas descritas na Tabela 1.17, se agruparam da seguinte forma (figura 1.28):

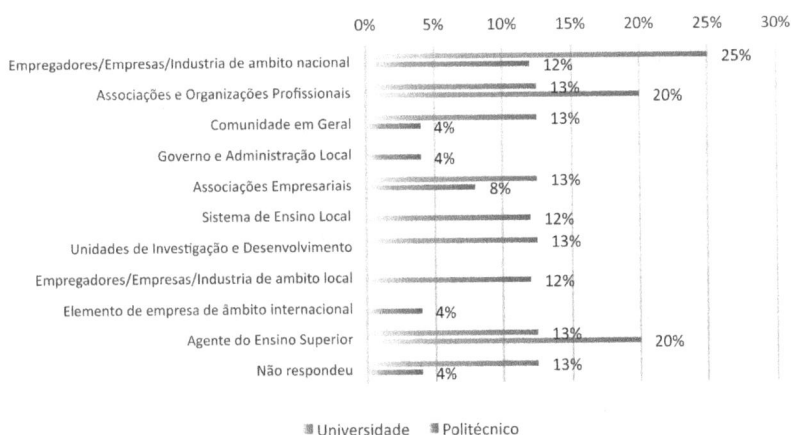

Figura 1.28 Partes interessadas externas com assento nos Conselhos Gerais das IESPuP. Elaboração própria

Da análise destacam-se os seguintes pontos para reflexão:

- Existem perfis diferenciados entre os membros pertencentes aos Conselhos Gerais de Universidades e de Politécnicos. Assim, os primeiros apresentam uma menor diversidade de perfis (6), com uma componente empresarial mais forte (empresa ou associação empresarial) e uma componente local ou regional muito fraca ou praticamente nula, enquanto os segundos apresentam uma maior diversidade de perfis (9), com uma vertente local ou regional e profissional mais forte e com uma componente de investigação muito fraca ou praticamente nula.

- Das 26 partes interessadas externas identificadas na Tabela 1.17, apenas 8 apresentam membros dos Conselhos Gerais com os quais se identificam, sendo a esmagadora maioria partes interessadas diretas.

- O perfil empresarial e profissional domina, com 55% do global das respostas (com pesos semelhantes entre Universidades e Politécnicos).

- Os Agentes do Ensino Superior e os Elementos de empresas de âmbito internacional são duas categorias de partes interessadas que não constam da Tabela 1.17. A primeira categoria, que representa ex-docentes ou docentes de outras IES, é a segunda categoria mais identificada, com particular ênfase nos Politécnicos. Trata-se de situações que representam elementos externos à instituição, mas não representam elementos externos ao sistema de Ensino Superior.

- Um número significativo de membros não se identificaram com nenhuma parte interessada, em particular nas Universidades.

Não se tratando de uma análise generalizada, tendo em conta o número de respostas obtidas, os dados permitem identificar que, apesar de a composição dos Conselhos Gerais das IESPuP parecer apresentar um nível interessante de diversificação de partes interessadas, trata-se de uma análise global, pelo que numa análise instituição a instituição tal diversidade poderá não se verificar, dado o número relativamente reduzido de categorias identificadas (10). Acresce o facto de os pontos de reflexão identificados estarem intimamente relacionados com o perfil dos membros externos e, naturalmente, com o processo que levou à sua escolha. As entidades internacionais, como é o caso da European University Association, afirmam que é nos sistemas mais avançados que os elementos externos são escolhidos pela própria instituição, pelo que recomendam que este deve ser um processo transparente, que permita um *mix* perfeito de perfis e que, simultaneamente, potencie a comunicação interna e externa (Estermann, 2014). Mas recomendam também que, tendo em conta o papel estratégico, de supervisão e de ponte para a sociedade que esses elementos representam, a sua escolha deve ter por base um conjunto de características, como sejam o conhecimento do sistema de Ensino Superior, o *networking* profissional, a visão estratégica, a disponibilidade, a independência e também as competências específicas em função da categoria de parte interessada na qual se inserem.

## Comunidade académica

O processo de autonomia universitária com o indissociável direito e dever de autogovernação, veio, em conjunto com o direito à participação democrática individual, consolidar o dever e a responsabilidade da Universidade em respeitar as escolhas individuais dos seus principais atores internos (alunos, funcionários, docentes, investigadores) no processo de gestão. O envolvimento dos Universitários na administração é uma tradição medieval que se torna particularmente relevante no âmbito da autonomia institucional.

A questão da representatividade, mesmo que apenas na ótica interna, é, nas Universidades, uma matéria complexa, que pode envolver uma matriz de processos e sistemas de designação ou eleitorais variados. Além da representação de interesses tripartidos de estudantes, funcionários e professores, ou quadripartidos se integrar também os investigadores, existem frequentemente outros sistemas de representação tribal por Faculdade, que determinam de forma decisiva a estrutura final de governação. A discussão da composição de um colégio eleitoral para a eleição do Reitor, ou do método de eleição em si do Reitor, muito mais do que uma discussão técnica, pode representar um conflito de territórios de saber cujo desfecho pode estar associado a verdadeiras revoluções em termos de culturas institucionais, em termos de estratégia e em termos de processo de mudança.

O princípio da participação democrática é, independentemente dos diferentes modelos de governação, um dos princípios fundamentais das Universidades. O modelo colegial apresenta frequentemente uma estrutura complexa de órgãos e comités cuja composição integra critérios de representatividade democráticos. O modelo gestionário integra também, com alguma frequência, o princípio da participação democrática dos elementos que constituem os órgãos.

A participação pode assumir formas institucionalmente claras, ou pode assumir contornos informais e mais nebulosos, através dos grupos de pressão, também eles representativos de interesses, nas mais diversas formas. "Participação" e "Democracia" são, conforme refere Santos (1996:123-124), conceitos distintos. O conceito de democracia assenta num "elemento básico, a definição de cidadania". A cidadania universitária não é clara e é sempre um ato voluntário de escolha.


## Liderança estratégica


A propósito da origem da autoridade e processo de decisão, Groof *et al.* (1998:9-10) apresentam um enquadramento teórico relevante com a tipificação dos seguintes modelos de governação:

1. Modelo colegial – caracterizado por um processo de decisão cooperativa dos pares, baseado na autodeterminação;
2. Modelo burocrático – caracterizado por uma forte hierarquia formal e por uma autoridade legal;

3. Modelo profissional – em que a autoridade e a legitimidade decorrem da especificidade do conhecimento;

4. Modelo de negociação – onde a decisão decorre de um processo de corresponsabilização dos diversos intervenientes. O modelo colegial é, de um modo geral, comum nas Instituições de Ensino Superior.

Independentemente dos modelos, as estruturas universitárias assentam em órgãos de decisão coletivos, como o Senado, e em órgãos unipessoais, como o Reitor.

Caixa 1.11 Sobre as funções do Senado

O órgão Senado é uma das autoridades máximas nas Universidades, com responsabilidades, deliberativas ou consultivas em função dos modelos de governação, ao nível da gestão de topo, do seu planeamento e desenvolvimento estratégico. Alterações de planos de curso, alteração da estrutura orgânica da Instituição de Ensino Superior e revisão de estatutos são alguns exemplos das mudanças relativamente às quais o Senado intervém.

No caso português o Senado é um órgão composto pelo corpo académico, funcionários e alunos, e que tem o direito e o dever de aconselhar sempre que estejam em causa matérias importantes para a Universidade.

Qual o verdadeiro papel do Senado Académico? Na formulação de Baldridge, Senado – "Tinkertoys" ou "Powerful Influences"?

O Senado é uma forma de assunção de autonomia universitária participada, no melhor respeito do que é a tradicional cultura académica. Esta dimensão promove a discussão alargada, a reflexão e o debate, e é indissociável da descoberta do conhecimento científico, sendo estruturante em termos institucionais. As virtudes da colegialidade podem, contudo, tornar-se ameaças à eficiência da decisão. O elevado número de senadores, aliado à complexa estrutura de decisão, pode dificultar o processo de tomada de decisão, nomeadamente em decisões de carácter executivo.

Na governação das Universidades estão previstos outros órgãos, como a Assembleia da Universidade, o Conselho Administrativo e o Conselho de Gestão. Para além destes, assume particular relevância a Equipa Reitoral enquanto Direção Executiva da Gestão Universitária (Vice-Reitores e Vice-Presidentes, Pró-Reitores, Diretores Estratégicos). Nas Universidades Públicas a gestão de topo é constituída normalmente por académicos, escolhidos pelo Reitor/Presidente e em quem este delega, ou subdelega, competências de gestão/financeiras em áreas consideradas estratégicas ou simplesmente relevantes na Universidade em causa.

Podem existir também órgãos ao nível das Faculdades/Escolas/Departamentos, estruturadas por áreas de saber, que gozam de autonomia científica e pedagógica, podendo ou não gozar de autonomia administrativa e financeira relativamente às Instituições de Ensino Superior, que lhes solicita o exercício das autonomias em harmonia com os interesses institucionais e no respeito pelas decisões e orientações dos órgãos de governo da Universidade.

Caixa 1.12 Sobre as funções do Reitor

O Reitor [*Rector/Vice-Chancellor/University President*]

Kerr (1963:29-41) define o Presidente de uma universidade americana como um "gigante", mas sobretudo um "mediador" cujas principais tarefas são a paz e o progresso, numa organização onde os conflitos são inerentes.

O estudo de Smith *et al.* sobre o papel do *Vice-Chancellor* desde 1960 (Henkel e Little, 1999) apresenta os seguintes resultados: O *Vice-Chancellor* inglês é quase sempre um académico, nomeado, proveniente de uma instituição universitária diferente, com uma média de idade próxima dos 50 anos e que se vê como um gestor de topo. Deste interessante estudo é possível retirar, a partir de exemplos de anúncios de divulgação, algumas das características exigidas para o cargo, nomeadamente competências específicas consideradas relevantes e de capacidade de liderança e de gestão.

"experiência bem sucedida em lugar de chefia e na gestão da mudança organizacional; capacidade de inovar e pensar de maneira imaginativa; claro compromisso com a cultura da universidade; competência no âmbito da gestão financeira e da angariação de receitas; capaz de guiar a organização num clima de incerteza".

Existem três vias pelas quais pode surgir o "Reitor": a via profissional, a eleição e a nomeação ministerial. Green (1997) detalha, a propósito, as principais características de liderança potenciais em cada um dos sistemas.

No Reino Unido e Irlanda não existem habilitações formais prévias, dependendo da apreciação de quem nomeia. No caso da maioria dos países europeus, incluindo Portugal, existem condições mínimas, estatutariamente definidas, embora em alguns países (Dinamarca, Grécia, França) a fasquia seja mais baixa, e estendida a possibilidade a investigadores ou docentes em geral, ou professores associados ou efetivos.

Num modelo universitário "monocéfalo" (Neave, 1988:111), onde o Reitor é, em simultâneo o topo do corpo académico e da hierarquia administrativa, como é o caso português, qual é afinal o papel que se espera de um Reitor? Agente catalisador? Facilitador? *Primus inter pares*? Mediador? Chefia Executiva? Herói? Seja privilegiando um enquadramento específico de governação (anarquia organizada, modelo colegial, político ou burocrático), seja num enquadramento matricial com várias dimensões presentes, o Reitor terá sempre que surgir como um líder, um Gestor Estratégico que conduz a organização. Provavelmente aquilo que é designado como "embaixador-estratégico" por Baldridge *et al.* (2000), que parece oportuno citar: "o monarca académico de ontem quase desapareceu, tendo dado lugar, não ao «burocrata-herói», nem ao «capacitador-herói» nem ao «propiciador-herói», mas ao «embaixador-estratégico».

O estilo dessa liderança pode ser diferenciado e dependerá naturalmente de um adequado equilíbrio entre as suas características pessoais e a cultura institucional da Universidade. Glynis Breakwell, *Vice-Chancellor* da Universidade de Bath em 2002, no acolhimento aos estudantes graduados de gestão definia a sua perspetiva de liderança a partir de duas componentes:

- navegação – perceber onde está a universidade e para onde ser quer que vá;
- negociação – saber persuadir, liderar e modelar para negociar a mudança.

## 1.3.2 Autonomia e cultura institucional

A autonomia, com a correspondente descentralização de poderes pedagógicos, científicos, administrativos e financeiros, concede às Universidades uma maior capacidade de autogovernação, com responsabilidades acrescidas na sua gestão. A governação das Universidades dispõe, com a autonomia, pelo menos no plano teórico, de um poder na utilização dos recursos internos.

A tipologia dos modelos de governo é muito diversificada. Os Sistemas de Ensino Superior têm seguido modelos padrão de governação muito diferentes entre si, podendo utilizar-se de forma simplificadora, em termos de atores de exercício de autoridade, os seguintes modelos:

- Modelo Continental – que caracteriza a Europa continental, com duas fortes fontes de exercício de autoridade: no topo e no fundo do sistema (Estado/Ministério e Faculdade/Unidade de Investigação/Núcleo Disciplinar);
- Modelo do Reino Unido – em que a autoridade decorre fundamentalmente das Faculdades enquanto territórios de tribos disciplinares;
- Modelo americano – em que a autoridade decorre da Instituição, com uma forte integração da influência da Administração no modelo.

O caso português acompanha de perto o modelo continental no que diz respeito a uma bipolarização de autoridade entre o Estado e as Universidade/Faculdades, com a decorrente ambivalência, por vezes conflitualidade, de perspetiva a fazer sentir-se na governação. A base do sistema é, contudo, relativamente heterogénea. A relação dialética pode fazer sentir-se ao nível da Instituição, vista como um todo, ou podem ser claramente identificados territórios tribais, que em termos de relação de poder se sobrepõem à própria noção de Instituição, para além das naturais polarizações corporativas--disciplinares que possam surgir.

Caixa 1.13 Sobre a relação entre os poderes académico e administrativo no Ensino Superior em Macau; Lin (2013)

Lin (2013) apresenta um interessante estudo de caso sobre o Instituto Politécnico de Macau (IPM) no que respeita à relação entre os poderes académico e administrativo. Para a autora estes dois poderes são complementares e podem existir num clima de colaboração e apoio mútuo, desde que um conjunto de mecanismos que facilitem o equilíbrio entre poderes exista. No caso do Instituto Politécnico de Macau, estes mecanismos possuem, segundo a autora, as seguintes características:

↗ existe respeito pela autonomia académica;

↗ existem dois níveis de governação colegial na estrutura de gestão;

↗ o corpo docente é o centro de toda a gestão académica;

↗ o Presidente da instituição tem um papel dual, enquanto coordenador dos poderes académico e administrativo;

↗ existe, em resultado da reforma administrativa, a centralização e partilha de um conjunto de serviços (ex. recursos humanos, finanças).

Lin refere também a natureza antagónica dos poderes académico e administrativo e o facto de a harmonia entre ambos ser de extrema importância para o desenvolvimento das instituições de Ensino Superior.

O crescimento das Universidades determinou, em termos organizacionais, uma maior complexidade das relações internas, com a consequente discussão sobre o poder relativo das unidades orgânicas face à entidade mãe. A questão da autonomia das Faculdades passa, frequentemente, não apenas pelos limites dos territórios disciplinares, mas também por questões organizativas como o tamanho ideal das unidades de decisão, a maior racionalização dos recursos e a obtenção de economias de escala por oposição a uma resposta eficiente e flexível aos problemas concretos sentidos na proximidade das Escolas.

## Autonomia *vs* descentralização

Os modelos autonómicos das Faculdades/Escolas podem ser diferenciados. A experiência revela que diferentes modelos podem apresentar bons e maus resultados, mas realça a necessidade de reflexão sobre a existência de um ponto crítico no modelo autonómico. A determinação desse ponto crítico dependerá de vários fatores a ter em conta:

- cultura institucional (poder e posicionamento estratégico, unidade de gestão);
- peso e estabilidade das estruturas comuns (critério estratégico e/ou económico);
- nível de eficácia (rapidez da decisão);
- nível de eficiência (domínio de competências);
- grau de flexibilidade da gestão (descentralização).

O contexto de debate autonómico interno pode, todavia, ser alterado em função de condições internas específicas de descentralização, a qual, por sua vez, engloba as seguintes vertentes:

- delegação de competências aos órgãos de gestão das Faculdades/Escola/Departamento;
- acesso permanente e atualizado à informação central por parte das Faculdades/Escola/Departamento.

As tensões autonómicas das Faculdades tendem a ser menores em situações de elevada descentralização. Como refere Shattock (1999:275) com base numa análise de Lockwood, nem sempre a experiência confirma o acréscimo de dinamismo e de responsabilização, sendo certo que dificulta ao núcleo central a capacidade de mudança.

O conceito de flexibilidade e de descentralização pode ser analisado de diversas formas. Veja-se por exemplo a análise de Peter M. Blau, em Calhoun, Meyer e Scott (1990), a propósito de dois tipos de descentralização:

- institucional, que permite uma maior flexibilidade das estruturas internas;
- organizacional, que corresponde à capacidade de redistribuir internamente fundos.

Kogan, em Henkel e Little (1999:263-279), refere, face à escassez de recursos e às exigências externas crescentes, nomeadamente no domínio da qualidade, a tendência organizativa das Universidades para a centralização administrativa e burocrática.

> *Significa isso que os valores burocráticos da previsibilidade, conformidade com as normas, respeito das garantias processuais e produtividade coletiva, se sobrepõem aos valores individualistas e criativos inerentes ao trabalho académico?* (Kogan, 2007:171)

Um aspeto muito importante no processo de decisão universitária é a colegialidade, isto é, o processo de decisão partilhado pelos membros da Universidade e que se baseia em consensos que correspondem a objetivos e estratégias comuns. A colegialidade pressupõe o respeito pelas posições diferentes, mas sobretudo a discussão, a negociação, o convencimento que garantirão o consenso possível. Esta característica garante a participação de toda a comunidade nas decisões importantes. Uma estrutura de governo colegial baseia-se no conceito de comités e, ainda que com vários modelos de representatividade, está fortemente ligada ao papel central do académico na Universidade e na Gestão Universitária.

As vozes críticas relativamente à ineficiência deste tipo de processo de decisão são várias. Veja-se a propósito Carrigan (1980:124), que refere que o processo de decisão colegial é, muitas vezes, pouco informado e motivado mais por questões de ordem disciplinar do que por decisões baseadas em informação objetiva, e ainda que existe uma dicotomia intrínseca entre "participação" e "eficiência". No seu estudo, Hellawell e Hancock (2001), com base em entrevistas a 14 gestores académicos do RU, referem como principais dificuldades a logística de comunicação em Universidades fisicamente cada vez mais dispersas e onde os académicos têm agendas cada vez mais ocupadas. O processo de consulta, porque lento e de difícil decisão, surge, muitas vezes, mais como um mecanismo de persuasão do que como um verdadeiro processo de auscultação.

## Cultura organizacional

Com base em prévias reflexões de Smirch e Thévenet, Gomes (2000:73) define cultura como a "cola invisível" que, num contexto dinâmico, dá unidade à instituição, ou a um grupo dentro da instituição, de forma continuada.

Neste contexto, poderá a Universidade ser vista como uma instituição homogénea e consensual do ponto de vista da organização (com uma cultura forte), ou, pelo contrário, conforme é defendido por Schein, como uma organização heterogénea, onde coabitam culturas diferenciadas, ou contra a dominante, numa conflitualidade dinâmica? Dever-se-á falar de cultura ou de culturas universitárias?

Para Gomes, responder a esta problemática numa organização passa pela clarificação dos *níveis de análise* e das *unidades de análise* escolhidos. Tome-se como referência de sistematização o quadro concetual de Louis (1985). O estudo da cultura ou culturas institucionais pressupõe o levantamento da sua existência ao nível das organizações e a sua caracterização ao nível da identidade cultural. Nesta dupla perspetiva desenvolvem-se duas grelhas de análise: o *locus* (localização) e o *focus* (focalização) da cultura.

**Locus**

No *nível de análise intra-organizacional* é possível, segundo Louis, identificar três *loci* de cultura, quer dizer, três unidades de análise, cuja localização é determinante no caráter diferenciado das subculturas, *i.e.*, das culturas internas de uma organização:

– Topo da pirâmide. O vértice estratégico desenvolve a cultura para o interior da instituição e para o exterior. Nas Universidades, a missão e a estratégia podem ser definidas a um nível de topo e posteriormente interiorizadas por toda a Instituição e pelo mercado. O topo pode situar-se dentro de sub-unidades (Faculdades).
– *Locus*-vertical. As Faculdades podem ser locais representativos de subculturas deste tipo. Numa mesma Universidade podem frequentemente percecionar-se subculturas distintas entre Faculdades.
– *Locus*-horizontal. Nesta segmentação, a diferenciação ocorre por nível hierárquico ou categoria profissional.

Na análise ao *nível trans-organizacional* a diferenciação realçará o que existe de comum entre grupos de diferentes Universidades.

Neste caso, o *locus* unidade de análise abrange transversalmente diferentes organizações, de forma mais ampla ou mais restrita.

Considerando o universo das Universidades, os corpos de recursos humanos e as disciplinas podem representar fortes *loci* de cultura. O Professor Catedrático de Física da UC sentir-se-á mais próximo do Professor Catedrático de Direito da UC, ou do Professor Catedrático de Física da UP? Um aluno universitário da UE sentirá mais afinidades relativamente a um aluno da UL ou a um docente da UE?

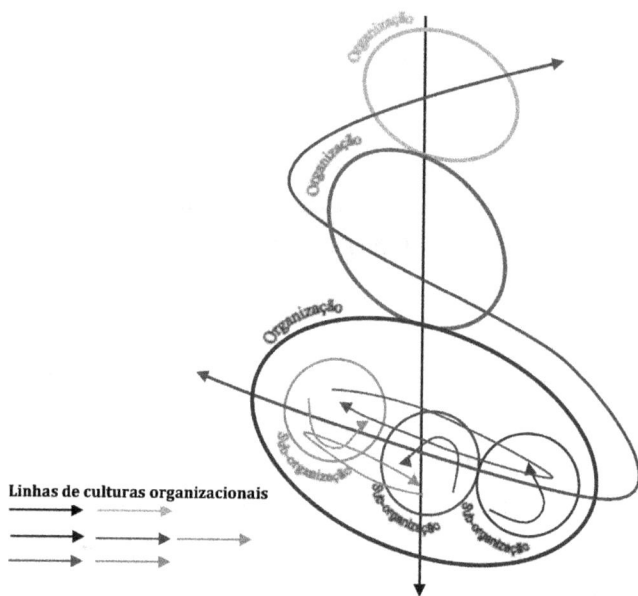

Figura 1.29 Loci de Culturas – Análise (intra- e trans-) Organizacional

Figura 1.29 Loci de Culturas – Análise (intra- e trans-) Organizacional

**Focus**

Na caracterização da cultura institucional, Gomes (2000) estabelece o seguinte quadro de análise:

| Níveis de Análise | *Foci* de Cultura |
|---|---|
| natural | – origens<br>– manifestações<br>– efeitos |
| finalizado | – gestão |
| reflexivo | – natureza |

O nível natural focaliza a descrição da cultura e a análise das estruturas e funções, o segundo nível preocupa-se fundamentalmente com os modelos de intervenção na gestão e mudança da cultura, por fim a análise da natureza da cultura permite explicar e interpretar a cultura institucional.

O princípio da colegialidade é, em particular nas universidades latinas, indissociável da cultura institucional e da filosofia de gestão destas Universidades. Para Handy (1994) a Universidade pertence a uma cultura existencial, ou dionisíaca, simbolizada por um conjunto de estrelas individuais, não dependentes entre si, apenas unidas pelo espaço comum onde brilham.

Nesta cultura, onde o talento e a capacidade individual são determinantes, o indivíduo não está subordinado à organização. As virtudes da colegialidade surgem por vezes esbatidas sob a névoa de uma ineficiência estrutural. O que pensar a partir do pensamento de Alan Bolton (2000:12), que defende que os órgãos colegiais funcionam de facto quando atuam como *talking shop*, e não quando se lhes exige funções de tomada de decisão "que requerem uma mentalidade diversa", ou de Burton Clark (1998) quando afirma que "para ter êxito, o empreendedorismo exige atitudes e formas colegiais"? O modelo colegial é, conforme estudo das estruturas de governo de 31 países europeus, um modo geral transversal em toda a Europa e na América Latina e, no caso português, muito marcado.

São ainda frequentemente associados ao contexto ambíguo e instável, apresentado como característico das Universidades (Cohen e March, 1974; Baldridge *et al.*, 1978; Groof *et al.*, 1998), os modelos de "anarquia".

Numa "anarquia organizada" (Cohen e March, 1974), a ambiguidade é uma premissa e há uma consciência coletiva de coabitação com a confusão enquanto reflexo de uma riqueza e um conflito de valores culturais intrínsecos. Os objetivos (e meios) são frequentemente pouco claros, pelo que a autonomia individual é um fator essencial de equilíbrio global. A anarquia organizada não significa forçosamente ineficácia, mas contém em si a ideia de um grau acrescido de dificuldade de liderança e de controlo, com implicações ao nível da figura de proa da organização. A tarefa do líder é, muitas vezes, de "pastorear gatos".

O modelo assenta essencialmente na autonomia individual da decisão, que de resto se adequa ao poder de voto e de veto exercido pelos membros dos órgãos colegiais. De acordo com os autores, para além da ambiguidade dos objetivos existem outros fatores que determinam a existência de uma anarquia organizada, nomeadamente a falta de transparência/informação do processo de governação interna e a "volatilidade" da participação dos universitários na organização e gestão, devido quer aos mecanismos estruturais de rotação do sistema, quer aos critérios internos de seleção de dirigentes, baseados em princípios institucionais nem sempre com preocupações de eficácia, vista no sentido da racionalidade empresarial.

Cohen e March (1974:81) definem o processo de decisão universitária como um conjunto de "procedimentos através dos quais os participantes da organização chegam a uma interpretação daquilo que fazem e do que fizeram para o fazer. Deste ponto de vista, uma organização é um conjunto de escolhas em busca de problemas, questões e pressentimentos em busca de situações de decisão em que possam vir a ser ventilados ". É o chamado modelo "Garbage Can" (*v.*, também, Cohen *et al.*, 1972), associado ao contexto das

Universidades e caracterizado pelos comportamentos ambíguos, onde problemas, soluções e decisores podem surgir de forma inconsistente e incerta.

## Relação Estado/Universidade

Considerem-se os quatro estádios evolutivos da estrutura académica da Universidade, apresentados por Santos (1996:109-113):

1. estrutura da Universidade Clássica – de elite, baseada no sistema de cátedras;
2. estrutura da Universidade Integrada – com estruturas departamentais e órgãos de gestão, na maioria dos casos, que respeitam critérios de representatividade;
3. estrutura da Universidade Federativa – maior e mais complexa ao nível departamental, com consequente maior descentralização de poderes e autonomia;
4. estrutura Desejável da Universidade – com estruturas responsáveis pela organização das atividades de ensino e de investigação, independente da estrutura departamental.

A passagem para um modelo de supervisão estatal, ao transferir responsabilidade de gestão para as Universidades, vem exigir às estruturas de apoio, não académicas, um alargamento da sua área de intervenção, quer a nível de apoio técnico, quer, em alguns casos, a nível operacional. Embora os modelos a encontrar possam ser muito diferenciados no que se refere ao peso desta estrutura de apoio, em função do contexto, da organização, mas também das estratégias escolhidas em termos de internalização/externalização de serviços prestados, o estudo das referidas estruturas é obrigatório na análise organizacional da Universidade.

A defesa do modelo departamental é feita frequentemente (Costa, 2001:157-159) com base em uma maior coerência entre investigação/ ensino, em vantagens de economia e eficácia, sempre que há duplicação de áreas nas diferentes Faculdades, e em vantagens de flexibilidade organizativa, dado que as Faculdades correspondem a estruturas mais pesadas, e por isso, teoricamente, de difícil reorganização.

Caixa 1.14 Sobre os modelos de governação nas Instituições do Ensino Superior e a sua proximidade à gestão privada. Trakman (2008) e Mainardes *et al.* (2011)

↗ **Governo pelo corpo docente:** Mais tradicional, relacionado com a colegialidade. São atribuídos poderes ao Senado ou aos órgãos de gestão que representam o corpo docente.

↗ **Governo corporativo:** Próximo da *corporate governance*, consubstancia o sistema de gestão predominante nas IES. Surge nos EUA e caracteriza-se por conceitos como eficácia, responsabilidade fiscal, planeamento estratégico e gestão pelos órgãos de governação. Baseia-se no modelo privado de mercado, procurando atenuar potenciais falhas de gestão através da utilização de técnicas de gestão empresariais (Hingá, 2013).

↗ *Trustee Governance:* Assenta na gestão colegial pelas partes interessadas. Radicando na ideia de confiança, o conselho curador é responsável pela governação das IES, sendo-lhe atribuídos poderes para agir em prol das partes interessadas com base em princípios de boa-fé, responsabilização e prestação de contas (Trakman, 2008).

↗ **Governo pelas partes interessadas:** Governo representativo, implica uma distribuição da responsabilidade de governação por diversas partes interessadas – estudantes, docentes, não-docentes, investigadores, parceiros sociais e a sociedade.

↗ **Anarquia organizada:** Cruzamento das características dos modelos acima referidos. Assenta na declaração de responsabilidade, que compreende princípios como geração de conhecimento e prossecução do lucro, entre muitos outros (Cohen e March, 1972, *apud* Santiago *et. al.,* 2003).

Fielden (2008), num estudo do Banco Mundial, enuncia os modelos de controlo da autonomia presentes na governação das Instituições de Ensino Superior públicas: controlo estatal, em que as Universidades são agenciadas pelo Ministério da Educação ou por empresas públicas (*e.g.* Malásia); semi-autónomo (*e.g.* França); semi-independente, com o controlo a ser exercido por um corpo estatutário, uma instituição de beneficência ou uma empresa sem fins lucrativos dependente do Ministério da Educação (*e.g.* Singapura); e por fim o modelo independente, que, como o nome indica, funciona sem controlo estatal e sem financiamento público (*e.g.* Reino Unido), sendo portanto governado por um corpo estatutário ou uma organização sem fins lucrativos/de beneficência.

A autonomia das Instituições de Ensino Superior ganha maior relevância sob um período de austeridade em que, quanto menor for o nível de autonomia, mais poder é transferido para o Estado, o que, em casos de dependência total de financiamento, fará com que a formação e todos os mecanismos que a suportam oscilem consoante as restrições orçamentais.

O modelo de supervisão do Estado no Ensino Superior procura uma maior eficiência e eficácia do sistema, reduzindo a participação relativa do financiamento público e incentivando os mecanismos de competição do mercado, mas procura também, como Neave (1995:61) refere, manter a "supervisão estratégica efetiva sobre as prioridades nacionais".


### 1.3.3 Financiamento: evolução e tendências


## Evolução e tendências no contexto internacional

[*Luísa Cerdeira*[16]]

Até aos anos oitenta do século passado, na maioria dos países ocidentais os Governos assumiram a principal responsabilidade de

---

16 Doutora em Educação, Universidade de Lisboa, Instituto de Educação.

financiar as universidades (Ziderman e Albrecht, 1995), dado que entendiam ser da sua esfera de responsabilidade social e económica, na medida em que se tratava de formar os indivíduos necessários para as atividades económicas e, simultaneamente, assegurar equidade e acessibilidade ao Ensino Superior.

A intervenção do Estado para a formação dos indivíduos e o consequente financiamento das Instituições de Ensino Superior dirigia-se, sobretudo, para o apoio à frequência dos cursos de pré-graduação, com os orçamentos das universidades a serem perspetivados, numa parte muito considerável, pelo número de alunos que frequentavam os cursos de formação inicial, ao mesmo tempo que os apoios sociais aos estudantes carenciados incidiam, também, sobre os estudantes desse nível de cursos (bolsas de estudos e outros apoios).

Nas últimas décadas tem vindo a assistir-se a mudanças significativas, com os Governos a desinvestirem no Ensino Superior (muitas vezes pelas dificuldades orçamentais em que se encontravam, ou mesmo por opção ideológica quanto à intervenção do Estado na Educação) e com os estudantes e as suas famílias a serem forçados a participar cada vez mais nos custos educativos, através do aumento ou da fixação de propinas. Perante a austeridade governamental, as instituições tiveram que aumentar e diversificar as receitas oriundas de outras fontes, ou recorrer àquilo a que alguns autores (Johnstone, 1986; Woodhall, 2003; Vossensteyn, 2002, 2005) chamam o *cost-sharing* – "partilha de custos".

A política de "partilha de custos" surgiu habitualmente associada a uma política de aplicação de propinas. A decisão de aplicar propinas no setor público baseia-se em várias razões e princípios, que dependem significativamente de predisposições ideológicas dos decisores. Todavia, para além da posição ideológica, registou-se uma tendência a nível mundial para a "partilha de custos", como nos explicou Johnstone (2007:3):

A partilha de custos é, simultaneamente, um facto – segundo o qual os custos da educação superior são partilhados entre um número limitado de entidades ou responsáveis, naquilo que é essencialmente um jogo de soma zero para a partilha e transferência dos custos muito consideráveis inerentes à obtenção de uma educação superior – e a designação de uma política mundial de transferência desses custos, que de uma situação de dependência muito substancial (e por vezes até quase exclusiva) em relação aos governos ou aos contribuintes passam, assim, para uma outra em que uma parte cada vez maior é suportada pelos estudantes e/ou pelos pais.

Esta tendência para a diminuição da importância do esforço do financiamento público no Ensino Superior tem vindo a progredir em todo o mundo, com poucas exceções, quaisquer que sejam os continentes e as orientações políticas seguidas nos diferentes países. Se observarmos o nível de participação da despesa pública no funcionamento das instituições de Ensino Superior em algumas regiões, vemos uma progressiva diminuição desse peso (na OCDE passa-se de 77% em 1995 para 69% e na União Europeia de 86% para 79%; no caso de Portugal essa diminuição é bem mais significativa, com a passagem de 97% para 69%). Ver figura 1.29.

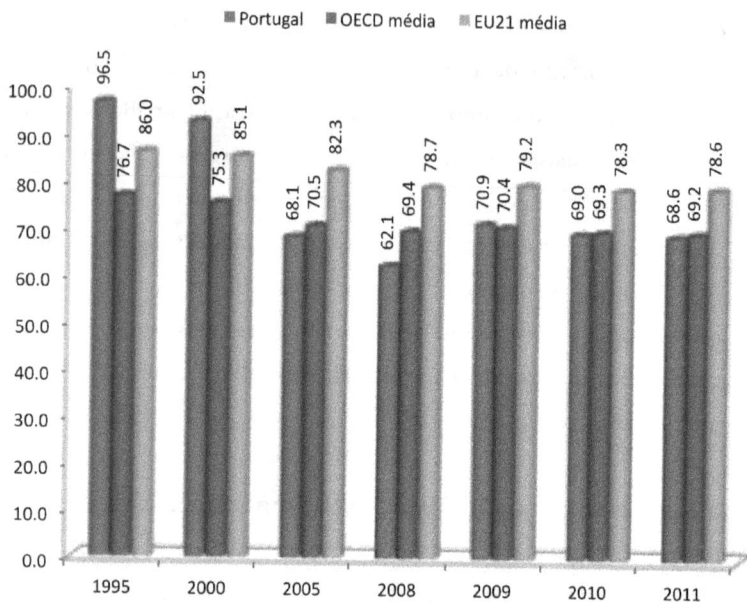

Figura 1.29 Peso da Despesa Pública nas Instituições de Ensino Superior 1995-2011 (em %). Elaborado a partir de *Education at a Glance 2014*: OCDE Indicators, Indicator B3: How much public and private investment in education is there?

Outro dispositivo de que os governos se socorreram para diminuírem a sua contribuição financeira para o Ensino Superior foi o incentivo ao aparecimento de instituições privadas, ao mesmo tempo que impunham políticas restritivas de admissão nas instituições públicas. De acordo com Woodhall (2005), esta política foi seguida de forma consistente na Ásia e na América Latina, bem como, mais recentemente, nos países da Europa de Leste e nos países africanos.

Nos anos recentes observou-se uma mudança acentuada na perceção da responsabilidade pública e estatal no que respeita ao financiamento do Ensino Superior. Tendo em conta que a generalidade dos estudos efetuados demonstrava que os estudantes que frequentam o Ensino Superior provêm fundamentalmente das classes média e alta, muitos analistas colocaram a questão de não ser justo nem equitativo que esse apoio suportado por todos os contribuintes acabasse por beneficiar principalmente uma elite, que em última instância pode suportar os custos do Ensino Superior.

Por exemplo, as posições de Jacobs e Van der Ploeg (2006:9) são ilustrativas das várias posições críticas às políticas defensoras do Ensino Superior de acesso livre e subsidiado como forma de garantir uma acessibilidade aos estudantes mais desfavorecidos. Segundo estes autores, "A investigação empírica disponível aponta no sentido de que a capacidade do estudante e alguns aspetos contextuais de incidência duradoura («a cultura», «a família», «o meio») constituem os fatores mais importantes para determinar a frequência do ensino superior."

Neste contexto, as políticas de fixação de propinas assumiram um papel crítico, quer pelo considerável aumento de rendimentos que propiciam ao sistema de Ensino Superior, quer pelas consequências que podem ter em termos de equidade e justiça social. Observou-se uma mudança acentuada na perceção da responsabilidade pública e estatal no que respeita ao financiamento do Ensino Superior.

Todavia, estas posições têm vindo a ser bastantes criticadas, não existindo unanimidade no meio académico sobre o impacte económico do retorno do investimento no Ensino Superior, e se há quem evidencie os ganhos individuais da educação, também há muitos outros que entendem que se deve valorizar sobretudo os ganhos sociais e que defendem que o Ensino Superior deve ser visto como um "bem público". É o caso de Altbach (2006:94), que, ao analisar a situação americana, descreve o advento dos economistas conservadores na cena americana a partir dos anos de 1970, cuja influência veio a provocar a diminuição dos apoios dos governos estaduais e do federal às instituições de Ensino Superior.

Passaremos agora a identificar as principais políticas de aplicação de propinas, programas de empréstimos e de apoio social, bem como os modelos de orçamentação no contexto internacional.

## Políticas de Propinas

A definição de uma política de propinas depende muito da tradição cultural dos países e da visão que os próprios políticos e outros decisores responsáveis possuam da natureza do Ensino Superior. Segundo Barr (2004), podemos identificar dois tipos de políticas, consoante a visão que se tenha da natureza do Ensino Superior, e que este autor sintetiza em dois modelos:

- o modelo político "anglo-americano", no qual o Ensino Superior é visto virtuosamente como heterogéneo, encorajando a diversidade entre as instituições, com qualidades e interesses também distintos; e
- o modelo "escandinavo", onde a política seguida assume que as instituições são homogéneas e que, portanto, as trata de forma idêntica e com programas iguais.

O tipo de política adotado por cada país acaba por estar fortemente ligado à conceção que os decisores políticos tenham da responsabilidade das famílias em relação aos filhos, ou, por contraponto, do papel do Estado. A política de "propinas à cabeça" (*upfront tuition*) está fundamentada na assunção de que os pais têm a responsabilidade de cobrir pelo menos uma parte dos custos do Ensino Superior dos seus filhos e devem pagar de acordo com a sua capacidade financeira. Neste caso, a proporção de propinas a serem pagas, ou o valor do apoio financeiro disponível, depende do rendimento da família. Este é o caso, por exemplo, da Áustria, Chile, Países Baixos, África do Sul, EUA e Reino Unido (até ao ano de 2005).

Nos países em que não se aplicam propinas (por exemplo, os países escandinavos) ou que adotaram políticas de propinas "diferidas" (como é o caso da Austrália, com o HECS – *Higher Education Contribution Scheme* –, e da Nova Zelândia com o *Student Allowance*

*Scheme*) parte-se do princípio de que os pais não são financeiramente responsáveis pelos filhos e de que os estudantes, por si próprios, não podem cobrir os seus custos enquanto andam na escola.

Nos países da Escandinávia o governo paga todos os custos de instrução necessários para qualificar os estudantes, usando para isso de recursos consideráveis obtidos através dos impostos cobrados aos contribuintes, ao mesmo tempo que se considera que cabe aos estudantes, "como adultos financeiramente independentes", assumirem o peso dos custos de vida através de um programa de empréstimos subsidiados.

Como em diversos países existem limitações legais à fixação de propinas, ou subsiste uma resistência forte da opinião pública a este tipo de medidas, houve necessidade de se equacionarem políticas que são conhecidas por políticas de "duas faces" (*dual track*). Nestes países coexistem, no sistema de Ensino Superior, dois tipos de estudantes. Encontramos um certo número de vagas nas universidades que estão livres de propinas (ou com custos muito baixos), em número limitado e muito seletivo, que premeia especialmente os resultados dos estudantes nos exames do ensino secundário, e ao mesmo tempo um outro grupo de lugares disponíveis para os estudantes se inscreverem, que no entanto serão pouco ou nada apoiados pelo governo e ficarão sujeitos ao pagamento de propinas.

As políticas de propinas de "duas faces" podem também ser aplicadas para criar um sistema diferenciado entre os alunos nacionais e os alunos estrangeiros. Encontramos exemplos na Austrália, onde os estudantes estrangeiros pagam um valor significativamente maior do que os do país. Da mesma forma, encontramos esta prática em alguns países da União Europeia, os quais distinguem entre os estudantes que fazem ou não parte da UE.

Um outro aspeto importante na definição da política de propinas é saber qual o valor apropriado da propina. Podemos pensar, numa primeira abordagem, que a propina pode cobrir uma certa percentagem do valor dos custos de instrução. Mas encontrar esse valor não é fácil, visto que o custo pode variar por instituição, por setor e sobretudo por curso. O cálculo do custo de educação está dependente da definição e do conceito que se use (por exemplo, pode haver várias formas de imputar os custos indiretos, ou de distinguir os custos com o 1.º ciclo e os cursos de pós-graduação e de investigação, para já não se referir se os custos com a saúde e o sistema de pensões do pessoal deve ou não ser considerado, bem como os custos de capital).

Dependendo do país, as propinas podem ser uniformes (como o foram no Japão para as universidades nacionais e em Hong-Kong para as instituições tipo UGC, com propinas uniformes qualquer que seja o curso ou estudo), ou diferenciadas com base em diversos critérios, como sejam o custo do programa, nível, setor, etc. Por exemplo, no Canadá, China, África do Sul e Vietname as propinas variam com os cursos, havendo propinas mais altas para os cursos com custos mais elevados. No México, nos EUA e Vietname as propinas variam por instituição e curso, com as instituições mais prestigiadas ou pertencendo a categorias mais competitivas (universidades *versus* colégios universitários) a serem autorizadas a ter propinas mais altas. As propinas em muitos países variam de acordo com a residência do estudante, com propinas diferenciadas consoante ela seja fora do país, estado ou província.

Outro tipo de política de propinas é aquela que utiliza a fixação de propinas como um meio de penalizar os estudantes que se mantêm no sistema mais tempo do que a duração normal do curso. É o caso da Hungria, onde em 1998 as propinas foram abolidas exceto para os estudantes que não conseguem um valor mínimo no exame de entrada ou para os que levam mais tempo do que a duração normal para completar o seu grau. Em 1998 também a República Checa aprovou uma Lei do Ensino Superior que permitiu às instituições aplicar propinas como penalização para os estudantes que ficam na escola para além do tempo padrão do curso. Apresenta-se de seguida, na tabela 1.18, alguns dados sobre o valor e âmbito de abrangência da aplicação de propinas no contexto da Europa, com base em relatório recente da Eurydice:

| Países | 2013/2014 1.º Ciclo | | 2.º Ciclo | | Unidade: Euros (€) |
|---|---|---|---|---|---|
| | Mínimo | Máximo | Mínimo | Máximo | Proporção de estudantes que pagam propinas |
| Áustria | | | | | Não tem propinas |
| Bélgica (Comunidade Francesa) | 0 | 837 | 0 | 837 | 70% pagam propina máxima |
| Bélgica (Comunidade Alemã) | 100 / 425 / 600 | | | | Quase todos pagam 425€ |
| Bélgica (Comunidade Flamenga) | 80 | 611 | 80 | 611 | 70% Max – 25% Mín |
| Bulgária | 59 | 741 | 59 | 793 | Quase todos pagam |
| Chipre | | 3417 | 5125 | 10250 | Propinas no 1.º Ciclo pagas pelo Estado |
| República Checa | 20 | 21 | 20 | 21 | Todos pagam uma vez por Ciclo |
| Croácia | 665 | 1329 | 665 | 1329 | No 1.º ano não pagam |
| Dinamarca | | | | | Não tem propinas |
| Alemanha | 200 | 1000 | 200 | 1000 | A maioria paga uma propina mínima |
| Estónia | 0 | 7200 | 0 | 7200 | As propinas aplicadas por ECTS incompletos |
| Finlândia | | | | | Não tem propinas |
| França | 183 | | 254 | | Cerca de 65% pagam propinas. Algumas universidades públicas aplicam propinas que podem chegar aos 2000€ |
| Grécia | | | 3625 | 12000 | Não há propinas no 1.º Ciclo |
| Hungria | 795 | 5532 | 1556 | 6569 | 43% pagam propinas (Out. 2012) |
| Islândia | | 373 | | 373 | Todos pagam uma propina fixa |
| Irlanda | 2500 | 6000 | 4000/6000 | 35000 | 60% pagam propinas |

| | | | | |
|---|---|---|---|---|
| **Itália** | 1300 | | 1300 | 88,4% pagam propinas |
| **Letónia** | 903 4876 | | 918 6571 | 55% pagam propinas no 1.º Ciclo; 40% no 2.º Ciclo |
| **Liechtenstein** | 1245 | | 1245 | Todos pagam uma propina fixa |
| **Lituânia** | 625 5260 | 1411 | 6249 | 48,2% pagam propinas |
| **Malta** | | | 400 | Não há propinas no 1.º Ciclo |
| **Noruega** | | | | Não tem propinas |
| **Polónia** | 41 | | 41 | Cerca de 7% pagam uma taxa administrativa |
| **Portugal** | 631 1066 | 631 | 1066 | Todos pagam propinas |
| **Roménia** | 525 2819 | 525 | 2819 | 44,57% no 1.º Ciclo e 36,78% no 2.º Ciclo pagam propinas |
| **Eslovénia** | 12010/2800 9375 | 1210/2800 | 12462 | 80% dos estudantes estão no público e não pagam propinas |
| **Eslováquia** | 10 1960 | 10 | 2940 | Todos pagam |
| **Suécia** | | | | Não tem propinas |
| **Reino Unido (Inglaterra)** | 11099 | 4810 | | Todos pagam no 1.º Ciclo; os valores do 2.º Ciclo são muito variáveis |
| **Reino Unido (Irlanda do Norte)** | 4409 | 4810 | | Todos pagam no 1.º Ciclo; os valores do 2.º Ciclo são muito variáveis |
| **Reino Unido (Gales)** | 4409 | 4810 | | Todos pagam no 1.º Ciclo; os valores do 2.º Ciclo são muito variáveis |
| **Reino Unido (Escócia)** | 11099 | | | No 1.º Ciclo Escoceses e estudantes EU não pagam propinas, que são pagas pelo Governo; as propinas são fixadas em 1820 Libras: no 2.º Ciclo o valor das propinas é muito variável |

Tabela 1.18 Valor de propinas nos países da Europa em 2013/2014; Eurydice (2014), National Student Fees and Support Systems 2013/2014

## Políticas de empréstimos estudantis

Existe uma grande diversidade de programas de empréstimos implementados no contexto internacional, sendo significativamente distintos e com objetivos bem diversificados. Os programas de empréstimos têm vindo a ser desenhados em diversos países de forma a atender, tanto quanto possível, a duas características: as condições socioeconómicas dos países (e dos estudantes que ambicionam frequentar o Ensino Superior), e a disponibilidade universal (isto é, qualquer estudante academicamente preparado deve poder estudar e ter acesso a um empréstimo).

A disponibilidade generalizada dos programas de empréstimos significa que o crédito deve estar disponível para todos os estudantes elegíveis, mesmo que existam algumas restrições de acesso, mas nunca de forma a recusar estudantes que possam apresentar garantia e se queiram matricular no Ensino Superior. Contudo a generalidade dos autores concorda em que os programas de empréstimos para estudantes são extremamente complexos e difíceis de operacionalizar (Johnstone, 2005; Usher, 2005).

Quando se está perante empréstimos a estudantes, as entidades bancárias não se mostram de imediato muito interessadas em apoiar, dado que os estudantes, em termos gerais, não dispõem de bens que possam apresentar como garantia, o que, na ausência de alguma instituição governamental que assuma o risco, torna necessário que o empréstimo tenha que ser assumido em conjunto pelo estudante e pelos seus pais ou por qualquer outro fiador (ainda que os bancos tenham interesse em fidelizar os estudantes enquanto futuros clientes e, em alguns casos, entendam que têm uma responsabilidade social).

Em termos teóricos, a defesa da figura de empréstimos no Ensino Superior está relacionada com a noção de que este é um investimento privado lucrativo, oferecendo aos diplomados retornos elevados sob a forma de oportunidades de melhores empregos e de rendimentos futuros mais elevados ao longo da vida profissional. Os empréstimos teriam a vantagem de aumentar o acesso ao Ensino Superior por parte de franjas significativas de jovens de ascendência socioeconómica desfavorecida, dando-lhes a possibilidade de virem a pagar num momento posterior, quando já estiverem em condições de poupar para esse reembolso.

Segundo Woodhall (2004), os críticos dos empréstimos estudantis, que geralmente defendem bolsas de estudo em vez de empréstimos, radicam os seus argumentos na convicção de que o Ensino Superior é um investimento social rentável, que portanto deve ser financiado pelos fundos públicos e não privados. Consideram, por isso, esses críticos que os empréstimos são ineficientes, nomeadamente pelas seguintes razões:

- a complexidade e os altos custos com a sua administração, particularmente no esforço de recolher os reembolsos dos empréstimos;
- o risco de não reembolso, se os diplomados forem incapazes de assegurar os pagamentos durante períodos em que estejam desempregados ou à procura do primeiro emprego, em que tenham remunerações baixas, períodos de doença, ou até mesmo se simplesmente decidem não pagar, emigram ou desaparecem;
- o perigo de distorcerem as escolhas dos estudantes, ao estimularem que prossigam cursos com maiores perspetivas de rendimentos futuros, em detrimento de cursos de interesse social mas com menor retorno monetário.

Finalmente, os opositores destes programas, onde muitas vezes se encontram as associações representantes dos estudantes, colocam também o problema da equidade, visto que defendem que o medo de incorrer em dívidas e de contrair empréstimos irá desencorajar os estudantes provindos das famílias de baixos rendimentos, podendo ser particularmente mais gravoso no caso das mulheres (em alguns países poderá constituir-se como um "dote" negativo) ou dos estudantes mais velhos, cuja expectativa de vida útil será mais curta e desencorajará a continuação dos estudos.

Seja qual for a forma, os empréstimos aos estudantes são sempre de risco e geralmente cabe aos governos assumir uma parte desse risco. Assim o explicam Johnstone e Shroff-Mehta (2003), quando apontam para quatro formas essenciais de um governo participar e estar envolvido no processo dos empréstimos estudantis, a saber:

- O Governo assume a totalidade, ou parte, do risco do empréstimo — assumindo o risco em relação a entidades privadas de crédito, ou desenhando e organizando, ele próprio, programas de crédito aos estudantes;
- O Governo subsidia a taxa de juro paga pelo estudante — quer no caso em que o estudante pede o empréstimo a instituições privadas, quer no caso em que o próprio Governo obtém os capitais de privados;
- O Governo absorve os custos de administração do programa de empréstimos aos estudantes — uma vez que este tipo de programa tem custos burocráticos e administrativos relacionados com o processo de candidaturas e seleção, bem como com o pagamento das prestações;
- O Governo pode usar o sistema fiscal para administrar os reembolsos dos empréstimos — o que pode fazer diminuir o tipo de custos acima referido, dado que a estrutura fiscal já está implementada.

Estes apoios sob a forma de subsídios aos programas de empréstimos podem ter repercussões francamente expansivas na despesa pública, como já foi devidamente diagnosticado por diversos autores. Ziderman e Albrecht (1995) chamaram aos empréstimos a estudantes "programas diferidos de pagamento", colocando de alguma maneira em dúvida a sua eficácia financeira, já que identificaram um grande número de cenários onde se combinavam dívidas elevadas, altos níveis de "subsidiação" e de despesas do serviço da coleta dos reembolsos, o que, portanto, levava os governos a acabarem por ter que gastar eventualmente mais do que se usassem a figura das bolsas de estudo "a fundo perdido".

Num relatório recente do IMHE – Institutional Management in Higher Education –, Mangeol (Glass, 2014:37) chamava a atenção para o facto de as dívidas destes empréstimos se terem tornado um problema para os Governos, mas também para os estudantes que se diplomam e não conseguem entrar no mercado de trabalho:

> A falta de pagamento dos empréstimos a estudantes tornou--se, de facto, um problema nos sistemas que aliam propinas elevadas a níveis altos de apoio estudantil, facultado sobretudo através de empréstimos aos estudantes, quando estes, uma vez terminada a sua formação, não conseguem encontrar emprego – ou um emprego com remuneração suficiente – para pagar a dívida assim contraída. Além de constituírem obstáculos significativos para quem tem de se defrontar com o desemprego até muito depois da formatura, a falta de pagamento dos empréstimos estudantis, tal como os sistemas de empréstimo indexado ao rendimento, pode conduzir a passivos substanciais para o Estado.

Os empréstimos a estudantes podem, de facto, ter diversas configurações. Iremos centrar a nossa análise nas três principais modalidades de programas: empréstimos convencionais ou hipotecários, empréstimos dependentes do rendimento dos diplomados, empréstimo imposto de graduação. Procurando sintetizar, apresenta-se na tabela 1.19 os três principais tipos de programas de empréstimos:

| Tipo de Programas de Empréstimos | Exemplos Países |
|---|---|
| **Empréstimo Hipotecário / Convencional** | |
| Calendário de pagamentos e um período de reembolso definidos no início do contrato | Estados Unidos da América, China, Japão, Quénia e Portugal (desde 2007) |
| Modalidade de pagamento – pagamentos mensais de igual quantia, ou aumentando ao longo do período de tempo acordado | |
| As taxas de juro – base anual sobre o valor do empréstimo | |
| **Empréstimo Dependente do Rendimento** | |
| O estudante paga por obrigação contratual uma % do seu rendimento futuro até que: | Austrália, Chile, Suécia, África do Sul, Escócia (2000), Reino Unido (2006), Rússia (2004), Estados Unidos da América (*Direct Loan Program*) |
| O empréstimo e os juros sejam liquidados e reembolsados | |
| O devedor pague uma quantia máxima (libertando contratualmente os detentores de rendimentos altos) | |
| Se tenha atingido um número máximo de anos | |
| **Empréstimo – Taxa de Graduação** | |
| Empréstimo dependente do rendimento futuro | Nova Zelândia, Suécia (desde 2001) |
| Um "imposto" cobrado sobre o rendimento dos diplomados durante o resto da sua vida ativa | |

Tabela 1.19 Tipo de programas de empréstimos estudantis. Cerdeira, 2009.

Existem ainda programas de empréstimos que combinam características de um esquema convencional fixo e de um programa de empréstimos dependente do rendimento, formando um sistema híbrido.

## Políticas de Apoio Social

O apoio social aos estudantes assume várias modalidades, podendo verificar-se sob a forma de apoios não-reembolsáveis e reembolsáveis. Os apoios não-reembolsáveis, ou a fundo perdido, podem revestir diferentes figuras: as bolsas que são dadas aos estudantes em cada ano letivo; o perdão ou a redução do valor do reembolso do empréstimo até ao final do curso; a diminuição ou a dedução das despesas de educação nos impostos sobre o rendimento; a aplicação de taxas mais favoráveis para as poupanças destinadas a financiar a educação; as contribuições para as contas-poupança para a educação; e subsídios para apoiar preços mais baixos nos serviços de alojamento e de alimentação dos estudantes. Por sua vez, os apoios reembolsáveis são essencialmente constituídos pela figura dos empréstimos, ainda que este mecanismo também envolva quase sempre, como já se explicitou anteriormente, algum tipo de subsídio a fundo perdido.

Os apoios podem ser concedidos em termos universais, isto é, de maneira a todos os estudantes poderem aceder independentemente do seu nível de rendimento, ou ser dirigidos a certos grupos de estudantes, com base no baixo rendimento ou noutras características especiais (género, raça, ou incapacidade). Por exemplo, nos países da OCDE onde existem diversos tipos de apoio verifica-se uma tendência para que os apoios reembolsáveis possam ser universais, enquanto os não reembolsáveis estão mais ligados aos apoios dirigidos a certos setores ou grupos.

Na maioria dos países as bolsas de estudo destinam-se apenas aos estudantes com mais baixos rendimentos ou oriundos de certos grupos étnicos com maiores necessidades de apoio, ou dirigem-se a certos grupos de estudantes que os governos têm interesse em apoiar por razões políticas específicas (por exemplo, incentivar que os estudantes frequentem certos cursos para se tornarem professores ou médicos, ou vão para cidades do interior). Noutros países, como nos países nórdicos (Suécia, Noruega, Finlândia e os Países Baixos), as bolsas fazem parte de um conjunto de apoios que são dados a todos os estudantes independentemente do seu estatuto socioeconómico, de forma a assegurar a sua independência face aos pais.

De acordo com Usher e Steel (2006), as bolsas desempenham duas funções importantes no que respeita à acessibilidade do Ensino Superior. A primeira reside no facto de as bolsas de estudo aumentarem o poder de compra de curto prazo dos estudantes, reduzindo a "saída de dinheiro" do orçamento corrente do estudante e, portanto, reduzindo os custos de educação. Desta forma, as bolsas aumentam o *ratio* do custo-benefício da educação, compensando os custos totais desta (propinas, custos de vida ou de manutenção, e o custo de oportunidade). De resto, só as bolsas conseguem mudar o preço/valor líquido e afetar o *ratio* do custo--benefício (os empréstimos podem também reduzir a despesa, mas não interferem no valor líquido).

A equidade no acesso ao Ensino Superior é uma questão central na definição das políticas de financiamento, reconhecendo-se em geral a necessidade de promover a equidade no acesso e, em particular, na ultrapassagem das barreiras financeiras que entravam a frequência do Ensino Superior.

Na perspetiva de Finnie, Usher e Vossensteyn (2004), um sistema completo de apoio social englobará um sistema integrado de empréstimos e de bolsas, com uma combinação das duas formas de apoio, dependendo dos objetivos que se pretenda obter. Os empréstimos devem ser dirigidos para ajudar os estudantes com problemas financeiros, que assim podem ultrapassar esses constrangimentos. Por seu lado, as bolsas devem ser usadas para providenciar incentivos que encorajem certos grupos de estudantes a frequentar o Ensino Superior, visando um incremento de equidade e de eficiência.

No que respeita aos sistemas de apoio financeiro aos estudantes do Ensino Superior, estes mesmos autores agrupam-nos em quatro grandes modelos, que resultam da combinação diversa das políticas de apoio e de aplicação de propinas nos diferentes países: o modelo centrado no estudante, o modelo centrado na família, o modelo do estudante independente e o modelo de compromisso. Partindo da descrição desses autores elaborou-se uma tabela síntese (ver tabela 1.20) onde são enunciadas as principais características de cada um dos referidos modelos:

| Modelo | Caraterísticas | Países |
|--------|----------------|--------|
| **Modelo centrado no estudante** | Os estudantes são vistos como tendo a principal responsabilidade dos custos dos seus estudos. Habitualmente há a aplicação de propinas elevadas e as verbas transferidas para as instituições de Ensino Superior não cobrem a totalidade dos custos de educação. O apoio social está focado no aluno e não nas suas famílias (ainda que sejam tomadas em conta). As bolsas, os subsídios e os empréstimos são concedidos aos estudantes com base nas suas necessidades para frequentarem o Ensino Superior. | Austália, Nova Zelândia, Reino Unido, Estados Unidos |
| **Modelo centrado na família** | Os pais são moralmente responsáveis e, nalguns casos, são responsáveis legais por manter os jovens no Ensino Superior. Consequentemente as bolsas e os empréstimos estão disponíveis para poucos estudantes (geralmente entre 15 a 35%) e os valores concedidos tendem a ser pequenos. Por sua vez, os pais são substancialmente subsidiados através de apoios fiscais e outros. Muitas vezes as deduções fiscais acabam por apoiar as famílias mais favorecidas, com capacidade de poupança e não as famílias mais desfavorecidas. O cálculo do apoio assenta sobretudo nos rendimentos das famílias. | Países da Europa Ocidental: Áustria, Bélgica, França, Alemanha, Itália, Espanha e Portugal |
| **Modelo do estudante independente** | Os estudantes são vistos como independentes das suas famílias. Habitualmente este modelo surge nos países com um sistema político e social de Estado-providência. Geralmente não há aplicação de propinas, o que quer dizer que os governos financiam todos os custos de instrução. Ao mesmo tempo, estes países caracterizam--se por uma fraca diferenciação salarial entre os ganhos dos diplomados do Ensino Superior e os do Ensino Secundário. Os apoios concedidos cobrem fortemente as despesas de vida, quer os estudantes vivam ou não em casa dos pais. Cerca de 40 a 60% dos apoios são dados através de empréstimos e os restantes sob a forma de bolsas. | Dinamarca, Finlândia, Islândia, Noruega e Suécia |
| **Modelo de compromisso** | Neste modelo há uma política de aplicação de propinas e de apoio social que mantém um compromisso entre os estudantes serem independentes e terem apoio dos pais para parte dos custos. Todos os estudantes em tempo parcial são elegíveis para a concessão de bolsas de estudo, cujo valor varia consoante o estudante viva ou não com os pais. Cerca de 30% de todos os estudantes são elegíveis para bolsas suplementares com base no nível dos rendimentos das suas famílias. Supõe--se que os pais financiam algum valor para os custos. Contudo, muitas vezes o valor do apoio não é suficiente e os estudantes acabam por ter que trabalhar em tempo parcial. | Países Baixos |

Tabela 1.20 Principais modelos de apoio social aos estudantes do Ensino Superior. Cerdeira (2009), elaborado a partir de Finnie *et al.* (2004)

162

A combinação dos apoios sociais e dos incentivos depende muito da visão social e cultural de cada país relativamente às obrigações dos pais, condicionante que determina, em última instância, o modelo de apoio social aos estudantes do Ensino Superior.

## Mecanismos de afetação de recursos públicos nas instituições de Ensino Superior

Como já se evidenciou anteriormente, a maioria dos países tem seguido políticas de *cost-sharing* e de diversificação de fontes de financiamento, impulsionando, ou mesmo empurrando, as instituições de Ensino Superior para a procura de fontes de financiamento privadas. Contudo, a componente dos fundos públicos tem ainda expressão relevante, sobretudo a nível da Europa, tendo ao longo destas últimas décadas sido utilizados diversos métodos para calcular e distribuir o financiamento público.

Apesar de haver uma componente técnica neste processo de afetação dos recursos, há também uma certa forma de regulação nestes mecanismos, influenciando as instituições de Ensino Superior e acabando por intervir nas suas decisões estratégicas.

Desde os anos 90 do século passado que foram sendo adotados novos modelos de afetação de recursos, deixando a fixação dos tetos orçamentais de ser discutida, entre os Governos e as Instituições de Ensino Superior, com base apenas no orçamento histórico e do ano anterior. Os mecanismos introduzidos apontavam para se ter em conta, na fixação do financiamento, o desempenho das instituições, ao mesmo tempo que se incentivava a prestação de contas e responsabilização perante a sociedade.

Os mecanismos usados foram diversificados, mas atendendo à experiência europeia poderemos afirmar que, na maioria dos países, surgiram fórmulas de financiamento de diversos contornos e parametrização, acompanhadas e complementadas por vezes com outros mecanismos, como sejam contratos-programa ou contratos de desempenho. Por vezes foram usadas fórmulas em simultâneo com contratos. Passaremos a sintetizar os mecanismos de financiamento mais usados nos países europeus, reportados ao ano de 2006/2007, seguindo para o efeito o relatório da Eurydice (2008:48) *A Governança do Ensino Superior na Europa*.

| Mecanismos de Financiamento | Países |
|---|---|
| Negociação orçamental com o organismo responsável pelo financiamento com base numa estimativa de orçamento apresentada pela Instituição de Ensino Superior | Bélgica (Com. Germanófona), Bulgária, Irlanda, Grécia, Chipre, Luxemburgo, Malta, Portugal, Eslovénia. |
| Orçamento estabelecido pelo organismo de financiamento com base nos custos de anos precedentes | Dinamarca, Grécia, Itália, Polónia, Islândia, Noruega. |
| Fórmula de financiamento | Bélgica (Com. Francesa), Bélgica (Com. Flamenga), Bulgária, República Checa, Dinamarca, Estónia, Irlanda, Grécia, França, Itália, Letónia, Lituânia, Hungria, Países Baixos, Áustria, Polónia, Portugal, Roménia, Eslovénia, Eslováquia, Finlândia, Suécia, RU – Inglaterra, País de Gales e Irlanda do Norte – Escócia, Islândia, Liechtenstein, Noruega |
| Contratos de desempenho baseados em objetivos estratégicos | Bélgica (Com. Flamenga), República Checa, Dinamarca, Grécia, França, Luxemburgo, Áustria, Portugal, Roménia, Eslováquia, Finlândia, Islândia. |
| Contratos baseados num número predeterminado de diplomados por área de estudo | Estónia, Letónia |
| Financiamento para projetos de investigação específicos, atribuído no âmbito de procedimentos concursais | Bélgica (Com. Francesa), Bélgica (Com. Flamenga), Bulgária, República Checa, Dinamarca, Estónia, Irlanda, Grécia, França, Itália, Letónia, Lituânia, Hungria, Malta, Países Baixos, Áustria, Polónia, Portugal, Roménia, Eslovénia, Eslováquia, Finlândia, Suécia, RU – Inglaterra, País de Gales e Irlanda do Norte, RU – Escócia, Islândia, Liechtenstein, Noruega |

Tabela 1.21 Mecanismos de financiamento público direto das Instituições de Ensino Superior em 2006/2007[17]; Eurydice (2009). A Governança do Ensino Superior na Europa. Elaborado a partir de quadro 3.2, p.48.

---

[17] Na Alemanha e Espanha os mecanismos são variáveis consoante a autoridade regional.

Assim, constata-se que a quase totalidade dos países utilizava uma fórmula de financiamento para calcular a dimensão das dotações orçamentais, ainda que a abrangência dessas fórmulas (a parte do orçamento que abrangem) seja muito diversa e diferenciada. Ao tempo a maioria das fórmulas de financiamento baseavam-se em critérios de *input* e menos em critérios de desempenho. Vejamos de forma sintética alguns dos principais critérios usados:

- **Critérios de *input*.** Número de estudantes do ano anterior ou previsão do ano em curso; número de vagas, custos de arrendamento de edifícios, área de superfície, número de pessoal, oferta educativa, etc.
- **Indicadores de desempenho.** Taxas de sucesso dos estudantes, número de diplomados, número de anos para terminar os estudos, número de estudantes aprovados nos exames, número de créditos obtidos, taxa de insucesso no final do 1.º ano e taxa de abandono, qualidade do pessoal docente, qualidade da gestão, resultados da investigação, classificação das Universidades, etc.
- **Contratos de desempenho.** Os contratos definem os objetivos estratégicos a cumprir e são um instrumento útil para avaliar as instituições (obrigando também à definição dos objetivos estratégicos nacionais). São instrumentos importantes para a orientação das políticas estratégicas das Instituições de Ensino Superior. São muitas vezes plurianuais (por exemplo 3 anos na Áustria e Finlândia, 3 a 4 anos na Dinamarca, 4 anos em França e 5 anos na Islândia).
- **Contratos com base num número predeterminado de diplomados por área de estudo.** As Instituições de Ensino Superior têm de assegurar que um determinado número de estudantes obtém o diploma no final de um certo período, em certas disciplinas ou áreas científicas. Quando não são

cumpridos esses objetivos, o Ministério ou entidade que gere o orçamento público abate no contrato seguinte o montante não executado. Exemplos – Letónia, Estónia e também Portugal em 2010, com o Contrato-Confiança (posteriormente abandonado).

- **Financiamento público para investigação.** As Instituições de Ensino Superior recebem financiamento público para investigação de dois tipos. De uma maneira geral, na maioria dos países existe um sistema dual, que mistura as duas modalidades: financiamento base para a investigação – uma dotação global que a instituição pode usar como entende (alocada especificamente para investigação, ou adicionada a uma dotação global para outro tipo de despesas) –, ou procedimento concorrencial para projetos específicos ou programas de investigação.

No estudo *Modernisation of Higher Education in Europe: Funding and the Social Dimension*, realizado no âmbito da Eurydice (2011), informava-se, que a nível europeu, os objetivos mais importantes do financiamento público e dos mecanismos de afetação de recursos eram: o maior número de estudantes; a maior diversidade de estudantes; a melhoria da qualidade do ensino e investigação; centros de excelência; diversificação entre as instituições de Ensino Superior; incentivo à melhoria das taxas de diplomação. Neste último estudo, e com referência ao ano de 2009/2010, voltava a constatar-se que o mecanismo da fórmula era o mais usado nos diversos países para calcular o orçamento base das Instituições de Ensino Superior, sendo que apenas 22 dos países tinham mecanismos baseados no desempenho.

Esta tendência continuou a registar-se, e no relatório *Modernização do Ensino Superior na Europa: Acesso, Retenção e Empregabilidade* (Eurydice 2014:10) afirma-se que "Dez sistemas apenas acusam a existência de mecanismos de financiamento baseados no desempenho, em que uma parte do financiamento da instituição depende da obtenção dos resultados acordados para um determinado período de tempo." Nalguns dos países o nível de financiamento público começava também a estar ligado ao desempenho dos diplomados no que toca à empregabilidade, havendo apoios financeiros para encorajar as Universidades a cooperar com empresas, na busca de melhorar as competências para a futura atividade profissional.

## Países e regiões de língua portuguesa

[*Ricardo Mendes*[18]]

Realizar uma análise às fontes de financiamento do Ensino Superior nos países e regiões de língua portuguesa não se afigura tarefa fácil. Apesar de partilharem a mesma matriz linguística, comportam dimensões e realidades distintas, comprometendo, por isso, a linearidade dos exercícios comparativos. A dimensão do desafio adensa-se quando se toma consciência das lacunas de informação relativas à componente do financiamento da educação e do Ensino Superior. De modo a minimizar este tipo de constrangimentos recorremos aos dados que o Banco Mundial disponibiliza acerca da temática em causa, privilegiando o tratamento de indicadores relativos.

Em primeiro lugar analisaremos a despesa pública em educação em percentagem do PIB e a sua evolução entre 2005 e 2010 (figura 1.30). Tendo em conta as várias regiões em apreço, é relevante considerar este indicador, desde logo porque, na maioria dos casos, o investimento em educação é de iniciativa pública. Esta situação é particularmente expressiva nos países africanos, onde

---

[18] Mestre em Economia pela Faculdade de Economia da Universidade de Coimbra.

a informação referente ao investimento privado em educação é praticamente inexistente. Em contraponto, tanto em Portugal como no Brasil o financiamento proveniente da oferta privada não pode ser negligenciado.

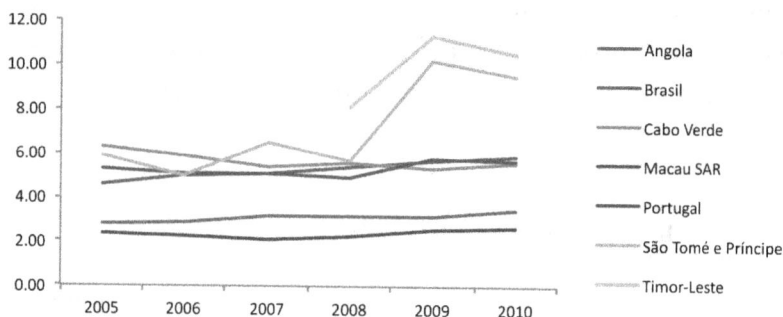

Figura 1.30 Despesa pública em educação em % do PIB entre 2005 e 2010. Banco Mundial

Considerando o investimento em educação feito pelos vários países, ponderando-o pelo PIB, obtém-se uma primeira medida da importância que cada um dos Estados atribuiu, entre 2005 e 2010, à qualificação das populações.

Para além de pontos de partida diferenciados, é necessário ter em conta que, pela natureza do indicador, a expressão do aumento, em termos absolutos, é indissociável da dimensão e da dinâmica de crescimento do PIB (mais forte no Brasil e Angola, e em progressão lenta primeiro, e depois em contração, em Portugal). Todavia a análise da figura 1.30 permite-nos diferenciar alguns comportamentos, mantendo-se o reforço do financiamento da educação, no decurso do período em causa, como tendência generalizada.

A partir de 2008 diferenciam-se três grupos de países. No primeiro incluem-se São Tomé e Príncipe e Timor-Leste: ambos alocam cerca de 10% do PIB à educação e apresentam uma variação positiva considerável entre 2008 e 2009. Fruto das mudanças políticas que conduziram à recuperação da soberania de Timor-Leste em 2009, os valores mais elevados (a série de dados inicia-se apenas em 2008) registados neste país poderão indiciar as necessidades de investimentos estruturais em equipamentos escolares. Um segundo grupo de países, constituído por Brasil, Cabo Verde e Portugal, apresentam níveis de investimento, ao longo dos cinco anos em análise, relativamente constantes (entre 4 e 6% do PIB). Um terceiro grupo é constituído por Angola e Macau, apresentando valores entre os 2% e 3% do PIB.

Considerando a percentagem da despesa pública no Ensino Superior face aos orçamentos da educação no ano de 2010 (figura 1.31), constata-se que Macau se destaca, na medida em que, mesmo não sendo das regiões que mais investe em educação, como vimos anteriormente, o Ensino Superior absorve ali cerca de metade desses recursos financeiros. Macau é seguido a alguma distância por Portugal (20%) e Brasil (16%) no modo como o Ensino Superior é considerado na distribuição do orçamento da educação.

Angola, Timor-Leste e Moçambique aparecem, de acordo com estes dados, como países que direcionam menor percentagem do orçamento da educação para o Ensino Superior. É necessário sublinhar o facto de os últimos dados conhecidos para os casos de Angola e Moçambique reportarem ao ano de 2006, sendo de esperar que entretanto se tenham registado alterações.

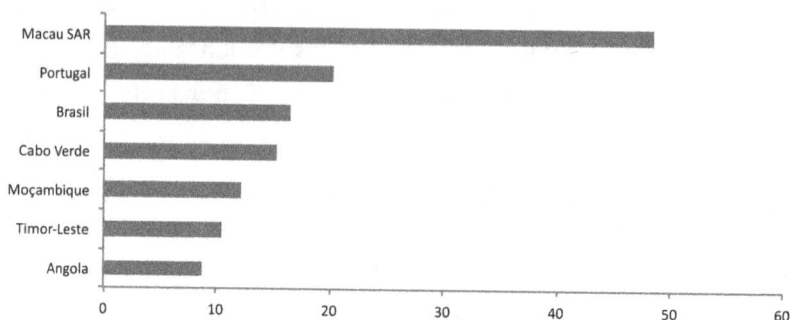

Figura 1.31 Proporção (%) da despesa pública com o Ensino Superior no cômputo dos respetivos orçamentos da educação, 2010[19]. Banco Mundial.

O caso de Timor-Leste é sintomático na medida em que, como vimos na figura 1.30, apesar de ser um dos países lusófonos que maior percentagem do seu PIB dedicam à educação, apenas 10% desse esforço é canalizado para o Ensino Superior. Reproduz-se, por esta via, uma situação de enraizamento de políticas de educação que, necessariamente, passam primeiramente pelo fomento dos níveis de ensino primário e secundário, criando em simultâneo as bases para o sistema de Ensino Superior.

Colocando o enfoque na despesa pública por estudante do Ensino Superior e mantendo o PIB (neste caso, *per capita*) como medida de ponderação, é possível, apesar das lacunas que os dados apresentam, proceder à comparação de valores entre os anos de 2005 e de 2010 (figura 1.32).

[19] No caso de Angola e Moçambique utilizam-se os últimos dados conhecidos, que reportam ao ano de 2006.

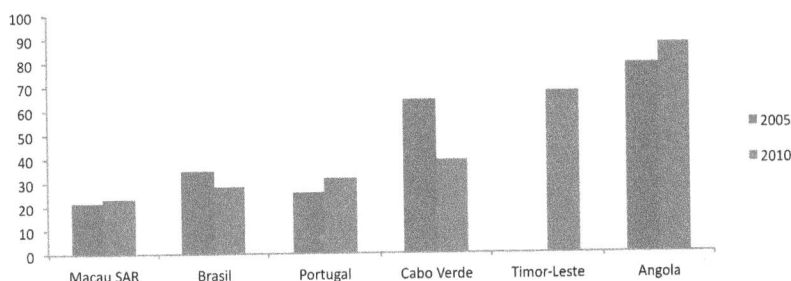

Figura 1.32 Despesa pública por estudante do Ensino Superior face ao PIB per capita em 2005 e 2010[20], %; Banco Mundial.

Observando a figura 1.32, apartam-se dois conjuntos de países: um primeiro conjunto, composto por Macau, Portugal e Angola, onde o investimento por estudante (visto na proporção do PIB *per capita)* aumenta; um segundo, que inclui o Brasil e Cabo Verde, onde este diminui. No conjunto de países analisados Cabo Verde apresenta a variação negativa mais significativa (a despesa por estudante, em percentagem do PIB *per capita*, baixou 30%).

Observamos que, em 2010, o investimento por aluno do Ensino Superior em Angola correspondia a 87% do PIB *per capita*. No caso de Macau o valor fixa-se nos 23%. Tendo presentes as singularidades de cada um dos casos, Timor-Leste investiu, por cada aluno que frequenta o Ensino Superior, o equivalente a cerca de 67,3% do PIB *per capita*, apresentando assim o segundo maior valor deste indicador no espaço lusófono. Através deste indicador constata-se que o esforço financeiro direcionado a cada estudante do Ensino Superior em Timor-Leste é três vezes mais elevado do que o realizado por Macau. Isto quererá dizer também que, caso o governo de Timor-Leste queira aumentar o seu número de estudantes do Ensino

---

[20] No caso de Angola a comparação é realizada entre os únicos dados disponíveis, que correspondem ao ano de 2005 e 2006. Para Timor-Leste a série de dados disponível inicia-se em 2009.

171

Superior, o esforço que terá de realizar, tendo em conta a riqueza produzida, será maior do que o esforço necessário ao governo da região de Macau para atingir o mesmo objetivo. Não queremos dizer com isto que o investimento público por estudante do Ensino Superior é maior em Timor-Leste do que em Macau. Na verdade passa-se exatamente o contrário. Segundo dados do Banco Mundial, o PIB *per capita* de Timor-Leste (em dólares americanos) foi, em 2010, de 875,84 USD, portanto o seu investimento por estudante universitário corresponde a 589,44 USD (875,84x67,3%), enquanto Macau apresentava, no mesmo ano, um PIB *per capita* de 53.045,88 USD, traduzindo-se num investimento por aluno do Ensino Superior de 12.147,51 USD (53.045,88x22,9%). A apresentação dos casos mais extremados serve para mostrar que o investimento por aluno que frequenta o Ensino Superior é muito maior em Macau do que em Timor, mas ainda assim o esforço para formar estes alunos, quando relativizado pela riqueza gerada por cada um dos países, é mais expressivo no segundo do que no primeiro.

De seguida apresentam-se dados que colocam em confronto a população potencial e a que realmente frequenta os diferentes sistemas de Ensino Superior. Para esse efeito traçamos, na figura 1.33, as séries temporais correspondentes à percentagem de população jovem[21] que frequenta este ciclo de ensino, no sentido de identificar o nível de consolidação dos respetivos sistemas[22].

Olhando para a figura, existem duas séries que se destacam das restantes. São elas Portugal e Macau. Em 2010, Portugal apresentava valores de frequência do Ensino Superior na ordem dos 64,7% e

---

[21] A base de dados do Banco Mundial utilizada não possui, contudo, informação relativamente ao Brasil, não sendo possível introduzir este país na nossa análise, como seria desejável.

[22] A base de dados do Banco Mundial utilizada não possui, contudo, informação relativamente ao Brasil, não sendo possível introduzir este país na nossa análise, como seria desejável.

Macau de 64%. Enquanto a região de Macau apresenta oscilações ao longo do intervalo considerado, a variação verificada em Portugal é claramente positiva.

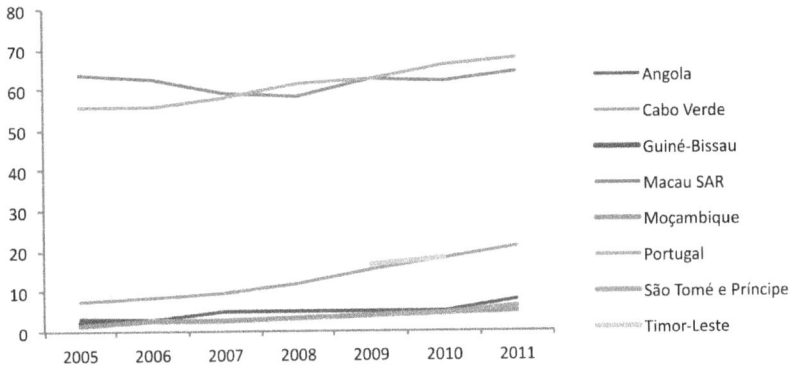

Figura 1.33 População que frequenta o Ensino Superior (% bruta da faixa etária dos 18 aos 23 anos), 2005-2011. Banco Mundial.

De Timor-Leste obteve-se informação para os anos de 2009 e 2010, seguindo de perto a situação sinalizada em Cabo Verde. Este último país, entre 2005 e 2011, apresentou um crescimento assinalável, conseguindo, em apenas 6 anos, quase triplicar o nível de acesso ao Ensino Superior (passando de 7,4% em 2005 para 20,6% em 2011), algo único no contexto da lusofonia. Com valores inferiores a 10% encontramos três países, Angola, Moçambique e São Tomé e Príncipe, correspondendo aos primeiros impulsos da expansão dos sistemas de Ensino Superior.

O quadro diversificado de situações apresentado nos pontos anteriores remete para um conjunto de conclusões que podem ser sistematizadas do seguinte modo:

- Em Portugal o desafio (agudizado pelo contexto de crise vivida nos últimos anos, manifestada, para além do mais, em cortes no financiamento público das instituições de Ensino

Superior) coloca-se na diversificação das fontes de financiamento. A tendência que tem sido introduzida materializa-se em fórmulas que procuram aumentar a competitividade das instituições para acederem ao financiamento, indexando-o a indicadores de resultado. Por outro lado, são prementes as questões relacionadas com a forma como se procede à repartição do financiamento entre o Estado e as famílias/estudantes.

• A Região Administrativa Especial de Macau apresenta, de uma forma geral, bons indicadores, quer ao nível do financiamento do ensino, quer no plano dos resultados visíveis, como por exemplo na taxa de população com acesso ao Ensino Superior (64% dos jovens em idade de frequência).

• No Brasil, muito por via da expansão da classe média, assiste-se a um crescimento forte da procura do Ensino Superior. Para isto contribui também o aumento, registado nos últimos anos (sobretudo a partir do governo de Lula da Silva), do número e da distribuição geográfica das universidades. Conseguir financiar a consolidação da sua rede de Ensino Superior sem descurar a qualidade do ensino é um dos desafios que o Brasil enfrentará nos próximos anos.

• Angola e Moçambique poderão redirecionar para o investimento na educação, e em particular do Ensino Superior, as mais-valias do crescimento económico que alcançaram nos últimos anos.

• Cabo Verde tem conseguido melhorar os seus níveis de acesso ao Ensino Superior, contudo existe ainda espaço para reforçar este objetivo.

• São Tomé e Príncipe e Cabo Verde aumentaram significativamente o seu volume de investimento em educação em percentagem do PIB a partir de 2008, tendência que necessita de consolidação no sentido de garantir maiores níveis de acessibilidade ao sistema de Ensino Superior.

- Na Guiné-Bissau os indicadores são quase inexistentes, inviabilizando, por isso, a consistência das conclusões. Os únicos dados a que acedemos são relativos à taxa de população que frequentava o Ensino Superior no ano de 2006, indiciando a necessidade de um contexto mais exigente no que respeita às políticas de Ensino Superior.

Os desafios que o Ensino Superior enfrenta no espaço lusófono são diferenciados, contudo o conjunto de experiências e saberes que pode ser partilhado poderá criar sinergias fortes entre as várias regiões, possibilitando que estas cooperem de modo a criar os mecanismos de financiamento necessários à consolidação dos respetivos sistemas de Ensino Superior.


## Portugal

[*Luísa Cerdeira*[16]]


## Financiamento e as Políticas de Propinas em Portugal

Portugal mudou muito nos últimos 50 anos no que toca à educação. Após a democratização política surgida com o 25 de abril de 1974, assistiu-se a uma subida da frequência do Ensino Superior (taxa bruta de escolarização de 10,9% em 1981, 53,8% em 2010) e a uma acentuada qualificação da sua população, com a obtenção de graus académicos de nível superior por cada vez mais pessoas. Entre 1994 e 2010 o número de diplomados que saíram das instituições de Ensino Superior mais do que duplicou. Apesar da expressiva evolução da frequência escolar, o nível de qualificações da população portuguesa é ainda muito baixo: em 2013 cerca de

**175**

56% da população ativa portuguesa apresentava qualificações iguais ou abaixo do 3.º ciclo (9 anos de escolaridade).

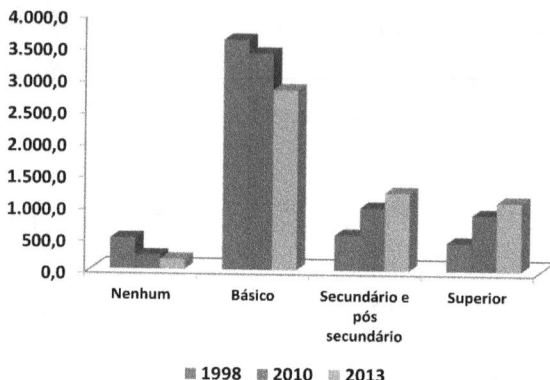

Figura 1.34 Nível de qualificações da população ativa portuguesa (total e por nível de escolaridade completo -R). PORDATA e INE (inquérito ao emprego)

Em termos de rede e de frequência do Ensino Superior, passámos de uma situação de pouco mais do que três Universidades públicas, antes de abril de 1974, para 40 instituições espalhadas por todo o país (CNE, 2013). O ensino privado, de quase inexistente, é atualmente constituído por 91 entidades instituidoras, que gerem 121 estabelecimentos de Ensino Superior. Por sua vez o Ensino Superior concordatário envolve 18 estabelecimentos em quatro centros regionais (Lisboa, Beiras, Porto e Braga). A evolução em termos de frequência por tipo de instituição pode ser observada na tabela seguinte.

| Subsistema de ensino | 1960/1961 | 1970/1971 | 1980/1981 | 1990/1991 | 2000/01 | 2010/11 | 2013/14 |
|---|---|---|---|---|---|---|---|
| Ensino Superior Público | 21.927 | 46.172 | 74.599 | 135.350 | 273.530 | 314.032 | 310.450 |
| Ensino Superior Privado | 2.222 | 3.289 | 7.829 | 51.430 | 114.173 | 89.413 | 69.342 |
| Total | 24.149 | 49.461 | 82.428 | 186.780 | 387.703 | 403.445 | 379.792 |
| Peso % | 1960/1961 | 1970/1971 | 1980/1981 | 1990/1991 | 2000/01 | 2010/11 | 2013/14 |

| | | | | | | | |
|---|---|---|---|---|---|---|---|
| Ensino Superior Público | 91% | 93% | 91% | 72% | 71% | 78% | 82% |
| Ensino Superior Privado | 9% | 7% | 9% | 28% | 29% | 22% | 18% |
| Total | 100% | 100% | 100% | 100% | 100% | 100% | 100% |

Tabela 1.17 Evolução do número de estudantes inscritos no Ensino Superior por tipo de instituição; nos anos 1960/61 a 70 /71 in A. Barreto (org.), A situação Social em Portugal, 1960-1995; de 1980/81, 1990/91 – Direcção Geral do Ensino Superior – DSAT; de 2000/01 a 2013/2014 DGEEC-MEC

Como se observa, nos últimos anos o número de estudantes inscritos no Ensino Superior regrediu, tendo baixado a níveis inferiores ao início da década de 2000, queda essa provocada em particular pela diminuição no Ensino Superior privado. De resto, esta tendência de menor procura é demonstrada pela diminuição dos candidatos ao Ensino Superior e dos inscritos no 1º ano, 1ª vez, explicitada na tabela 1.23 Podemos constatar a diminuição acentuada (-37%) que o ensino privado sofre entre 2008 e 2013, e que é de menor dimensão no Ensino Superior politécnico público (-6%).

| Subsistema de ensino | 1995/96 | 2000/01 | 2008/09 | 2009/10 | 2010/11 | 2011/12 | 2012/13 | Var 2008--2013 |
|---|---|---|---|---|---|---|---|---|
| **UNIVERSITÁRIO** | | | | | | | | |
| Ensino Superior Público | 47.450 | 65.929 | 87.988 | 94.400 | 102.895 | 94.481 | 88.067 | 1,2% |
| Universitário | 29.377 | 39.229 | 54.243 | 59.611 | 65.012 | 60.899 | 57.396 | 5,8% |
| Politécnico | 18.073 | 26.700 | 33.745 | 34.789 | 37.883 | 33.582 | 31.671 | -6,1% |
| Ensino Superior Privado | 33.633 | 27.320 | 27.384 | 27.914 | 28.613 | 22.095 | 17.182 | -37,3% |
| Universitário | 23.578 | 16.577 | 18.811 | 19.209 | 19.497 | 15.214 | 12.416 | -34,0% |
| Politécnico | 10.055 | 10.743 | 8.573 | 8.705 | 9.116 | 6.881 | 4.766 | -44,4% |
| Subtotal (Ensino Superior) | 81.083 | 93.249 | 115.372 | 122.314 | 131.508 | 116.576 | 106.249 | -7,9% |
| **CET – CURSOS DE ESPECIALIZAÇÃO TECNOLÓGICA** | | | | | | | | |
| Ensino Superior Público | - | - | 3.293 | 3.492 | 4.588 | 4.331 | 4.510 | |
| Universitário | - | - | 193 | 302 | 364 | 192 | 199 | |
| Politécnico | - | - | 3.100 | 3.190 | 4.224 | 4.139 | 4.311 | |

| | | | | | | | | |
|---|---|---|---|---|---|---|---|---|
| **Ensino Superior Privado** | - | - | 633 | 929 | 955 | 885 | 1.150 | |
| Universitário | - | - | 541 | 732 | 774 | 787 | 1.019 | |
| Politécnico | - | - | 92 | 197 | 181 | 98 | 131 | |
| Subtotal (CET) | - | - | 3.926 | 4.421 | 5.543 | 5.216 | 5.660 | |
| **TOTAL** | 81.083 | 93.249 | 119.298 | 126.735 | 137.051 | 121.792 | 111.909 | -6,2% |

Tabela 1.23 Evolução do número de estudantes inscritos 1.º ano, 1.ª vez por tipo de instituição; DGEEC-MEC

O crescimento do sistema de Ensino Superior levou a um aumento progressivo dos recursos e da riqueza de Portugal investidos no Ensino Superior. Se considerarmos a parte do PIB aplicada no Ensino Superior vemos que, entre 1995 e 2011, há um progresso, passando-se de 0,9% em 1995 para 1,4% em 2011 (tabela 1.24). Contudo esse valor continua abaixo da média do registado na OCDE. Não se conhecem ainda os valores a partir de 2012, mas pressupõe-se que tenha sido registada uma diminuição, dados os cortes acentuados na dotação afeta para este setor.

| | **Ensino Superior** | | | | | | |
|---|---|---|---|---|---|---|---|
| | 1995 | 2000 | 2005 | 2008 | 2009 | 2010 | 2011 |
| **Portugal** | 0,9 | 1 | 1,3 | 1,3 | 1,4 | 1,5 | 1,4 |
| **OCDE média** | 1,3 | 1,3 | 1,4 | 1,5 | 1,6 | 1,6 | 1,6 |
| **OCDE total** | 1,5 | 1,6 | 1,7 | 1,8 | 2 | 1,9 | 1,9 |
| **EU 21 média** | 1,1 | 1,1 | 1,3 | 1,3 | 1,4 | 1,4 | 1,4 |

Tabela 1.24 Evolução da despesa em Ensino Superior em % do PIB. Elaborado a partir de OCDE (2014), Education at a Glance 2014, B2.2

No que toca ao modelo de financiamento do Ensino Superior público, Portugal tem tido um percurso que se aproxima mais do modelo anglo-saxónico (com a introdução de propinas e com a diminuição progressiva do financiamento público) do que do modelo seguido na Europa continental, onde a parte do financiamento privado nas Instituições de Ensino Superior públicas é bem menos notória.

As receitas obtidas através das propinas foram, até à última década do século passado, relativamente marginais para o financiamento do Ensino Superior público. Até 1992 o valor da propina fixado era totalmente simbólico. Posteriormente foram publicados novos enquadramentos jurídicos que vieram instituir e atualizar o pagamento de propinas nas Universidades e Institutos Politécnicos públicos. De forma sintética passa-se a identificar a evolução destes enquadramentos na tabela 1.25.

| Enquadramento legal | Âmbito de aplicação | Valor |
|---|---|---|
| Lei n.º 20/92, de 14 de agosto: | Propina calculada da seguinte forma:<br>- Divisão da despesa de funcionamento corrente de cada instituição num determinado ano (incluindo as despesas de capital, inscritas no orçamento de funcionamento, deixando de fora as despesas de investimentos plurianuais para a construção de edifícios e o seu apetrechamento) pelo número de alunos da instituição;<br>- No 1.º ano de aplicação da lei os estudantes pagariam cerca de 12% da despesa/ano, nos anos seguintes 20%, até se chegar aos 25% desse valor. | No ano de 1993/1994:<br>Inst. Politécnicos= 359€<br>Universidades= 399€ |
| Lei n.º 5/94, de 14 de maio | Principais modificações na forma de cálculo da propina:<br>- Os alunos que fossem beneficiários de uma bolsa ficavam isentos de pagamentos de propina;<br>- Os alunos cujo rendimento familiar anual ilíquido *per capita* ou global fosse inferior a determinados valores definidos anualmente pelo Ministério da Educação, beneficiavam de uma redução para metade do valor da propina. | No ano de 1994/1995:<br>Inst. Politécnicos= 391€<br>Universidades= 419€<br><br>No ano de 1995/1996:<br>Inst. Politécnicos= 409€<br>Universidades= 439€ |
| Lei n.º 113/97, de 16 de setembro | Pagamento de uma propina indexada ao salário mínimo fixado para o país. | No ano de 1996/97= 6€<br><br>No ano de 1997/1998 = Salário Mínimo= 283€ |
| Lei n.º 37/2003, de 22 de agosto | Pagamento de uma propina que pode variar entre um valor mínimo de 1,3 do salário mínimo nacional e um valor máximo que não poderá ser superior ao valor fixado no n.º 2 do artigo 1.º da tabela anexa ao Decreto-Lei n.º 31 658 de 21 novembro de 1941, atualizado através da aplicação do índice de preços no consumidor do INE | No ano de 2003/2004<br>Propina Mínima= 464€<br>Propina Máxima= 852€<br><br>No ano de 2014/2015<br>Propina Mínima= 631€<br>Propina Máxima= 1.068€ |

Tabela 1.25 Enquadramento legal da aplicação de propinas no Ensino Público em Portugal.

Assistiu-se a uma rápida privatização do financiamento das instituições de Ensino Superior públicas, em particular à alteração no valor das propinas introduzido pela Lei n.º 37/2003, com as receitas geradas pelas propinas dos estudantes a tornarem-se uma fatia assinalável dos recursos das instituições públicas. Ao mesmo tempo, a dotação orçamental para as Universidades e Institutos Politécnicos tem descido de forma muito acentuada, sobretudo nos últimos anos. Na tabela 1.26 apresenta-se a origem das receitas arrecadadas entre 2003 e 2012 pelas Universidades e Institutos Politécnicos públicos por fonte de financiamento (receitas de orçamento de Estado, receitas de propinas e outras receitas próprias, excluindo as propinas), sendo clara a diminuição da componente do orçamento de Estado e o percurso inverso na parte das receitas próprias (quer sejam as propinas, quer as outras receitas).

| | Orçamento do Estado (fundos públicos) | Propinas pagas pelos estudantes | Outras receitas sem propinas | Total |
|---|---|---|---|---|
| 2003 | 1.218.487.533 | 130.330.768 | 249.427.607 | 1.598.245.908 |
| 2004 | 1.140.228.188 | 178.828.889 | 309.235.001 | 1.628.292.078 |
| 2005 | 1.177.131.916 | 183.956.134 | 324.927.323 | 1.686.015.373 |
| 2006 | 1.235.716.954 | 206.523.216 | 306.688.832 | 1.748.929.002 |
| 2007 | 1.171.018.926 | 232.325.639 | 357.779.402 | 1.761.123.967 |
| 2008 | 1.212.252.494 | 253.801.187 | 357.147.167 | 1.823.200.848 |
| 2009* | 1.287.056.617 | 274.848.186 | 252.477.658 | 1.814.382.461 |
| 2010** | 1.352.220.691 | 234.664.471 | 255.563.467 | 1.842.448.629 |
| 2011*** | 1.098.535.593 | 242.482.878 | 332.497.248 | 1.673.515.719 |
| 2012 | 883.870.930 | 303.477.571 | 462.574.561 | 1.649.923.062 |

Tabela 1.26 Receitas arrecadadas por fonte de financiamento das Universidades e Institutos Politécnicos entre 2003 e 2012 (unidade: Euros). DGPGF/MEC[23]

---

[23] (*) Inclui 2 semestres (Fundações UAveiro, UPorto, ISCTE), calculados por estimativa, com base no reporte efetuado por essas instituições, no SIGO (1ºs 6 meses);

Se considerarmos este nível de receitas arrecadadas e o número de estudantes inscritos nesses mesmos anos, teremos uma perceção de desinvestimento público no Ensino Superior público durante este período (figura 1.30). Em 2003 a receita recebida do Orçamento de Estado por aluno situava-se nos 4.194 Euros, mas em 2012 esse valor descia para 2.783 Euros, num corte de -34%, ao mesmo tempo que as receitas das propinas por estudante subiam 113%, passando de 449 Euros para 956 Euros por estudante. Da mesma forma, as outras receitas (prestações de serviços, receitas de investigação, fundos comunitários, etc.) subiram de forma significativa (70%).

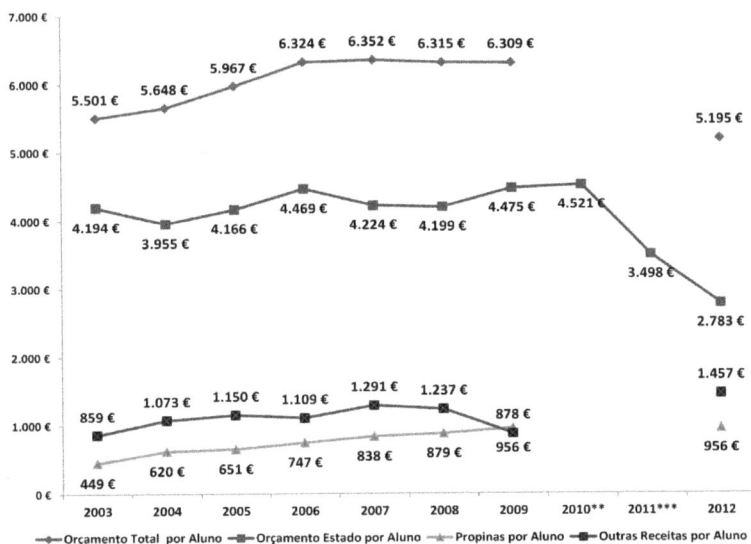

Figura 1.35 Receitas (em euros) arrecadadas por fonte de financiamento por aluno. Elaborado a partir de dados da DGPGF/MEC[24]

(**) Inclui 216.293.222 euros em OE (UAveiro, UPorto e ISCTE); Propinas e Outras receitas não reportaram dados pelo facto de não terem contabilidade orçamental;
(***) Inclui 196.235.463 euros em OE (UAveiro, UPorto e ISCTE); Propinas e Outras receitas não reportaram dados pelo facto de não terem contabilidade orçamental.
[24] Nos anos de 2010 e 2011 não se consideraram os valores nas Propinas e nas Outras Receitas e Orçamento Total, dado que não se conhece esses valores para as Instituições de Ensino Superior fundacionais.

Este desinvestimento por estudante por parte do financiamento público tem tido consequências para a gestão das Universidades e Institutos Politécnicos e também, de alguma forma, no nível de frequência e número de alunos do Ensino Superior, que, como já se mostrou, está estagnado no ensino universitário público, em lenta diminuição no ensino politécnico público e em acentuado decréscimo no Ensino Superior privado.

## Programa de Empréstimos Estudantis de Garantia Mútua

Em Portugal, apesar de já estar previsto nas Leis de Bases do Financiamento de 1997 e 2003, só a partir do ano de 2007 foi estabelecido um regime de empréstimos estudantis. Considerando as restrições orçamentais, o Governo entendeu que a única forma de poder avançar para a implementação de um sistema de empréstimos seria usar o mecanismo do sistema português de garantia mútua, que se destinava a apoiar micro, pequenas e médias empresas (PME) e alargar esse mecanismo a "pessoas singulares, em especial estudantes e investigadores".

O Governo optou por não seguir o modelo de empréstimos dependentes do rendimento dos diplomados (*income-contingent loans*), tendo-se decidido por um sistema de empréstimos convencionais, isto é, um sistema onde se fixa, à partida, as condições de pagamento, que não estão dependentes do rendimento dos estudantes após a conclusão do curso, o que se prefigura mais adaptado às condições portuguesas, nomeadamente pelas condicionantes do sistema fiscal.

Trata-se pois, de prestar garantias financeiras para facilitar a obtenção de crédito em condições adequadas, cabendo ao Estado assumir a responsabilidade de ser fiador. De acordo com o MCTES (2007), os bancos que aderiram a este mecanismo obrigam-se a adquirir para esta Sociedade de Garantia Mútua (SGM) um valor equivalente a 0,5% do montante total da garantia a conceder no âmbito desta Linha de Garantia Mútua. Essas ações ficarão à guarda do Banco, sendo constituído penhor em benefício da Sociedade de Garantia Mútua, como contrapartida da garantia prestada por essa Sociedade. Ao mesmo tempo, não é exigido qualquer tipo de aval ou fiador, sendo apenas considerada a garantia mútua através de um fundo público, o Fundo de Garantia Mútuo. Foi constituída uma Comissão de Acompanhamento do sistema de empréstimos, que envolve a SPGM e o MCTES, através da Direção-Geral do Ensino Superior e representantes das Instituições de Ensino Superior.

O novo sistema de empréstimo lançado em 2007 tem um âmbito de aplicação universal, abrangendo todos os estudantes do Ensino Superior e todas as instituições, quer sejam estudantes da formação inicial ou de pós-graduação e doutoramento, quer sejam os que estão envolvidos em programas de mobilidade internacional (Programa Erasmus ou outros), nomeadamente com estadias de três a doze meses. As condições estabelecidas para este modelo de empréstimos podem ser resumidas do seguinte modo:

- O montante do empréstimo pode variar entre 1.000 e 5.000 euros por ano de curso, no máximo de 25.000 euros (para cursos de cinco anos de duração). Para situações especiais, como sejam as dos alunos de doutoramento e de pós-graduação, pode haver outras condições.
- O prazo de utilização de empréstimo é de um a cinco anos, consoante a duração do curso. Para os estudantes em programas de mobilidade internacional será de três a doze meses. O valor do empréstimo será pago em doze mensalidades.
- Haverá um período de um ano de carência após a conclusão do curso, durante o qual serão pagos juros mensais. O reembolso será fixado tendencialmente num período igual ao

dobro da duração do curso. Não é pedida qualquer garantia patrimonial ou outra.

- Não são pedidos seguro de vida ou seguro de proteção de pagamentos. A candidatura é entregue nos bancos aderentes e pretende-se uma resposta rápida aos estudantes. A aprovação do crédito até 25.000 euros é automática, desde que o candidato tenha conta nesse banco e não tenha passado bancário com problemas.

- A taxa de juro é fixa para o prazo legal do contrato (incluindo período de carência e do reembolso) e é apurada com base na taxa dos *swaps* (taxa IRS em euros – EURIRS) acrescida de um *spread* de 1,0%. O *spread* será reduzido em 0,35% para os estudantes com classificação média anual igual ou superior a 70% da nota máxima (14 a 20 valores) e em 0,80% para os que tenham uma classificação anual igual ou superior a 80% da máxima (16 a 20 valores).

De acordo com os últimos dados conhecidos provenientes da Comissão de Acompanhamento do Sistema de Empréstimos, entre 2007/2008 e 2012/2013 foram estabelecidos 19.629 contratos de empréstimos, num valor total que ascende a cerca de 225,3 milhões de euros (tabela 1.27).

| Ano letivo | N.º Empréstimo | Valor do crédito contratado |
|---|---|---|
| 2007/2008 | 3.302 | 36.513.696 |
| 2008/2009 | 3.886 | 44.097.135 |
| 2009/2010 | 4.074 | 47.147.583 |
| 2010/2011 | 4.537 | 52.102.335 |
| 2011/2012 | 2.030 | 23.442.984 |
| 2012/2013 | 1.800 | 21.996.561 |
| Total | 19.629 | 225.300.294 |

Tabela 1.27 Evolução dos empréstimos de garantia mútua concedidos (em euros). DGES

A conjuntura económica do país e do resto do mundo leva a perspetivar no futuro momentos de crise, com os diplomados do Ensino Superior a poderem ter de enfrentar períodos mais alargados de espera para entrarem na vida ativa e, também, períodos de desemprego. Dessa forma, o pagamento destas dívidas pode vir a tornar-se um problema com alguma dimensão a curto e médio prazo. De resto, este problema avoluma-se quando se sabe que há um número significativo de estudantes que contraíram empréstimos e são, ao mesmo tempo, bolseiros. Num estudo elaborado por Costa e Caetano (2011) verificava-se que, em 2009, cerca de 25% dos estudantes inquiridos, que tinham contraído empréstimos, eram também bolseiros da ação social, subindo esse valor para 38% no ano de 2011. Ou seja, os estudantes, apesar de terem uma bolsa, não conseguiam fazer face aos seus custos e tinham que recorrer a um empréstimo.

## Apoio Social no Ensino Superior

Outro aspeto muito relevante para analisar a acessibilidade do Ensino Euperior centra-se no apoio social concedido para ajudar os estudantes e as famílias a suportar os custos do Ensino Superior. Esse apoio habitualmente pode ser dado através de bolsas, empréstimos e apoios indiretos (refeições e residências a preços subsidiados, etc.). Ora o que aconteceu é que o apoio social nestes anos de profunda crise e austeridade (a partir de 2011) tem vindo também a diminuir de forma muito significativa, ao mesmo tempo que no país o rendimento médio das famílias também diminuía.

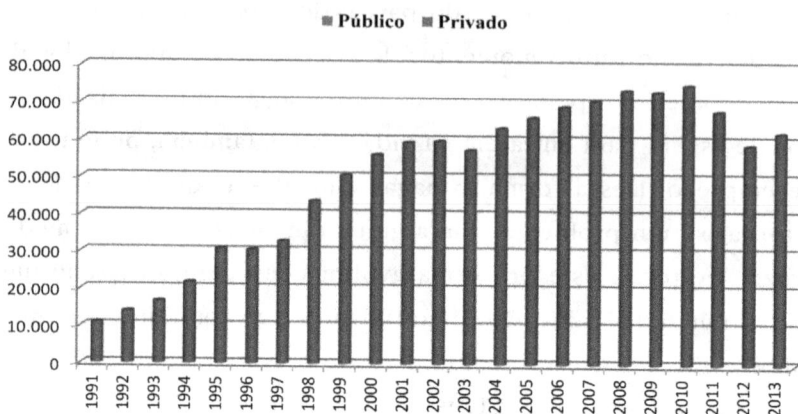

Figura 1.36 Evolução do número de bolseiros por tipo de ensino. DGES; PORDATA

Dada a diminuição do apoio e do número de bolseiros, assistiu-se também a uma baixa acentuada da dotação orçamental para o pagamento das bolsas de estudo, que desceu -14% entre 2008 e 2012 (passando, no total, de 138,8 para 120 milhões de euros), conforme a tabela 1.28.

| Ano | Ação Social | | | |
|---|---|---|---|---|
| | Bolsas de Estudo | | | |
| | Total | Orçamento do Estado | Orçamento (PIDDAC) | Fundos Comunitários |
| 2007 | 116.272.731 | 75.019.326 | 0 | 41.253.405 |
| 2008 | 138.841.993 | 88.032.234 | 0 | 50.809.760 |
| 2009 | 129.584.316 | 88.470.853 | 10.603.982 | 30.509.481 |
| 2010 | 155.606.243 | 42.234.904 | 51.247.089 | 62.124.251 |
| 2011 | 129.892.496 | 46.441.654 | 0 | 83.450.842 |
| 2012 | 120.053.688 | 44.053.688 | 0 | 76.000.000 |

Tabela 1.28 Despesa (em euros) executada com o pagamento de bolsas de estudo. DGES; PORDATA

Para além do corte no apoio em bolsas, também baixaram os apoios indiretos. Em 2009 os Serviços Sociais tinham tido uma dotação orçamental de 85,4 milhões de Euros do Orçamento de Estado e 80,6 milhões de Euros de Receitas Próprias. Em 2011 esses valores passaram, respetivamente, para 37,7 e 52,7 milhões de Euros.

No conjunto, podemos concluir que houve um forte estrangulamento no financiamento público, quer na dotação orçamental para o funcionamento das Universidades e Institutos Politécnicos públicos, quer para o apoio social direto (bolsas de estudo) e indireto (auxílio para serviços de apoio em cantinas, residências, etc.).

## Mecanismos de afetação orçamental nas Instituições de Ensino Superior

Na década de 1980 a elaboração dos orçamentos das instituições assentava, fundamentalmente, no orçamento histórico com base no ano anterior, o qual era depois ponderado por alguns outros fatores, como o crescimento dos alunos da instituição, o início de funcionamento de novos cursos, etc.

Em 1986 o Governo de Cavaco Silva procurou, com a Resolução 87/86, de 15 de dezembro, modernizar o mecanismo, perspetivando que a estrutura do orçamento apontasse para níveis razoáveis na distribuição entre despesas de pessoal e as outras despesas correntes e de capital, ao mesmo tempo que previa custos por aluno, por tipo de curso, e *rationes* entre alunos/docentes e pessoal não docente/pessoal docente. Contudo, mercê das dificuldades das instituições em adaptar-se, a Resolução foi sendo abandonada e as questões orçamentais passaram a ser uma das grandes preocupações governamentais e das próprias instituições. Na prática, as distorções perpetuavam-se e o teto orçamental dependia, muitas vezes, do poder negocial de cada instituição.

Em novembro de 1990 surge o chamado *Livro Branco sobre o Financiamento Público ao Sistema de Ensino Superior*, elaborado no âmbito de um Grupo de Trabalho criado pelo Despacho 87/ME/90, onde a problemática do financiamento do Ensino Superior foi abordada. Apesar de muitas das ideias avançadas no documento não terem tido aplicação prática imediata, a discussão sobre o tema foi lançada. Começou, então, a falar-se em "corrigir as assimetrias orçamentais existentes" (determinadas instituições chegavam a ter 95, 96 e 97% do seu orçamento afeto a despesas de pessoal, restando para o funcionamento corrente uma dotação que inviabilizava um funcionamento com qualidade), perspetivando-se a celebração de "Contratos-Programa" para o financiamento das Instituições de Ensino Superior público.

Em 1993 foi criado um Grupo de Trabalho pelo Despacho nº 112/I/SEES/93 (SEES/CRUP/CCISP/DESUP) encarregado de propor uma metodologia conducente à elaboração de Contratos-Programa, baseada na definição de uma fórmula de financiamento. Uma proposta veio a ser entregue e assumida pelo poder político, sendo a base de cálculo desde o ano de 1994 até recentemente (ainda que desde 2005 tenham sido feitas muitas alterações que desfiguraram o mecanismo).

De acordo com Rodrigues (2003), as *rationes* padrão por área de ensino e por aluno, definidas e quantificadas, constituíram os parâmetros fundamentais da fórmula de financiamento e também da determinação dos padrões de pessoal docente ETI (equivalente em tempo integral) e não docente, necessários face às novas regras de admissão de pessoal em vigor a partir do ano de 1993/94. Com efeito, foi introduzida uma disposição especial, no decreto de execução orçamental, que permitiu a fixação, por despacho do ministro da tutela, não só de contingentes padrão de docentes ETI e de não docentes, como também das regras de admissão e substituição. Em simultâneo, para as instituições que se encontravam acima ou muito próximo dos padrões de docentes ETI foram fixados contingentes extraordinários que permitiam as admissões para áreas científicas deficitárias.

Este mecanismo ganhou ainda maior consistência com a publicação do Decreto-Lei de Flexibilização da Gestão Universitária (Decreto-Lei n.º 252/97 de 26 de setembro), o qual aprofundou este mecanismo das *rationes* no sistema universitário público. Para os Institutos Politécnicos continuou a ser necessário haver em cada ano uma menção especial no decreto de execução orçamental. A gestão de pessoal das instituições passou, assim, a ser regulada pelo despacho de contingentes de pessoal, com princípios conhecidos e estáveis.

A experiência da aplicação da fórmula e as orientações políticas do Ministério da Educação vão conduzir à Lei n.º 113/97 (a Lei de Base do Sistema de Financiamento Público), onde se definiram as responsabilidades do Estado, das Instituições de Ensino Superior e dos cidadãos, enunciando-se as linhas mestras de financiamento do sistema. No entanto, nem a fórmula nem as *rationes* padrão foram publicadas em *Diário da República*.

Os Contratos-Programa e os Contratos de Desenvolvimento foram instrumentos postos à disposição das instituições. Os primeiros serviriam para a resolução de alguns problemas e dificuldades pontuais (apoio a instituições em crise, encerramento de cursos, apoio a cursos em fase de arranque, apoio a projetos de investigação, e promoção da qualidade). Foram assinados três Contratos-Programa entre o Estado e as instituições de Ensino Superior públicas (Universidade de Coimbra, Universidade de Lisboa e Instituto de Tecnologia Química e Biológica da Universidade Nova de Lisboa) e um com a Universidade Católica Portuguesa – Viseu.

Os Contratos de Desenvolvimento serviriam para equacionar o apoio ao desenvolvimento das instituições, tendo em vista a concretização de investimentos considerados prioritários. Apesar de, ao longo dos anos, terem decorrido na Direção-Geral do Ensino Superior trabalhos técnicos de análise dos planos estratégicos das instituições e das suas propostas de investimento, nunca chegou a ser celebrado qualquer Contrato-Desenvolvimento com as Instituições de Ensino Superior.

O Governo, apesar de aprovar o mecanismo de cálculo, não dispunha, à data, da totalidade dos meios orçamentais necessários para financiar o sistema, tendo assim de perspetivar a concessão de apenas uma parte do valor padrão. Concretamente, em 1994 o Orçamento de Estado Transferido (425,6 milhões de Euros) para as instituições representou 94% do Orçamento Padrão. Ao longo do período em análise a capacidade de financiamento do Estado face ao padrão foi diminuindo, com perda acentuada nos finais da década de 1990 e anos seguintes. Em 2003, dez anos passados em relação ao primeiro ano de aplicação da fórmula, o conjunto das instituições de Ensino Superior recebia 76% do que o valor padrão apontava como necessário para fazer funcionar o sistema.

A partir da preparação do orçamento de 2006 o Governo ado-tou novos critérios e a afetação dos recursos anuais para o Ensino Superior sofreu algumas alterações significativas na aplicação da fórmula, com a introdução progressiva de indicadores relativos à qualidade e ao desempenho[25].

Contudo, desde 2006 a calculatória foi sendo mudada em cada ano. Assinale-se por exemplo que, na preparação do orçamento de 2009, o Governo não utilizou nenhum indicador de qualidade. Mais tarde virá a ser lançado um processo diferente, com os "Contratos de Confiança", que mais à frente será apresentado. Entre os anos de 2005 a 2009 viveu-se um processo algo confuso, em que se man-tiveram alguns dos aspetos da antiga fórmula, mas cuja aplicação global foi sendo desvirtuada e não adaptada às condições das ins-

---

[25] Qualificação do pessoal docente, medida pela razão entre o número de dou-torados e o número total de docentes em tempo integral em cada instituição; taxa de graduação, medida por dois indicadores – o número de diplomados em relação ao total dos inscritos na formação inicial e o número de mestres e doutores diplo-mados em relação aos doutores existentes.

tituições. Esta evolução está bem retratada na evolução da dotação calculada no processo de preparação orçamental que abrange os anos de 2005 a 2009 (tabela 1.29).

| | 2004 | 2005 | 2006 | 2007 | 2008 | 2009 |
|---|---|---|---|---|---|---|
| Universidades (€) | 710.319.516 | 711.453.090 | 710.850.949 | 668.849.959 | 673.652.520 | 706.460.955 |
| Institutos politécnicos (€) | 282.638.204 | 286.243.641 | 306.240.823 | 291.150.041 | 293.647.481 | 280.025.753 |
| Outros estabelecimentos (€) | 23.810.952 | 23.911.644 | 5.955.263 | - € | - € | - € |
| Reserva por distribuir (€) | | | | | 3.300.000 | 19.673.917 |
| Total – educação/ fórmula (€) | 1.016.768.672 | 1.021.608.375 | 1.023.047.035 | 960.000.000 | 970.600.001 | 1.006.160.625 |
| | 2004 | 2005 | 2006 | 2007 | 2008 | 2009 |
| Universidades (%) | | 0,2 | -0,1 | -5,9 | 0,7 | 4,9 |
| Institutos politécnicos (%) | | 1,3 | 7,0 | -4,9 | 0,9 | -4,6 |
| Outros estabelecimentos (%) | | 0,4 | -75,1 | -100,0 | | |
| Reserva por distribuir (%) | | | | | | 496,2 |
| Total – educação/ fórmula (%) | | 0,5 | 0,1 | -6,2% | 1,1% | 3,7 |

Tabela 1.29 Evolução do Orçamento de Estado inicial atribuído pela fórmula de financiamento. Cerdeira (2009)[26]

Posteriormente, e já em 2010, durante o ministério de Mariano Gago, foi lançado um novo processo conhecido por "Contrato de Confiança", assente no formato de contrato com objetivos definidos, em particular o número de diplomados por área científica de cada instituição. De acordo com o documento MCTES (junho 2011), o *Contrato de Confiança* "visa o aumento dos níveis de qualificação superior na sociedade portuguesa. Inclui a formação superior de 100.000 novos

---

[26] Ficheiros da calculatória elaborados pelo MCTES e entregues anualmente às Instituições de Ensino Superior.

activos e o reforço de financiamento em 100 milhões de euros por ano (face ao valor de financiamento público de 2009), como entretanto já consagrado nos Orçamentos de Estado de 2010 e 2011".

Estes programas de desenvolvimento plurianual foram assinados por todos os Reitores e presidentes (2010-2014). No que toca aos recursos orçamentais, e num contexto que tinha sido de diminuição do teto orçamental desde 2007, afirmava-se, no documento que o MCTES assinaria com cada Instituição de Ensino Superior, que no Contrato de Confiança se assumia que "as dotações orçamentais para o período 2010/2013 serão, no mínimo, idênticas aos valores atribuídos para 2010." O Contrato de Confiança vigorou como mecanismo orçamental entre 2010 e 2011, tendo sido abandonado pelo XIX Governo para os orçamentos a partir de 2012, com cortes sobre o ano anterior, mercê das políticas de austeridade impostas pela *Troika* e levadas a cabo na Educação e Ensino Superior. Nestes últimos anos a atribuição do orçamento às instituições públicas regrediu ao mecanismo do ano anterior, sujeito agora a cortes acentuados e dramáticos para as Universidades e Institutos Politécnicos públicos.

Recentemente (janeiro de 2015) a Secretaria de Estado do Ensino Superior entregou ao CRUP e CCISP um novo documento, o "Modelo de financiamento do Ensino Superior: fórmulas e procedimentos", para que seja discutido e possa nortear a elaboração do orçamento em anos futuros. Nesse documento o objetivo central para o Governo parece ser o estabelecimento de "Compromissos" no que toca à dimensão, em números de alunos, de cada Universidade e Instituto Politécnico. O documento afirma o seguinte:

> propõe-se um modelo de financiamento baseado num compromisso de cada IES com o MEC para prestação de determinado serviço educativo constituído por um número de estudantes objetivo e um intervalo de tolerância, em cada um dos conjuntos de ciclos de estudos. Para cada CNAEF, ou CNAEFs associados,

será definido um pacote educativo que a IES deve respeitar para manter a dotação orçamental. (p.10)

Este objetivo é, em si, pouco inovador, para além de se considerar que as Universidades e Institutos Politécnicos prestam "serviços educativos", o que não deixa de denotar a ideologia subjacente, fixando limites ao próprio crescimento do Ensino Superior e à dimensão das instituições. Assim, e se atendermos aos cálculos inseridos no documento, o número de "inscritos nominais actuais" de 280.064 estudantes, seria previsto vir a alcançar nos anos futuros um intervalo com um mínimo de 273.048 e um máximo de 291.304 estudantes, ou seja se todas as Instituições de Ensino Superior tivessem o valor mínimo seria um decréscimo de 2,5% e se todas o máximo seria um crescimento de 4%. Estes valores parecem muito pouco ambiciosos, sobretudo se de novo nos compararmos com a média da União Europeia e com os objetivos definidos pela Europa 2020.

## Nota Final

Em síntese, quando olhamos para o que foi a caminhada de Portugal nestas últimas décadas no que toca ao Ensino Superior, podemos afirmar que muito se andou em termos de qualificação da população. Em princípios dos anos de 1970 o nosso país era profundamente atrasado, com níveis muito baixos de analfabetismo e com um pequeníssimo setor de Ensino Secundário e de Ensino Superior e com taxas de escolarização que nos envergonhavam no contexto europeu e ocidental. A qualificação da população ativa portuguesa fez um percurso muito assinalável. Esse forte investimento na qualificação da população portuguesa implicou também a afetação de um conjunto vasto de recursos, tendo-se progressivamente aumentado a parte do Produto Interno Bruto (PIB) aplicado neste setor.

No que toca ao Ensino Superior esse crescimento foi conseguido de forma expressiva com o cofinanciamento dos estudantes e das suas famílias, representando atualmente as receitas geradas pelas propinas uma fatia muito relevante do financiamento das Instituições de Ensino Superior. Ao mesmo tempo, nos últimos anos constata--se uma diminuição importante da componente do Orçamento de Estado. De facto, Portugal apresenta um dos mais elevados níveis de privatização do financiamento das Instituições de Ensino Superior público no panorama europeu e no grupo de países da OCDE.

Os cortes orçamentais efetuados nos anos a partir de 2011 foram de tal envergadura, que colocaram em perigo o futuro da Educação e do Ensino Superior e, consequentemente, a possibilidade de Portugal encarar, de forma sustentada e sustentável, os desafios do desenvolvimento e da melhoria das condições sociais e económicas da sua população. A austeridade a que o país tem sido sujeito conduziu a que muitos estudantes e as suas famílias tenham dificuldade em pagar as propinas e os restantes custos. O aumento das desistências é grande e a menor procura do Ensino Superior demonstra bem esta situação.

## Brasil

[*Nelson Amaral*[27]]

## Introdução

A educação superior brasileira sofreu muitas mudanças no período pós-constituição de 1988, após a longa ditadura militar. Houve

---

[27] Doutor em Educação; Professor do Programa de Pós-Graduação em Educação da Universidade Federal de Goiás (UFG), Brasil.

uma maior diversificação das instituições, uma grande expansão do setor privado, uma flutuação dos recursos públicos, em relação ao Produto Interno Bruto (PIB), que se dirigiram às Instituições Federais de Ensino Superior (IFES) – com uma forte queda e, depois, no governo Lula, uma elevação –, uma expansão dos *campi* das IFES no interior dos estados brasileiros, a criação da Universidade Aberta do Brasil (UAB), a implantação da Gratificação de Estímulo à Docência (GED) – eliminada no governo Lula –, a implementação do Programa Universidade para Todos (PROUNI) e, mais recentemente, em abril de 2007, o Programa de Reestruturação e Expansão das Universidades Federais (REUNI), etc. Nesse contexto houve, ainda, uma extensa discussão sobre a Reforma Universitária, que se encontra no Congresso Nacional, sem perspectiva de aprovação. Há que se considerar que os assuntos relacionados à educação superior, a partir dos anos de 1990, se tornaram de extrema relevância em discussões que ocorrem no meio acadêmico, nos setores definidores das políticas públicas nacionais e em diversos ambientes da sociedade. A forma de efetivação da sociedade capitalista e liberal nesse período provocou uma quase unanimidade em torno da afirmação de que um dos bens mais valiosos da sociedade é o conhecimento das pessoas.

Um reflexo dessa discussão se explicita na necessidade de diminuir as desigualdades entre os estados brasileiros em relação a este nível educacional. Há que se homogeneizar o percentual de jovens com idade entre 18 e 24 anos que estudam na educação superior, ao mesmo tempo em que é preciso elevá-lo, e diminuir a desigualdade existente com relação ao quantitativo dos programas de pós-graduação e entre os conceitos CAPES de cada estado da federação.

Há que se considerar que o Censo da Educação Superior de 2005 já registrava uma grande diversidade e complexidade das instituições de educação superior (IES): são universidades (8,4%), centros universitários (5,3%), Faculdades integradas (5,9%), Faculdades, Escolas e Institutos (73,2%) e Centros de educação tecnológica

(7,2%) (INEP, 2005). Esse perfil continuou nos censos divulgados posteriormente. Além disso, elas são públicas – federais, estaduais, municipais – ou privadas – particulares em sentido estrito, e em que se permite o lucro, como se fossem "empresas" –, comunitárias, confessionais ou filantrópicas. Predomina, ainda nesse cenário, um conjunto de instituições que prioritariamente desenvolvem atividades relacionadas ao ensino de graduação, ficando a pós-graduação, a pesquisa e as ações mais efetivas de interação com a sociedade por conta de um quantitativo pequeno de instituições.

A legislação brasileira, por meio da Constituição de 1988, da Lei de Diretrizes e Bases da Educação (LDB) de 1996 e do Plano Nacional de Educação (PNE) de 2001, parece estabelecer papéis diferentes e complementares para o setor público e para o setor privado da educação superior do país. Caberia ao setor público o desenvolvimento da pesquisa e pós-graduação, que sabidamente oneram sobremaneira as instituições que as realizam, e o setor privado deveria se incumbir, basicamente, do ensino de graduação. Existe também, na legislação, a preocupação em definir como seria o financiamento dessas instituições.

Com relação às instituições privadas, a Constituição Federal em seu artigo 213 permite que aquelas classificadas como comunitárias, confessionais ou filantrópicas recebam recursos públicos desde que comprovem finalidade não lucrativa e apliquem seus excedentes financeiros em educação e que assegurem a destinação de seu patrimônio a outra escola comunitária, filantrópica ou confessional, ou ao poder público, no caso de encerramento de suas atividades. Quando se trata de atividades de pesquisa e extensão, qualquer instituição privada, mesmo a particular em sentido estrito, poderá receber apoio financeiro do poder público.

No que diz respeito às instituições públicas, tendo em vista o papel que elas devem desempenhar, os legisladores procuraram estabelecer bases concretas para o seu financiamento. A Constituição

Federal, em seu artigo 207, estabeleceu que as universidades e as instituições de pesquisa científica e tecnológica gozam de autonomia de gestão financeira e o artigo 212 vinculou recursos da União, dos estados, do Distrito Federal e dos Municípios à manutenção e desenvolvimento do ensino, em todos os níveis.

A LDB em seu artigo 55 é enfática ao estabelecer que "Caberá à União assegurar, anualmente, em seu Orçamento Geral, recursos suficientes para manutenção e desenvolvimento das instituições de educação superior por ela mantidas". A LDB discorreu, ainda, sobre a autonomia universitária, explicitando atribuições inerentes às universidades. Percebe-se, portanto, que há estabelecido um conjunto de normas que procura definir o papel, as funções e o financiamento do Ensino Superior brasileiro.

Neste estudo apresentaremos um panorama do financiamento da educação das IES brasileiras tomando como referência o ano de 2005 – as informações relativas a anos mais recentes estão em análise e precisam ser ainda validadas –, considerando, sobretudo, os recursos públicos e privados utilizados no pagamento das despesas das instituições nas diferentes esferas administrativas: federal, estadual, municipal e privada (particulares, comunitárias/confessionais/filantrópicas). Deve-se observar que na esfera federal estão incluídas todas as instituições que oferecem cursos superiores, como as Instituições Federais de Ensino Superior (IFES) e instituições que oferecem os cursos tecnológicos. Serão utilizadas informações contidas no Censo da Educação Superior, divulgadas pelo INEP, na Avaliação Trienal da Capes 2007 e em dados do Banco de dados Geocapes[28].

Tomou-se por base o ano de 2005, em função da disponibilidade dos dados e por ele representar o último ano de um ciclo de continuidade entre as políticas para a educação superior dos Governos

---

[28] www.inep.gov.br e www.capes.gov.br

Lula e Fernando Henrique Cardoso. Iremos, em primeiro lugar, analisar a natureza das receitas e das despesas dessas instituições em 2005, e em seguida examinaremos os valores financeiros que foram aplicados nas IES brasileiras como percentuais do PIB.

## Influência dos organismos multilaterais no financiamento do Ensino Superior no Brasil

A Constituição Federal Brasileira de 1988, em seu artigo 205, afirma que "A educação, direito de todos e dever do Estado e da família, será promovida e incentivada com a colaboração da sociedade (...)". Sendo um dever do Estado e da família e tendo a colaboração da sociedade, conclui-se que o seu financiamento pode se efetivar pelos recursos constantes do fundo público, que é estatal, pagamento de mensalidades, que são recursos das famílias, e interação das instituições educacionais com os diversos setores da sociedade (empresas, indústrias, associações, etc). Particularmente no que se refere ao direito à educação superior, a CF de 1988 adota um princípio mais restritivo que o da progressiva universalização aplicado à educação básica, ao estabelecer que (art. 208, inc. V) o dever do Estado será efetivado mediante "acesso aos níveis mais elevados de ensino, da pesquisa e da criação artística, segundo a capacidade de cada um". Dado o grau de subjetividade sobre o que seja a "capacidade de cada um", entende-se facilmente o caráter elitista da educação superior brasileira, que apresenta uma das menores taxas de acesso do mundo, considerando países de economia equivalente.

Em 1988, a Unesco, em sua Conferência Mundial sobre o Ensino Superior, realizada em Paris, concluiu que "o financiamento da educação superior requer recursos públicos e privados" (UNESCO e CRUB, 1999:29), o que reforçou o já delineado na Constituição de 1988. Nesse aspecto, cabe dizer que as políticas de educação superior adotadas no Brasil há longa data, em particular a partir do golpe militar de 1964, adotaram como principal diretriz a expansão pela via da privatização. Assim é que, se em 1960 as matrículas privadas no ensino de graduação representavam 44% do total, em 2012 sua participação corresponde a 73% do total (INEP, 2013).

Na América Latina, após a crise do Estado de Bem-Estar Social europeu dos anos de 1970, os governantes eleitos – após períodos de ditadura militar, que no Brasil só ocorreu em 1985 – iniciaram a implantação de políticas presentes em orientações de organismos multilaterais, como o Banco Mundial (BM), Fundo Monetário Internacional (FMI) e Organização para a Cooperação e Desenvolvimento Econômico (OCDE). Na economia privatizaram-se empresas estatais, congelaram-se salários, protegeu-se o sistema financeiro e abriram-se os mercados nacionais para produtos estrangeiros. Na educação superior, como consequência dessa linha de pensamento, chamada de neoliberal, o que se viu foi uma pregação em favor do eficientismo, da competição entre as instituições, da implantação de um gerenciamento acadêmico/administrativo que segue padrões de empresas privadas, e da procura por fontes alternativas de financiamento junto ao mercado, em especial a partir da proliferação das fundações, que completassem, nas instituições públicas, as do fundo público. Na verdade o que os estudos na área mostram é que boa parte desses recursos adicionais foi apropriada por grupos específicos no interior das IES públicas, sem falar que, no geral, sua fonte é o próprio fundo público, uma vez que os poderes públicos são, em geral, o principal contratante dos "serviços prestados" por essas instituições.

O Banco Mundial, um dos organismos multilaterais mais influentes nesse contexto, pronunciou-se sobre pontos importantes nessa discussão. Assim, criticou o que chamou de elevada destinação de recursos financeiros oriundos da arrecadação de impostos para o Ensino Superior, defendendo a cobrança de mensalidade nas instituições públicas, bem como a aplicação de recursos públicos nas instituições privadas, por serem essas instituições, na visão de seus economistas, mais eficientes. Criticou ainda os subsídios à moradia e à alimentação dos estudantes, defendeu a diversificação das instituições e ditou regras sobre como deveria se dar a implantação da autonomia universitária, basicamente pela lógica da privatização (BM, 1985). Essas "orientações" fizeram com que em muitos países – incluindo-se o Brasil – ocorressem mudanças no financiamento e gestão da educação superior seguindo diretrizes muito semelhantes, já que essas orientações possuem um caráter de obrigatoriedade para os governantes que dependessem de recursos financeiros internacionais para manterem suas economias com certo grau de estabilidade.

Sobre as políticas educacionais a serem implantadas e o apoio dos organismos multilaterais, como o Banco Mundial, os representantes deste organismo assim se pronunciaram:

> Os países que tenham iniciado reformas **apropriadas das políticas** e cujas estratégias nacionais para fomentar a educação superior procuram explicitamente melhorar a qualidade do ensino e da pesquisa, seguem tendo o **apoio prioritário** do Banco Mundial. (Experton, 1996:41, grifos nossos).

Pode-se inferir, portanto, que as reformas apropriadas das políticas seriam aquelas constantes dos estudos do Banco Mundial. Não obstante o impacto e a capacidade de influenciar as políticas locais do Banco Mundial, inclusive sem emprestar muito dinheiro, uma análise cuidadosa mostra que a lógica mercantil na educação superior vigora no Brasil desde o final da década de 1960, antecipando, inclusive, tendências mundiais.

A educação superior brasileira sofreu muitas mudanças nesse período e podemos considerar que até o ano de 2005 – penúltimo ano do primeiro mandato do Governo Lula – as políticas governamentais, em geral, acabaram seguindo os caminhos presentes nessas "orientações". Contudo, cabe destacar que, a partir de 2006, último ano do primeiro mandado do presidente Lula, foram implementadas algumas ações governamentais que contrariam, em parte, alguns desses caminhos. Assim, constata-se que houve uma expansão significativa nas matrículas do setor público, com elevação dos recursos financeiros para contratação de pessoal, outros custeios (água, luz, telefone, vigilância, limpeza, etc.) e investimentos (obras de infraestrutura, equipamentos, livros, etc.), além da eliminação da GED.

## Perfil das receitas e das despesas das Instituições de Ensino Superior no Brasil em 2005

No que se refere às instituições de Ensino Superior privadas (particulares, comunitárias, confessionais, filantrópicas), estas dependem, quase que exclusivamente, das mensalidades dos cursos de graduação para o seu financiamento, sendo raras as instituições privadas com dependência orçamentária menor que 90% das atividades estudantis (Negri, 1997; Schwartzman, 1998). A situação financeira dessas instituições se agrava pelo elevado índice de inadimplência – da ordem de 30% – (Lobo e Associados, 2002) e pela aparente exaustão já existente na sociedade no que se relaciona à capacidade das famílias de efetivarem o pagamento das mensalidades de seus jovens com idade entre 18 e 24 anos. Basta dizer que das cerca de 4.000.000 de vagas oferecidas em cursos de graduação presenciais pelas IES, em 2012, apenas a metade foi preenchida (INEP, 2013). Não é necessário dizer que a quase totalidade das vagas não preenchidas encontra-se no setor privado. Estudos já realizados (Amaral, 2003) mostram que existe uma limitação para o crescimento do número de alunos no setor privado, imposta pela renda *per capita* brasileira e pela enorme desigualdade social existente no Brasil.

As atividades das instituições públicas de Ensino Superior são realizadas basicamente com recursos financeiros provenientes da arrecadação de impostos pagos pela população. A distribuição dos recursos pelos diversos programas orçamentários provoca uma tensão entre aqueles que propiciam a acumulação de capital do setor privado, como o pagamento de juros e encargos das dívidas públicas, e aqueles que favorecem a reprodução da força de trabalho, como educação e saúde (Chauí, 1999). Essa tensão explicita claramente a finitude dos recursos públicos e estimula análises especializadas sobre cada um dos componentes de gasto das diversas esferas governamentais. O que se pode notar ao longo das últimas décadas é que as atividades classificadas como sociais têm perdido espaço nesse embate.

O embate sobre o destino dos impostos, no Brasil, além das ações desencadeadas após a crise do Estado de Bem-Estar Social no mundo, sofreu a influência do chamado Consenso de Washington, o qual se concretizou nas políticas de caráter neoliberal. Essas ações objetivaram: implantar uma disciplina fiscal pautada pela "redução dos gastos públicos"; concretizar uma liberalização financeira que ocorreria por meio de "reformulação das normas que restringem o ingresso de capital estrangeiro"; desregulamentar os mercados, o que se daria pela "eliminação dos instrumentos de intervenção do Estado, como controle de juros, incentivos, etc."; e promover uma completa "privatização das empresas e dos serviços públicos" (Batista, 1994).

A LDB, ao tratar da organização da educação nacional, estabeleceu responsabilidades à União, aos estados, ao Distrito Federal e aos Municípios, no que se refere às ações educacionais a serem implementadas nos diversos níveis de ensino. Ao tratar das incumbências dos municípios, a LDB estabelece em seu artigo 11, inciso V, que os municípios incumbir-se-ão de "oferecer a educação infantil em creches e pré-escolas, e, com prioridade, o ensino fundamental, permitida a atuação em outros níveis de ensino somente quando estiverem atendidas plenamente as necessidades de sua área de competência e com recursos acima dos percentuais mínimos vinculados pela Constituição Federal, à manutenção e ao desenvolvimento do ensino". Aos estados, estabelece o artigo 10, inciso VI, compete "assegurar o ensino fundamental e oferecer, com prioridade, o ensino médio."

Com relação ao Ensino Superior fica bem claro que os estados, o Distrito Federal e os municípios podem oferecê-lo, desde que cumpram também as suas responsabilidades relativas aos outros níveis de ensino e, no caso dos municípios deve-se utilizar recursos acima dos percentuais mínimos vinculados pela Constituição Federal. De qualquer modo fica claro que, para o legislador constituinte, a educação superior não seria tarefa prioritária dos estados e municípios.

Assim, a participação dos governos estaduais e municipais nos orçamentos das instituições de Ensino Superior é extremamente variada, indo desde o sistema paulista, que especifica claramente os recursos que devem se destinar à Universidade de São Paulo (USP), Universidade de Campinas (UNICAMP) e Universidade Estadual Paulista "Júlio de Mesquita Filho" (UNESP) – 9,57% da arrecadação do Imposto sobre a Circulação de Mercadorias e Serviços (ICMS) estadual –, até situações nas quais o repasse dos cofres públicos não permite que a instituição cumpra os seus compromissos, levando-a a cobrar mensalidades de seus alunos, como no caso da maioria das IES municipais e de diversos estados, que se utilizam de fundações privadas para esse fim.

Os dados financeiros das Instituições de Ensino Superior brasileiras apurados, por meio do Censo da Educação Superior, no ano de 2005 (INEP, 2010) estão sistematizados na tabela 1.30. Cabe comentar que esses dados são fornecidos pelas próprias instituições e, portanto, não há a garantia de que eles correspondam aos valores reais. De qualquer forma, na falta de outras fontes, eles nos fornecem uma primeira aproximação de um universo ainda pouco conhecido. Feitas estas considerações, os dados da tabela 1.30 revelam que: a) os recursos que financiam as atividades das instituições federais são, em sua maior parte, originários da

União, 86,3%, sendo que 10,61% possuem como fonte convênios e contratos assinados com diferentes organismos; b) as instituições estaduais recebem recursos dos estados (86,7%), da União (1,70%), de mensalidades (1,34%) e de convênios e contratos (6,33%); c) as instituições municipais recebem recursos da União (0,31%), dos estados (0,22%) e dos municípios (0,66%), sendo que os recursos oriundos de mensalidades atingem o elevado percentual de 88,94%, com o Financiamento Estudantil (FIES) a representar 1,14% dos recursos dessas instituições e os contratos e convênios, 4,26%; d) as instituições particulares (privadas nos sentido estrito) são financiadas quase que exclusivamente pelos recursos oriundos das mensalidades (88,87%), do FIES (3,97%), e dos contratos/convênios/mantenedores (3,49%); e) as instituições classificadas pelo INEP no censo da educação superior como comunitárias/confessionais/filantrópicas possuem, assim como as particulares e municipais, a maior parte de seus recursos com origem na cobrança de mensalidades (85,7%), do FIES (2,65%), bolsas (3,00%) e contratos e convênios (4,12%).

| Fonte do Recurso | Federal % | Estadual % | Municipal % | Particulares % | Com/Conf/Filan % |
|---|---|---|---|---|---|
| União | 86,30 | 1,70 | 0,31 | 0,01 | 0,05 |
| Estados | 0,00 | 86,70 | 0,22 | 0,06 | 0,09 |
| Municípios | 0,50 | 0,00 | 0,66 | 0,01 | 0,09 |
| Estudantes (mensalidades e outros) | 0,35 | 1,34 | 88,94 | 88,87 | 85,88 |
| FIES | 0,02 | 0,00 | 1,14 | 3,97 | 2,65 |
| Bolsas | 0,07 | 0,00 | 0,92 | 0,72 | 3,00 |
| Contratos/ Convênios/ Mantenedora | 10,61 | 6,33 | 4,26 | 3,49 | 4,12 |
| Outras Receitas | 2,14 | 3,93 | 3,55 | 2,87 | 4,12 |
| | 100,00 | 100,00 | 100,00 | 100,00 | 100,00 |

Tabela 1.30 Fonte de receitas das IES por origem dos recursos e natureza das instituições 2005. Censo da Educação Superior de 2005 e cálculos deste estudo

Os dados apresentados na tabela 1.30 reforçam ainda mais a preocupação sobre a pertinência de se considerar como públicas as IES municipais, uma vez que o percentual de sua receita advindo das mensalidades é superior inclusive àquele apresentado pelas instituições privadas. Com relação ao FIES observa-se que, aparentemente, seu peso é pequeno em relação à receita total das instituições privadas.

Impressiona também, na tabela, o fato de mais de 10% das receitas das instituições federais advirem de "contratos/convênios/ mantenedoras". Estariam aqui já os efeitos da ida das instituições federais ao "mercado", no sentido amplo, tanto privado quanto público (agências de fomento, convênios e contratos com diversos ministérios, etc.), à procura de recursos financeiros para complementar os seus orçamentos (Clark, 2006:12). É preciso considerar ainda que um grande volume de recursos não contabilizados na tabela 1.30 é intermediado entre as Instituições de Ensino Superior e as fundações privadas de "apoio", e que não são possíveis de serem estimados pela falta de mecanismos administrativos que acompanhem a execução dos orçamentos dessas fundações.

As despesas declaradas pelas IES e apuradas pelo Censo da Educação Superior são apresentas na tabela 1.31. Elas revelam que: a) as instituições federais gastam cerca de 74% dos seus recursos com o pagamento de pessoal, sendo que as despesas de outros custeios atingem 19% e as de capital, 8%; as instituições estaduais aplicam cerca de 70% dos seus recursos no pagamento de pessoal, 26% no pagamento de outros custeios e 4% nas despesas de capital; c) as instituições municipais gastam cerca de 59% de seus recursos com o pagamento de pessoal, 32% com o pagamento de outros custeios e 8% para capital; d) as instituições particulares destinam cerca de 58% para o pagamento de pessoal, 20% para outros custeios e 12% para capital; e) as instituições comunitárias/confessionais/ filantrópicas gastam cerca de 57% dos recursos com o pagamento de pessoal, 33% com outros custeios e 10% com capital.

| Despesas Realizadas | Federal % | Estadual % | Municipal % | Particulares % | Com/Conf/Filan % |
|---|---|---|---|---|---|
| Despesas de Pessoal | 74,0 | 70,0 | 59,0 | 58,0 | 57,0 |
| Ativos e outras despesas | 48,0 | 67,0 | 59,0 | 56,0 | 55,0 |
| Aposentados e pensionistas | 24,0 | 3,0 | 0,1 | 0,1 | 0,1 |
| Benefícios | 2,2 | 0,6 | 0,6 | 1,7 | 1,7 |
| Despesas de Outros Custeios | 19,0 | 26,0 | 32,0 | 30,0 | 33,0 |
| Despesas de Capital | 8,0 | 4,0 | 8,0 | 12,0 | 10,0 |
| Total | 100 | 100 | 100 | 100 | 100 |

Tabela 1.31 Despesas das IES classificadas por natureza econômica e tipo de instituição, 2005. Censo da Educação Superior de 2005 e cálculos deste estudo

Nota-se que o percentual aplicado em pessoal ativo e outras despesas de pessoal varia de 48% nas federais para 67% nas estaduais, sendo que as federais possuem como item de suas despesas o pagamento de inativos e pensionistas em elevado percentual de 24%. Ao se contabilizar essas despesas no custo da instituição, como faz o Censo, comete-se, obviamente, um erro metodológico, pois os aposentados não contribuem mais para a manutenção e o desenvolvimento do ensino daquela instituição. São despesas previdenciárias que deveriam ser contabilizadas na despesa federal com essa subfunção, e não como despesa das IES federais. Até porque já estão contabilizados os gastos com encargo, aí incluídos os previdenciários (parte patronal e dos servidores); acrescer as despesas com aposentados implica, então, em dupla contagem. Nas estaduais esse percentual é de 3% e nas outras instituições o percentual é baixo, 0,1%.

Verifica-se, também, que o percentual das despesas totais que é aplicado em despesas de capital é menor nas federais, estaduais e municipais que nas Instituições de Ensino Superior privadas. Essa diferença pode indicar eventuais despesas de expansão que marcaram essas instituições, mas podem também indicar artifício contábil (mascarar lucros, por exemplo), o mesmo valendo para as instituições municipais. O percentual de 8% de despesas de investimento para as federais também surpreende, pois nesse momento ainda não haviam chegado os recursos para a expansão das universidades federais. A explicação para uma parcela desses recursos se relaciona à execução de convênios e contratos.

*CONSIDERAÇÕES FINAIS: OS VALORES APLICADOS NAS INSTITUIÇÕES DE ENSINO SUPERIOR COMO PERCENTUAL DO PIB E A META DOS 10% DO PIB PARA A EDUCAÇÃO BRASILEIRA //* As despesas realizadas pelas Instituições de Ensino Superior brasileiras no ano de 2005 atingiram o montante de R$ 58,868 bilhões, a preços de janeiro de 2013, corrigidos pelo Índice de Preços ao Consumidor Ampliado (IPCA) – que mede a inflação brasileira. Esse montante representa um volume de recursos financeiros equivalente a 2,24% do PIB de 2005, que foi de R$ 3,149 trilhões (valor corrigido pelo IPCA, para preços de janeiro de 2013).

Como indicam os dados apresentados na tabela 1.32, os recursos aplicados pelas Instituições de Ensino Superior das esferas federal, estadual e municipal totalizaram R$ 70,355 bilhões, o que representou 1,10% do PIB em 2005 e as Instituições de Ensino Superior privadas aplicaram um total de R$ 35,712 bilhões, o que representou 1,14% do PIB.

| Categoria Administrativa | Despesas | % PIB |
|---|---|---|
| Federal | 21,900 | 0,70 |
| Estadual | 11,018 | 0,35 |
| Municipal | 1,725 | 0,05 |
| Total | 34,643 | 1,10 |
| Particulares | 17,505 | 0,56 |
| Comun/Confes/Filant | 18,207 | 0,58 |
| Total | 35,712 | 1,14 |
| Total Geral | 70,355 | 2,24 |

Tabela 1.32 Despesas realizadas pelas Instituições de Ensino Superior brasileiras em 2005 como percentuais do PIB. Valores em R$ bilhões, a preços de janeiro de 2010, corrigidos pelo IPCA

Considerando os dados sobre a origem dos recursos indicados na tabela 1.32, pode dizer-se que o fundo público responde por 45% dos gastos com o financiamento da educação superior, respondendo as famílias por cerca de 55%, ou 1,20% do PIB. Como os recursos totais significam 2,24% do PIB, conclui-se que os recursos públicos aportam apenas 1,05% do PIB, valor inferior ao despendido pelas famílias, que pagam, como vimos, mensalidades nas privadas e nas municipais.

Se o Brasil passasse a aplicar em educação pública, todos os níveis, um volume de recursos equivalente a 10% do PIB, como está em discussão no Congresso Nacional, na definição de um Novo Plano Nacional de Educação (Lei 8.035, 2011), chegando a aplicar, em uma década, o equivalente a 2,61% do PIB em educação superior pública – percentual obtido a partir de projeções que simulam as metas do Novo Plano (Amaral, 2011) –, por exemplo, estaria aplicando um percentual muito mais elevado que os países da OCDE, que foi de 1,4% em 2009 (OCDE, 2011). Examinando somente este indicador, temos a sensação de que o Brasil estaria aplicando muito mais recursos que os países da OCDE; entretanto, para uma análise mais completa precisaríamos considerar ainda duas outras informações: o valor do PIB do país e o tamanho do alunado a ser atendido, o que pode ser expresso pela quantidade de pessoas do país que estão em idades adequadas para participarem do processo educacional na ES. A tabela 1.33 apresenta essa análise para diversos países.

| País | %PIB aplicado em ES | PIB/PPP de 2009 (US$/PPP bilhões) | Valor aplicado em educação (US$/PPP bilhões) | População em idade educacional de ES | US$/PPP por pessoa em idade educacional de ES |
|---|---|---|---|---|---|
| BRASIL | 2,61 | 2.024 | 52,8 | 23.034.321 | 2.293,38 |
| Rússia | 1,2 | 2.103 | 25,2 | 111.929.016 | 225,46 |
| Índia | 1,3 | 3.548 | 46,1 | 117.642.131 | 392,07 |
| China | - | 8.767 | - | 12.237.264 | - |
| África do Sul | 0,7 | 488 | 3,4 | 5.053.122 | 676,02 |
| México | 1,1 | 1.473 | 16,2 | 9.648.392 | 1.679,35 |

| | | | | |
|---|---|---|---|---|
| Argentina | 1,1 | 558 | 6,1 | 3.297.568 | 1.861,37 |
| Chile | 1 | 244 | 2,4 | 1.469.094 | 1.660,89 |
| Portugal | 1,1 | 232 | 2,6 | 626.228 | 4.075,19 |
| Coréia do Sul | 0,9 | 1.343 | 12,1 | 3.266.647 | 3.700,12 |
| França | 1,3 | 2.113 | 27,5 | 3.965.925 | 6.926,25 |
| Dinamarca | 2,4 | 199 | 4,8 | 295.584 | 16.157,84 |
| Canadá | 1,8 | 1.278 | 23,0 | 2.226.706 | 10.330,96 |
| Espanha | 1,1 | 1.367 | 15,0 | 2.523.345 | 5.959,15 |
| Austrália | 1,1 | 819 | 9,0 | 1.451.761 | 6.205,57 |
| Alemanha | 1,3 | 2.812 | 36,6 | 4.924.663 | 7.423,05 |
| Japão | 0,8 | 4.141 | 33,1 | 6.787.174 | 4.880,97 |
| Estados Unidos | 1,3 | 14.250 | 185,3 | 22.008.178 | 8.417,33 |
| Noruega | 2,2 | 277 | 6,1 | 290.564 | 20.973,00 |

Tabela 1.33 Recursos financeiros públicos aplicados em ES, por pessoa em idade educacional. UNESCO-2010, CIA,-2010, OCDE-2012 e cálculos deste estudo

Esta tabela mostra que, mesmo aplicando o equivalente a 2,61% do PIB em educação superior pública, o Brasil ainda ficaria com valores da ordem de US\$/PPP 2.293,38, que é um valor pequeno comparado com os países mais ricos. Continuando a aplicar o equivalente a 2,61% do PIB ao longo das próximas décadas, a tabela 1.34 mostra os valores por pessoa em idade educacional até o ano de 2050, utilizando para o crescimento do PIB dados do Ministério da Fazenda (MF, 2010).

| Ano | %PIB aplicado em ES | PIB/PPP de 2009 (US\$/PPP bilhões) | Valor aplicado em educação (US\$/PPP bilhões) | População em idade educacional de ES | US\$/PPP por pessoa em idade educacional de ES |
|---|---|---|---|---|---|
| 2020 | 2,61 | 3.059 | 79,8 | 23.754.743 | 3.361,01 |
| 2030 | 2,61 | 3.837 | 100,2 | 20.772.452 | 4.821,31 |
| 2040 | 2,61 | 4.505 | 117,6 | 17.582.673 | 6.687,29 |
| 2050 | 2,61 | 5.002 | 130,6 | 16.120.983 | 8.098,28 |

Tabela 1.34 Valores aplicados na Educação Superior pública por pessoa em idade educacional, até 2050. UNESCO-2010, IBGE-2013 e cálculos deste estudo

Verifica-se que até o ano de 2030 o Brasil já entraria no conjunto de alguns países da OCDE, como a Austrália, Espanha, França e Alemanha; entretanto, somente em 2050 o Brasil atingiria um valor próximo ao dos Estados Unidos, da ordem de US$/PPP 8.417,33.

Esse nível educacional, pelo papel que desempenha para o desenvolvimento do Brasil, além de necessitar de grande expansão, ainda precisa elevar a sua qualidade, e essa comparação nos permite afirmar que, se nas próximas décadas o Brasil aplicar o equivalente a 10% do seu PIB em educação e, desses recursos, 2,61% na educação de seus jovens de 18 a 24 anos, estaríamos dando um grande passo para implantar uma configuração na educação brasileira que atende a esses jovens de forma adequada, em IES que possam desenvolver suas atividades de ensino, pesquisa e extensão com qualidade, sendo ainda responsáveis por desenvolver novos conhecimentos, novas tecnologias e novos processos de inovação que possam ser incorporados à dinâmica do País, propiciando um melhor desenvolvimento econômico e social.

## 1.4 Relatos de experiências

### 1.4.1 A Universidade de São Paulo: passado, presente e futuro

[*Ligia Pavan Baptista*[29]]

O presente artigo tem como objetivo ressaltar a história, os resultados alcançados até o presente e os desafios para o futuro da Universidade de São Paulo (USP), instituição de educação

---

[29] Doutora em Filosofia pela Universidade de São Paulo. Professora de Ética e Política na Universidade de Brasília.

superior brasileira de padrão internacional, que muito recentemente celebrou seus oitenta anos de aniversário da fundação, em 1934, da Faculdade de Filosofia, Ciências e Letras. Fundada com a expressiva colaboração de missões de professores estrangeiros, sobretudo italianos, alemães e franceses, a instituição, considerada atualmente a melhor do Brasil e da América Latina pelos *rankings* nacionais e internacionais, é referência em ensino, pesquisa e extensão, principalmente pelo expressivo número de títulos outorgados, assim como pela reconhecida qualidade de sua produção científica.

## Contexto histórico

A Universidade de São Paulo (USP), instituição de educação superior pública e gratuita, fundada pelo Decreto n.º 6.283 em 25 de janeiro 1934 na cidade de São Paulo, Brasil, celebrou, no ano de 2014, seus oitenta anos. Uma instituição ainda jovem, se comparada às mais antigas universidades das Américas, tais como a Universidad Nacional Mayor de San Marcos, fundada pelo rei de Espanha Carlos I, em Lima, no Peru, em 12 de maio de 1551, a Universidad Autónoma de México, fundada em 21 de setembro do mesmo ano, ou a Universidad Nacional de Córdoba, na Argentina, fundada pelos Jesuítas em 1613. Tal como hoje se configura, a USP é o resultado da união da Faculdade de Filosofia, Ciências e Letras, criada em 1934, dividida entre a Alameda Glete e a Rua Maria Antonia, com as já existentes, Escola Politécnica de São Paulo, de 1893, Escola Superior de Agricultura Luiz de Queiroz, de 1901, Faculdade de Medicina, de 1912, Faculdade de Farmácia e Odontologia, de 1898 e a Faculdade de Direito, a mais antiga da instituição, fundada em 1827 no Largo São Francisco. A USP contou, em sua fundação, com a participação significativa de missões estrangeiras, principalmente professores italianos, alemães e franceses, responsáveis pela formação da primeira geração de cientistas brasileiros, dentre os quais um expressivo número de mulheres, pioneiras da ciência no Brasil. Por sua vez, a USP teve um importante papel na criação e história das prestigiadas Academia Brasileira de Ciências (ABC), fundada em 1916, e Sociedade Brasileira para o Progresso da Ciência (SBPC), fundada em 1948. Em sua bem sucedida história – e apesar de ter sofrido duras consequências no prolongado período da ditadura militar no país, de 1964 a 1985, com o exílio voluntário ou forçado de muitos professores e a restrição da liberdade de expressão – desde sua fundação a USP tem exercido um expressivo papel no cenário político e empresarial nacional, tendo formado, além de 12 dos, até o momento, 42 presidentes do Brasil, inúmeros profissionais que têm ocupado cargos estratégicos no país, tanto na esfera pública, quanto privada, nas últimas décadas[30].

A divisão da Faculdade de Filosofia, Ciências e Letras, deu origem à maioria das Escolas, Faculdades e Institutos que compõem a atual configuração da USP, com 42 unidades de ensino e pesquisa, distribuídas em 10 *campi*, que oferecem 240 cursos de graduação e 239 programas de pós-graduação *stricto sensu*, sendo 308 cursos de mestrado e 299 de doutorado[31]. A instituição conta com um total de 5.860 docentes (5.800 com título de doutor) e 92.064 alunos, dos quais 58.303 na graduação e 28.498 na pós-graduação, sendo 13.836 no mestrado e 14.662 no doutorado, de acordo com a última base de dados, lançada em 2012.

---

[30] Prudente de Moraes, Campos Sales, Rodrigues Alves, Afonso Pena, Venceslau Brás, Delfim Moreira, Washington Luís, Júlio Prestes, José Linhares, Nereu Ramos, Jânio Quadros e Fernando Henrique Cardoso são os presidentes do Brasil formados pela USP.

[31] Os *campi* da USP estão localizados nas cidades de São Paulo (4), Ribeirão Preto, Piracicaba, São Carlos, Pirassununga, Bauru e Lorena. O *campus* da USP na cidade de Santos será o próximo a ser criado. A Cidade Universitária Armando Salles de Oliveira, inaugurada em 1968 no bairro do Butantã, em São Paulo, abriga a estrutura administrativa central da USP.

## Desenvolvimento institucional: resultados

Com um orçamento anual de 4,7 bilhões de reais, provenientes de recursos do Estado de São Paulo, o mais rico da federação, a USP conta ainda com recursos significativos para financiamento de projetos de pesquisa de graduação e pós-graduação, participação e organização de eventos nacionais e internacionais, oriundos de agências de fomento federais, como a CAPES – Coordenação de Aperfeiçoamento de Pessoal de Nível Superior – e o CNPq – Conselho Nacional de Desenvolvimento Científico e Tecnológico –, além da colaboração expressiva da FAPESP – Fundação de Amparo à Pesquisa do Estado de São Paulo, considerada modelo dentre as fundações de amparo à pesquisa no país.

A instituição conta atualmente com cinco hospitais, 17 museus e centros culturais abertos ao público, um jornal, uma editora, uma rádio, um canal de televisão e duas orquestras. Possui ainda 70 bibliotecas, dentre elas a Biblioteca Digital de Teses e Dissertações, criada em 2001, que disponibiliza, em acesso livre, um total de 43.752 documentos, indexados como 26.209 dissertações de mestrado, 17.251 teses de doutorado e 292 de livre docência[32]. Ainda merece destaque A Biblioteca Digital Brasiliana, disponível virtualmente desde 2009, cuja sede física definitiva foi inaugurada na Cidade Universitária Armando Salles de Oliveira em março de 2013.

No último processo seletivo para admissão de estudantes coordenado pela FUVEST – Fundação Universitária para o Vestibular –, em 2014, 152.134 candidatos disputaram 11 mil vagas para todos os cursos oferecidos pela USP. De acordo com a Avaliação Trienal 2013 da Coordenação de Aperfeiçoamento de Pessoal de Nível Superior

---

[32] A Biblioteca Digital de Teses e Dissertações da USP está associada à Networked Digital Library of Theses and Dissertations (NDLTD), iniciativa global reconhecida pela UNESCO, e à Biblioteca Digital Brasileira de Teses e Dissertações do Instituto Brasileiro de Informação em Ciência e Tecnologia (IBICT), órgão vinculado ao Ministério da Ciência e Tecnologia e Inovação (MCTI).

(CAPES), instrumento que contribui, de forma inédita no mundo, desde 1976, para o aprimoramento contínuo da pós-graduação no Brasil, a instituição é responsável por expressivos 22% dos programas de pós-graduação no país, com os conceitos 6, 7, os mais altos da escala, equivalentes a padrões internacionais de qualidade acadêmica e científica. Atualmente a USP é a universidade que possui o maior número dentre as 27 Cátedras UNESCO no Brasil[33]: Educação para Paz, Direitos Humanos, Democracia e Tolerância (01.1996); "José Reis" de Divulgação Científica (19.06.2006); Direito à Educação (01.04.2008); Memorial da América Latina (03.07.2009). A Súmula Estatística do Diretório de Grupos de Pesquisa no Brasil 2010, do Conselho Nacional de Desenvolvimento Científico e Tecnológico (CNPq), aponta a USP como a instituição com o maior número de grupos de pesquisa no país, sendo contabilizados 1.866 até então nas mais diversas áreas do conhecimento. Em 2013 o número de grupos de pesquisa da instituição cadastrados no diretório do CNPq passou para 2.207, de acordo com informações actualizadas da Pró-reitoria de Pesquisa.

A instituição paulista celebrou, em 2011, a concessão de 100 mil títulos de mestrado e doutorado. No ano de 2012 a produção científica docente e discente da USP contabilizou 32.816 artigos científicos, 30% deles computados em indexadores internacionais. No mesmo período a instituição formou 7.665 profissionais, 3.577 mestres e 2.439 doutores, sendo considerada por três diferentes *rankings* a universidade que mais forma doutores no mundo.

Em oito décadas a instituição se tornou um reconhecido centro de excelência em educação superior no Brasil e na região, sendo considerada a melhor universidade do país e da América Latina pelos *rankings* nacionais e internacionais. A USP obteve o primeiro

---

[33] O programa de Cátedras e Redes UNITWIN da UNESCO tem como principal objetivo a capacitação através da troca de conhecimentos e do espírito de solidariedade estabelecido entre países em desenvolvimento.

lugar no Ranking Universitário da Folha (RUF) 2013, que avaliou 192 instituições de Ensino Superior brasileiras. O *Webometrics Ranking of World Universities*, lançado em julho de 2013, classificou a instituição em 31ª posição, sendo considerada, pelo mesmo *ranking*, a melhor da América Latina. No Times Higher Education *World Reputation Rankings*, que classifica as cem mais importantes universidades do mundo divididas em seis grupos, a USP está entre as universidades classificadas no grupo de 61 a 70.

Na edição do *ranking* universitário THE (*Times Higher Education*) publicado em 4 de dezembro de 2013, que avaliou mais de 400 universidades, a USP, que ocupava o 158º lugar em 2012, perdeu sua classificação entre as 200 melhores instituições do mundo. Diante da repercussão negativa, a reação da instituição foi imediata. Sendo a falta de uma política institucional para a promoção da internacionalização, apontada pelo *ranking*, como a principal causa do resultado desfavorável, a USP está investindo no Programa USP Internacional, coordenado por três embaixadores, criado em 26 de março de 2013 com recursos do Banco Santander. No mesmo ano foram criados quatro núcleos internacionais, com sedes em São Paulo (Vice-Reitoria Executiva de Relações Internacionais) e escritórios em Boston, Londres e Cingapura. Na primeira edição do *ranking* exclusivamente dedicado ao bloco dos cinco países emergentes – BRICS (Brasil, Rússia, Índia, China e África do Sul) –, lançado em 16 de dezembro de 2013 pela Quacquarelli Symonds (QS), instituto especializado em educação superior e carreiras, em parceria com a agência de notícias russa INTERFAZ, a USP obteve a oitava posição dentre as 400 universidades avaliadas (tabela 1.35).

| Posição | Instituição | País |
|---|---|---|
| 1 | Universidade de Tsinghua | China |
| 2 | Universidade de Beijing | China |
| 3 | Universidade Estadual de Lomonosov em Moscou | Rússia |
| 4 | Universidade de Fudan | China |

| | | |
|---|---|---|
| 5 | Universidade de Nanjing | China |
| 6 | Shanghai de Jiao Tong | China |
| 7 | Universidade de Ciência e Tecnologia da China | China |
| 8 | Universidade de São Paulo (USP) | Brasil |

Tabela 1.35 Ranking QS de Universidades dos Países Emergentes (BRICS); Quacquarelli Symonds

## Desafios para o futuro

Em 26 de dezembro de 2013, após uma tumultuada campanha eleitoral marcada por invasões violentas e greves, o professor titular da Faculdade de Medicina de Ribeirão Preto da USP, presidente do Conselho Nacional de Desenvolvimento Científico e Tecnológico – CNPq – de 2007 a 2010 e pesquisador nível 1A da instituição, membro titular da Academia Brasileira de Ciências, Marco Antonio Zago, se tornou o 26º dirigente da Universidade de São Paulo, sendo o primeiro, em sua história de oito décadas, a ser nomeado pelo governador do Estado de São Paulo pela rede social Twitter[34].

Diante dos prejuízos causados pela invasão da reitoria por 42 dias por estudantes que reivindicavam eleições diretas e paritárias para todos os cargos de dirigentes da USP, causando um prejuízo estimado de R$ 2,4 milhões, o novo Reitor, em entrevista concedida em 28.12.2013 ao canal G1 da TV Globo Ribeirão Preto e Franca, afirma que seu principal desafio nos próximos quatro anos é restabelecer a comunicação entre os estudantes e a direção. Além desse desafio apontado pelo Reitor, a nova gestão, iniciada em 25 de janeiro de 2014, iria propor-se a se dedicar ainda à promoção dos princípios

---

[34] "Acabo de nomear o professor Marco Antonio Zago para a função de Reitor da nossa USP. Desejo a ele um bom trabalho em benefício da comunidade acadêmica e de nosso Estado." Governador do Estado de São Paulo Geraldo Alkimin em 26.12.2013 às 16h57.

da inclusão social, ética, transparência, interdisciplinaridade, acesso livre à informação, economicidade e eficiência; ao compromisso com a melhoria do ensino fundamental e médio no país; à modernização do sistema de acesso de estudantes; à maior transparência nos concursos públicos para docentes; à ampliação da oferta de cursos de educação a distância; ao incentivo da utilização de tecnologias de comunicação e informação (TICs); ao estímulo do empreendedorismo; à criação de ouvidoria, comissão e código de ética; à modernização e atualização do seu portal para torná-lo mais atraente e amigável e à elaboração de um planejamento estratégico bem definido para os quatro anos seguintes. Dentre as metas que devem ser consideradas prioritárias, destacam-se o desenvolvimento de políticas institucionais para a promoção de áreas estratégicas, consideradas ainda pouco desenvolvidas na instituição, com o objetivo de fomentar a competitividade das empresas nacionais no mundo globalizado, tais como a inovação tecnológica e a internacionalização, por meio da cooperação técnica entre a universidade e empresas públicas e privadas.

Finalmente, a nova administração se comprometia a zelar pelo aprimoramento contínuo da qualidade do ensino, da pesquisa e da extensão oferecidos pela prestigiada instituição, tendo em vista a missão que deve ter enquanto universidade do séc. XXI: formar recursos humanos comprometidos com o desenvolvimento científico, econômico e social, de forma sustentável, e com a redução das desigualdades, não somente em âmbito regional e nacional, mas igualmente, no plano internacional. Para que possa alcançar tais objetivos, o grande desafio da nova gestão será, sem dúvida, tornar a USP competitiva internacionalmente.

## Referências bibliográficas

Chaimovich, H., (2003). "Paradoxos e a Universidade de São Paulo", em *Jornal da Ciência* nº 749 p.3, Sociedade Brasileira para o Progresso da Ciência, Rio de Janeiro.

Motoyama, S., (2006). *USP 70 anos: Imagens de uma história vivida*. São Paulo, Editora da Universidade de São Paulo – EDUSP.

Schwartzman, S., (1979), Formação da Comunidade Científica no Brasil, São Paulo, Editora Nacional, FINEP.

Schwartzman, S., (1997), História da Ciência no Brasil, São Paulo, HUCITEC.

Schwartzman, S., (2001), *Um Espaço para a Ciência: A Formação da Comunidade Científica no Brasil*. Ministério da Ciência e Tecnologia, Conselho Nacional de Desenvolvimento Científico e Tecnológico e Centro de Estudos Estratégicos, Brasília.

## 1.4.2 A cooperação solidária e o desafio da mobilidade internacional: o caso da Universidade da Integração Internacional da Lusofonia Afro-Brasileira

[*Nilma Lino Gomes*[35]]

### Contextualização

Nos últimos 12 anos, a política de educação superior no Brasil realizada pelo Ministério da Educação apresenta significativas mudanças. Dentre estas citamos o processo de expansão das universidades públicas federais, a democratização do acesso, a interiorização e a internacionalização.

No presente artigo focalizaremos uma experiência de internacionalização da educação superior brasileira em curso, fruto das mudanças acima citadas, somadas às lutas dos movimentos sociais em prol das ações afirmativas. Trata-se da criação e implantação da Universidade da Integração Internacional da Lusofonia Afro--Brasileira (Unilab).

---

[35] Ministra da Igualdade Racial do Brasil. Doutora em Antropologia Social (USP), pós-doutora em Sociologia pela Universidade de Coimbra e ex-Reitora da Universidade da Integração Internacional da Lusofonia Afro-Brasileira – Unilab.

A criação da Unilab reflete também a atual estratégia da política externa brasileira de priorizar as relações Sul-Sul[36]. Conforme previsto em sua Lei de Criação e de acordo com as diretrizes da Conferência Africana sobre Educação Superior (CAES, 2008) e da Conferência Mundial de Educação Superior (CMES, 2009), a Unilab tem como objetivo ministrar Ensino Superior, desenvolver pesquisas nas diversas áreas de conhecimento e promover a extensão universitária, tendo como missão institucional específica formar recursos humanos para contribuir com a integração entre o Brasil e os demais Estados membros da Comunidade dos Países de Língua Portuguesa – CPLP (figura 1.37), especialmente os países africanos e Timor-Leste, bem como promover o desenvolvimento regional e o intercâmbio cultural, científico e educacional.[37]

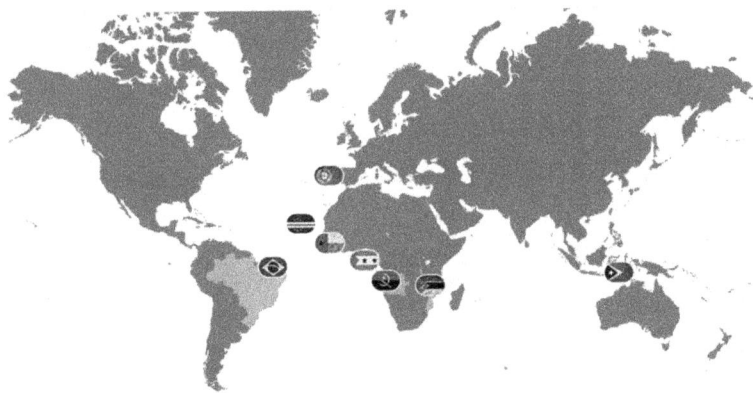

Figura 1.37 – Localização geográfica

[36] Além da Unilab, a Universidade Federal da Integração Latino Americana (Unila) é também uma universidade da integração internacional. Criada em 12 de janeiro de 2010 pela Lei Nº 12.189, com sede em Foz do Iguaçu, Estado do Paraná, visa a integração internacional com a América Latina.

[37] As reflexões desse artigo também foram compartilhadas em outro texto de minha autoria. A ser publicado pela Associação das Universidades de Língua Portuguesa (AULP).

Verifica-se que ao criar a Unilab, em 2010, o governo brasileiro tomou em consideração o fato de que nos últimos anos foram definidos vários compromissos em sintonia com o objetivo da União Africana de "fomentar o desenvolvimento do continente através da promoção da investigação em todos os campos, em particular nos domínios da ciência e tecnologia" (Constitutive act of the African Union, 2000). Tendo em vista este fato, ao elaborar as orientações para definir o campo de ação da Unilab a Comissão de Implantação desta Universidade levou em consideração um conjunto de referências expressas em documentos internacionais, tais como:

- Programa Educação para Todos. Conferência Mundial de Educação para Todos, Jomtien, Tailândia, 1990;
- Objetivos de Desenvolvimento do Milênio. Cúpula do Milênio, promovida pela ONU, Nova Iorque, 2000;
- Nova Parceria para o Desenvolvimento de África, da União Africana;
- Plano de Ação da Segunda Década de Educação em África (2006-2015). Adotado pelos Ministros da Educação da União Africana, Maputo, 2006;
- Declaração de Abuja. Primeira Cúpula América do Sul-África (ASA), Nigéria, 2006;
- Conferência Regional de Educação Superior (CRES, 2008);
- Conferência Africana sobre Educação Superior (CAES, 2008). Promovida pela UNESCO, Dakar, 2008;
- Conferência Mundial de Educação Superior (CMES, 2009). Promovida pela UNESCO, Paris, 2009.

Este conjunto de eventos e seus respectivos documentos, não só estabelecem diretrizes internacionais e responsabilidades dos demais países para com a África, como também destacam a importância da educação superior na promoção do desenvolvimento econômico e social, apontando para os desafios que se colocam para a educação básica e a necessidade de investir nas relações de cooperação solidária. Especificamente com relação ao Ensino Superior, já em 1998 a Conferência Mundial de Educação Superior, realizada em Paris, declara em seu Artigo 15, "Partilhando conhecimentos e *know-how* através das fronteiras e continentes", que

> O princípio da solidariedade e da verdadeira parceria entre as instituições de Ensino Superior em todo o mundo é crucial para a educação e formação em todas as áreas que assim estimulem a compreensão de questões globais, o papel da governança democrática e dos recursos humanos qualificados na sua resolução, bem como a necessidade da convivência com diferentes culturas e valores. A prática do multilinguismo, programas de intercâmbio de professores e estudantes e a articulação institucional para promover cooperação intelectual e científica devem ser uma parte integrante de todos os sistemas de Ensino Superior (WCHE, 1998).

Como continuação desse processo, destaque-se o novo Programa do Ministério da Educação "Educação como ponte estratégica Brasil--África – Educação e Ciência Solidárias", que objetiva oferecer aos países africanos, em especial aos de língua portuguesa, a experiência brasileira em educação por meio de cinco eixos temáticos (Gestão Escolar, Formação de Professores, Currículo e Práticas Pedagógicas, Pesquisa e Inovação, e Mobilidade) que abrangem áreas prioritárias, a saber: alimentação escolar, avaliação e indicadores, processos de gestão, capacitação de técnicos, formação de professores para o magistério, ensino técnico e profissional e de Língua e Literatura Portuguesa, editais para pesquisas conjuntas (mestrado e doutorado), e mobilidade discente.

De acordo com o MEC, tais áreas representam programas bem sucedidos no âmbito do Estado brasileiro que podem ser adaptados às necessidades e demandas dos países africanos, bem como a possibilidade de novas frentes de cooperação internacional. Dentre eles também estão programas já consagrados no âmbito da cooperação internacional com a África lusófona, como é o caso do Programa de Alimentação Escolar e da Universidade Aberta do Brasil, cuja expansão é uma demanda constante, mas que igualmente oferece outras possibilidades ainda não exploradas, como é o caso da alfabetização na idade certa.

A iniciativa brasileira ocorre no contexto dos dez anos de promulgação da Lei nº 10.639 de 2003, que alterou o artigo 26 da Lei de Diretrizes e Bases da Educação (Lei nº 9394/96) e instituiu a obrigatoriedade do ensino de temática História e Cultura Afro--brasileira e Africana no currículo da rede oficial de ensino brasileira. Igualmente, o Programa em pauta vai ao encontro das diretrizes internacionais estabelecidas para a África no que tange a promoção do desenvolvimento econômico e social desse continente, por meio do fortalecimento da educação e da busca da superação das desigualdades em face de uma cooperação solidária e responsável.

## Unilab: breve histórico do processo de implantação

Diversas missões foram realizadas para todos os países da CPLP, visando identificar demandas similares dos países em termo de formação. Após diálogos com representantes dos governos, universidades, instituições e organismos internacionais, seis áreas foram priorizadas para o início das atividades da Unilab: Desenvolvimento Rural, Saúde Coletiva, Educação Básica, Gestão Pública, Tecnologias e Desenvolvimento Sustentável, e Humanidades e Letras.

Neste contexto, a Comissão realizou uma missão em Angola em 2009, por ocasião da Reunião Anual da Associação de Universidades de Língua Portuguesa – AULP. Na ocasião, foi pensada a formação das equipes das Universidades Públicas, especificamente a formação de quadros em metodologias de ensino, metodologias quantitativas e qualitativas de pesquisa e tecnologias educativas e biblioteconomia. Em 2012, a Unilab e o Comitê Francês de Avaliação da Cooperação Universitária com o Brasil – COFECUB estiveram em Luanda com o principal objetivo de identificar a realidade, as necessidades e as potencialidades do Ensino Superior em Angola. Contando com o apoio das Embaixada do Brasil e da França em Luanda, a missão teve agendas com o Instituto Superior de Educação, com a Secretaria de Estado de Ciência e Tecnologia, com o Centro Nacional de Investigação Científica, com a Universidade Agostinho Neto e com a Secretaria para o Ensino Superior. Nessa missão foram identificadas, como áreas prioritárias para a realização de projetos, a formação de formadores e a formação de pesquisadores.

Em Cabo Verde, a primeira visita, em 2010, teve como objetivo fundamental apresentar o projeto da Unilab às instituições que poderiam vir a ser parceiras para concretização da Universidade. Posteriormente, em 2011 e 2012, realizaram-se missões em que: foram desenvolvidas atividades institucionais de divulgação e aprofundamento de parcerias; realizou-se um levantamento dos centros de Ensino Superior do país; discutiu-se a implantação de um modelo de regulação/avaliação de Ensino Superior a Distância e a implementação de metodologia de EaD em cursos superiores ministrados por instituições de ensino de Cabo Verde, para for-mação de professores e gestores públicos na área de Educação; e realizou-se um levantamento de informações a respeito da Educação de Jovens e Adultos.

Na Guiné-Bissau a Unilab realizou diversas reuniões, dentre elas com a Escola Nacional de Administração Pública (Enap), com o Centro de Treinamento do Senai, a Escola Superior de Educação, o Ministério da Educação, e as Faculdades de Medicina e de Direito. Na ocasião foi assinado o Termo de Convênio com o Ministério da

Educação Nacional, Cultural, Ciência, Juventude e dos Desportos de Guiné-Bissau, que facilita às relações de cooperação e entendimentos mútuos. Um dos grandes processos planejados é a retomada das ações de implantação e construção da Universidade Amilcar Cabral, única universidade pública do país.

Em Moçambique as missões realizadas pela Unilab resultaram em ações específicas, entre as quais a proposta de desenvolvimento do Programa de mestrado interinstitucional em aquicultura, envolvendo o Instituto Nacional de Aquicultura, a Universidade Eduardo Mondlane, a Universidade Vale do Rio Zambeze e a FAO; a expansão da Educação Superior à Distância em Moçambique, através da implantação de polos da Universidade Aberta do Brasil, na qual a Unilab compõe o Comitê Gestor; e a proposta de curso de formação de gestores, de formadores e de metodologia de ensino e elaboração de material didático, através do Projeto Centro de Referência em Educação de Jovens e Adultos (EJA) e Cooperação Sul-Sul – ECOSS.

As missões a São Tomé e Príncipe ocorreram em 2009, ocasião em que o projeto da Unilab foi apresentado às instituições ligadas ao Ensino Superior, e em 2011 (em conjunto com outros órgãos do Ministério da Educação e das Relações Exteriores Brasileiro), com o intuito de diagnosticar, entre outras ações, a viabilidade de cooperação na criação da Universidade Pública de São Tomé e Príncipe. Esse projeto atualmente está sendo elaborado em conjunto com a Universidade Federal de Minas Gerais, que em missão realizada em setembro de 2013 iniciou a discussão e os trabalhos junto ao Ministério da Educação e demais instituições parceiras para a construção da futura universidade.

Visando sistematizar as ações de cooperação internacional citadas anteriormente, a Unilab desenvolveu o projeto de uma Rede de Instituições Públicas de Educação Superior – RIPES, que tem como objetivo a articulação entre instituições públicas de educação superior que, comprometidas com a formação de qualidade, vêm trabalhando intensamente em cooperação internacional com outras instituições semelhantes de diversos países. A princípio, este projeto será construído tendo como base cinco pilares ou áreas de atuação: Sistema de mobilidade; Educação a Distância; Estratégia de Comunicação; Estado de Arte da Educação Superior nos PALOP e Timor; e Estratégia de sustentabilidade da Rede.

O projeto foi submetido pela Unilab à CPLP na reunião dos Pontos Focais e conta com a parceria do Ministério da Educação, do Ministério das Relações Exteriores e das Instituições Públicas de Ensino Superior dos países parceiros.

Através da Rede se espera fortalecer especialmente os projetos institucionais relacionados com a mobilidade acadêmica que envolva estudantes, docentes e pessoal técnico administrativo. O projeto Ripes pretende planejar e implementar ações conjuntas que estruturem e organizem as atividades de cooperação acadêmica, a partir da criação de capacidades nos atores, gestores e técnicos responsáveis pela educação superior nos PALOP e Timor Leste.

Neste momento o projeto Ripes está em construção. Espera-se com o seu desenvolvimento possibilitar uma maior articulação entre a Unilab e as universidades públicas dos países parceiros, consolidando também ações de ensino, pesquisa e extensão, ampliando a pós-graduação e consolidando o processo de internacionalização. Espera-se, também, que esse projeto possibilite o intercâmbio entre docentes e pesquisadores brasileiros, africanos e timorenses, em especial aqueles que atuam na Unilab.

## Considerações finais

No atual momento a Unilab vive o processo de consolidação da sua missão de formação de jovens brasileiros, africanos e timorenses na graduação. Também consolida o seu quadro de profissionais por meio da realização de concursos públicos para a efetivação do corpo docente e de técnico-administrativos. Possui um corpo discente jovem, diverso e diversificado, que exige ações pedagógicas que correspondam a essa realidade. Isso implica a construção de uma política estudantil com vistas à permanência acadêmica bem sucedida desses estudantes. Realiza, cotidianamente, o desafio de fazer cumprir o tripé ensino, pesquisa e extensão, bem como de estruturar a educação a distância e efetivar a internacionalização. Além disso, a Unilab também começa, aos poucos, a dar passos mais ousados na constituição da pós-graduação *lato sensu*. Podemos citar a aprovação pela Capes, em setembro de 2013, do primeiro mestrado acadêmico em Sociobiodiversidade e Tecnologias Sustentáveis.

Atualmente a Unilab apresenta o quantitativo de 2.698 estudantes, distribuídos entre as duas modalidades de ensino, presencial e a distância. Com relação aos cursos de graduação presenciais, dos 1.547 estudantes, 1.171 são brasileiros, 32 angolanos, 50 cabo-verdianos, 181 guineenses, 12 moçambicanos, 29 são-tomenses e 72 timorenses, distribuídos em 7 cursos de graduação presencial: Administração Pública; Agronomia; Bacharelado em Humanidades – BHU; Ciências da Natureza e Matemática; Enfermagem; Engenharia de Energias; e Letras – Língua Portuguesa. Já na pós-graduação presencial *lato sensu*, tem-se um total de 93 estudantes. No que se refere à modalidade a distância, somam-se 481 estudantes de graduação e 577 estudantes de pós-graduação, *lato sensu*.[38]

Não há como negar que a consolidação da Unilab constitui um grande desafio no contexto da cooperação Sul-Sul entre o Brasil e os países da CPLP, em especial os africanos e Timor Leste. Esta

---

[38] Fonte: Diretoria de Registro e Controle Acadêmico – DRCA (fevereiro/2014).

jovem universidade enfrenta o desafio cotidiano do reconhecimento da diversidade e do trato ético e pedagógico dos sujeitos diversos, entendendo-os como produtores de conhecimento. Enfrenta, também, o desafio da construção interna de políticas afirmativas, uma vez que o seu próprio surgimento faz parte do contexto nacional de implementação dessas políticas pelo Estado brasileiro, a partir dos anos 2000, em atendimento às demandas dos movimentos sociais, particularmente, do movimento negro.

No contexto da cooperação internacional Sul-Sul, a Unilab tem caminhado na perspectiva de se tornar, no futuro, um centro de produção do conhecimento que realize um diálogo entre culturas, valores e projetos de sociedade. Para isso será necessário articular e ultrapassar o plano do local para o global, do regional para o nacional, do nacional para o internacional e de um só continente para o intercontinental. Trata-se de um projeto educacional, político e acadêmico que tem sido construído com muita seriedade pelos gestores, docentes, discentes, corpo técnico-administrativo e comunidade.

## Referências bibliográficas

Conferência Africana sobre Educação Superior (CAES, 2008). Promovida pela UNESCO, em Dacar, 2008;

Conferência Mundial de Educação Superior (CMES, 2009). Promovida pela UNESCO, em Paris, 2009.

Conferência Regional de Educação Superior na América Latina e no Caribe (CRES) (2008), Cartagena de Índias (Colômbia), 4 a 6 de junho de 2008.

Constitutive Act of the African Union. African Union. 2000. Disponível em: http://www.au.int/en/sites/default/files/ConstitutiveAct_EN.pdf. Acesso em 19 de setembro de 2013.

WCHE – World Declaration on Higher Education for the Twenty-First Century: Vision and Action and Framework for Priority Action for Change and Development in Higher Education. World Conference on Higher Education (WCHE): Higher Education in the Twenty-first Century, Vision and Action. Paris. 1998. Disponível em: http://unesdoc.unesco.org/images/0014/001419/141952e.pdf. Acesso em 10 de setembro de 2013.

### 1.4.3 O plano de relançamento da Universidade Agostinho Neto a nível nacional e a massificação do ensino superior em Angola

[*João Teta*[39]]

## Introdução

A Universidade Agostinho Neto (UAN) foi, até o ano de 2008, a única instituição pública (do Estado) de Ensino Superior em Angola. A sua atividade ao longo dos anos da sua existência esteve sustentada sobre a visão de instituir e consolidar uma Universidade com qualidade de ensino, investigação científica e extensão universitária de referência internacional.

Os universitários da UAN e os seus antecessores tiveram sempre a consciência de que fazer da nossa universidade uma instituição de Ensino Superior de referência pressupunha criar condições objetivas e subjetivas que garantissem rigorosos critérios de qualidade e a liberdade de criação científica, cultural, técnica e tecnológica, assentes no respeito da dignidade humana e da pluralidade de opiniões e de livre expressão.

Nesta abordagem pretendemos, de forma resumida, ilustrar o percurso histórico da UAN, desde 1962, momento da institucionalização do ensino universitário em Angola pela Administração Colonial Portuguesa, até 2009, ano do redimensionamento e reposicionamento da UAN a nível nacional, por força do Decreto nº 7/09 do Conselho de Ministros da República de Angola, de 25 de fevereiro, passando, a partir desta data, a "actuação da UAN a circunscrever-se apenas à chamada Região Académica I, que compreende as províncias de Luanda e Bengo" (RUAN – Reitoria da Universidade Agostinho Neto, 2008).

---

[39] Doutorado em Ciências Técnicas e Professor Titular da Universidade Agostinho Neto.

Pretendemos igualmente ilustrar o percurso da sua nobre missão de ensinar, investigar e massificar o acesso ao Ensino Superior numa Angola independente, em condições ditadas pelas adversidades da nossa história e das nossas convicções sobre o papel que deve desempenhar uma universidade para emancipação dos países e povos. Incidimos sobre o período de 2002/2008, que corresponde a grande parte de dois mandatos do Reitor (eleito em 2002 e reeleito em 2006), de 4 anos cada, cujos relatórios anuais foram aprovados pela Assembleia da UAN.

## Contexto do ensino superior em angola até 2009

A Universidade Agostinho Neto é produto de uma história e tradição académicas que datam dos anos 60 do século passado. O Ensino Superior em Angola foi criado em 1962 (Decreto-lei 44530, de 21 de agosto), com a institucionalização dos Estudos Gerais Universitários de Angola, integrados na Universidade Portuguesa.

O Decreto-lei 48790 (de 23 de dezembro de 1968) institui a Universidade de Luanda, herdeira dos Estudos Gerais Universitários de Angola, sendo, após a proclamação da independência de Angola, no ano de 1976 (portaria 77-A/76, de 28 de setembro), transformada em Universidade de Angola. O primeiro Reitor (Chanceler) da Universidade de Angola foi o primeiro Presidente da Angola independente, o Dr. António Agostinho Neto. A Universidade de Angola passou a chamar-se Universidade Agostinho Neto (UAN), em memória ao seu primeiro Reitor, a 24 de janeiro de 1985, por força da resolução 1/85 do Conselho de Defesa e Segurança da República Popular de Angola (DR 9- 1ª Série, 28/1/1985).

Os sucessivos Reitores (coordenadores de Comissões de Gestão) da Universidade Agostinho Neto, até 1997, foram nomeados por despachos do Governo. O exercício da prática democrática na

UAN teve início em 1997, com a instituição da Assembleia da Universidade e do Senado Universitário, que jogaram um papel importante na realização das primeiras eleições para Reitor, Diretores das Unidades Orgânicas e Chefes dos Departamentos de Ensino. A UAN voltou a ser gerida por uma comissão de gestão, de 1999 a 2001. Em 2001 foi restabelecido o princípio de renovação democrática de mandatos dos representantes da comunidade académica da UAN à Assembleia da Universidade e ao Senado Universitário, o que permitiu eleger a 9 de janeiro de 2002, para o quadriénio 2002-2006, um Reitor, reeleito em 17 de novembro de 2005 para o quadriénio 2006-2010.

De acordo com o Relatório da UAN de 2008, ainda como a única universidade pública (do Estado) a nível nacional, no ano letivo 2001/2002 esta tinha 12 Unidades Orgânicas (Faculdades e Institutos) dispersas por 6 das 18 províncias de Angola, ministrando 33 cursos. Estavam inscritos, naquele ano letivo, 12.000 estudantes, tendo frequentado as aulas apenas 9.129 estudantes. Do número total de estudantes inscritos, cerca de 80% estava a estudar em Luanda, a capital do país. O número de finalistas no referido ano letivo foi de 172 licenciados, dentre os quais 36 dos cursos ministrados fora de Luanda. Este esforço foi suportado por 829 docentes, incluindo 91 estrangeiros, e 40 monitores. Cerca de 30% do total de docentes trabalhava em Regime de Tempo Integral. Do número total de docentes, cerca de 35% tinha diferenciação académica, sendo cerca de 16% com doutoramento e 19% com mestrado. Nos anos que se seguiram à independência até 2001 não foi instituído nenhum curso de mestrado na UAN, registando-se dois doutorandos no país (Faculdade de Engenharia) e 23 no exterior do país.

Os resultados académicos obtidos na UAN até 2001, aparentemente modestos, tiveram lugar num contexto de restrições impostas pela guerra fratricida, com intensidade variável, que foi uma constante desde a independência, em 1975, até 2002.

## Por uma universidade moderna, unida e atuante

O estado da Universidade Agostinho Neto, num contexto global

- cujo mercado de trabalho exige uma qualificação cada vez mais especializada, ao mesmo tempo que a instabilidade do mercado de emprego exige qualificações com flexibilidade, para executar tarefas diversificadas;
- em que o conhecimento está na base da criação e sustentação da riqueza e bem-estar, o que se reflete quantitativa e qualitativamente nas alterações no mercado do trabalho;
- num país em guerra contínua há mais de 40 anos, onde a cultura da mesma impediu a perceção da latitude e da profundidade do ser humano na sociedade, relegando para segundo plano aspetos como a moral, a tolerância, a solidariedade, a ordem, a disciplina e o rigor, entre outros;
- coexistente com uma conjuntura interna que predizia, nos finais de 2001, a intenção, a determinação e a capacidade clara do Governo de resolver a questão do conflito armado, pressuposto para se investir num Ensino Superior pertinente e de qualidade;

impeliu o candidato a Reitor da UAN para o período 2002-2006 a propor um programa (J. S. Teta, Programa do Reitor 2002-2006, 2002) orientado a *repensar a nossa Universidade*, para que a formação na mesma representasse, mais que a entrega de uma qualificação formal específica, uma oportunidade para criação de *um grande espaço de cultivo da cultura da paz, de inovação, criatividade, descoberta, crítica, preparação e construção do futuro.*

Isto só seria possível numa universidade *moderna, unida e atuante*, onde os métodos modernos de planeamento, gestão e funcionamento aliados à auscultação e ao envolvimento da academia, como um todo, seriam a chave para o compromisso e responsabilidade pelas ações e consequentes resultados no *moldar e determinar (em parte) o saber ser, o saber estar e o saber fazer da sociedade.*

## Plano de relançamento da universidade agostinho neto a nível nacional

A Academia é sustentada pela sua cultura, que, duma maneira geral e sobretudo, é um conjunto de regras não escritas que são transmitidas de geração em geração, que se adaptam e transformam ao longo dos tempos, de acordo com a demanda e a pressão da sociedade sobre a mesma.

As transformações na Academia pressupõem um diálogo permanente e uma liderança conhecedora do funcionamento dos paradigmas da lógica da sua cultura. Assim, as transformações, resultantes de um programa de governação de uma universidade, só podem ser efetivas e eficientes, se este programa for assumido pelos académicos através de compromissos, no quadro dos órgãos democraticamente constituídos, e for aceite e apoiado pelo Governo (Estado).

A visão acima exposta serviu de base para as ações subsequentes. Assim, nos dias 6 e 7 de setembro de 2002, reuniu o Senado da Universidade Agostinho Neto em Cabinda, pela primeira vez fora da capital, Luanda. Neste Senado foram tomadas, entre outras, as seguintes decisões:

- transformação da UAN, de uma perspetiva meramente escolástica para uma perspetiva de investigação científica, tendo sido aprovada, pela primeira vez na sua história, a implementação de 15 cursos de mestrado;
- a expansão responsável e sustentável da UAN a nível nacional, pressuposto da massificação do Ensino Superior público e da fixação de quadros nas províncias do país.

Com base no programa eleitoral do Reitor e nas decisões do Senado, a Direção da Universidade, logo a seguir, elaborou uma proposta de Plano de Revitalização da UAN, que submeteu à consideração do Governo de Angola, através da tutela, o Ministério da Educação.

O Ministro da Educação, acompanhado do Reitor da UAN, apresentou, em audiência concedida por Sua Excelência o Presidente da República, Eng.º José Eduardo dos Santos, a proposta do Plano de Revitalização da UAN. O Presidente da República fez recomendações pertinentes sobre o assunto, orientando, igualmente, que o Ministro da Educação, o Ministro das Finanças, o Ministro do Planeamento e o Reitor da UAN trabalhassem no sentido de apresentarem, no mais curto espaço de tempo e com base no Plano de Revitalização, o Plano de Relançamento da Universidade Agostinho Neto a Nível Nacional. A equipa indicada preparou o referido plano, que foi submetido à Comissão Permanente do Conselho de Ministros, reunida a 13 de novembro de 2002, que o aprovou.

## Objetivos do plano

A massificação do Ensino Superior, sem perder de vista a sua qualidade, sustentada pela investigação científica a nível de todo território nacional, era, em 2002, uma das preocupações e um dos desafios que o Governo lançou à UAN. Assim, o Plano de Relançamento da Universidade Agostinho Neto a Nível Nacional tinha três objetivos fundamentais:

1. aumento do número de estudantes admitidos e do número de finalistas por ano;
2. melhoria da qualidade do ensino e da investigação
3. expansão da Universidade Agostinho Neto.

## Metas e ações

As metas e ações a realizar foram programáticas, tendo em conta os princípios de autonomia e de gestão participativa, que no nosso entender constitui a base para a maximização dos resultados pretendidos, no quadro da "academia". O outro pressuposto fundamental é a coerência e exequibilidade das metas e ações.

**1. Aumento do número de estudantes admitidos e do número de finalistas por ano.** Para o cumprimento do objetivo de aumento do número de estudantes e do número de finalistas por ano foram estabelecidas as seguintes metas e ações:

- aumentar e consolidar a capacidade instalada das Unidades Orgânicas da UAN (Faculdades, Institutos e Núcleos), atribuindo-se às mesmas dotações orçamentais que permitissem o seu desenvolvimento;
- instituir novas Unidades Orgânicas (Faculdades e Escolas Superiores);
- instituir novos cursos e cursos noturnos;
- incrementar o número de docentes;
- concluir as obras dos Novos Lares (residência para estudantes em Luanda);
- construir novos lares e cantinas e recuperar os existentes.

Tomou-se a decisão de descentralização da gestão financeira, dando-se maior autonomia financeira às unidades orgânicas existentes e a instituir.

A necessidade de formação de quadros intermédios (com nível de bacharelato), sobretudo para as áreas técnicas (engenharias), para além de aumentar o número de ingressos, era um imperativo para o desenvolvimento de cada uma das regiões de Angola. Assim, foram instituídas novas Unidades Orgânicas, com ênfase para as Escolas Superiores, a nível nacional.

A instituição de novos cursos e de cursos pós-laborais (noturnos), lá onde era possível, permitiria incrementar o número de estudantes. Os cursos pós-laborais permitiriam igualmente a otimização na utilização das instalações e do corpo docente existentes.

Os lares para estudantes facilitariam o enquadramento de estudantes das localidades distantes (províncias) das instituições de ensino e a mobilidade dos mesmos a nível nacional.

**2. *Melhoria da qualidade do ensino e da investigação*.** Para o cumprimento do objetivo de melhoria da qualidade do ensino e da investigação foram estabelecidas as seguintes metas e acções:

- apetrechar os laboratórios existentes e criar novos;
- instituir os seguintes mestrados aprovados pelo Senado Universitário: Ciências de Educação (Didática do Ensino Superior; Ensino da Língua Portuguesa; Literatura em Língua Portuguesa; Teoria e Desenvolvimento Curricular; Ensino das Ciências; Ensino da História); Ciências Sociais e Direito; Economia e Gestão; Ciências do Mar e das Zonas Costeiras; Física Aplicada (Eletrónica e Telecomunicações); Saúde (Educação Médica, Enfermagem); Matemática; Recursos Minerais e Ambiente; Engenharia do Ambiente.
- reformular os *curricula* dos cursos até à altura ministrados na UAN;
- construir, recuperar, apetrechar e informatizar as bibliotecas;
- informatizar os Arquivos e Serviços Académicos da UAN;
- criar uma Rede de Sistemas de Informação na UAN, a nível nacional;
- promover o crédito habitacional e/ou construir (adquirir) novas residências para docentes universitários.

A materialização eficiente e eficaz das metas aqui preconizadas e das consequentes ações impeliu-nos a sugerir a aprovação, pelo Senado e Assembleia da UAN, de instrumentos jurídicos (deliberações) consentâneos em conformidade.

A qualidade de Ensino Superior passa, entre outros, pelo nível pedagógico e científico do seu corpo docente (investigadores), pela qualidade e pertinência dos programas dos cursos e dos projetos de investigação, pela qualidade e quantidade de graduados, mestres e doutores formados por ano, pela relação docente/discente e pelo financiamento.

A pós-graduação é um vetor estratégico de desenvolvimento, reforçando, por um lado, a vertente profissionalizante, dirigida a gestores e licenciados através de cursos de atualização, formação contínua e de especialização e, por outro, a vertente mais científica, dirigida aos docentes universitários (mestrados e doutoramentos).

De forma a acelerar a saída de finalistas para o mercado, sem perder de vista a qualidade e a pertinência do seu perfil de formação, foram instituídas a formação bietápica para as licenciaturas, lá onde fosse possível, e as escolas superiores com o propósito único de formação de bacharéis. Numa primeira fase, as escolas superiores teriam um corpo docente constituído essencialmente por licenciados e mestres existentes (formados pelas Unidades Orgânicas da UAN ou formados no exterior do país), enquanto as Faculdades e Institutos seriam constituídos por um corpo docente baseado fundamentalmente em mestres e doutores, apoiados pela cooperação estrangeira. Todo o processo de aumento de qualidade de ensino pressupõe igualmente uma organização e gestão eficaz e eficiente da informação, sem perder de vista as condições de trabalho e de habitabilidade dos docentes e discentes.

**3. *Expansão da Universidade Agostinho Neto*.** Para o cumprimento do objetivo de *expansão da Universidade Agostinho Neto* foram estabelecidas as seguintes metas e ações:

- reabrir e apetrechar a Faculdade de Ciências Agrárias no Huambo;
- aprovar Critérios de Constituição de Centros Universitários e de Novas Unidades Orgânicas na UAN;
- criar Escolas Superiores de Ciência e Tecnologia, Escolas Superiores Pedagógicas e Centros de Investigação a Nível Nacional;
- criar a Faculdade de Letras e Ciências Sociais.

A primeira decisão significativa e impactante do Reitor da UAN, tomada em princípios de 2002, foi a transferência (reinstalação) da Faculdade de Ciências Agrárias para o (no) Centro Universitário (Província) do Huambo, de onde fora desalojada em 1992 na sequência do recrudescer do conflito armado pós-eleitoral. Esta decisão deveu-se, principalmente, ao facto de uma escola desta índole ser um vetor importante para erradicação da pobreza, num país potencialmente agrícola, com um espetro de fome preocupante. Por outro lado era um sinal claro para a determinação na tomada de decisões difíceis, impopulares mas indispensáveis.

Com a assinatura, a 4 de Abril de 2002, do Acordo de Paz e a consequente circulação de pessoas e bens, foram criadas condições para aceleração da expansão da rede escolar da Universidade Agostinho Neto a nível nacional, o que implicou a necessidade de reorganizar e sistematizar a sua implementação.

Conceitualmente, a expansão tinha que abranger todo o país, sendo prevista uma implementação gradual e sistemática dos cursos e/ou instituições (Faculdade, Instituto, Escola Superior) em cada uma das 18 províncias do país, tendo em conta os seguintes atributos principais:

- o número de cursos e/ou instituições já existentes a funcionar;
- o número de potenciais candidatos ao Ensino Superior;

- o número e a qualidade (mestres e doutores) de potenciais docentes existentes em cada uma das províncias;
- o número de salas de aulas, laboratórios e anfiteatros existentes, de acordo com os critérios de habitabilidade preestabelecidos;
- a garantia de existência de um orçamento de funcionamento para gestão corrente e para manutenção dos equipamentos e infra-estruturas, etc.

Assim, optou-se, por ordem crescente, por organizar a UAN em Núcleos, Unidades Orgânicas, Polos Universitários e Centros Universitários, tendo sido definidos estes conceitos da seguinte forma:

- CENTRO UNIVERSITÁRIO: Subordinado diretamente à Reitoria da UAN, era dirigido por um Vice-Reitor; englobava todas as Unidades Orgânicas de ensino e investigação de determinada região do país e era caracterizado pela sua autonomia pedagógica, científica, administrativa e financeira.
- PÓLO UNIVERSITÁRIO: Embrião de um futuro Centro Universitário, era subordinado a um existente e podia conter Unidades Orgânicas e Núcleos Universitários, estes últimos ainda não autónomos do ponto de vista pedagógico, científico, administrativo e financeiro.
- UNIDADE ORGÂNICA: Órgão da Universidade Agostinho Neto com autonomia pedagógica, científica, administrativa e financeira, dependia do Reitor nos Centros Universitários sem Vice-Reitores, e era organizada em Departamentos de Ensino e Investigação Científica (DEI), no caso de Faculdades e Institutos, e em Departamentos de Ensino (DE), no caso de Escolas Superiores.
- NÚCLEO UNIVERSITÁRIO: Embrião de uma Unidade Orgânica em fase de desenvolvimento, dependente desta do ponto de vista académico e administrativo.

Assim, os Centros Universitários e os respetivos Polos tinham a seguinte implantação geográfica (figura 1.38), de acordo com o mapa a seguir:

- *Centro Universitário de Luanda*: Englobava as províncias de Luanda e Bengo, com Polos Universitários na Lunda-Norte, Lunda-Sul e Núcleos Universitários no Bengo, Cabinda, Huambo e Huíla.
- *Centro Universitário de Cabinda*: Englobava as províncias de Cabinda e Zaire, com um Polo Universitário no Zaire com um Núcleo Universitário.
- *Centro Universitário do Uíge*: Englobava as províncias do Uíge, Kwanza-Norte e Malange, com um Polo Universitário no Kwanza-Norte.
- *Centro Universitário do Huambo*: Englobava as províncias do Huambo e Bié, com um Núcleo Universitário no Bié.

Figura 1.38 Política de expansão geográfica da Universidade Agostinho Neto. DDIC-UAN

- *Centro Universitário de Benguela*: Englobava as províncias de Benguela e Kwanza-Sul, com um Polo Universitário no Kwanza-Sul.
- *Centro Universitário da Huíla:* Englobava as províncias do Namibe, Huíla, Cunene e Kuando Kubango, com um Polo Universitário no Namibe.
- *Centro Universitário do Leste*: A ser constituído.

Foram instituídas Escolas Superiores de Ciência e Tecnologia no Centro Universitário do Uíge, no Centro Universitário do Huambo e nos Polos Universitários do Namibe e Lunda-Sul. Nos Polos Universitários da Lunda-Norte e do Kwanza-Norte foram criadas Escolas Superiores Pedagógicas.

A instituição de Escolas Superiores de Ciência e Tecnologia teve como fundamento as especificidades socioeconómicas de cada uma das regiões do nosso país. Para o efeito servimo-nos das experiências de países como a China, a África do Sul, a Alemanha e a França, para apenas citar alguns, cuja mão-de-obra técnica (altamente) qualificada se deveu à formação técnica superior de curta duração. Estes quadros são o garante, entre outros, para interpretação, acompanhamento e implementação de técnicas e tecnologias na fronteira do conhecimento, cada vez mais comuns e em franco crescimento.

As Escolas Superiores Pedagógicas foram criadas para formação de docentes para o subsistema de ensino a montante nas áreas de ciências básicas (matemática, física, química e biologia) e ensino especial. A escolha das regiões para a sua implementação também obedeceu a critérios predefinidos, como sejam a necessidade de aumento do número de candidatos ao Ensino Superior técnico, de fixação de quadros, de elevação do nível académico dos docentes, em função do ensino primário e secundário.

A criação da Faculdade de Letras e Ciências Sociais nasce da necessidade de se dar uma resposta construtiva às necessidades ontológicas, antropológicas, psicológicas, sociológicas, éticas e outras da dimensão humana da sociedade angolana, com a formação sistemática em foro próprio de linguistas, literatos, historiadores, sociólogos, filósofos, psicólogos, antropólogos, jornalistas, etc., "capazes de investigar e debater criticamente a *anima angolensis*, que foi, é e continuará a ser a expressão cultural e material do povo angolano e da sua criatividade" (J. S. Teta, Discurso de Abertura da Faculdade de Letras e Ciências Sociais, 25 de novembro de 2003).

## Resultados alcançados: no domínio do aumento do número de estudantes e do número de finalistas por ano

Foi descentralizado o Orçamento Geral do Estado a nível de toda a UAN, tornando todas as Unidades Orgânicas da UAN Unidades Orçamentadas, *i.e.,* com autonomia financeira. Isto permitiu o incremento do orçamento por cada curso e estudante da UAN, o que teve impacto no aumento do número de estudantes e finalistas por ano. O número de Unidades Orgânicas aumentou de 13, em 2001/2002, para 20, em 2008 e de 33 cursos para 71 cursos, respetivamente (*v.* relatório da Universidade Agostinho Neto – UAN, 2008). Houve um incremento do número de docentes, de 829 em 2001/2002 para 1571 no ano letivo de 2008.

Foram igualmente concluídas todas as obras previstas, o que permitiu mobilidade e consequente alojamento dos docentes e discentes a nível nacional. Como se pode constatar da tabela 1.36, (*v.* UAN, 2008), as metas preconizadas e ações empreendidas para o aumento do número de admitidos e finalistas por ano (massificação do Ensino Superior) a nível nacional deram os seus frutos.

| Ano académico | 2001/02 | 2002/03 | 2003/04 | 2004/05 | 2005/06 | 2006 | 2007 | 2008 | Taxa de Crescimento entre início de atividade e 2008 |
|---|---|---|---|---|---|---|---|---|---|
| Matriculados pela 1ª vez | 2.182 | 4.341 | 5.160 | 7.675 | 8.607 | 8.722 | 8.451 | 9.575 | 333,82 |
| Ano académico | 2001/02 | 2002/03 | 2003/04 | 2004/05 | 2005/06 | 2006 | 2007 | 2008 | |
| Estudantes em Bacharelato | 0 | 0 | 0 | 660 | 1.855 | 2.779 | 3.634 | 4.064 | 515,76 |
| Estudantes em Licenciatura | 9.129 | 12.554 | 17.866 | 24.189 | 30.664 | 37.078 | 42.920 | 42.774 | 368,55 |
| Total de Estudantes em Graduação | 9.129 | 12.554 | 17.866 | 24.849 | 32.519 | 39.857 | 46.554 | 46.838 | 413,07 |
| Ano académico | 2001/02 | 2002/03 | 2003/04 | 2004/05 | 2005/06 | 2006 | 2007 | 2008 | |
| Bacharéis formados | 0 | 0 | 0 | 0 | 0 | 214 | 441 | 503 | 135,05 |
| Licenciados formados | 172 | 304 | 332 | 937 | 1.384 | 1.538 | 1.788 | 3.705 | 2.054,07 |
| Total Graduados | 172 | 304 | 332 | 937 | 1.384 | 1.752 | 2.229 | 4.208 | 2.346,51 |

Tabela 1.36. Evolução do número de estudantes e finalistas de graduação

## Resultados alcançados: no domínio da qualidade do ensino, da investigação científica e da expansão da UAN a nível nacional

A expansão da Universidade, no período 2002 a 2008, a nível nacional esteve intrinsecamente ligada à massificação do Ensino Superior e ao aumento da qualidade de ensino e da investigação científica. A tabela 1.37 (UAN, 2008) é o exemplo claro da massificação do Ensino Superior a nível nacional em termos de distribuição do número de estudantes de graduação por Província e Centro Universitário no ano letivo 2008. Constata-se que o número de estudantes da UAN fora de Luanda, naquele ano, já era superior a 50%.

| CENTROS UNIVERSITÁRIOS | BENGUELA | | CABINDA | HUAMBO | | HUILA | | LUANDA | | | UIGE | |
|---|---|---|---|---|---|---|---|---|---|---|---|---|
| Províncias das Unidades Orgânicas | Benguela | Kwanza Sul | Cabinda | Huambo | Bié | Huíla | Namibe | Luanda norte | Luanda sul | Luanda | Uíge | Kwanza forte |
| Número de Estudantes de Graduação por Província das U.O. | 3.057 | 1.945 | 2.546 | 4.013 | 560 | 6.905 | 955 | 660 | 548 | 21.968 | 3.005 | 676 |
| Nº de Estudantes de Graduação por C.U. | 5.002 | | 5.546 | 4.573 | | 7.860 | | | | 23.176 | 3.681 | |
| % face ao Total UAN | 6,5 | 4,2 | 5,4 | 8,6 | 1,2 | 14,7 | 2,0 | 1,4 | 1,2 | 46,9 | 6,4 | 1,4 |
| Total UAN | | | | | | | | | | 46.838 | | |

Tabela 1.37 Distribuição do número de estudantes de graduação por província e CU em 2008. Resumo de Balanço das Actividades da UAN 2002 a 2008

Foram adquiridos novos equipamentos de laboratórios e bibliografia, recuperados, construídos e apetrechados laboratórios e bibliotecas, sobretudo nas novas Unidades Orgânicas. Foram criadas as bases para o processamento automático (informatização) dos dados académicos a nível nacional, de acordo com a RUAN (2008). Foram criadas mais duas unidades (centros) de investigação para além das quatro já existentes: O Centro de Estudos Avançados em Educação e Formação Médica (CEDUMED) e o Centro de Botânica (Herbário).

Foram igualmente criados regulamentos e disposições estatutárias que permitiram regrar a pós-graduação, a avaliação de desempenho dos docentes e a ascensão na carreira docente na UAN. Como resultado da reforma, alguns cursos de licenciatura da UAN, na Faculdade de Economia, na Faculdade de Letras e Ciências Sociais e no Instituto Superior de Enfermagem passaram a ser ministrados durante quatro anos ao invés de cinco. Estas condições, entre outras, permitiram a implementação dos mestrados e os consequentes resultados, como ilustra a tabela 1.38 (UAN, 2008).

| ANOS ACADÉMICOS / PÓS-GRADUAÇÃO | | Mestrado (M) | Doutoramento (D) | Especialização (E) | Total Geral |
|---|---|---|---|---|---|
| 2001/02 | No país | 0 | 2 | 0 | 2 |
| | No exterior | 23 | 23 | 0 | 46 |
| | Total | 23 | 25 | 0 | 48 |
| 2002/03 | No país | 49 | 3 | 26 | 78 |
| | No exterior | 30 | 32 | 6 | 68 |
| | Total | 79 | 35 | 32 | 146 |
| 2003/04 | No país | 311 | 3 | 19 | 333 |
| | No exterior | 70 | 60 | 13 | 143 |
| | Total | 381 | 63 | 32 | 476 |
| 2004/5 | No país | 288 | 3 | 18 | 309 |
| | No exterior | 133 | 167 | 4 | 304 |
| | Total | 421 | 170 | 22 | 613 |
| 2005/06 | No país | 523 | 3 | 73 | 599 |
| | No exterior | 33 | 43 | 1 | 77 |
| | Total | 556 | 46 | 74 | 676 |
| 2006 | No país | 475 | 3 | 61 | 539 |
| | No exterior | 27 | 61 | 3 | 91 |
| | Total | 502 | 64 | 64 | 630 |
| 2007 | No país | 468 | 3 | 129 | 600 |
| | No exterior | 129 | 155 | 7 | 291 |
| | Total | 597 | 158 | 136 | 891 |
| 2008 | No país | 434 | 3 | 0 | 437 |
| | No exterior | 132 | 179 | 8 | 319 |
| | Total | 566 | 182 | 8 | 756 |

Tabela 1.38 Estudantes em pós-graduação em Angola e no exterior do país

De acordo com a RUAN (2008), desde 2003 até ao fim do ano académico de 2008 (março 2009), nos 15 cursos de mestrado ministrados na UAN, inscreveram-se 838 candidatos e matricularam-se 712 estudantes (alguns docentes com licenciatura), dos quais 434 estudantes de mestrado se encontravam registados na UAN no período entre março de 2008 e março de 2009; 475 mestrandos tinham a parte curricular concluída, dos quais 155 já tinham defendido as suas dissertações nas mais diversas especialidades (nomeadamente

46 em 2006, 34 em 2007 e 75 em 2008). Assim estavam criadas as condições para o incremento dos níveis de produção científica na UAN e no país, tendo em conta que muitos dos temas previstos ou desenvolvidos serviram para trabalhos de investigação mais aprofundados (doutoramento).

Houve um aumento do número de docentes diferenciados. No ano académico de 2008, do número total de docentes (1571), 269 (17%) eram doutores e 519 (33%) mestres. É de referir que, do número total de docentes, 172 (11%) eram estrangeiros, entre doutores, mestres e licenciados. O número crescente de docentes com diferenciação académica deveu-se à implementação dos mestrados aprovados pelo Senado Universitário, ao plano de formação pós--graduada no exterior do país e à política de cooperação, o que influiu na qualidade de ensino ministrado. Assim, registamos os dados ilustrados na tabela 1.38.

**Finalmente**

Os resultados obtidos em termos de massificação do Ensino Superior deveram-se, entre outros fatores, à introdução da agregação pedagógica, obrigatória para todos os docentes nacionais, para além do aumento do número de docentes diferenciados (com mestrado e doutoramento) a nível nacional, com ênfase para os Centros Universitários fora de Luanda (*v*. figura 1.39), o que contribui para a melhoria significativa da qualidade de ensino.

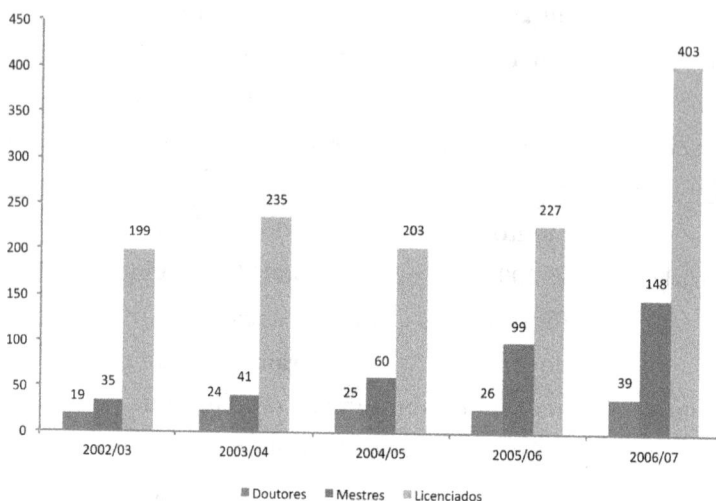

Figura 1.39 Evolução do Corpo Docente Nacional, diferenciados e não diferenciados, nos C.U. desde 2002/03 a 2006/07. Relatório de Balanço da UAN dos anos letivos 2002/2003 a 2006/2007

O financiamento teve impacto em toda a atividade académica da UAN, como se pode verificar na figura 1.40, comparado com todos os resultados académicos obtidos ao longo dos oito anos letivos entre 2001/2002 e 2008.

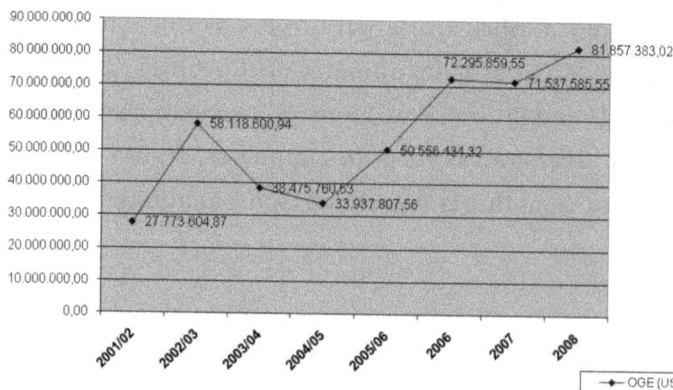

Figura 1.40 Evolução do Orçamento (do Estado) da UAN Equivalente em USD. Relatório Anual 2008 – UAN

# Conclusões e recomendações

O desenvolvimento do Ensino Superior em Angola no período em análise, de 2002 a 2008, deveu-se sobretudo à paz, condição *sine qua non* para o desenvolvimento harmonioso de toda a atividade humana.

A aposta do Governo de Angola, em termos tanto financeiros como de liberdade académica (com altos e baixos), e a confiança na direção da UAN foram a pedra angular para os resultados obtidos.

A implementação, consolidação e desenvolvimento de uma instituição de Ensino Superior dependem fundamentalmente da capacidade de liderança e gestão dos seus dirigentes, que redundem em programas e projetos com metas e ações possibilitados, antes de mais, pela criação de um ambiente de gestão comparticipada e de corresponsabilidade da base ao topo (Bennis, 1999).

A credibilidade de uma instituição de Ensino Superior e a qualidade de ensino nela ministrada dependem fundamentalmente das competências e das atitudes do seu corpo docente.

A universidade, hoje, precisa ter e formar líderes com visão universal (líderes universais); aqueles que são capazes de se automobilizar e mobilizar os demais para aceitação, democraticamente, dos compromissos universalmente assumidos, sendo hábeis a convencer para as mudanças necessárias que conduzam ao desenvolvimento social, económico, técnico e científico da sua era (Teta, 2010).

A formação técnica de curta duração (2 a 3 anos) e de nível superior é uma necessidade incontornável, sobretudo para os países em via de desenvolvimento, para a formação de mão-de-obra qualificada à altura do desenvolvimento técnico e tecnológico galopante da nossa era.

## Referências bibliográficas

Bennis, W. G. (1999). The end of leadership: Exemplary leadership is impossible without full inclusion, initiatives, and cooperation of followers. *Organizational Dynamics,* 28(1), 71-79.

Reitoria da Universidade Agostinho Neto (2008). *Resumo do Balanço das Actividades da UAN de 2002 a 2008.* Luanda: GEPE UAN.

Teta, J. S. (2010). VALUES AND PRINCIPLES: Values and Principles that should be the Basis for New Leaders. Angolan Journal of Science *-Ang J Sci* 1(1/2), 69-80.

Universidade Agostinho Neto (2008). *Relatório Anual 2008.* Luanda: EDUAN – Editora da Universidade Agostinho Neto.

## 1.4.4 O papel do Programa Ciência sem Fronteiras no Processo de Internacionalização da educação superior no Brasil

[*Ligia Pavan Baptista*[29]]

## Definição e objetivos

Resultado do processo de globalização que caracterizou o cenário internacional contemporâneo, sobretudo nas áreas econômica e política, a partir da década de 1990, a internacionalização da educação superior em âmbito global assume uma importância crescente como instrumento estratégico para a promoção do desenvolvimento sustentável científico, tecnológico, social e humano. A globalização exigiu uma redefinição da missão das universidades, que, em face de novos desafios, devem assumir novas responsabilidades e buscar soluções para os temas da agenda global, tais como o desenvolvimento sustentável, direitos humanos, combate à corrupção, redução da pobreza, do analfabetismo, das desigualdades, da mortalidade infantil e materna, dentre outros. Nesse processo, o papel da cooperação científica internacional, no âmbito da educação superior, é indiscutível.

A promoção da internacionalização da educação superior, ainda em fase inicial no Brasil, ganhou um impulso significativo, reconhecido em âmbito internacional, a partir do lançamento do Programa Ciência sem Fronteiras (CsF), em 26 de julho de 2011, pela presidente Dilma Rousseff, no Palácio do Planalto, com a presença de representantes de todo corpo diplomático de Brasília. Tornando-se uma das prioridades do atual governo brasileiro na área da educação, o ambicioso programa de intercâmbio e mobilidade internacional, sem precedentes na história do país, se consideradas suas dimensões e cifras, está sendo desenvolvido por meio da parceria entre a Coordenação de Aperfeiçoamento de Pessoal de Nível Superior (CAPES), órgão vinculado ao Ministério da Educação (MEC), pelas Secretarias de Ensino Superior (SESU) e de Educação Profissional e Tecnológica (SETEC) do mesmo ministério, pelo Conselho Nacional de Desenvolvimento Científico e Tecnológico (CNPq), órgão vinculado ao Ministério da Ciência, Tecnologia e Inovação (MCTI), empresas públicas e privadas, com o apoio do Departamento de Educação do Ministério das Relações Exteriores (MRE).

O objetivo geral do CsF é promover a consolidação, expansão e internacionalização da ciência e tecnologia, da inovação e da competitividade brasileiras, por meio do intercâmbio e da mobilidade internacional. Seus objetivos específicos são: investir na formação de pessoal altamente qualificado nas competências e habilidades necessárias para o avanço da sociedade do conhecimento; aumentar a presença de pesquisadores e estudantes de vários níveis em instituições de excelência no exterior; promover a inserção internacional das instituições brasileiras pela abertura de oportunidades semelhantes para cientistas e estudantes estrangeiros; ampliar o conhecimento inovador de pessoal das indústrias tecnológicas; atrair jovens talentos científicos e investigadores altamente qualificados para trabalhar no Brasil[40].

---

[40] Programa Ciência sem Fronteiras: http://www.cienciasemfronteiras.gov.br/web/csf

Para realização de cursos nos países parceiros com a duração de no mínimo 12 meses, o Programa CsF tinha, como previsão inicial, a meta de oferecer 75.000 bolsas de estudos para um público-alvo exclusivo de estudantes de graduação de instituições de Ensino Superior brasileiras, em dezoito áreas específicas, consideradas estratégicas para o país. Por meio da bem sucedida parceria com as empresas públicas e privadas FEBRABAN, CNI, BG Group, Boeing, Eletrobras, Funttel, Hyundai, Natura, Petrobras, Posco e Vale, passou a oferecer 101 mil bolsas de estudos, totalizando o valor de R$ 5 bilhões, para serem utilizados em um período de 4 anos de 2011 a 2015[41].

Para atingir tal meta, o CsF passou a incorporar todas as bolsas de pós-graduação disponibilizadas pela CAPES e pelo CNPq no exterior, oferecendo dez modalidades de bolsas de estudo distintas, destinadas a estudantes e pesquisadores brasileiros e estrangeiros, sendo as modalidades graduação, tecnólogo, desenvolvimento tecnológico, doutorado sanduiche, doutorado pleno, pós-doutorado e mestrado profissional, bolsas no exterior e atração de cientistas para o Brasil, pesquisador visitante especial e bolsa jovens talentos, as modalidades de bolsas no país[42].

---

[41] Áreas definidas pelo programa CsF são: Engenharias e demais áreas tecnológicas; Ciências Exatas e da Terra; Biologia, Ciências Biomédicas e da Saúde; Computação e Tecnologias da Informação; Tecnologia Aeroespacial; Fármacos; Produção Agrícola Sustentável; Petróleo, Gás e Carvão Mineral; Energias Renováveis; Tecnologia Mineral; Biotecnologia; Nanotecnologia e Novos Materiais; Tecnologias de Prevenção e Mitigação de Desastres Naturais; Biodiversidade e Bioprospecção; Ciências do Mar; Indústria Criativa (voltada a produtos e processos para desenvolvimento tecnológico e inovação; Novas Tecnologias de Engenharia Construtiva; Formação de Tecnólogos. Países parceiros: Alemanha, Austrália, Áustria, Bélgica, Canadá, China, Cingapura, Coréia do Sul, Dinamarca, Estados Unidos, Espanha, Finlândia, França, Holanda, Hungria, Índia, Irlanda, Itália, Japão, Noruega, Nova Zelândia, Portugal, Reino Unido, República Checa, Rússia, Suécia e Ucrânia.

[42] A modalidade mestrado profissional, com duração de dois anos e formação específica voltada para o mercado de trabalho, nas destacadas universidades dos Estados Unidos, Harvard, Columbia, MIT, Illinois, Stanford, Carnegie Mellon e Yale, foi lançada em dezembro de 2013.

O processo seletivo é realizado pela universidade de origem dos candidatos, dentre as 566 instituições de Ensino Superior brasileiras previamente cadastradas no programa, e, no último estágio, pelas agências de fomento à pesquisa CAPES e CNPq. Na modalidade graduação, a mais procurada e com o maior número de bolsas disponíveis, é exigida a nota mínima de 600 pontos no Exame Nacional do Ensino Médio (ENEM), proficiência comprovada no idioma do país selecionado ou do curso e bom desempenho acadêmico.

## Resultados e recomendações

Os resultados alcançados até o momento, os desafios, os problemas que devem ser superados e as propostas para o aprimoramento do Programa CsF, foram discutidos por especialistas em diversos eventos científicos, realizados no Brasil em 2013 com o objetivo de debater a promoção da internacionalização da educação superior no país. Dentre esses eventos destacamos:

1. 7º Encontro Preparatório para o Fórum Mundial de Ciência (FMC) 2013, realizado na Universidade de Brasília nos dias 21 e 22 de agosto com o tema "Ciência para o Desenvolvimento Global e Ciência para o Ambiente e a Justiça Social";
2. Mesa-redonda "Internacionalização da Universidade", realizada na sede do Conselho Nacional de Desenvolvimento Científico e Tecnológico (CNPq), em Brasília, em 19 de setembro;
3. V Seminário Internacional e VI Assembleia Geral do Grupo Coimbra de Universidades Brasileiras, realizado de 1 a 4 de outubro em Natal, Rio Grande do Norte, em parceria com a Universidade Federal do Rio Grande do Norte, com o tema geral "Internacionalização e Qualidade da Educação Superior";

4. Seminário "Impacto e Tendências da Internacionalização da Educação Superior" promovido pelo British Council em parceria com a Universidade Estadual Paulista Júlio de Mesquita Filho (UNESP) e realizado em São Paulo-Capital em 29 de outubro;

5. 6º Fórum Mundial de Ciências (FMC), realizado no Rio de Janeiro de 24 a 27 de novembro;

6. 3ª Conferência do Fórum da Gestão de Ensino Superior nos Países e Regiões de Língua Portuguesa – FORGES, realizada em parceria com a Universidade Federal de Pernambuco, em Recife, de 4 a 6 de dezembro.

Dentre as recomendações apresentadas pelos especialistas estão: a criação de mecanismos de reconhecimento de créditos/graus obtidos no exterior; a possibilidade de inclusão das ciências sociais e humanas no programa; a criação de mecanismos de avaliação dos resultados obtidos e das dificuldades a serem superadas; a necessidade de institucionalizar a internacionalização nas instituições de educação superior, por meio da criação de pró-reitorias com orçamento próprio e o desenvolvimento de políticas para atrair pesquisadores estrangeiros para o país[43].

A falta de proficiência em línguas estrangeiras, sobretudo da língua inglesa, por parte dos estudantes de graduação e pós-graduação de instituições de Ensino Superior brasileiras, foi o maior problema detectado pelos coordenadores do Programa CsF nos primeiros editais lançados e a razão pela qual o número de candidaturas ficou muito abaixo das expectativas. Com o objetivo de incentivar o aprendizado

---

[43] A consultoria realizada pela UNESCO para o Ministério da Educação (MEC) e Conselho Nacional de Educação (CNE) em abril de 2013 estabelece igualmente recomendações importantes para o aprimoramento do Programa CsF e para a questão da revalidação dos créditos e diplomas obtidos no exterior. http://portal.mec.gov.br/index.php?option=com_content&view=article&id=19042&Itemid=1228

do idioma inglês dos estudantes de instituições de Ensino Superior brasileiras, visando propiciar uma mudança abrangente e estruturante no ensino de idiomas estrangeiros no país e atender às demandas do Programa Ciência sem Fronteiras e outros programas governamentais de intercâmbio, o programa Inglês sem Fronteiras (IsF), uma iniciativa da SESU/MEC em parceria com a CAPES, foi criado pela portaria n° 1.466 do Ministério da Educação em 18.12.2012. Como uma medida paliativa, para tentar resolver um problema imediato, o IsF iniciou suas atividades em maio de 2013, oferecendo, desde janeiro de 2014, 14.760 vagas em cursos presenciais gratuitos de inglês para estudantes do Ensino Superior das 43 universidades parceiras.

De acordo com dados estatísticos do Painel de Controle do Programa CsF, com informações fornecidas pela CAPES e pelo CNPq, até dezembro de 2013 foram implementadas 44.094 bolsas de estudos, sendo 35.299 delas na modalidade graduação sanduíche, sobretudo nas áreas de engenharia e demais áreas tecnológicas. A Universidade de São Paulo, com um total de 3.043 bolsas implementadas, é a instituição brasileira com maior participação de estudantes e pesquisadores no programa CsF, sendo os Estados Unidos, com 9.926 bolsas implementadas, no mesmo período, o país de maior procura pelos candidatos[44].

Além dos evidentes benefícios para o Brasil, o Programa CsF traz, igualmente, benefícios para as universidades e institutos de pesquisa que estão recebendo estudantes e pesquisadores brasileiros. Sendo a parcela de estudantes internacionais que compõe o corpo discente um dos itens na avaliação das universidades considerado nos principais *rankings*, tais como o THE – Times Higher

---

[44] As estatísticas e tabelas disponibilizadas publicamente no portal do Programa Ciência sem Fronteiras não fornecem dados atualizados e a Universidade de São Paulo, consultada, não forneceu informações precisas.
Painel de Controle do Programa: CsF: http://www.cienciasemfronteiras.gov.br/web/csf/painel-de-controle

Education – e o QS World University Rankings, o Programa CsF tem importância significativa para a avaliação das universidades de destino selecionadas pelos candidatos elegíveis. Além do benefício na avaliação das universidades de destino dos candidatos, o CsF proporciona para as mesmas um benefício financeiro que, em muitos casos, pode representar uma parcela significativa de recursos. Com o objetivo de atrair estudantes brasileiros pelo Programa CsF, diversos países estão se mobilizando por meio de organizações como a UUK – Universities United Kingdom, que inclui 150 Universidades no Reino Unido, ou o grupo de quatro universidades canadenses CALDO, que criou cargos específicos para representantes do Programa CsF e tem promovido eventos em diversas cidades brasileiras.

## Conclusão

Considerando o desenvolvimento um direito humano e a internacionalização da educação superior um instrumento estratégico para o desenvolvimento científico, tecnológico, econômico, social e humano em bases sustentáveis das nações, a Conferência Mundial da UNESCO de 1998, ressaltando o vínculo entre cooperação científica internacional e desenvolvimento, definiu a educação superior como um bem público, acessível a todos, com base no mérito, estabelecendo dentre os princípios para a Universidade do Século XXI:

1. ser uma comunidade comprometida com a produção e a difusão do conhecimento e do avanço científico, tecnológico e cultural;
2. aprimorar um ensino qualificado e responsável, irradiado nos espaços de construção da cidadania e a serviço do desenvolvimento social;
3. constituir-se em uma comunidade em que questões sejam apresentadas e debatidas, permitindo propostas e soluções

importantes para o desenvolvimento regional, nacional e internacional;

4. ser um referencial para que as instituições públicas e privadas possam adquirir informações científicas e tecnológicas para as tomadas de decisões.

Como uma consequência da globalização, a internacionalização da educação superior, que engloba não somente programas de intercâmbio e mobilidade, mas igualmente oferta de cursos e publicações científicas em inglês e outras línguas estrangeiras, políticas de incentivo à atração de estudantes e pesquisadores estrangeiros para a formação de corpo docente e discente internacional, passou a ser tratada como uma questão de Estado[45].

A diversidade internacional é um dos critérios nos *rankings* nacionais e internacionais, que avaliam as universidades e instituições de Ensino Superior no Brasil e no mundo, tais como, o Ranking Universitário da Folha (RUF) e o Times Higher Education (THE). No primeiro, a nova Universidade Federal do ABC, em São Paulo, aparece como a mais internacionalizada do país.

Na edição de outubro de 2013 do *THE*, o critério da internacionalização foi apontado como responsável pela queda de posição das poucas universidades brasileiras consideradas de padrão internacional, tais como, a Universidade de São Paulo – USP e a Universidade Estadual de Campinas – UNICAMP[46].

---

[45] Em sua visita oficial ao Brasil, em dezembro de 2013, o presidente da França, atualmente o quarto país mais procurado pelos bolsistas do Programa CsF, François Hollande, incluiu o tema da cooperação científica internacional em sua agenda.

[46] A pesquisa que elabora o *ranking* THE é baseada em 13 indicadores divididos em cinco categorias: ensino (30%); pesquisa (30%); citações (32,5%); parcerias com indústrias (2,5%) e diversidade internacional (5%). A USP, que ocupava o 158º lugar em 2012, perdeu sua classificação em 2013 dentre as 200 melhores universidades classificadas no *ranking,* considerado um dos melhores do mundo. Para promover a internacionalização, a prestigiada instituição paulista, considerada a melhor universidade do Brasil e da América Latina, está

Apesar das falhas no planejamento inicial, das diversas medidas consideradas equivocadas, da falta de transparência nos dados oficialmente apresentados, conforme ordena a lei de livre acesso à informação, do descompasso com o princípio internacionalmente reconhecido da interdisciplinaridade pela exclusão de áreas do conhecimento, e do considerável atraso no processo de internacionalização da educação superior no país, o governo brasileiro, com a implantação do Programa CsF, se mostra consciente que deve fazer todos os esforços nesse sentido, sem os quais a participação e a competitividade do país, em um mundo cada vez mais globalizado, ficariam seriamente comprometidas. Ainda é de se ressaltar que tal objetivo depende, necessariamente, da melhoria do ensino básico e fundamental, ainda muito deficiente no Brasil, que hoje sofre as consequências do descaso de sucessivos Governos por não terem considerado a educação como uma questão de Estado. Os prejuízos de tal descaso se tornaram evidentes pelo Programa CsF, que demonstrou que há um maior número de bolsas de estudos disponíveis do que jovens brasileiros qualificados para usufruí-las, sendo este mais um de seus méritos.

Nesse sentido, é grande a expectativa da comunidade científica brasileira com a lei nº 12.852 de 09.09.2013, que destina 75% dos *royalties* do petróleo para a educação pública, além de parcela considerável do fundo social do pré-sal. Com tais recursos, o Governo Federal pretende aumentar o investimento em educação pública, sobretudo em educação básica, dos atuais 6.1%, para 10% do PIB até 2020, o que, segundo dados da OCDE, representaria um recorde em termos mundiais.

---

investindo no Programa USP Internacional, com sede em São Paulo e escritórios em Boston, Londres e Cingapura. A UNICAMP, que em 2012 estava na faixa das 251/275 melhores universidades avaliadas, passou, na edição 2013 do THE, para a faixa das 301/350.

# Referências bibliográficas

*Jornal da Ciência*, n°. 749, 8 de novembro de 2013, Sociedade Brasileira para o Progresso da Ciência, Rio de Janeiro.

Jurgenfeld, V., "Fronteiras da Ciência", em *Valor*, 28, 29, 39 de julho, 2013, São Paulo.

Lopes, Maurício Antônio, "Ciência sem Fronteiras, inovações sem limites", em *Jornal da Ciência*, n.750, 22 de novembro de 2013, Sociedade Brasileira para o Progresso da Ciência, Rio de Janeiro. http://www.jornaldaciencia.org.br/impresso/JC750.pdf

Presidência da República, Ministério da Educação, Conselho Nacional de Educação, Documento Técnico contendo estudo teórico-metodológico sobre o processo de revalidação de títulos obtidos por meio do Programa Ciência sem Fronteiras, assim como, proposta de atualização do marco legal do Programa, de forma a contemplar as relações de cooperação acadêmica, revalidação de estudo e acreditação mútua de cursos e instituições no âmbito do MERCOSUL e Países parceiros.

Presidência da República, Ministério da Educação, Conselho Nacional de Educação, Documento Técnico contendo estudo analítico, teórico e metodológico sobre o impacto e a organização do Programa Ciência sem Fronteiras nas políticas públicas da Educação Superior Ref. BOC 914BRZ1136 – MEC 2012 / 2013 – abril de 2013 – Consultor Prof. Dr. Francisco José Batista de Albuquerque.

Programa Ciência sem Fronteiras: http://www.cienciasemfronteiras.gov.br/web/csf

Ref. BOC 914BRZ1136 – MEC 2012 / 2013 / maio de 2013 Consultor Prof. Dr. Francisco José Batista de Albuquerque.

Weinberg, M. e Butti, N. (2012) O mundo é nosso, *Revista Veja*, Editora Abril, edição 2.294, ano 45, 7 de novembro, São Paulo.

## 1.4.5 Autonomia e governança no Ensino Superior em Cabo Verde

[Arnaldo Brito[47]]

## Nota introdutória

A abordagem da autonomia e governança do Ensino Superior em Cabo Verde remete-nos para um breve enquadramento do proces-so histórico-evolutivo da educação e do Ensino Superior no país,

---

[47] Doutorando em Educação. Assessor do Ministro do Ensino Superior, Ciência e Inovação de Cabo Verde; bolseiro da Fundação Calouste Gulbenkian.

uma vez que o Ensino Superior tem as suas raízes no processo de desenvolvimento do ensino secundário.

Com a independência nacional, a 5 de julho de 1975, a frequência do Ensino Superior pelos cabo-verdianos foi assegurada, essencialmente, no estrangeiro, no quadro da cooperação internacional, com um conjunto de países como Alemanha, antiga URSS, Brasil, EUA, Argélia e Cuba (Tolentino, 2006). É assim que, a nível interno, durante cerca de vinte e cinco anos, pós período colonial, a atenção foi concentrada no desenvolvimento do Ensino Básico e Secundário, para suprir a elevada taxa de analfabetismo, que era de 61,8% em 1975 (Instituto Nacional de Estatística-INE, 2010). No entanto, como medida para o desenvolvimento do Ensino Secundário, em 1979, foi iniciada a primeira experiência de Ensino Superior em Cabo Verde com a criação do curso de formação de professores do Ensino Secundário (Decreto n.º 70/79, com vista a superar a grande carência de professores desse nível de ensino e proceder à política da sua massificação/democratização à escala nacional, em contraposição com os dois liceus então existentes na Praia e no Mindelo.

Confinada ao nível de bacharelato durante as duas últimas décadas do séc. XX, a experiência do desenvolvimento do Ensino Superior em Cabo Verde foi alargada a áreas de formação nos domínios de agronomia, contabilidade, gestão e *marketing*, gestão portuária e navegação marítima, embora nos finais da década de 1990 o Instituto Superior da Educação, que evolui da antiga escola de formação de professores do ensino secundário, tenha iniciado algumas experiências de cursos de complemento de licenciatura dentro da sua área de atuação e, também, algumas experiências de cursos de mestrado em parcerias com instituições portuguesas.

Na aurora do ano 2000, em consequência dos investimentos na educação básica e secundária, o Estado de Cabo Verde é confrontado com uma realidade nova. Por um lado, a procura do Ensino Superior aumentou significativamente, em resultado dos investimentos no Ensino Secundário e, por outro lado, o apoio dos parceiros internacionais, nomeadamente dos Países Baixos, no concernente às bolsas de estudo, sofreu uma redução significativa. Em face dessa realidade, tornava-se necessário mobilizar respostas para ofertas formativas no país. Foi assim que o Governo de então criou, formalmente, a Universidade de Cabo Verde (Resolução n.º 53/2000).

No entanto, com a alternância política em 2001, verificou-se um pequeno "compasso de espera", e em 2004 o novo Governo saído das eleições anulou a iniciativa legislativa anterior sobre a matéria, que não passou de "letras mortas", e criou a Comissão Nacional para a Instalação da Universidade Pública de Cabo Verde (Decreto-lei n.º 31/2004). Mas já em 2001, a escassos meses da tomada de posse, o novo Governo autoriza a instalação da primeira universidade privada no país, a Universidade Jean Piaget de Cabo Verde (Decreto-lei n.º 12/2001).

Sem qualquer quadro legal que regulasse a criação, organização e o funcionamento das instituições do Ensino Superior públicas ou privadas, os princípios de atuação dessa instituição privada foram definidos especificamente pelo Decreto-lei n.º 11/2001, de 7 de maio.

No ano de 2006 a Universidade de Cabo Verde – Uni-CV – é criada, dotada de um estatuto próprio (Decreto-lei n.º 53/2006) e entra em funcionamento no mesmo ano. No entanto, foram autorizadas a funcionar mais instituições privadas do Ensino Superior, compondo um parque de nove Instituições de Ensino Superior – IES – no ano de 2010.

Em 2012, o Governo elevou a antiga escola de formação de professores do Ensino Básico (Instituto Pedagógico – IP) à categoria de Instituição do Ensino Superior, com a denominação de Instituto Universitário da Educação – IUE (Decreto-Lei nº 17/2012). Com essa medida aumentou-se para dez o número de Instituições do Ensino Superior no país, sendo oito privadas e duas públicas. Do conjunto dessas Instituições, seis possuem estatutos de Universidades e quatro são Institutos Universitários, funcionando com um universo estudantil de 13.393 alunos no ano letivo 2012/2013 (Borges, 2015).

# A governança do ensino superior em cabo verde

Representantes dos Governos mundiais, particularmente em África, encaram cada vez mais o Ensino Superior como um ativo competitivo da economia que deve ser cuidadosamente gerido no interesse das nações. Por outro lado, os académicos têm vindo a tornar-se mais recetivos à governação das universidades como organização, envolvendo mais partes interessadas, ao invés da antiga "república de eruditos" gerida pela comunidade universitária (Ajayi *et al.*, 1996). Nesta perspetiva, a relação entre os Governos e as Instituições do Ensino Superior tende a moldar-se para uma relação de parceria (Banco Mundial, 2008). O reforço da autonomia e a prestação de contas inerente àquela comportaram alterações que assinalam uma rutura com os modos tradicionais de autogovernação académica numa comunidade fechada de escolásticos.

Os novos modelos de governança redistribuem as responsabilidades, a prestação de contas e o poder de decisão entre os respetivos atores internos e externos (Eurydice, 2008). Essa é a tendência internacional, que também atinge os países africanos, onde as instituições de Ensino Superior tendem a estruturar os seus órgãos de governo em: (i) órgão unipessoal (Reitor); (ii) conselho diretivo ou conselho universitário, que dirige todo o destino da instituição; (iii) conselho académico ou senado, responsável pela política e pelos padrões de qualidade académica; e (iv) comité estratégico conjunto, que reúne os conselhos diretivo e académico.

A tendência é no sentido de o conselho diretivo ser suficientemente grande para incorporar a gama de especializações profissionais necessárias para tratar dos seus assuntos, mas razoavelmente pequeno para funcionar de forma eficiente, sendo que o ideal seria que 60% dos elementos proviessem de fora da instituição (Banco Mundial, 2008). Face às rápidas mudanças, as maiores instituições estão a apostar na criação de um comité estratégico conjunto, que reúne elementos dos conselhos diretivo e académico. Por outro lado, devido a uma maior comparticipação dos estudantes nos custos do Ensino Superior, a representação desses nos órgãos de governo tende a merecer maior atenção.

Em Cabo Verde, a criação, a organização e o funcionamento do Ensino Superior, nos primeiros anos, não estiveram sujeitos a um quadro de regulação geral que pudesse assegurar a governança, entendida como "exercício formal e informal de autoridade no âmbito das leis, políticas e regras que articulam os direitos e as responsabilidades de diversos atores, incluindo as regras pelas quais aqueles interagem" (Eurydice, 2008).

A primeira iniciativa regulatória é do ano de 2005, e o respetivo diploma visava, especificamente, "definir, transitoriamente, o regime de autorização de funcionamento de cursos superiores ministrados nos estabelecimentos de Ensino Superior particular e o pedido de reconhecimento de grau" (Decreto-lei n.º 65/2005). Com esse diploma criou-se um quadro mínimo regulatório de autorização e funcionamento dos cursos e procedeu-se ao reconhecimento dos cursos que vinham funcionando nas instituições privadas desde 2001. No entanto, ficaram por regular as condições gerais de criação, organização e funcionamento das IES. Em 2007, pelo Decreto-lei n.º 17/2007, aprovou-se o Estatuto do Ensino Superior Particular e Cooperativo, o primeiro quadro legal que "estabelece os princípios e regras gerais que regem a constituição e o funcionamento das instituições de direito privado que ministrem, de forma organizada e sistemática, o Ensino Superior, tal como é definido na lei". Em relação à Universidade Pública, a sua organização e o funcionamento dos cursos foram regulados pelo seu estatuto, aprovado pelo Decreto-Lei 53/2006. Em face dos dois dispositivos legais, havia uma orientação legal para as Instituições do Ensino Superior privadas e uma outra orientação para a única instituição pública de então. Esta última, no quadro do seu estatuto, gozava de autonomia para criar e fazer funcionar os ciclos de estudos sem ter que requerer a acreditação e o registo dos mesmos junto do ministério responsável pelas políticas governamentais do Ensino Superior.

Durante um período de seis anos, para além da Lei de Bases do Sistema Educativo – LBSE, revisto em 2010 (Decreto-Legislativo nº 2/2010) não se estabeleceu um quadro jurídico de relações entre o Estado e as instituições públicas que regulasse os próprios estatutos das instituições públicas. Nessas circunstâncias, pode considerar--se que se viveu algum "défice legal" em termos de regulação do exercício formal e informal do Estado em relação à única instituição pública do Ensino Superior. Se a governança universitária for entendida como regras, processos e instituições que determinam como o poder é exercido pelos atores internos e externos e como são tomadas as decisões (Boffo, 2003), admitiremos que efetivamente as bases legais para a estruturação da governança do Ensino Superior em Cabo Verde foram lançadas com a aprovação e implementação do regime jurídico das Instituições do Ensino Superior, aprovado pelo Decreto-Lei n.º 20/2012.

Atualmente a organização e o funcionamento do Ensino Superior são regulados, para além da Lei de Bases do Sistema Educativo, pelo Regime Jurídico das Instituições do Ensino Superior – RJIES (Decreto--Lei n.º 20/2012) e pelo Regime Jurídico dos Graus Académicos e Diplomas do Ensino Superior (Decreto-Lei n.º 22/2012).

Com o novo Regime Jurídico das Instituições do Ensino Superior, implementado a partir de agosto de 2012, o Governo lançou as bases para a construção de um modelo de governança das IES em Cabo Verde, sob a perspetiva de, por um lado, pôr cobro à dualidade, reunindo num só diploma todo o regime aplicável às instituições de Ensino Superior em Cabo Verde, regulando-se, a um tempo, todo o processo de criação, instalação, organização e funcionamento dessas instituições e, por outro, reforçar o quadro legal aplicável, de modo a promover a qualidade dos seus desempenhos e, por esta via, contribuir para o desenvolvimento humano e o progresso sustentável do país.

Sem experiências do passado, o quadro de governança refletido pelo RJIES baseou-se nas tendências internacionais, com prevalência pela prática portuguesa, por razões de ordem histórica e de relações intensas de cooperação, mas no pressuposto de que o Ensino Superior constitui um dos instrumentos fundamentais para processo de desenvolvimento do país. Nesta perspetiva, a forma como é assegurada a governança, ou seja, o modo como as instituições e os sistemas, ou redes, são estruturados, conduzidos e geridos (Pedrosa *et al.*, 2012), constitui um dos aspetos determinantes para a sua qualidade e relevância social.

Entendida a governança como uma "rede complexa de fatores que inclui a estrutura legislativa, as características das instituições e o modo como estas se relacionam com o sistema no seu todo, o modo como o financiamento é feito às instituições e como estas prestam contas da sua utilização, assim como as estruturas menos formais se relacionam e influenciam o seu comportamento" (OCDE, 2003, citado por Pedrosa *et al.*, 2012:11-12), verificamos que, *grosso modo*, o RJIES define esses aspetos e/ou remete para leis particulares, estabelecendo o quadro de governança (interna e externa) e de gestão das Instituições do Ensino Superior públicas e privadas. No plano da governança externa o Estado reafirma, de entre as prerrogativas, o seu papel regulador, chamando para si, através do Governo, a responsabilidade de acreditar e reacreditar todas as IES e os ciclos de estudos conferentes de graus académicos e diplomas de estudos superiores profissionalizantes. Esta é uma das medidas indutoras da qualidade e de reorientação da pertinência dos cursos. No plano da governança interna, o RJIES define a organização e gestão das IES públicas e privadas. Todas elas dispõem de um Estatuto próprio, homologado pelo governo.

## Órgãos de governação das instituições de ensino superior

Para assegurar a governação interna, as IES públicas cabo-
-verdianas devem dispor obrigatoriamente das seguintes estruturas:
"(i) um órgão superior de governo, unipessoal, responsável pela
condução da política da respetiva instituição e pela sua representação
externa; (ii) um conselho de natureza deliberativa com competências
de regulamentação, direção, gestão e orientação dos aspetos fundamentais da organização e funcionamento da instituição; (iii) um
conselho para a qualidade, responsável pela promoção, seguimento
e avaliação da qualidade académica; (iv) órgãos responsáveis pela
orientação científica e pedagógica da instituição" (artigo 53.º do
RJIES). Com essa configuração pretende-se assegurar o pluralismo
e a democraticidade nas tomadas de decisões e gestão das IES públicas. Nesta perspetiva, configura o RJIES que o "órgão unipessoal
previsto é eleito, por escrutínio secreto, de entre os docentes de
categorias mais elevadas, por um colégio eleitoral, com representação dos docentes, dos discentes e do pessoal não docente, nos
termos dos respetivos estatutos".

Para além de assegurar a participação dos atores internos, o
RJIES consagra a participação de agentes externos no conselho deliberativo, o órgão de decisão dos aspetos essenciais da instituição,
ao determinar a participação de uma personalidade de reconhecido
mérito nos meios científico-cultural e socioeconómico. Esta é uma
medida legal que visa promover a articulação das decisões das IES
com a realidade do país. Finalmente, define o RJIES, no nº 1. alínea
c) do artigo 63.º, que, no Conselho para a Qualidade, composto
por personalidades nacionais e estrangeiras de reconhecido mérito, deve haver 50% de membros não pertencentes ao quadro de
pessoal da instituição. Com esta determinação ficam asseguradas,
desde logo, as condições legais para que, na gestão de instituições
públicas, haja participações de agentes externos, de acordo com

o que é a tendência internacional (Eurydice, 2008) na verificação das questões da qualidade, numa perspetiva de chamar elementos da sociedade civil e os seus interesses para a gestão das instituições. Por outro lado ficou assegurado também que, na gestão das instituições do Ensino Superior, se tenha em consideração padrões internacionais, quando se admite a participação de estrangeiros no conselho para a qualidade.

No caso das instituições privadas, estas, nos termos da lei, devem dispor obrigatoriamente de: "(i) órgão superior de governo responsável pela condução da política do respetivo estabelecimento externa; (ii) órgão colegial científico; e (iii) órgão colegial pedagógico" (artigo 72° do RJIES). Há uma clara flexibilidade quanto à composição dos órgãos do governo das Instituições do Ensino Superior privadas, deixando-se em aberto, no entanto, a possibilidade de disporem de outros órgãos, para além dos referidos como obrigatórios (n° 5 do artigo 72.°).

## Autonomia das IES em Cabo Verde

Tradicionalmente as universidades gozam de autonomia, como condição para as suas realizações enquanto entidade académica. No caso das instituições públicas, a autonomia refere-se à capacidade que lhes é conferida na lei pelo Estado para realizarem as suas próprias escolhas no prosseguimento das suas missões envolvendo direitos e deveres a que estão obrigadas, como o financiamento e atribuição de outros recursos (Pedrosa *et al.*, 2012). Nesta perspetiva, a autonomia é entendida como uma relação de poder entre a universidade e o Estado/Governo, mas também a relação de poder estabelecida internamente, visando a Autocapacitação para definir prioridades, desenvolver estratégias, elaborar programas de estudos e cursos, diversificar as fontes de financiamento e recursos, tendo como enfoque a participação na vida da instituição e desta nas políticas públicas do país. O RJIES, ao consagrar a participação dos atores universitários (corpo académico, estudantes e pessoal não docente) na escolha das lideranças e a participação nos órgãos de governos das Instituições de Ensino Superior públicas, tem como propósito proporcionar um ambiente de relação de poder democrático e de promoção da autonomia das IESI. Por outro lado, na relação IES públicas/Estado o RJIES define que as IES gozam de: (i) autonomia científica e cultural para, livremente, definir, programar e executar atividades de ensino, investigação e de extensão, necessárias à prossecução dos seus fins; (ii) autonomia pedagógica para elaboração dos planos de estudo e programas das unidades curriculares, definição dos métodos de ensino e aprendizagem, escolha dos processos de avaliação do conhecimento e introdução de novas experiências pedagógicas; (iii) autonomia administrativa, financeira e patrimonial; e (iv) autonomia disciplinar, dispondo de poder para punir, nos termos da lei e dos respetivos regulamentos, as infrações disciplinares praticadas por docentes, discentes, investigadores e demais pessoal. No entanto, nos termos do quadro jurídico, é reservado ao Governo, relativamente às IES públicas, definir orientações estratégicas e celebrar contratos-programa que consubstanciem essas orientações.

Naturalmente que a complexidade que enforma o processo de autonomia exige especial atenção nos procedimentos para que ela seja construída e não imposta apenas por decreto-lei (Barroso, 1997). A tradução prática da lei sobre a autonomia exige tempo, capacidade e cultura instalada nas Instituições do Ensino Superior, na medida em que é um processo pelo qual não se decreta, mas constrói-se mediante a conceção e a missão da instituição, compreendida como uma instituição que se dedica à busca do conhecimento e da solução de problemas, à apreciação crítica do desempenho e à formação de homens num nível superior (Kerr, 1982). Esse é um caminho e percurso que as Instituições do Ensino Superior cabo-verdianas ainda têm pela frente como desafios. Um dos primeiros passos é o fortalecimento do corpo docente (docentes investigadores) devidamente qualificado. Este é o quadro ainda por construir quando consideramos que, no ano letivo 2013/2014, o corpo docente detentor do grau de doutoramento nas Instituições do Ensino Superior representava apenas 12,3% (Borges, 2015). Com esse quadro, as instituições de Ensino Superior cabo-verdianas, particularmente as universidades, experimentam ainda acentuadas dificuldades em se dotarem de capacidades humanas qualificadas para construir e traduzir na prática a *autonomia decretada* pelo RJIES em "autonomia construída" (Barroso, 1997), assumindo o papel ativo de participação nas políticas públicas.

São vários os desafios que se colocam à afirmação da autonomia e à governança do Ensino Superior cabo-verdiano. Se, por um lado, há uma questão natural que se relaciona com o tempo necessário para a construção de uma cultura de autonomia enquanto processo construtivo, por outro lado a escassez de recursos humanos, materiais e financeiros traduz-se em dificuldades quanto à constituição de fatores necessários à construção da cultura académica e, consequentemente, da cultura de autonomia, configurada no cumprimento da missão universitária. Hoje, as instituições do Ensino Superior estão a ser cada vez mais solicitadas, pelos seus governos e partes interessadas, a tornarem-se membros de uma equipa para contribuírem para um sistema nacional de inovação que alimenta uma estratégia económica nacional (Banco Mundial, 2008). Para desempenhar esse papel, as instituições do Ensino Superior deverão procurar materializar a sua autonomia legal, tornar-se empreendedoras, ver-se como parceiros integrados e colaboradores institucionais, entender as dinâmicas das necessidades do mercado de trabalho e esforçar-se para se tornarem efetivas as suas abordagens de ensino, investigação e extensão.

# Referências bibliográficas

Ajayi, J., Goma, L. e Johnson, G. (1996). *The African experience with higher education.* Paperback Edition. Copublished with James Currey Publishers, Oxford and The Association of African Universities, Accra.

Banco Mundial (2008). *Acelerando o passo. Educação terciária para crescimento económico na África Subsariana.* Washington, D.C.

Barroso, J. (1997). *Autonomia e gestão das escolas.* Lisboa: Ministério da Educação.

Boffo, S. (2003). Governing italian universities. *In Formas de governo no ensino superior* (55-70). Lisboa: Comissão Nacional de Educação (Seminários e Colóquios).

Borges, E. (2015). *O ensino superior cabo-verdiano em números.* Paper apresentado na Conferência Nacional sobre a Governança do Ensino Superior em Cabo Verde. Cidade da Praia.

Eurydice (2008). *A governança do ensino superior na Europa.* Lisboa: Unidade Portuguesa

Kerr, C. (1982). Os *usos da universidade.* Fortaleza: UFC.

MESCI (Ministério do Ensino Superior, Ciência e Inovação) (2013). *Anuário Estatístico 2011/2012.* Praia.

Pedrosa, J. (coord.); Santos, H.; Mano, M. e Gaspar, T. (2012). *Novo modelo de governança e gestão das instituições de ensino superior em Portugal: Análise dos usos do modelo em instituições públicas.* Aveiro.

Tolentino, A. (2006). *Universidade e transformação social nos pequenos estados em desenvolvimento: o caso de Cabo Verde.* Lisboa: Universidade de Lisboa.

# Legislação

Decreto-Lei n.º 12/2001, de 7 de maio – Autoriza o Instituto Piaget a exercer a sua atividade em Cabo Verde.

Decreto-Lei n.º 22/2012, de 7 de agosto – Estabelece o regime jurídico dos graus e diplomas do ensino superior.

Decreto-Lei n.º 31/2004, de 26 de Julho – Aprova o novo regime de instalação da Universidade de Cabo Verde.

Decreto-Lei n.º 65/2005, de 24 de Outubro – Define o regime transitório de autorização e funcionamento dos cursos ministrados por instituições do Ensino Superior Particular e Cooperativo.

Decreto-Lei nº 11/2001, de 7 de maio – Define os princípios de atuação da Universidade Jean Piaget de Cabo Verde.

Decreto-Lei nº 17/2007, de 7 de maio – Aprova o Estatuto do Ensino Superior Particular e Cooperativo.

Decreto-Lei nº 17/2012, de 21 de junho – Procede a reconfiguração do Instituto Pedagógico (IP) criado pelo Decreto nº 18/88, de 9 de março, que passa a denominar-se Instituto Universitário da Educação (IUE).

Decreto-Lei nº 53/2006, de 20 de Novembro – Cria a Universidade de Cabo Verde e aprova os respectivos Estatutos.

Resolução n.º 53/2000, de 28 de Agosto – Cria a Universidade de Cabo Verde.

# CAPÍTULO 2
## PERSPETIVAS SOBRE O PLANEAMENTO
## ESTRATÉGICO NO ENSINO SUPERIOR

Explorando a analogia com a ciência militar, Adriano Freire (1997) define estratégia como a disposição das tropas com vista a alcançar a vitória. O propósito é transposto para o processo de planeamento, que reúne, de forma integrada, os objetivos, as políticas e as ações da organização, tendentes à criação sustentada de vantagens competitivas. De acodo com a abordagem de Porter (1985), a estratégia pressupõe posicionamento competitivo, impõe capacidade de diferenciação da organização aos olhos de todos os que beneficiam da qualificação da sua existência, e requer competência para criar valor através de uma combinação de posicionamentos diferente da concorrência. Antevê uma combinação de metas que a instituição se propõe alcançar, e de meios que, para tal, terá de alocar.

Sporn (1999) considera que os cinco fatores-chave que permitem às Instituições de Ensino Superior alavancar os seus posicionamentos estratégicos são: uma missão que se abra ao exterior, uma estrutura diferenciada, uma gestão académica dinâmica, um elevado nível de autonomia institucional e a capacidade de diversificar as fontes de financiamento.

Caixa 2.1 Sobre os atributos que sublinham as vantagens competitivas das Instituições de Ensino Superior

Shattock (2000) lista os atributos que as Instituições de Ensino Superior terão de demonstrar para manter as suas vantagens competitivas. Do seu nível de consistência resultará uma maior (ou menor) capacidade de fazer face às dificuldades. De seguida apresenta-se, de modo resumido, o núcleo de atributos elencados pelo autor.

↗ **Competitividade**. Para que uma Universidade seja constantemente competitiva e eficaz, deve dotar-se de infraestruturas adequadas e pessoas empenhadas em atingir esse fim. De modo a que esse desígnio se cumpra, é necessário acrescentar uma gestão eficiente, uma base financeira estável, e ainda uma comunidade académica envolvida no processo.

↗ **Agilidade**. Para identificar e responder com prontidão a oportunidades inesperadas, as Instituições de Ensino Superior devem estruturar equipas eficazes encarregadas dos processos de tomada de decisão, articulando-se com os órgãos colegiais. A ideia de agilidade comporta as noções de rapidez de reação e de perspicácia na tomada de decisões.

↗ **Geração de receitas e redução de custos**. As Instituições de Ensino Superior devem ser capazes de gerar receitas suficientes para suportar as suas despesas. A afetação de recursos deve articular-se com a orientação estratégica, de modo que as receitas possam ser afetadas da melhor forma possível. A eliminação de despesas desnecessárias é uma condição para uma gestão financeira mais sustentável.

↗ **Relevância**. As Instituições de Ensino Superior têm de demonstrar a sua utilidade e a sua preponderância junto das comunidades em que se inserem. Para que as Universidades possam grangear o apoio da sociedade será necessário que apresentem resultados consistentes, quer no plano da formação dos seus alunos, quer por via das soluções que apresentam para que a região de enquadramento ultrapasse as carências e os problemas mais prementes (desemprego e participação na consolidação da base económica, em dois exemplos).

↗ **Excelência**. De acordo com o autor, a melhor forma de salvaguardar a estabilidade financeira, manter os salários dos colaboradores e conseguir garantir oportunidades de desenvolvimento, é pugnar por critérios de excelência. Conjugando estes elementos ampliam-se as possibilidades de concretização da missão da instituição ao mesmo tempo que se mantém o empenhamento e o envolvimento da comunidade académica.

↗ **Prestígio**. Elevando os níveis de excelência sedimenta-se o prestígio, que por sua vez assegura o crescimento continuado do número de inscrições. A afirmação da qualidade das Instituições de Ensino Superior decorre dos (e reflete-se nos) *rankings*, na imagem externa que projetam, mas também nas ligações que mantêm a personalidades influentes (por exemplo antigos estudantes ou funcionários). Atualmente, grande parte do prestígio de que as Instituições de Ensino Superior gozam (com especial ênfase junto da sociedade) joga-se na qualidade da sua presença nos *media*, sendo relevante que se criem, e se mantenham, os diferentes canais que as aproximam destes veículos de comunicação.

O aprofundamento da reflexão sobre as IES, independentemente das diferentes linguagens e paradigmas que lhe subjazem, tende a assumir como variáveis incontornáveis a importância e a complexidade crescentes do contexto externo na atividade das IES.

Neste mundo global, os tempos são de grande incerteza prospetiva, de acontecimentos com amplo impacto imediato, de rápida circulação da informação à escala global, mas também de profundas mudanças de comportamentos e valores, invisíveis no nervosismo das transações. É nossa convicção que este é um momento em que o planeamento estratégico é absolutamente necessário nas Instituições de Ensino Superior. O aumento da ambiguidade do meio externo requer, mais do que nunca, que as IES pensem e ajam estrategicamente (Bryson, 1988).

As mudanças em curso nos diversos sistemas de Ensino Superior exigem incorporação de pensamento estratégico na gestão das Universidades, mas exigem também profissionalização das equipas técnicas de gestão, sistemas de informação adequados e uma cultura de qualidade e de avaliação que potencie o sucesso das IES.

## 2.1 Conceitos, modelos, arquitetura institucional

### 2.1.1 Origens e modelos de Planeamento Estratégico

*[Maria de Lurdes Machado[48]]*

**Introdução**

As pressões de natureza económica, regulatória e social apresentam-se, no séc. XXI, como um desafio às Instituições de Ensino Superior (IES) (Altbach, 2001; Amaral *et al.*, 2003; Armacost

---

[48] Doutorada em Ciências Empresariais. Investigadora do Gabinete de Análise e Desenvolvimento da Agência de Avaliação e Acreditação do Ensino Superior (A3ES) e do Centro de Investigação de Políticas do Ensino Superior (CIPES).

273

*et al.*, 2004; Trowler, 2002). A economia global dos nossos dias exige, da parte do Ensino Superior, o desenvolvimento de capacidades de gestão, estratégias inovadoras e vantagens competitivas (Keller, 1983; Kotler e Murphy, 1991). Como o muito respeitado autor Burton Clark (2003:115) apontou, "o desenvolvimento de capacidades para a mudança torna-se o cerne do desempenho contínuo com sucesso".

Ao mesmo tempo que se reconhece que as Instituições de Ensino Superior são organizações historicamente colegiais, admite-se, igualmente, que o sistema colegial necessita de apoiar a prestação de contas e a responsabilidade institucional, ou, até, ser mais *managerial*, para que esteja em condições de enfrentar os desafios do futuro (Birnbaum, 1988; Peterson *et al.*, 1997; Peterson, 2004; Shattock, 2000). Assim, e apesar de se reconhecer que as Instituições de Ensino Superior são singulares, existe também uma crescente aceitação da necessidade de adoção dos princípios e ferramentas de gestão gerais, para que estas instituições possam comprometer-se com a melhoria contínua (Tabatoni e Barblan, 1998). A gestão estratégica e o planeamento estratégico constituem conceitos importantes que as Instituições de Ensino Superior devem prosseguir no futuro. O planeamento estratégico é um método frequentemente utilizado para a implementação de respostas institucionais adequadas às mudanças que ocorrem ao nível das condições internas e externas. Assim, o planeamento estratégico constitui um importante indicador de vitalidade e prosperidade institucional. A volatilidade crescente do ambiente tem vindo a obrigar as instituições a adaptar-se às forças ambientais em permanente mudança. As organizações evoluíram para o planeamento estratégico, com a sua maior ênfase no desafio que lhes é colocado para que mantenham um bom ajustamento entre si e as exigências, quer do seu ambiente externo, quer da sua cultura interna (Keller, 1983; Machado-Taylor, 2011a).

O planeamento é percebido como um veículo para a mudança, e a assunção é a de que uma instituição será reforçada, ou alcançará o sucesso organizacional, em resultado da sua iniciativa de planeamento. O planeamento estratégico consiste num método específico de impulsionar uma instituição, no qual as estratégias são formuladas e implementadas tendo em consideração o contexto ambiental da organização, permitindo que a instituição adquira recursos suficientes para atingir os seus objetivos (Machado e Taylor, 2010; Rose, 2003; Taylor e Miroiu, 2002).

Importado para o Ensino Superior dos setores público e privado, tendo por sua vez sido aplicado nestes com base nas operações militares táticas de larga escala, o planeamento estratégico passa a ser amplamente utilizando a partir da década de 1990, como forma de resposta às convulsões sociais da época. Por definição, planeamento estratégico é uma abordagem dinâmica que tem como objetivo estabelecer conceções institucionais fundamentais, que reconhece a instabilidade da envolvente e que é constantemente adaptável. (Chaffee, 1985; Dooris, 2003; Norris e Poulton, 1991, Machado-Taylor, 2011a; McNay, 1997; Schmidtlein e Milton, 1990; UNESCO, 2010).

O planeamento estratégico constitui uma ferramenta de gestão e tem vindo a evoluir na arena do Ensino Superior através da adaptação das práticas existentes no mundo empresarial (Rowley *et al.*, 1997; Machado-Taylor, 2011a). Este é um processo que se concentra em metas estratégicas e operacionais, objetivos e estratégias baseados em políticas organizacionais, programas e ações concebidos para o alcance dos objetivos e resultados desejáveis da instituição. Mintzberg (1994) afirmou que o planeamento estratégico pode desempenhar papéis tais como dotar os gestores com análises, ajudar a traduzir estratégias pretendidas em estratégias cumpridas, e fornecer um dispositivo de controlo.

Argumenta-se que o planeamento estratégico se afigura como uma ferramenta extremamente importante para a eficácia organizacional; no entanto, tal como Keller (1997), considerado o "pai" do planeamento estratégico no Ensino Superior, salienta, não pode esquecer-se a singularidade de uma IES.

Hinton (2012) refere que, mais recentemente, as comissões de acreditação começaram a insistir junto das instituições na necessidade de terem um plano estratégico a fim de atender aos requisitos de avaliação. Por outro lado, dada a redução da população estudantil e do financiamento estatal, a maioria das Instituições de Ensino Superior competem por recursos extremamente limitados, o que conduz à necessidade de identificar e desenvolver medidas, por um lado, para apoiar o processo de avaliação, e por outro para a autodeterminação institucional e financiamento contínuo. Esta conceituada autora da não menos conceituada Society for College and University Planning (SCUP), criada em 1965, sustenta que o desenvolvimento simultâneo de tecnologias e serviços de pesquisa institucional, a prestação de contas a *stakeholders* internos e externos e também cada vez mais medidas de *accountability* fizeram com que o processo de planeamento se tivesse tornado um instrumento de gestão indispensável.

## Porquê do Planeamento Estratégico?

O planeamento estratégico consiste num método específico para a promoção do desenvolvimento de uma instituição, segundo o qual as estratégias são formuladas e implementadas tendo em consideração o contexto ambiental da organização, permitindo que a instituição adquira recursos suficientes que lhe permitam atingir as suas metas (Rose, 2003; Taylor e Miroiu, 2002; Taylor *et al.*, 2008; SCUP, 2014; Wilkinson *et al.*, 2007).

O planeamento materializa o conceito de que a instituição será reforçada no sentido de alcançar o sucesso organizacional. O planeamento estratégico é, frequentemente, caracterizado como pró-ativo, com um preceito que enfatiza a necessidade de movimento pró-ativo e o fortalecimento da organização (Hinton, 2012; Taylor *et al.*, 2008; SCUP, 2014). Um processo de planeamento estratégico eficaz fornece um quadro no qual as ferramentas e processos de qualidade poderão ser utilizados. Um vasto conjunto de teóricos acredita que a adoção do processo de planeamento se afigura imprescindível para a sobrevivência das Instituições de Ensino Superior (Keller, 1983; Machado-Taylor, 2011a). A UNESCO (2010) define o planeamento como um instrumento mobilizador.

Os fatores com influência na adoção do planeamento têm vindo a ser delineados por vários autores: complexidades organizacionais e constrangimentos externos (Peterson, 1986); recursos financeiros escassos (Kashner, 1990); um processo que melhora a qualidade das decisões efetuadas, bem como a qualidade do processo de tomada de decisão (Chaffee, 1987; Meredith, 1985); novas tecnologias (Apps, 1988; Ferrante *et al.*, 1988); desenvolvimento de relações de parceria na indústria (Peterson, 1992); globalização do Ensino Superior (Apps, 1988); um canal que mantém as unidades a trabalhar em harmonia para o mesmo fim (Bacig, 2002); e, finalmente, a turbulência do ambiente pós-industrial, competitividade, recursos escassos e imprevisibilidade (Cameron e Tschirhart, 1992; Newsom, 1993) (cit. *in* Machado, 2004). As preocupações dos *stakeholders*, o desenvolvimento de políticas internas e as mudanças no processo de tomada de decisão têm vindo, também, a tornar-se generalizados (Felt, 2002, cit. *in* Machado-Taylor, 2011a). Para além disso, autores como Taylor *et al.* (2008) sublinharam o papel desempenhado pela liderança neste processo.

A literatura atribui, de forma consistente, vários benefícios ao envolvimento em planeamento. Estes incluem a clarificação da missão da instituição; capacidade acrescida por parte da instituição para enfrentar desafios, ser pró-ativa e modelar ativamente o seu próprio destino; capacidade de gerir a mudança e inovação;

capacidade de apoiar a tomada de decisões; o fortalecimento da liderança; auxílio na alocação de recursos; melhoria das medidas de garantia de qualidade institucional; e melhoria global da capacidade da instituição para pensar e agir estrategicamente (Keller, 1983; Rowley *et al.*, 1997; Machado-Taylor, 2011b).

Hunt *et al.* (1997:11-12) apontam várias razões pelas quais o planeamento estratégico deverá ser tido em consideração numa IES:

1. "para melhorar o desempenho no sentido do cumprimento da missão;
2. para melhorar o desempenho no sentido do aumento do posicionamento académico da instituição;
3. para aumentar as realizações com o mesmo ou menor nível de recursos;
4. para clarificar o rumo futuro da instituição;
5. para resolver os principais problemas (ameaças) ou abordar oportunidades significativas colocados à instituição;
6. para cumprir os requisitos da acreditação ou de uma agência governamental;
7. para proporcionar uma oportunidade para a liderança, tal como o momento da nomeação de um novo presidente; e
8. para aproximar a comunidade universitária num esforço cooperativo".

Como é mesmo enfatizado por Rasmussen (1998:38),

[ ] muito tem sido dito sobre a necessidade da utilização da gestão estratégica na condução das universidades na atualidade. Expressões como «empresarial» (Davis, 1995), «inovador» (Clark, 1996), «estilo corporativo» e «managerialismo» (de Boer, 1996), «estilo de negócio» (Geurts e Maassen, 1996), e «orientação externa» têm sido utilizadas para realçar a importância de gerir as

universidades em conformidade com as extremamente dinâmicas sociedades das quais elas são realmente uma parte.

Mais recentementemente, autores como Salminen (2003:66) vêm enfatizar a necessidade de as IES desenvolverem uma gestão académica profissional. O autor afirma:

> Por causa da massificação das universidades e do aumento da complexidade da tomada de decisão da universidade, os processos de gestão são muito mais complicados do que anteriormente. Indicadores de desempenho, políticas de pessoal e escolhas estratégicas devem ser integrados de novas formas em processos e práticas de gestão nas universidades.

A estas vozes junta-se Bruce Johnstone, muito conceituado e respeitado em todo o mundo na área do financiamento do Ensino Superior:

> O Ensino Superior no início do século XXI nunca esteve sob tão elevada exigência, por parte quer de estudantes, quer das suas famílias, no sentido do estatuto profissional e social e rendimentos mais elevados que ele supostamente transmite, quer ainda dos governos, no sentido dos benefícios públicos que presumivelmente traz para o bem-estar social, cultural, político e económico dos países (Johnstone, 2004: 12).

A crescente volatilidade do ambiente obriga as IES a adaptar-se a forças externas em constante mudança. A literatura prescritiva defende fortemente o planeamento estratégico enquanto chave para um desempenho de excelência e argumenta-se que é uma ferramenta extremamente importante para a eficácia organizacional. Este é um processo que se concentra em objetivos estratégicos e operacionais, objetivos e estratégias baseados em políticas organizacionais, programas e ações desenhados para atingir os objetivos e resultados desejáveis da instituição (Keller, 1983; Peterson *et al.*, 1997; Peterson 1999a, b; Taylor *et al.*, 2008; van Vught, 1988).

## O que é o Planeamento Estratégico?

O conceito de planeamento estratégico surgiu no setor empresarial no final da década de 1950 (Mintzberg, 1994). A sua popularidade cresceu rapidamente, à medida que as empresas passaram a utilizar esta nova ferramenta de gestão para alcançarem vantagens comparativas. Durante a década de 1980, as organizações públicas e sem fins lucrativos reconheceram a utilidade da formulação da estratégia. A maioria dos modelos mais reputados de planeamento estratégico público e sem fins lucrativos possuem a sua origem no modelo de política de Harvard, desenvolvido na Harvard Business School (Bryson, 1988). No final da década de 1970, este modelo começou a dominar a literatura do Ensino Superior sobre planeamento, tendo-se tornado, na década de 1980, popular no Ensino Superior americano (Chaffee, 1985).

Uma das primeiras definições de planeamento estratégico no contexto do Ensino Superior foi delineada por George Keller (1983). Este autor advogou que o planeamento estratégico não se encaixa numa declaração de propósito clara e organizada. O mesmo autor enunciou, igualmente, seis características que, do seu ponto de vista, distinguem o planeamento estratégico de outros processos:

1. "A tomada de decisão estratégica académica significa que uma Faculdade, Escola ou Universidade e os seus líderes são ativos, e não passivos, relativamente à sua posição na história.

2. O planeamento estratégico observa o exterior e está focalizado em manter a instituição em sintonia com o ambiente em mudança.

3. A estratégia académica é competitiva, reconhecendo que o Ensino Superior está sujeito a condições económicas de mercado e a uma concorrência cada vez mais forte.

4. O planeamento estratégico concentra-se em decisões, análises, previsões e metas.

5. A tomada de decisão estratégica consiste numa mistura de análises racionais e económicas, manobras políticas e interação psicológica. É, por conseguinte, participada e altamente tolerante.

6. O planeamento estratégico concentra-se no destino da instituição acima de tudo o resto."

Lockwood e Davies (1985: 167) definem planeamento estratégico como "[...] o exercício contínuo e coletivo de previsão no processo integrado de tomada de decisões informadas que afetam o futuro". Outros autores concordam com a noção de que o planeamento estratégico pode ser alargado no sentido de incluir o relacionamento da instituição com o ambiente. Cope (1987: 3) afirma que "o planeamento estratégico é o planeamento para toda a organização, em referência ao seu ambiente externo. [...]. A ênfase na organização total em relação com todo o seu ambiente é essencial para a vitalidade e, mesmo, sobrevivência institucional." Tan (1990:8) afirmou que o planeamento estratégico pode "[...] auxiliar estas instituições na identificação de adversidades potencialmente fatais e na forma como estas deverão ser tratadas e superadas de modo pró-ativo e longitudinal".

O planeamento estratégico pode incentivar a clarificação das metas existentes e servir para desenvolver a missão da instituição e, assim, reduzir a ambiguidade. O autor enfatiza o sentimento de positivismo que é gerado e nutrido quando grandes questões institucionais são esclarecidas, a confiança e a segurança são reforçadas e as imagens internas e externas são reforçadas (Tan, 1990).

O ambiente é, também, salientado por Rowley *et al.* (1997:14-15), na sua definição de planeamento estratégico, na qual enfatizam um ambiente que consiste nos "[...] ecossistemas políticos, sociais, económicos, tecnológicos e educativos, quer internos, quer externos à universidade." Os autores definem planeamento estratégico como "[...] um processo formal projetado para ajudar uma universidade a identificar e manter um alinhamento ótimo com os elementos mais importantes do ambiente onde opera". Peterson (1989: 12) afirma que o planeamento estratégico "[...] pode ser definido como um processo consciente pelo qual uma instituição avalia o seu estado atual e as prováveis condições futuras do seu ambiente, identifica possíveis condições futuras para si própria e, em seguida, desenvolve estratégias, políticas e procedimentos organizacionais para selecionar e chegar a um ou mais deles." A focalização na ligação entre o ambiente institucional interno e o ambiente externo é designada por Peterson (1992, 1993) de "contexto". Esta abordagem é perspetivada como um passo evolutivo no sentido do planeamento estratégico. Segundo o autor, o planeamento contextual concentra-se na criação dos contextos (quer interna, quer externamente) mais favoráveis à missão, propósito e direção da instituição. Esta criação interna de contexto requer transformação institucional, que, em última análise, representa e deve resultar em mudanças profundas. Esta transformação baseia-se num processo que compreende seis elementos (Peterson, 1993, 1999a, 1999b):

1. estabelecimento da iniciativa por parte da liderança sénior;
2. investimento em infraestrutura;
3. incentivos ao estímulo e apoio à participação;

4.  envolvimento dos utilizadores internos numa base voluntária;
5.  informação gerada continuamente para refletir o movimento, construir as expectativas dos atores internos e melhorar a imagem externa da instituição; e
6.  integração com os esforços das unidades individuais.

Alguns atores da arena educacional têm sugerido que talvez os valores da cultura académica não devessem abranger um conceito como o planeamento estratégico (Birnbaum, 1988). Como salienta George Keller (1997), não pode esquecer-se a singularidade de uma IES. No seu livro clássico "Estratégia Académica: A Revolução da Gestão", Keller, autor de referência no domínio do planeamento estratégico no Ensino Superior, como já ficou dito, apresenta um cenário atraente:

> O dogma das universidades como sendo organizações afáveis, anárquicas, auto-correctivas, constituídas por colectivos de académicos com um pequeno contingente de guardas dignos na inevitável orla dos negócios está a desintegrar-se. Uma nova era de estratégia académica consciente está a nascer. A universidade moderna e o cenário universitário já não desdenham tão ferozmente do planeamento económico e financeiro saudável, nem escarnecem já da gestão estratégica. Professores e administradores de campi estão a unir-se na elaboração de planos, programas, prioridades e gastos, a fim de assegurar o seu futuro. (Keller, 1983:viii-ix)

Keller (1997:160), na sua abordagem das pressões do ambiente e da necessidade de mudança, afirma que "o ambiente atual está repleto de descontinuidades, novas tendências e surpresas perturbadoras. O cerne do pensamento estratégico consiste na criação de um conjunto de iniciativas que permitam a um exército, um país, uma empresa ou uma universidade manter a estabilidade ou alcançar uma nova posição no seio de uma tempestade de descontinuidades, ameaças sem precedentes e mudanças surpreendentes. [ ] Um elevado número de universidades têm, nos últimos anos, tido pouca escolha: ou se tornam mais estratégicas ou declinam."

## Importância/Benefícios

Keller (1983) sugere que o planeamento estratégico no Ensino Superior tem incentivado a liderança sénior a pensar de forma inovadora, a agir estrategicamente e a ser orientada para o futuro, e advoga que o planeamento estratégico deve tornar-se parte integrante de todas as Instituições de Ensino Superior. Keller (1983:75) observa, ainda, que "qualquer organização com concorrentes, com aspirações de grandeza ou com ameaças de declínio tem vindo a sentir a necessidade de uma estratégia, de um plano para a superação." As observações de Keller (1983) capturam três elementos significativos do planeamento estratégico: ameaças externas, visão interna e análise para a projeção do estado futuro da organização.

Keller (1983:151) enfatiza que o planeamento estratégico coloca o destino da instituição acima de tudo:

> O planeamento estratégico coloca a vitalidade de longo prazo e a excelência da universidade em primeiro lugar. Preocupa-se com as tradições, os vencimentos dos professores, e programas de grego, agricultura e astrofísica. Mas preocupa-se mais com a sobrevivência institucional, de modo a que haja lugares para que os estudiosos do grego, agricultura e astrofísica ensinem e façam as suas pesquisas. Os estudiosos não podem abrir um negócio tão facilmente como os médicos ou arquitetos [ ]. Os professores continuarão a necessitar de se unir como uma universitas.

Kotler e Fox (1985) fornecem uma recomendação específica para a implementação do planeamento estratégico em instituições educativas. O seu conceito de planeamento estratégico sublinha a importância do desenvolvimento de um ajustamento estratégico entre os objetivos da organização total e o meio ambiente, e as oportunidades de mercado que existem ao dispor da IES. Autores como Austin (2002), Keller (1983), Meredith (1985), Rowley *et al.* (1997) salientaram a razão pela qual é vantajoso para as IES implementarem o planeamento estratégico como um processo pelo qual os *campi* podem reforçar a sua vantagem competitiva. De acordo com Tan (1990), o planeamento estratégico pode incentivar a clarificação das metas existentes e servir para desenvolver a missão da instituição, reduzindo, assim, a ambiguidade. O autor enfatiza o sentimento de positivismo que é gerado e nutrido quando grandes questões institucionais são esclarecidas, a confiança e a segurança são reforçadas e as imagens internas e externas são reforçadas.

Peterson (1999a, 1999b) defende a necessidade de o processo de planeamento formal incorporar tradições, governança e estruturas administrativas, a fim de ser aceite e adotado pela totalidade da instituição. O planeamento estratégico é comummente defendido como o alicerce sobre o qual toda a mudança significativa ocorre no seio da instituição. Segundo o autor, são cinco os benefícios da adoção do planeamento estratégico por parte das IES:

1.  resposta a pressões externas;
2.  a identificação de problemas críticos que a instituição enfrenta;
3.  a imagem externa da instituição percebida como sendo bem gerida internamente;
4.  a melhoria da comunicação interna e externa; e
5.  a melhoria da compreensão interna de quão independentes as partes de uma instituição realmente são (Peterson, 1999b).

Segundo Watson (2000:14),

> Gerir a estratégia é provavelmente a coisa mais importante que uma faculdade ou universidade faz, permitindo que todas as suas atividades nucleares de ensino, pesquisa e um serviço social e económico mais abrangente sejam alcançados de forma ótima. Esta gestão envolve um conhecimento profundo das forças e fraquezas atuais da instituição e as escolhas sobre o futuro. [ ] Uma estratégia saudável e claramente expressa deverá traduzir a identidade própria da instituição, angariar negócios [...].

A literatura apresenta de forma consistente vários benefícios decorrentes da implementação do processo de planeamento. Estes incluem a clarificação sobre a missão da instituição; capacidade melhorada da instituição para enfrentar desafios, ser pró-ativa e moldar de forma ativa o seu próprio destino; a capacidade de gerir a mudança e a inovação; a capacidade de suporte à tomada de decisão; o reforço da liderança; a ajuda à alocação de recursos; a melhoria das medidas de garantia da qualidade institucional; e a melhoria, em termos gerais, da capacidade da instituição de pensar e agir estrategicamente (Rowley *et al.*, 1997).

Acresce que o planeamento assume especial relevância no apoio à gestão institucional. As exigências com que as IES se confrontam atualmente, com uma grande responsabilidade na governação e gestão ao nível institucional, por um lado, e a prestação de contas a *stakeholders* internos e externos por outro, coloca-as perante a necessidade de dotar as instituições com instrumentos e processos de gestão que permitam uma administração mais flexível e eficaz (van Vught, 2003; Taylor *et al.*, 2008).

## Modelos de Planeamento Estratégico

O planeamento estratégico é globalmente definido como um processo contínuo que gera, tipicamente, um plano estratégico formal e escrito.

***MODELO DE PLANEAMENTO ESTRATÉGICO DE BRYSON //*** O modelo de planeamento estratégico de Bryson (1988) apresenta-se como uma adaptação ao setor público do modelo apresentado por Mintzberg. O autor chama a atenção para o facto de que é essencial um cuidado especial na aplicação ao setor público dos modelos com origem no mundo empresarial, dado que cada processo de planeamento deve refletir o ambiente próprio de cada organização. O modelo de Bryson é constituído por oito etapas, desenhadas especificamente para organizações públicas e sem fins lucrativos, com a finalidade de fornecer um mecanismo para a identificação de importantes problemas externos e internos à organização e para o reconhecimento de capacidades de que esta disponha para os ultrapassar.

De acordo com Bryson, um plano estratégico é, necessariamente, político, tendo sempre em conta os *stakeholders* ("qualquer pessoa, grupo ou organização que pode reivindicar a atenção, recursos ou resultados de uma organização, ou é afetado por esses resultados"). Segundo o autor, o processo consiste, quer num processo de gestão estratégica, quer num processo de planeamento estratégico. Com efeito, Bryson sublinha, também, o facto de que o envolvimento no processo de pensamento estratégico é muito mais importante e valioso do que qualquer modelo específico de planeamento que possa vir a ser adotado.

1. Iniciar e chegar a acordo quanto a um processo de planeamento estratégico

2. Clarificar a missão e os valores organizacionais, identificar os mandatos organizacionais e as expetativas dos *stakeholders*

3. Avaliar o ambiente externo (oportunidades e ameaças)

4. Avaliar o ambiente interno (forças e fraquezas)

5. Identificar as questões estratégicas com que a organização se confronta

6. Formular estratégias para gerir problemas

7. Estabelecer uma eficaz visão organizacional para o futuro

8. Implementar o plano

Caixa 2.2 Modelo de Organizações Públicas e Sem Fins Lucrativos/ Modelo de Planeamento Estratégico de Oito Passos de Bryson; Adaptado de Bryson (1988), Strategic Planning for Public and Nonprofit Sector. San Francisco: Jossey-Bass:48.

Como resultado do trabalho de Bryson (1988) e de Bryson e Alston (1996), o modelo inicial de oito etapas foi atualizado para um modelo composto por dez etapas, conhecido como "Bryson's Ten-Step Strategic Change Cycle" (Ciclo de Mudança Estratégica de 10 Etapas de Bryson). A mudança fundamental reside no facto de o ciclo não ter de ser iniciado na primeira etapa, podendo ser iniciado em qualquer uma das outras. E apesar de a avaliação ser referida na décima etapa, ela é considerada contínua, devendo os resultados ser monitorizados no final de cada etapa.

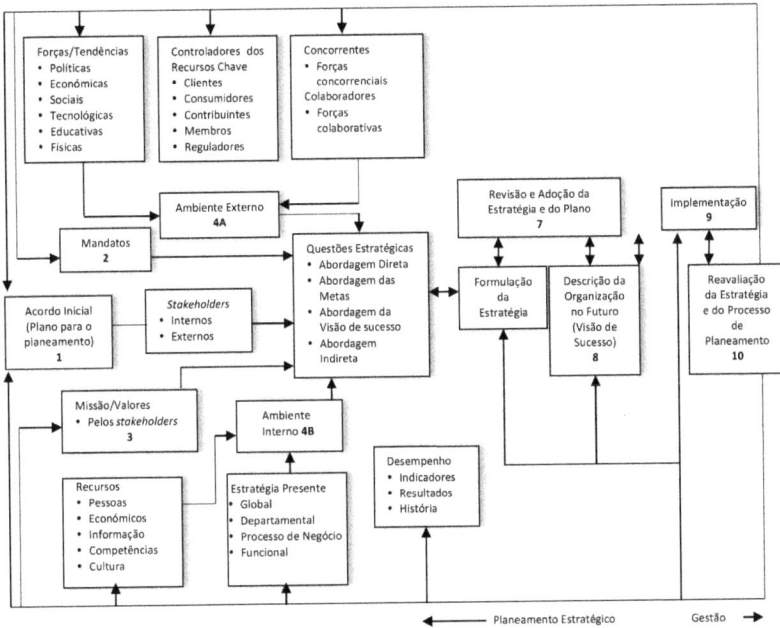

Forças/Tendências
• Políticas
• Económicas
• Sociais
• Tecnológicas
• Educativas
• Físicas

Controladores dos Recursos Chave
• Clientes
• Consumidores
• Contribuintes
• Membros
• Reguladores

Concorrentes
• Forças concorrenciais
Colaboradores
• Forças colaborativas

Ambiente Externo 4A

Mandatos 2

Revisão e Adoção da Estratégia e do Plano 7

Implementação 9

Acordo Inicial (Plano para o planeamento) 1

Stakeholders
• Internos
• Externos

Questões Estratégicas
• Abordagem Direta
• Abordagem das Metas
• Abordagem da Visão de sucesso
• Abordagem Indireta

Formulação da Estratégia

Descrição da Organização no Futuro (Visão de Sucesso) 8

Reavaliação da Estratégia e do Processo de Planeamento 10

Missão/Valores
• Pelos stakeholders 3

Ambiente Interno 4B

Desempenho
• Indicadores
• Resultados
• História

Recursos
• Pessoas
• Económicos
• Informação
• Competências
• Cultura

Estratégia Presente
• Global
• Departamental
• Processo de Negócio
• Funcional

◄ Planeamento Estratégico          Gestão ►

Figura 2.1 Modelo de Planeamento Estratégico de Bryson; Bryson (1988), Strategic Planning for Public and Nonprofit Sector. San Francisco: Jossey-Bass:24-25

***MODELO DE KAUFMAN E HERMAN (1991) //*** O modelo de Kaufman e Herman (1991) é único na sua abordagem. O processo é dividido em quatro grupos: âmbito, recolha de informação, planeamento, implementação e avaliação. O âmbito do planeamento está relacionado com o nível estratégico no qual se foca o processo. A recolha de informação está bastante relacionada com a compreensão da visão, embora não se deixe limitar pela mesma. É também neste grupo que se identificam as necessidades atuais da organização e os resultados atuais e desejados.

É no grupo da implementação e monitorização/avaliação que este modelo possui uma particularidade. A opção entre monitorização/avaliação formativa ou final depende do foco do plano. Se do plano resultarem *outcomes* tangíveis, deve optar-se pela avaliação final; se se tratar de um plano mais dinâmico, que seja adaptável ao meio envolvente e às próprias alterações internas, deve optar-se pela avaliação formativa.

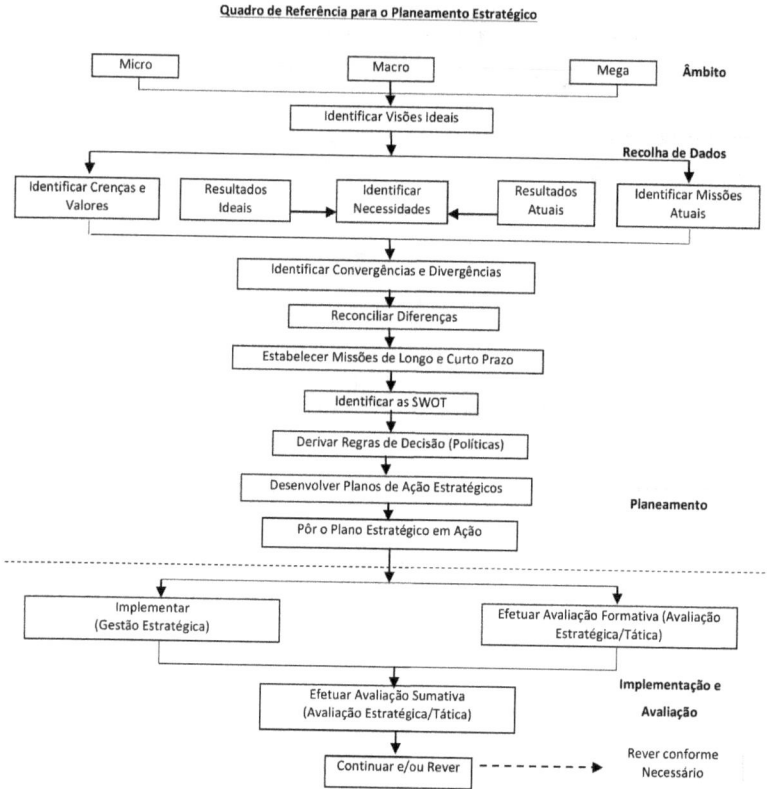

**Quadro de Referência para o Planeamento Estratégico**

| Micro | Macro | Mega | Âmbito |

- Identificar Visões Ideais

**Recolha de Dados**

| Identificar Crenças e Valores | Resultados Ideais | Identificar Necessidades | Resultados Atuais | Identificar Missões Atuais |

- Identificar Convergências e Divergências
- Reconciliar Diferenças
- Estabelecer Missões de Longo e Curto Prazo
- Identificar as SWOT
- Derivar Regras de Decisão (Políticas)
- Desenvolver Planos de Ação Estratégicos
- Pôr o Plano Estratégico em Ação

**Planeamento**

- Implementar (Gestão Estratégica)
- Efetuar Avaliação Formativa (Avaliação Estratégica/Tática)
- Efetuar Avaliação Sumativa (Avaliação Estratégica/Tática)

**Implementação e Avaliação**

- Continuar e/ou Rever

Rever conforme Necessário

Figura 2.2 Modelo de Planeamento Estratégico de Kaufman e Herman; Kaufman e Herman (1991:5)

***MODELO DE NORRIS E POULTON (1991) //*** Norris e Poulton (1991) adotam a abordagem de Bryson, adaptando-a, e desenvolvem, assim, uma rede concetual que envolve os seguintes cinco passos:

- "Planear o Planeamento" é a fase de negociação, durante a qual se alcança consenso entre os intervenientes-chave em relação ao processo global e aos passos do planeamento.

- O segundo passo consiste na avaliação da missão e dos valores dos *stakeholders* em relação à missão. A complexidade acrescida dos *stakeholders* académicos torna esta etapa especialmente importante para a IES de hoje e de amanhã.

- O terceiro passo inclui a avaliação interna e externa, que resultará numa matriz SWOT, por exemplo.

- O quarto passo é constituído pelas opções estratégicas, que, de acordo com os autores, podem ser expressas nos termos de uma visão.

- O último passo é denominado planeamento tático e implementação. Esta etapa produz *feedback* para os ajustamentos ao plano, planeamento futuro e processos visionários.

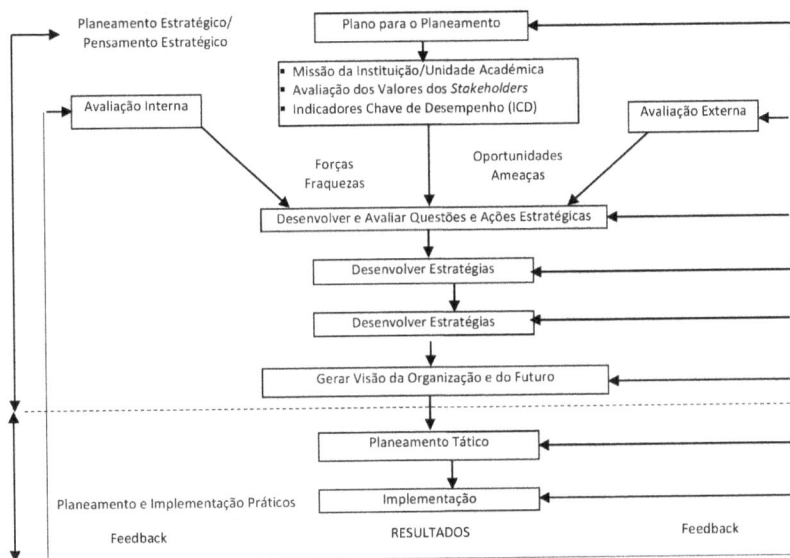

Figura 2.3 Modelo de Planeamento Estratégico de Norris e Poulton.
Norris e Poulton (1991:41)

### MODELO DE HUNT, OOSTING, STEVENS E MIGLIORE (1997) //

Hunt, Oosting, Stevens e Migliore (1997) desenvolveram um modelo que se focaliza no desenvolvimento estratégico e que coloca a ênfase na identificação da motivação pela qual a organização atua, da sua missão e dos *outcomes* desejados.

Este modelo é relevante devido à referência à necessidade de premissas quando se pretende efetuar a análise SWOT. Os autores defendem que, por muito bem que as análises interna e externa sejam realizadas, haverá sempre algum/alguns problemas impossíveis de solucionar e/ou oportunidades impossíveis de aproveitar; portanto, é necessário apresentar *a priori* as premissas que são adotadas, evitando, assim, imprecisões. Outro ponto em que este modelo se apresenta como relevante é relativamente à forma como evidencia a continuidade do planeamento na sua referência aos planos operacionais. O plano estratégico, por si só, não é passível de ser avaliado facilmente. A informação e as premissas podem ser revistas, mas, a não ser que haja planos operacionais a serem implementados, existe pouca matéria para avaliar.

Neste modelo, planeamento estratégico e pensamento estratégico adquirem uma relação próxima. O pensamento estratégico pode ser explicado como o foco na aprendizagem pela gestão de topo e outras atividades complexas, como análise, síntese e avaliação. Segundo os autores, o processo de planeamento estratégico deve ser aplicado neste contexto. Em suma, este modelo tenta aproveitar as oportunidades através da utilização estratégica de recursos e recorrendo a uma mentalidade orientada para o futuro.

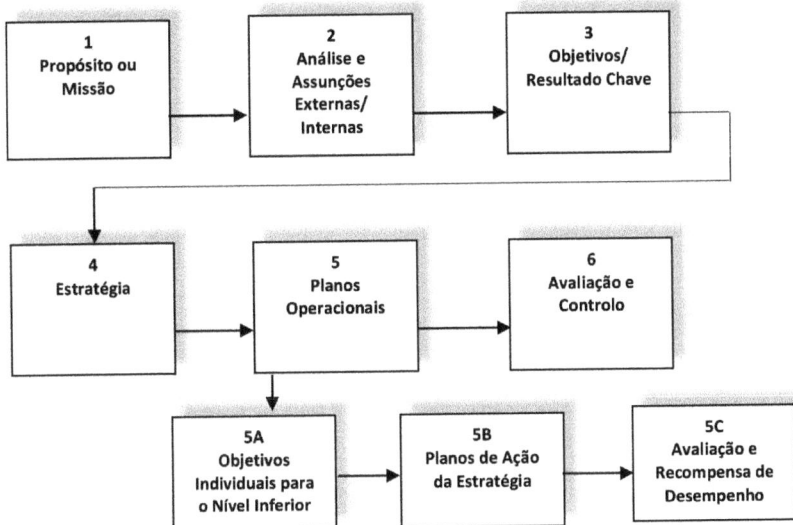

| 1<br>Propósito ou Missão | → | 2<br>Análise e Assunções Externas/ Internas | → | 3<br>Objetivos/ Resultado Chave |
| 4<br>Estratégia | → | 5<br>Planos Operacionais | → | 6<br>Avaliação e Controlo |
| 5A<br>Objetivos Individuais para o Nível Inferior | → | 5B<br>Planos de Ação da Estratégia | → | 5C<br>Avaliação e Recompensa de Desempenho |

Figura 2.4 Modelo de Planeamento Estratégico de Hunt, Oosting, Stevens, Loudon e Migliore; Hunt et al. (1997: 35)

**MODELO DE PLANEAMENTO CONTEXTUAL DE MARVIN PETERSON (1999B) //** Peterson é, frequentemente, referido como a "Voz" do planeamento estratégico. No seu trabalho, o autor preocupa-se com os desafios que as IES enfrentam, particularmente com a emergência de uma indústria de conhecimento pós-secundário. De acordo com o autor (Peterson, 1999a:12), "o planeamento tem que antecipar as alterações da sociedade, alterar as estruturas internas e incorporar a preocupação pela redefinição dos papéis dos indivíduos e das instituições". Na sua abordagem do planeamento estratégico, Peterson (1999b:60-61) caracteriza-o como planeamento contextual, definindo-o como uma "nova abordagem ao planeamento que poderá ser mais apropriada para um ambiente turbulento, no qual o caráter do sistema pós-secundário é, também ele, mutável. O planeamento contextual lida com a redefinição do contexto, quer no ambiente externo, quer no ambiente interno da organização."

Em primeiro lugar, o modelo de planeamento contextual tem como ambição analisar as condições mutáveis, a emergente indústria pós-secundária, o papel da IES no seu meio envolvente e a sua missão, estrutura, processos e cultura. O planeamento contextual preocupa-se com a redefinição, redesenho e reforma, se necessário, do papel da instituição, da sua missão, das suas funções académicas e das suas relações com outras IES. O estudo aprofundado destas componentes resultará em transformação organizacional.

O autor aponta como principais focos de atenção: necessidade de investimento em infraestruturas; incentivos à comunidade docente e não docente, a fim de aumentar a participação voluntária de todos no processo; disseminação da informação entre os intervenientes no processo, bem como junto de grupos externos, de forma a promover a imagem institucional; e aposta em parcerias externas. O processo de planeamento estratégico de Peterson (1999b) pode ser resumido como um processo focado no ambiente externo e interno, com atenção à necessidade de a IES assumir novos papéis, funções e relações.

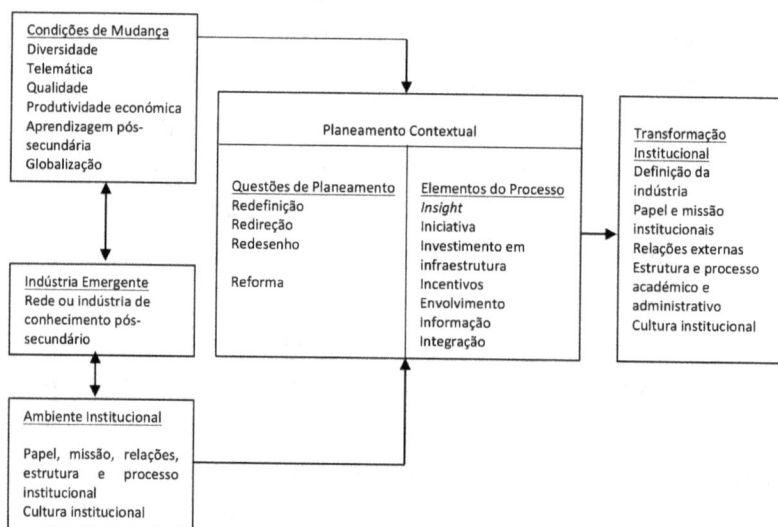

Figura 2.5 Modelo de Planeamento Contextual de Peterson. Peterson (1999b:66)

**MODELO DE AUSTIN (2002)** // O modelo de Austin (2002) assume, segundo o autor, uma de duas formas: 1) os líderes das diferentes áreas encontram-se em inúmeras reuniões e discutem sobre a missão, a visão, os objetivos e a estratégia; ou 2) um planeador entra numa sala com uma máquina de café e faz, ele próprio, o novo plano da organização.

De acordo com Austin, existe um hiato entre o planeamento e as atividades operacionais diárias, o que influencia a *performance* individual dos trabalhadores. Assim, a importância do papel dos trabalhadores é sublinhada por Austin. No entanto, o autor acredita que existe uma disparidade entre os valores do indivíduo e os valores da organização. Na forma tradicional de planeamento estratégico, mesmo quando existe uma meta para a implementação de uma visão, missão e valores comuns, não existe um processo através do qual os trabalhadores sejam incentivados a interiorizar a visão, missão e valores da organização.

O autor denominou o modelo que desenvolveu de *Triadic Heterarchical Strategic Planning Model* [Modelo de Planeamento Estratégico Triádico Heterárquico]:

- *Triádico*: aborda os três níveis da organização;
- *Heterárquico*: é gerido através de uma estrutura emergente;
- *Estratégico*: é um processo contínuo de análise dos dados, cultura e práticas de liderança.

Os três níveis (caráter triádico) propostos pelo autor consistem na instituição como um todo, nos departamentos e nos indivíduos. O modelo tenta sincronizar os objetivos institucionais com as funções departamentais e o talento dos indivíduos. Em última análise, o talento dos indivíduos é evidenciado. O papel dos líderes neste processo é o de se responsabilizarem pela direção global, tomarem decisões, alocarem os recursos da melhor forma, e inspirarem e orientarem os trabalhadores da instituição. Seguindo a lógica deste modelo, o autor acredita que os trabalhadores estarão motivados, porque estarão empenhados em criar o melhor ambiente de trabalho possível e em melhorar as suas capacidades profissionais.

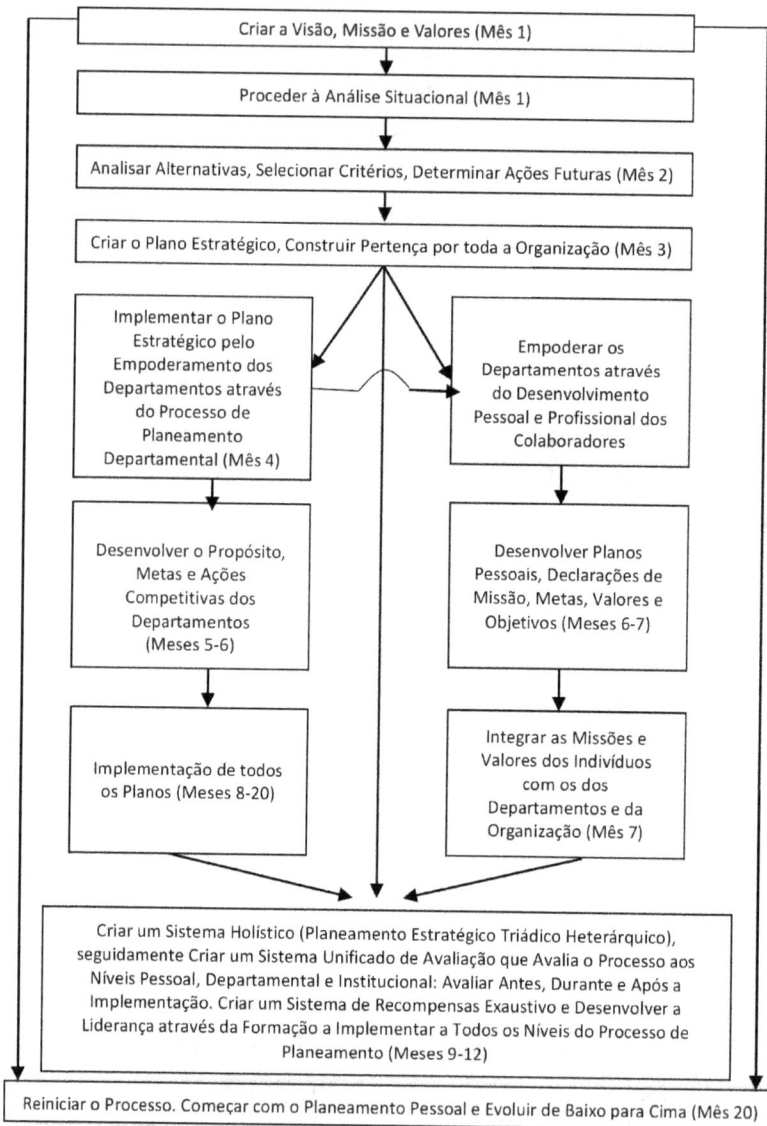

Figura 2.6 Modelo de Planeamento Estratégico de Austin. Austin (2002:68)

***MODELO DE TAYLOR E MACHADO (2006) /*** Taylor e Machado (2006) desenvolveram um modelo a que chamam Instituições de Ensino Superior Geridas Estrategicamente. Segundo os autores, as instituições com a magnitude e a importância das IES não podem continuar a manter o *status quo* se esperam lidar com o futuro e mesmo prosperar, no futuro que se avizinha.

Uma instituição gerida estrategicamente requer liderança. O pensamento estratégico, longe de ser incompatível com o planeamento estratégico ou constituir uma alternativa, é uma parte necessária da gestão estratégica global, e uma capacidade necessária a uma liderança eficaz. Trata-se inteiramente da integração da avaliação, cultura e valores, prioridades, recursos, planeamento e liderança. Todos estes elementos essenciais da gestão estratégica compõem uma tapeçaria que cria um ambiente institucional capaz de suportar um processo de planeamento eficaz (Ver Figura 2.7).

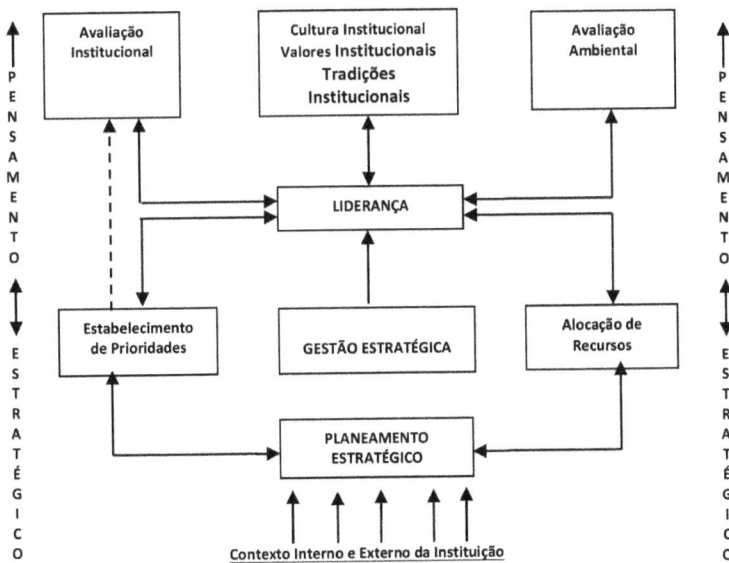

Figura 2.7 Modelo de Planeamento Estratégico de Taylor e Machado; Taylor e Machado (2006:137-160)

**MODELO SISTEMAS ADAPTATIVOS COMPLEXOS (CAS) DE MACHADO-TAYLOR (2011)** / Machado-Taylor (2011b) perante o que considera a necessidade urgente de as estratégias se adaptarem e prepararem para a mudança dentro das Instituições de Ensino Superior (IES), desenvolve um modelo com foco na teoria dos sistemas adaptativos complexos (CAS) como um meio de explicar a desconexão entre o Ensino Superior e o seu ambiente. Segundo a autora, as IES têm um pendor uniforme para ignorar a mudança e até mesmo lhe resistir. Os CAS têm a sua origem no genoma especificado do sistema biológico de evolução darwiniana, como discutido historicamente por Dennet (1995). No entanto, foi aplicado pela primeira vez como paradigma para enfrentar a evolução organizacional e a mudança por Gell-Mann (1994). A premissa fundamental para o CAS é que as organizações, tal como os organismos vivos, são sistemas complexos que são mantidos, definidos, especificados e replicados por esquemas.

A autora mantém a necessidade de as instituições serem geridas estrategicamente conforme modelo que já havia desenvolvido em 2006 (Taylor e Machado, 2006). O 'Modelo Sistemas Adaptativos Complexos' (CAS) assume-se como uma evolução em relação ao Modelo de 'Instituições de Ensino Superior Geridas Estrategicamente'. Segundo Machado-Taylor (2011b:18),

> A Teoria CAS é uma abordagem bastante recente para examinar a não-linearidade das instituições sociais e a imprevisibilidade do meio ambiente que as rodeia. Mais do que fornecer uma infinidade de novas variáveis sobre funcionamento institucional [...] procura de uma forma alternativa explicar e tentar descobrir a instituição e as suas multifacetadas interações com o ambiente.

**MODELO DE KAREN HINTON-SCUP (2012)** / Karen Hinton (2012), no seu *Practical Guide to Strategic Planning in Higher Education*, publicado pela SCUP, defende um modelo de planeamento estratégico como um processo cíclico, incluindo uma permanente reflexão sobre como funciona e quais mudanças podem torná-lo melhor.

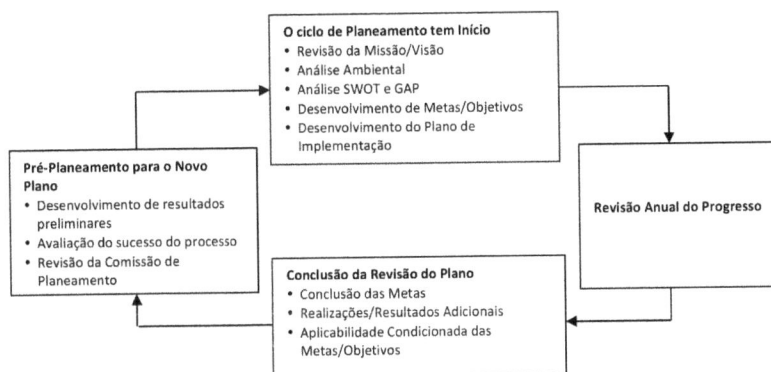

Figura 2.8 Modelo para o Desenvolvimento, Implementação e Revisão de um Processo de Planeamento, de Hinton; Hinton (2012)

## Notas Finais

Em resumo, embora existam numerosos modelos de planeamento que tentam distinguir-se entre si, os autores alegam que os modelos têm muito mais semelhanças do que diferenças, quando se passa para além do jargão de diferenciação e se examina os seus elementos essenciais (Machado-Taylor, 2011a). Em segundo lugar, os modelos de planeamento devem ser adaptados à realidade institucional individual (Taylor *et al*, 2008). Dentro de uma abordagem do planeamento estratégico, o plano não deve ser "esculpido em pedra" mas sim visto como orientações para a ação, que têm de ser continuamente adaptadas e atualizadas regularmente (UNESCO, 2010). Ações corretivas contínuas que devem ser refrescadas periodicamente são aspetos básicos da gestão estratégica (Taylor e Machado, 2006). Os planos devem esclarecer as direções a serem tomadas, especificando claramente as metas de longo prazo e os objetivos e metas de médio prazo, apresentar as principais atividades que terão de ser tomadas para alcançar os objetivos e metas apresentados, e traçar o caminho a ser seguido. Por último, o papel dos planos de operação anuais, deve ser o mais preciso e detalhado possível, e o orçamento deve ser conhecido tendo presente que mesmo os planos operacionais são alteráveis e devem ser utilizados de forma flexível através da aplicação de um sistema de controlo interno apropriado (UNESCO, 2010).

No mundo globalizado em que vivemos, mudanças transformacionais estão a ocorrer a um ritmo exponencial. O derradeiro desafio que se coloca às IES é o de compreender, antecipar e adaptar-se com sucesso a essa metamorfose global. As IES deverão estar preparadas para assumir as mudanças. Não existe, no entanto, qualquer Santo Graal para orientar as IES neste processo.

O planeamento estratégico é uma ferramenta projetada para desenvolver missões e visões específicas de uma instituição e para estabelecer, de forma independente, metas pró-ativas no sentido de fazer avançar a instituição. O processo de planeamento é o mecanismo que permite a articulação institucional de metas e prioridades. É do planeamento que derivam os meios vitais para ligar a missão do presente com a visão do futuro. É somente neste momento que uma IES pode possuir uma visão clara e focalizada das suas metas e da direção que deseja tomar.

A cultura do planeamento está a mudar; há interesse real em envolver no processo de planeamento todos os grupos constituintes de uma IES: os alunos, a comunidade, o corpo docente, o corpo não docente – enfim, todos os *stakeholders*, que, também por uma questão de responsabilização e *accountability*, querem saber como o dinheiro é gasto (SCUP, 2014). A liderança desempenha um papel importante no processo de planeamento para reforçar o compromisso institucional. Pensar estrategicamente a nivel institucional é uma competência essencial (Hinton, 2012; Taylor e Machado, 2006).

A implementação do processo de planeamento estratégico nunca resulta em uma mudança radical imediata, mas sim numa série de mudanças incrementais que, ano após ano, devem resultar num sistema de gestão mais eficiente, mais responsável e preocupado com a prestação de resultados (UNESCO, 2010).

O maior desafio é orquestrar as estratégias, as políticas, ações e grupos diversos, de forma a produzir os resultados desejados. Um sério obstáculo ao planeamento institucional e às estratégias é a alocação de recursos e de fontes de receita severamente limitadas. Conforme observado por Johnstone, estes problemas devem ser resolvidos, em última análise, pelo lado dos custos, através de uma melhor eficiência e corte nos desperdícios, ou pelo lado da receita, através de fluxos de receita suplementar. Agora, mais do que nunca, as IES precisam de um plano institucional abrangente e de uma liderança forte para conseguir avançar. O desenvolvimento de vantagens competitivas envolve vontades e execução – o processo sequencial de identificação de recursos e capacidades, seguido pela escolha e envolvimento em estratégias.

### 2.1.2 Desenho do Planeamento Estratégico e estruturas orgânicas

[*Carlos Gonçalves*[49]]

## Referenciais para integrar a práxis política, institucional e técnica do planeamento

Marca indelével do Iluminismo, na pós-modernidade a racionalidade reveste-se de sentidos pejorativos. Essa má reputação propagou-se ao planeamento dito racionalista. A sua cientificidade é atacada com ceticismo, a carga burocrática corrói a eficácia e as conjeturas de corporativismo deslegitimam tanto os que o praticam, como os que o advogam. É visto,

---

[49] Geógrafo, doutorado em Geografia Humana. Investigador efetivo do Centro de Estudos Geográficos, Instituto de Geografia e Ordenamento do Território, Universidade de Lisboa.

amiúde, como um enredo de burocracia (o plano) e de burocratas (os planeadores) embrenhados no propósito de justificar a sua existência.

Escudado pelo método científico, por técnicas facilitadoras de quantificação e por conhecimento especializado, o planeamento racionalista afasta-se do empirismo. Marginaliza os saberes subjetivos (valores pessoais e partilhados, culturas institucionais – dos grupos, das sociedades – visões, aspirações, quadros idealizados) quer de natureza pessoal, quer de âmbito social. Procura desligar-se da sua arena principal: as ciências sociais.

Este estereótipo, enquanto tal, corresponde a uma visão estremada sobre o planeamento racionalista. Fora destas baias, é conveniente revisitar os significados de racionalidade e a forma como interagem com os paradigmas que informam (de modo consciente ou inconsciente) as práticas de planeamento. Ou seja, a forma como os planeadores concebem e desenvolvem a sua atividade. Urge repensar a práxis[50] do planeamento, precisamente num contexto em que ele é mais necessário do que nunca. Os últimos anos sedimentaram a necessidade de as instituições/comunidades/regiões se capacitarem para conviver, proficuamente, com a recorrência de crises, com a permanência de tensões, com outras exigências do progresso (desligado da linearidade do crescimento e da expansão), com a incerteza e com a imprevisibilidade. A reflexão aqui proposta aponta nesse sentido.

## Racionalidade racionalista *vs* racionalidade comunicativa

A racionalidade é uma faculdade (ou um poder) intelectual que orienta "o pensamento e/ou a ação para a prossecução de um fim específico" (OED 1971:2431, citado por Alexander, 2000: 242).

---

[50] No sentido que remete para a origem do termo em grego, que significa conduta ou ação. Corresponde ao modo como os princípios teóricos são integrados nas condutas e nas ações.

No sentido mais lato, a prática de planeamento radica nesta noção de racionalidade, na medida em que a ação (que pode ser individual, perpetrada por um grupo, por uma instituição ou assumida por uma sociedade) corresponde a uma qualquer busca por racionalidade. Opõe--se ao que é irracional, ao que não é razoável porque não estabelece uma relação lógica entre ação e objetivos ou entre ações, objetivos e finalidades. Quando o desligamento é total, a prática de planeamento destrói o presente e não constrói futuro para as instituições, porquanto, tanto as ideias como as ações são irracionais.

Neste quadro, importa chamar à colação o paradoxo inerente à opção pela recusa do planeamento, sendo esta também uma forma (porventura a mais difundida) de planeamento. Note-se que as situações em que a racionalidade não está no centro da ação, não são tão raras quanto parece à primeira vista. Em muitos contextos, as ações, até certa medi-da, irrefletidas, imponderadas, impulsivas, são valorizadas, desde logo porque são produtivas. Cabem aqui exemplos de criação artística, mas também, da importância do território dos afetos na tomada de decisões.

Voltando à tal racionalidade que informou uma prática específica de planeamento (o racionalista), para lá da crítica, é preciso não esquecer que ela carregava consigo o ónus de ter de reunir informação passível de justificar um rumo. O planeador, adotando o paradigma racionalista, tem de conseguir apresentar razões justificativas que sustentem uma linha de atuação. Este aspeto implica que se revisite a noção de planeamento racionalista, porque tem na sua matriz a necessidade de construir formas de verificação das opções tomadas. Ou seja, a equipa de planeamento está obrigada a fundamentar uma posição face às demais. Permite que se avalie, que se internalize *accountability* – palavra de difícil tradução, mas que implica, neste contexto, dispersão da responsabilidade por quem prepara, e por quem toma, decisões de planeamento.

Conscientes da má fama da prática do planeamento racionalista mas também da inseparabilidade da racionalidade do ato de planear, importa então estratificá-la (à racionalidade). Este exercício ajudar-nos-

-á a perceber que a posição do planeador pode conhecer fronteiras de grande latitude, de acordo com a banda de racionalidade que privilegia, ou então, tendo em conta a combinação de tipos que adota.

Uma diferença a assinalar estabelece-se entre racionalidade formal e racionalidade substantiva ou instrumental. A primeira constrói ações de modo a que sejam vistas como matéria de facto (mais próxima do estereótipo do planeador racionalista). A segunda oferece uma maneira lógica para apurar, dentro dos meios disponíveis, os que melhor se ajustam à prossecução de um determinado objetivo. Não corresponde, necessariamente, ao ótimo, inclui noções de transitório, admite preferências e contingências. Este posicionamento está na base de boa parte das metodologias de suporte à decisão que muito devem aos princípios do utilitarismo assentes no ótimo de Pareto[51], ou da maximização da utilidade (a análise de custo/benefício é disso exemplo). Esta utilidade é, amiúde, vista como eficiência ou até como eficácia.

Caixa 2.3 Critérios para fundamentar decisões de política

Os critérios para a preparação de decisões sobre o futuro de comunidades ou instituições podem ser diversos. Vejamos alguns. O planeador, explorando a racionalidade técnica, utilitarista ou funcional, pode orientar-se para a eficácia, por norma medida em unidades de produto/serviços ou pelo valor gerado (capta o alcance do resultado de uma ação ou de um objetivo). Também própria da lógica utilitarista, apontando para a eficiência, a ação de planeamento atenta no esforço necessário para atingir um certo nível de eficácia. É usual ser tomada como resultado da ponderação do custo por unidade de produto ou de serviço. Noutro plano, quando visa a equidade o planeador observa uma racionalidade legal e social. Preocupa-se com a distribuição dos efeitos do esforço e das vantagens dele resultantes, pelos diferentes grupos e indivíduos. Se estiver preocupado com a suficiência, o mesmo, ou outro planeador, chama para primeiro plano o alcance do nível de eficácia, procurando o ponto em que pode satisfazer o máximo de necessidades, respeitar o mais possível os valores e aproveitar oportunidades. Se o critério for a conformidade, a sua ação procurará satisfazer as necessidades, as preferências e os valores de determinados grupos. Por fim, quando toma a aptidão como critério, questiona a validade dos objetivos, procura avaliar se são os mais apropriados face ao contexto institucional e social (Queirós, 2000).

---

[51] O ótimo de Pareto traduz uma afetação de recursos a partir da qual não existe nenhuma outra configuração que, sendo preferível por uma parte, não implique prejuízos a outras. Ou seja, o ótimo é determinado no ponto a partir do qual deixa de ser possível melhorar a situação de uma parte sem prejudicar as demais. Trata-se de uma situação hipotética resumida no seguinte princípio: ninguém pode ficar melhor se, para o conseguir, prejudicar outros.

Enquanto a racionalidade formal se atém exclusivamente aos meios, tomando os fins como ganhos acrescidos, a racionalidade instrumental admite as singularidades de cada ator dotado das suas próprias razões e objetivos. Acolhe a possibilidade de existência de rumos diferenciados. O planeamento prepara a escolha mais racional de entre as diferentes possibilidades, socorrendo-se de metodologias de avaliação de alternativas, jogando com variações de metas e de objetivos.

As racionalidades (formal e instrumental) podem ser perspetivadas na relação entre meios e fins, a partir do impacto das ações projetadas. Associa-se o valor da racionalidade formal a uma "ética da convicção" (é justificável) em contraste com a ética da responsabilidade admitida na linha instrumental (está consciente das consequências). A equipa de planeamento não confronta os decisores com a escolha sobre o que deve ser feito, mas sim sobre qual é a ação mais correta, ponderando os impactos (positivos e negativos). Assim, a equipa afasta-se do paradoxo, nada produtivo, que opõe a visão técnica (formal) à política (instrumental) e contorna as questões morais (não tenta resolver as tensões entre meios e fins). A racionalidade instrumental implica "apenas" a avaliação (tomar consciência) de todas as alternativas possíveis. Em última análise, capacita-se para justificar uma escolha, elucidando sobre as responsabilidades a ela inerentes. Responsabilidades que serão assumidas pelo decisor.

O pragmatismo, amiúde associado à proposta técnica filtrada pela racionalidade instrumental, coloca o sentido de uma ideia, uma ação ou uma estratégia, em confronto com as suas consequências. Num plano ligeiramente diferente está a prática da racionalidade incremental. Pressupõe ações marginais em vez de radicais, possibilitando a reversibilidade, isto é, admite que a opção pode estar errada. Trata-se de um pormenor da maior importância, porque ultrapassa a racionalidade instrumental juntando outros fatores à decisão e observando as consequências nos resultados fornecidos pelos modelos de cálculo que as sustentam. Relutância em partilhar conhecimento, alinhamento com os ideais do liberalismo democrático, resistência às transformações radicais, são aspetos partilhados pelo pragmatismo e pelo incrementalismo.

A preocupação com estas interações, que desembocará no planeamento participativo, tem o seu ponto de partida em Jürgen Habermas (1984 e 1987) com o enunciado da teoria da ação comunicativa, quando aparta o conhecimento de uma construção transcendental, empírica ou individual e o concebe como um processo social. Assim a racionalidade não é vista como uma propriedade capturável por agentes, tão-pouco categoriza ações. A racionalidade, assim defendida, só pode ser granjeada nas interações sociais (despida da "ganga" técnica e despojada do enviesamento político). Com a teorização da ação comunicativa (centrada nas interações) desenvolve-se a racionalidade discursiva, consolidando-se através da crítica à racionalidade técnica/instrumental. Ou seja: a melhor opção é a que se consegue justificar e, sobretudo, consensualizar.

A afirmação deste tipo de racionalidade sustenta que não se deve escolher as ações por referência a metas ou a objetivos (como é próprio da racionalidade formal ou da instrumental). A opção será feita tendo em vista o padrão de interações. Não se preocupa com as consequências das ações mas sim com a qualidade da comunicação (paradoxalmente, em última análise sublinha a sua força política). Coloca no cerne da sua ação saber até que ponto o discurso é honesto, sincero e claro. E defende que são as distorções de discurso que conduzem a, e justificam, decisões desajustadas. Opõe-se as atuações racionalistas (as que procuram atingir metas individuais) às discursivas (as que procuram chegar a posições consensuais). Habermas (1984 e 1987) reconhece que a sua proposta de teoria da ação comunicativa pressupõe um objetivo idealista, inatingível. Todavia é tomada, pela comunidade técnica e científica, como bitola para o planeamento colaborativo, também designado por participativo e associado à prática de planeamento feito "de baixo para cima", ou "planeamento com", por oposição a "planeamento para".

A norma, o posicionamento, a estratégia, a lei só é válida se for vista como um "princípio universal", aceite de modo incondicional e livre por todas as partes interessadas. Livre, implica que o processo de decisão deixou que todas as partes se pronunciassem sem restrições ou constrangimentos. Pressupõe que se anula a interferência das disparidades na repartição de poder, bem como no acesso a recursos, a conhecimento ou a informação. Como é bom de ver, estamos, também neste caso, perante uma situação inatingível.

Entre a racionalidade instrumental (tudo depende do conhecimento científico e da especialização técnica) e a comunicativa (tudo depende do processo e da capacidade de envolver os atores numa narrativa sólida) é necessário forjar uma visão alternativa que proponha uma síntese entre a convicção racionalista e o modo como a planeador/ decisor/ator racional constrói as suas convicções (Alexander, 2000). Esta empreitada implica dois planos: um, que considere as escolhas das equipas, construídas usando informação e conhecimento técnico recorrendo a metodologias apropriadas para recolher e tratar informação relevante; e outro para onde se decante as escolhas sociais. Qualquer posicionamento racional assente em metodologias apropriadas tem de ser verificável por uma comunidade de pares. Aqui existe um espaço para incluir as apreciações subjetivas e os posicionamentos que consideram a fatalidade da mudança e da incerteza.

O planeamento deliberativo, assente na racionalidade instrumental e/ou funcional, procura resolver problemas através do apuramento da racionalidade das propostas pensando no interesse de determinados grupos, organizações, empresas ou governos, entendidos como se fossem indivíduos. Formula-se a "ciência da decisão" construída por metodologias de planeamento. O planeador é um ser racional que procura ordenar o caos. A sua ação assenta na racionalidade instrumental, *i.e.*, na ideia de que a tecnologia e o conhecimento farão com que o mundo funcione melhor. A crítica que lhe é feita sintetiza-se na constatação de que a melhor proposta de nada vale se o decisor/político não a perfilhar. Na maioria dos casos, as propostas feitas pela bitola racionalista foram rejeitadas e substituídas por desígnios políticos ou por força do poder de atores ou grupos de atores. A tentativa feita por Paul Davidoff (1965), no seu artigo "Advocacy and Pluralism in Planning" (citado em Stiftel, 2000), de convocar os planeadores para a função de "advogados" das suas propostas, direcionando-as para resolver os problemas dos grupos que nunca seriam representados, constitui uma abertura na reflexão sobre a ação do planeamento e dos planeadores.

Nesta esteira, o paradigma participativo centra-se nas ferramentas que qualificam a interação. Desenvolve técnicas de comunicação deslocando a prática de planeamento para uma intensificação do fluxo de interações sociais. O plano é sinónimo de processo e de discurso e o planeador assume as posições de comunicador, facilitador, mediador, gestor de conflitos, diplomata. O planeamento é, para além do mais, uma atividade discursiva integrada, em que cabe aos planeadores fazer análises sistemáticas e construir argumentos lógicos. São atores participantes do mundo que planeiam, não são especialistas que o observam com total neutralidade. Fazem mais do que análises qualitativas ou exercícios interpretativos, mais do que análises dedutivas. Têm de perceber a unicidade dos contextos, não chega fazer propostas geniais e gerais (Innes, 1995).

Fora desta dicotomia, o planeamento estratégico, assumindo o propósito de antecipação (Bryson e Cosby 1992; Bryson 1988, citados por Alexander, 2000), coloca um duplo desafio às equipas: para além de propor para onde ir, cabe-lhe construir o caminho para lá chegar. Neste propósito importa o equacionamento da coordenação das atuações, assim como a arquitetura institucional que viabiliza a construção partilhada (comunicação) de ações para a mudança.

A racionalidade estratégica alinha-se com a teoria do jogo. O *homo economicus* joga num contexto intencional. O planeador orientado estrategicamente é um agente consciente do local, do contexto e da situação específica para onde carregou todas as convenções sociais e culturais, incluindo a arena política (racionalidade do poder). Avança na possibilidade de aplicação de uma síntese das racionalidades formal/instrumental, valorizando uma narrativa de argumentos lógicos que ligam a convicção à ação. Mistura cientificidade ao plano político (só pode ser assim porque é para aí que os modelos apontam), e política ao domínio técnico (só pode ser assim porque os decisores não querem – não quereriam – de outro modo).

A questão coloca-se em saber como antecipar problemas quando o quadro de incertezas e a malha da complexidade dominam o contexto sobre o qual as instituições têm de construir orientações estratégicas.

## Racionalidade para planear adaptabilidade

Podem os planeadores preparar melhor as instituições para sobreviver, ou, num plano mais ambicioso (próprio do funcionamento ideal das sociedades), gerar, com a sua ação, resiliência evolutiva? É possível planear para manter trajetórias de progresso, não obstante contextos de dificuldade, declínio e crise?

Desde o verão de 2008 que uma cadeia de relações, desenhada entre os Estados Unidos da América e a Europa, introduz graus diferenciados de perturbações financeiras, económicas e sociais nos diferentes países. Perante um quadro de recessão generalizada, as instituições (também as de Ensino Superior) são pressionadas a aumentar a competitividade ao mesmo tempo que têm de internalizar cortes substantivos nos recursos.

No contexto europeu, os desequilíbrios orçamentais, colocados em evidência nos países mais vulneráveis, serviram de caixa-de--ressonância da bolha especulativa gerada no mercado imobiliário dos Estados Unidos da América. O efeito cumulativo de fatores resultou numa crise financeira de impacto mundial que não encontra paralelo nos últimos 80 anos. Camuflaram-se as fragilidades de poder de compra das famílias com fórmulas de avaliação e com mecanismos financeiros que permitiram a titularização dos créditos à habitação. Desta forma, criaram-se carteiras de crédito suficientemente permissivas para poderem envolver famílias com baixo (ou mesmo muito baixo) poder aquisitivo (*subprime*). O encadeamento de processos e acontecimentos envolveu os Estados em grandes constrangimentos (com maior expressão nos ditos Estados periféricos: Irlanda, Grécia, Portugal, Espanha) para poderem manter o nível de suporte aos serviços públicos, entre os quais se inclui o Ensino Superior.

Num quadro de aprofundamento de políticas neoliberais, processos de controlo dos círculos de decisão e de desarticulação dos espaços de intervenção pública seguem a par com a crescente privatização dos serviços de interesse geral, apoiada por produção legislativa e pela desconstrução dos dispositivos de regulação/intervenção dos Estados, dirigindo as suas políticas pelas bitolas da competitividade e do crescimento económico (Purcell, 2009; Leitner *et al.*, 2007; Harvey, 2005; Jessop, 1993, citados por Eraydin, 2013). Este sistema facilitador do funcionamento "perfeito" do mercado articula-se com o discurso da eficiência, do empreendedorismo, da inovação e do consumismo. Esta dinâmica de crescimento, quer seguindo a linha de planeamento racionalista, quer pela adoção, recente mas ampla, da vertente comunicativa, expõe as instituições a pressões externas e amplifica as suas vulnerabilidades face aos riscos gerados em qualquer outro setor, ou região, do planeta.

Um paradigma de planeamento pró-resiliência fomenta a capacidade adaptativa, introduz competências de auto-organização e incute transformabilidade (Eraydin, 2013) na matriz socioeconómica duma comunidade ou duma instituição. Com este referencial, relativiza-se a importância de criar estabilidade, de gerar equilíbrio e de manter trajetórias vindas do passado. De um modo geral, a ação destas competências resulta na cristalização do funcionamento das instituições/cidades/territórios, aproximando-os ou aprisionando-os em ciclos de crise. Planear pró-resiliência visa: i) habilitar para lidar com ganhos de coesão, de equidade, de progresso, de qualidade de vida, com mudanças graduais ou com choques radicais (adaptabilidade); ii) gerar capacidade de organização interna, potenciando mudanças graduais profícuas e afastando as instituições de vulnerabilidades decorrentes da exposição a fatores externos (auto-organização); iii) catapultar as instituições para formas de funcionamento geradoras de progresso, não obstante a exposição (pontual ou permanente) a tensões e ruturas (transformabilidade).

Planear para a resiliência implica incluir nas práticas de planeamento a natureza dinâmica das sociedades (condição de não retorno a estados de equilíbrio), a heterogeneidade de combinações (económicas, sociais, ecológicas) e o funcionamento sistémico (interação entre elementos, setores e regiões que injetam vulnerabilidade e outros que consolidam resiliência). Aplicado ao planeamento, o paradigma da resiliência desloca-o da sua obsessão pela ordem, previsibilidade e estabilidade. Aceita a mutabilidade como norma e a dinâmica como algo inerente ao funcionamento das comunidades e das instituições que as suportam. Assume a mudança e explica a estabilidade, quebrando a prática corrente de assumir a estabilidade e explicar a mudança (Folke *et al.*, 2003, citado por Davoudi e Porter, 2012). Para além disso, o planeamento pró-resiliência coloca em crise a validade das estratégias do tipo *blueprint,* próprias do paradigma racionalista, quando direcionadas a sistemas dinâmicos, complexos e com comportamentos não-lineares.

Dilatar o campo de possibilidades para transformar a sua matriz de funções, desligando-as de qualquer estádio de normalidade estática, concorre para o planeamento pró-resiliência. Quer isto dizer que as regiões, as cidades, as comunidades, as instituições serão beneficiadas se se deixar de falar de retorno à normalidade e se pugnar pela possibilidade de as transformar de modo a que funcionem melhor e que o desempenho as catapulte para patamares onde a distribuição de recursos seja mais equitativa (Davoudi e Porter, 2012).

A tabela 2.1 sistematiza as diferenças que o planeamento pró-resiliência estabelece face aos paradigmas que informam as práticas das últimas décadas. Comporta um racional integrador que pondera as vantagens das lógicas formal e instrumental, assim como da corrente comunicativa. Os grupos sociais são envolvidos apelando-se à sua capacidade de apreender e aprender a identificar e acionar os gatilhos da mudança. Todavia não se esvazia a capacidade dos técnicos para identificar áreas prioritárias e os nós nevrálgicos do funcionamento dos sistemas.

Tabela 2.1 – Matriz de comparação entre os princípios do planeamento pró-resiliência e os paradigmas que mais influem na prática atual. Adaptado de Eraydin (2013:30)

|  | Planeamento racionalista | Planeamento colaborativo | Planeamento pró-resiliência |
|---|---|---|---|
| **Racional** | Racionalidade instrumental | Racionalidade comunicativa | Racionalidade integradora; convergência de racionalidade instrumental e comunicativa |
| **Atores** | Indivíduos/Técnicos | Indivíduos inseridos em grupos interessados/implicados | Grupos interdisciplinares com conhecimento técnico; grupos sociais encarados como agentes que internalizam a mudança e aprendem a geri-la |

| | | | |
|---|---|---|---|
| **Relações entre atores/ centros de poder** | Decisões sobre as metas que todos devem atingir | Geração de consensos | Compromissos |
| **Escala temporal** | Médio/Longo prazo | Curto prazo | Longo prazo; abordagem sistémica; ações imediatas |
| **Foco** | Resolução de problemas | Acordos/Decisões coletivas | Ultrapassar os constrangimentos impostos pela racionalidade instrumental |
| **Objetivo** | Definir as ações mais eficientes para atingir as metas | Gerar consensos e posicionamentos partilhados | Definir prioridades para uma situação de não-retorno; prevenir distúrbios de manifestação gradual e/ou de grande magnitude |
| **Resultado** | Decisões suportadas por conhecimento técnico | Decisão coletiva, baseada numa construção de valores comuns | Soluções flexíveis, ajustadas à heterogeneidade espacial e às mutações funcionais e temporais |
| **Contexto/ substância** | Decisões compreensíveis | O contexto é, em si, um resultado do processo | Rotinas que facilitem a intervenção em áreas nucleares/ prioritárias |
| **Sistema de valores** | Valores individuais | Construção de valores comuns | Valores universais de bem-comum |
| **Critério para avaliar os resultados** | Eficiência | Dimensão da base de consenso | Consolidação/ Erosão dos atributos que conferem resiliência |

Em suma: planeamento pró-resiliência coloca ênfase no posicionamento crítico, na intensidade de fluxos, na certeza da contingência, nas redes de conectividade e na pluralidade de interações. Não aborda o objeto do planeamento como meras unidades de análise, ou dispositivos neutros, encara-os como sistemas sócio-espaciais complexos onde se geram

interações com efeitos de bumerangue imprevisíveis, manifes-
tados em múltiplas escalas temporais e espaciais. Na conceção
de Davoudi e Porter (2012), o planeamento interpretativo
(aqui designado pró-resiliência) reconhece a ubiquidade da
mudança e a inerência da incerteza, potencia o que é novo
e surpreendente.

## Racionalidade adaptativa e planeamento das Universidades

Uma aproximação direcionada para mobilizar mudanças pensando e agindo de forma integrada, pode ser recolhida no *Strategic
Planning in Higher Education: a Guide for Leaders* (The State
University of New Jersey, 2002). Neste caso, a tónica é colocada
em três campos de atuação: I) liderança: definir com clareza a
distribuição de responsabilidades; II) comunicação: harmonizar
interesses e dirimir conflitos; III) acompanhamento técnico: propor
e sinalizar progressos.

Com estas três frentes estabilizadas é mais fácil compor uma
equipa de liderança competente, que incorpore múltiplas perspetivas e que seja conhecedora dos mecanismos e dos limites
das decisões que toma (racionalidade funcional). Permite ainda
a criação de recursos para antecipar problemas que se colocarão
ao longo dos ciclos de planeamento e para formular estratégias
para os resolver, fazendo emergir, nas diferentes unidades orgânicas, a perceção de que o processo está capacitado para assimilar
os seus contributos, sinalizar falhas e viabilizar compromissos
transversais (racionalidade comunicativa). O efeito conjugado
resulta na capacidade de responder aos desafios, cultivando a
necessidade de mudança e criando o "sentido de lastro" que in-
tegre, e capitalize, os esforços desencadeados em fases anteriores
(racionalidade adaptativa).

Nível de urgência e condições para a mudança

Compromissos para sustentar mudanças

Orientação para mudar

Informação para mudar

Sentido do processo de mudança

8. Internalização
7. Institucionalização
6. Adoção
5. Implementação
4. Predisposição
3. Compreensão
2. Consciencialização
1. Comunicação

Tempo

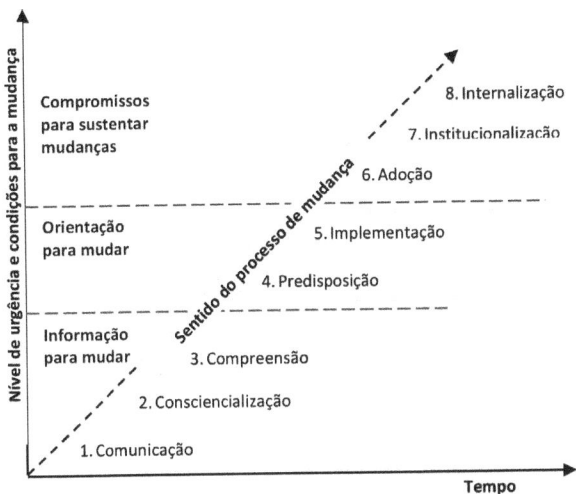

Figura 2.9 Sentido das mudanças planeamento. Adaptado de The State University of New Jersey, 2002

Recorrendo ao esquema anterior (adaptado de *Strategic Planning in Higher Education: a Guide for Leaders*, The State University of New Jersey, 2002), procuramos esclarecer as ligações entre os esforços de planeamento e de acompanhamento da sua execução na mobilização de processos de mudança.

Esta cadeia de fases, própria do planeamento, configura um espaço de atuação que é mais abrangente do que o circuito de preparação, elaboração, implementação, monitorização e avaliação do plano. Concebe o planeamento num quadro de competências que permitem introduzir, continuamente, as melhorias necessárias à prossecução de um rumo estratégico. Nesse sentido, os projetos que catalisam essas mudanças, seguem um percurso que se inicia no primeiro contacto (momento em que são comunicadas) até à sua internalização na "cultura" de funcionamento da instituição. Esse processo decorre da definição (formal ou informal) dos compromissos necessários para que as transformações que alimentam a estratégia sejam implementadas com os resultados desejados.

Para que os ciclos de planeamento estratégico se concretizem e para que, através deles, se incuta sucesso continuado (de longo prazo, por isso resiliente) nas Instituições de Ensino Superior, é necessário reunir um conjunto de recursos. Essa convocatória estará incompleta se não contemplar o pleno envolvimento das estruturas da gestão de topo (equacionar a dimensão política), a importância da participação individual e da configuração da comunidade académica restrita e alargada (atender ao contexto institucional) e o modo como se estruturam as equipas e as respetivas competências técnicas. De seguida aborda-se, com maior detalhe, cada uma destas componentes.

## Dimensão política

Nas Universidades, por via do planeamento, fixa-se uma direção, deslocando para aí os recursos que potenciem os ganhos de todos quantos, direta ou indiretamente, são afetados pelas opções que concretizam a estratégia traçada. Em resumo: o planeamento estratégico é uma abordagem para antecipar o futuro e driblar o inevitável (Paris, 2003). Trata-se, em última análise, da definição de fatores diferenciadores (tipos de programas adotados, segmentos de alunos a atingir, apostas no plano da investigação, localização, etc.) que projetem a instituição num futuro robusto (que garanta progresso de longo prazo) amplamente consensualizado (figura 2.10).

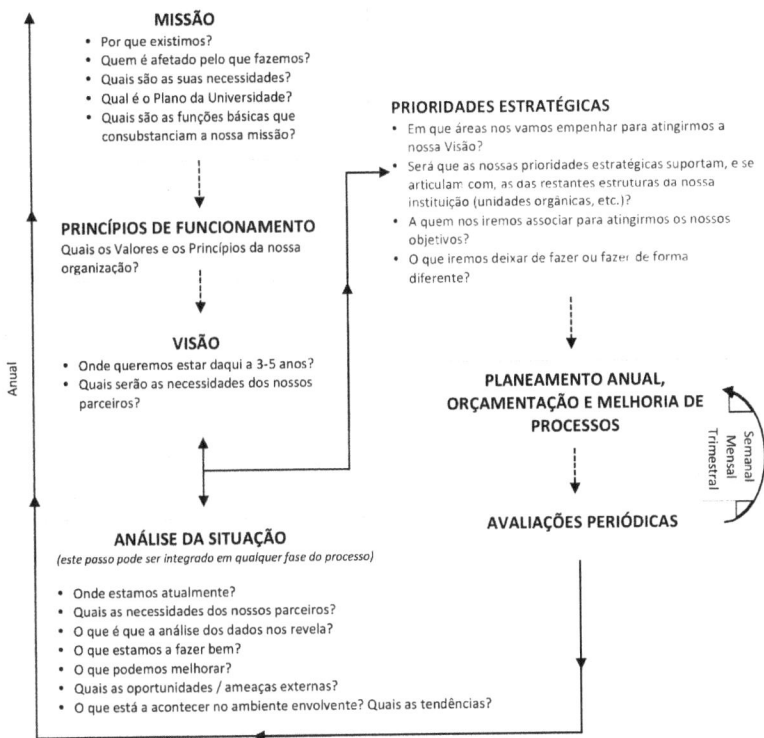

**MISSÃO**
- Por que existimos?
- Quem é afetado pelo que fazemos?
- Quais são as suas necessidades?
- Qual é o Plano da Universidade?
- Quais são as funções básicas que consubstanciam a nossa missão?

**PRINCÍPIOS DE FUNCIONAMENTO**
Quais os Valores e os Princípios da nossa organização?

**VISÃO**
- Onde queremos estar daqui a 3-5 anos?
- Quais serão as necessidades dos nossos parceiros?

**PRIORIDADES ESTRATÉGICAS**
- Em que áreas nos vamos empenhar para atingirmos a nossa Visão?
- Será que as nossas prioridades estratégicas suportam, e se articulam com, as das restantes estruturas da nossa instituição (unidades orgânicas, etc.)?
- A quem nos iremos associar para atingirmos os nossos objetivos?
- O que iremos deixar de fazer ou fazer de forma diferente?

**PLANEAMENTO ANUAL, ORÇAMENTAÇÃO E MELHORIA DE PROCESSOS**

**AVALIAÇÕES PERIÓDICAS**

Semanal
Mensal
Trimestral

Anual

**ANÁLISE DA SITUAÇÃO**
*(este passo pode ser integrado em qualquer fase do processo)*
- Onde estamos atualmente?
- Quais as necessidades dos nossos parceiros?
- O que é que a análise dos dados nos revela?
- O que estamos a fazer bem?
- O que podemos melhorar?
- Quais as oportunidades / ameaças externas?
- O que está a acontecer no ambiente envolvente? Quais as tendências?

Figura 2.10 Modelo de Planeamento Estratégico. Extraído de Kathleen Paris (2003)

De modo mais gráfico, podemos dizer que, mesmo quando uma instituição está no caminho certo, enfrentará problemas se tentar apenas cristalizar essa posição, mantendo ou procurando situações de equilíbrio ou de estabilidade. Nenhuma instituição, e por maioria de razão, nenhuma Universidade, colégio ou departamento, poderá manter-se estático por muito tempo. A cristalização de posições, mesmo que vantajosas, é um indício de vulnerabilidade. Uma trajetória com durabilidade decorre da continuidade da resposta às exigências de mudança. Por conseguinte, o planeamento estratégico deve minimizar as vulnerabilidades e afastar as instituições de conjunturas que as envolvam ou sequestrem em processos de declínio e de crise (Paris, 2003:2).

De modo simplificado é possível elencar um conjunto de alinhamentos estratégicos "tipo" que uma Universidade pode assumir:

↗ manter-se pequena ou ambicionar crescer;

↗ oferecer educação massificada ou dirigida para elites (grupos específicos);

↗ orientar-se para a investigação ou para o ensino;

↗ centrar-se no financiamento proveniente do Estado ou aproximar-se de fontes privadas;

↗ orientar-se para aprofundamentos disciplinares ou para a resolução de problemas;

↗ orientar-se para uma implantação regional ou ambicionar projeção internacional;

↗ assumir, no processo de admissão, elevada ou reduzida seletividade;

↗ assumir apenas um ou conjugar vários perfis (convencional/tradicional/ clássica, empreendedora/inovadora, excelência/qualidade elevada, moderna )

O planeamento estará sempre ao serviço da política da organização, que por sua vez não deixa de observar a – e intervir na – cultura institucional, alinhando responsáveis e estruturas, atores e recursos no sentido de, atentos ao contexto, nortear a instituição para os seus desígnios.

Como em qualquer outra organização, o planeamento numa Universidade convoca tensões entre decisões que se fundamentam em critérios meramente racionais (diríamos de racionalidade formal ou técnica) e as que assentam em razões políticas (mais próximas da racionalidade substantiva ou funcional). De um modo geral, as instituições (mormente as que necessitam de planear o seu futuro) enquadram, no seu funcionamento, conflitos e disputas, também, quanto à definição das fronteiras que apartam os diferentes círculos de poder. Poderá dizer-se que correspondem a falhas de racionalidade comunicativa ou discursiva.

Neste contexto, o papel das lideranças é fulcral. Pede-se-lhes que sejam capazes de fazer, a todo o momento, a síntese entre os diferentes tipos de racionalidade e as idiossincrasias que todos os focos de poder (internos e externos) manifestam, quer na fase de definição, quer quando se processa a execução de uma estratégia. Pede-se-lhes que integrem as racionalidades funcional e comunicativa, mas também que antecipem e construam um futuro gerador de sucesso perene, resiliente, porque imune a ciclos de tensão, declínio, crise. Ou seja: o planeamento tem necessariamente, na sua definição, uma dimensão política. Essa dimensão pode ser exercida de modo consciente ou inconsciente, pode ser conduzida com sistematização ou ser encarada de maneira orgânica, pode afirmar-se envolvendo ou confrontando a comunidade académica.

O profícuo exercício de planeamento, enquanto processo de escolhas de afetação de recursos, é, na sua essência, um campo de política(s). Apresentado de modo mais contundente, este posicionamento pode ser visto da seguinte maneira:

> fazer planejamento é, essencialmente, uma atividade política, inseparável do complexo campo das relações dos homens em sociedade, do jogo social. Fazer planejamento é, então, fazer política a partir do momento em que se escolhe como se quer planejar. «Como» se quer planejar, «quem» vai planejar, «o que» (qual agenda) se vai planejar dão, de saída, a medida do método escolhido pelo ator que enuncia o desejo de planejar. O potencial transformador do planejamento está, em boa parte, condicionado pela clareza que o ator – ou os atores – do planejamento tem a esse respeito (Cecilio, 2001:3).

Nas entrelinhas destas ideias está a crítica à posição estritamente racionalista, normativa, positivista ou tradicional do planeamento. A absorção da função política na tomada de decisões permite dirimir a incerteza própria das relações sociais. Assume-se que a realidade se abre para múltiplos diagnósticos na medida em que cada ator, ou cada grupo, produz uma leitura ajustada ao seu quadro de interesses. Neste sentido, o conhecimento da realidade não é um invólucro fechado, pelo que, quem governa, dificilmente domina todos os espaços de poder. Isto é: a visão determinística que fixa, *a priori*, os resultados desejados cola-se pouco à realidade, assim como ao comportamento dos grupos sociais (mormente os que integram a comunidade académica). Em certa medida, o final está sempre em aberto, "há sempre espaço para a ação humana intencional, para se «fazer história», para se «construir sujeitos» e para se lutar contra a improvisação, construindo-se um caminho que se aproxime o mais possível do desejado" (Cecilio, 2001:2). Por outras palavras, há sempre lugar para transformar a realidade, sendo esta favorável ou adversa. Há sempre margem para (re)desenhar e robustecer trajetórias de progresso.

Tomar o planeamento como um espaço de aprendizagem coletiva, sistematizada e orientada para um rumo de progresso que perdure no tempo, obriga a que as esferas onde se exerce liderança atenuem, ou canalizem, os conflitos através de um processo de interações (discursos, comunicação) próximo do apresentado, de modo simplificado, no esquema seguinte (figura 2.11).

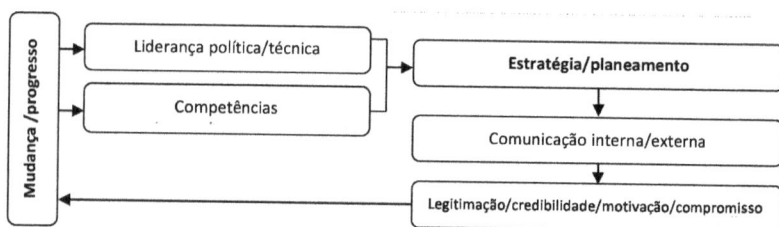

Figura 2.11 Processo de capitalização de aprendizagens institucionais e sociais inerentes ao planeamento

O desafio de liderar um processo de definição de políticas (planeamento) é exigente porque a natureza das Universidades tende a sobrepor fronteiras de poder e a criar impedâncias aos esforços no sentido de transformar. Neste particular, as Universidades são detentoras de três propriedades específicas:

1. interdependência – não há apenas uma liderança, existem sobre-posições e até colisões entre múltiplas partes e posicionamentos;
2. diversidade – juntando-se num espaço único pessoas com diferentes percursos, provenientes de campos disciplinares diversos e com métodos de trabalho distintos; e,
3. diferentes paradigmas de autoridade (nos campos da gestão, da organização académica, ou da organização dos recursos (Mainardes *et al.*, 2011).

Tratando-se de organizações complexas por excelência, nas Universidades convivem vários modelos de gestão, correspondendo a focos de poder e autoridade que é necessário consensualizar, mais do que em qualquer outro contexto de planeamento.

Tabela 2.2 Sobreposição de espaços de gestão que coexistem nas Universidades. Mainardes et al., 2011

| Modelos | Características |
|---|---|
| Burocrático | Corresponde à gestão dos serviços periféricos (refeitórios, bibliotecas, residências, entre outros) e à gestão administrativa (contratos, registo, decisões financeiras, contabilidade, etc.) |
| Colegial/ participado | Corresponde à estrutura mais comummente adotada para gerir os dispositivos académicos em todo o mundo, através da qual a participação da comunidade procura ser efetiva. Como exemplos, podemos referir os Senados e os Conselhos de Gestão presentes na maioria das universidades tradicionais, particularmente nas públicas. Participam nestes centros de decisão os funcionários, os académicos, os estudantes, os gestores e os membros da comunidade envolvente. |
| Politizado/ polarizado | Corresponde a uma participação política em que os diferentes grupos, de acordo com a sua relevância (estrutural ou circunstancial), exercem o poder correspondente à medida dessa relevância, para seu próprio benefício. Isto repercute-se, por exemplo, na elaboração do orçamento da Universidade. Frequentemente resulta em reforços de financiamento para as áreas com o maior poder, que nem sempre correspondem aos setores mais relevantes em termos de dimensão, de resultados ou de reputação. |
| Anarquia organizada | Corresponde a uma fórmula que comporta muito pouca coordenação e controle. Cada indivíduo ou grupo de indivíduos desencadeia processos de decisão autónomos. São disto exemplos as decisões tomadas pelos departamentos (parcerias com empresas, realocação de pessoal docente, de recursos para investigação, ) em que os centros de poder de topo não exercem qualquer tipo de orientação, tão pouco procuram desenhar um quadro de integração dessas decisões, numa racionalidade formal, funcional e/ou comunicativa coletiva. |
| Cibernético | Integra componentes dos modelos anteriores |

A coexistência de atores com interesses distintos manifesta-se no diálogo entre vários modelos, assistindo-se a arranjos de dominância (estrutural ou circunstancial) de um face aos demais. As tensões são particularmente relevantes nas Universidades, porque estas instituições internalizam um conjunto de singularidades (por exemplo face ao contexto empresarial) que as diferencia das demais, reforçando a necessidade de atuar no sentido de compatibilizar interesses contraditórios. Quais as características que tornam a gestão dos antagonismos nas Universidades mais premente, face ao que ocorre noutro tipo de instituições?

- Maior projeção do seu horizonte de valores (educar, investigar, transferir conhecimento, são dispositivos capazes de transformar as sociedades).
- Maior dificuldade em entender os estudantes, colaboradores ou a comunidade como "clientes" (facto que torna mais exigente a definição dos objetivos e das formas de medir a sua execução).
- Maior resistência para aceitar a mudança (uma parte da natureza das Universidades pressupõe a preservação).
- Maior conflitualidade de "missões" (Universidade de serviço público *vs* Universidade empresa).
- Maior extensão do ciclo de planeamento (ciclos mais alongados – 5 ou mais anos, face aos 2/3 das empresas – requerem consensos com níveis de consolidação mais elevados);
- Maior necessidade de que os consensos sejam obtidos por via da racionalidade comunicativa (as possibilidades de sucesso de uma abordagem do tipo *top down* são muito baixas).

Estes propósitos, assentes em cadeias de decisão que não evitam (não podem evitar) planos de subjetividade, não se perseguem sem a força das atuações políticas, sem a abrangência da racionalidade instrumental, especialmente quando se fala da Universidade: espaço composto por múltiplos governos e onde a adoção do planeamento constitui uma "nova forma de ser Governo, a partir da reflexão sobre que Governo se está sendo. Esta é a teoria que, implícita ou explicitamente, subjaz à opção por fazer planejamento na Universidade ou em qualquer outra situação de Governo" (Cecilio, 2001:4).

Os processos de planeamento resultam pobres, quando são ineficazes na utilização da informação (racionalidade formal) e quando desvalorizam a importância da participação consciente e consequente. O resultado é a formulação de estratégias frágeis que conduzem a decisões desarticuladas, sem coerência entre ações e objetivos, por isso, irracionais. Suprimindo-se as doses necessárias de racionalidade formal, instrumental, comunicativa, hipoteca-se a consistência do processo de planeamento e, por conseguinte, as possibilidades da sua apropriação, uma vez que não se representa as diferentes unidades orgânicas nem as demais partes interessadas (Shah, 2013). Para além da dimensão política, é necessário refletir sobre a importância do contexto institucional e das estruturas técnicas na interiorização destes desafios.


## Contexto institucional

O modelo apresentado, em traços gerais, na figura 2.12 sumaria alguns contributos para esta discussão. A sua configuração é explicada de seguida, usando uma fórmula de pergunta/resposta, para facilitar os posicionamentos relativos às questões que consideramos nucleares.

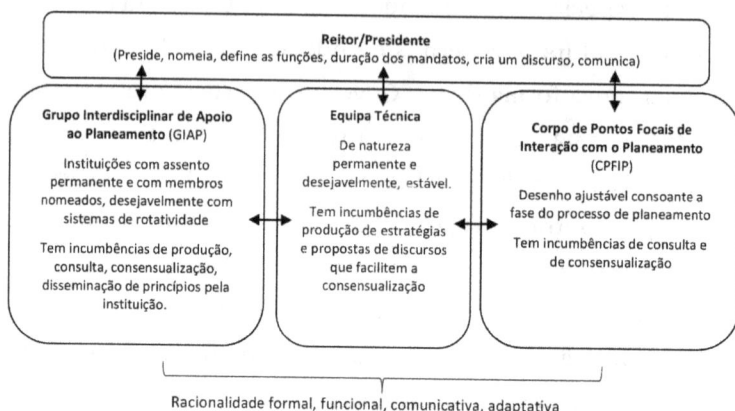

Figura 2.12 Modelo de funcionamento das estruturas de planeamento numa Universidade

- Porque deve ser o Reitor/Presidente a tutelar o processo de planeamento?

As razões são múltiplas. A sua representatividade confere força aos trabalhos, prestigia a estrutura, legitima as opções, dirime os conflitos, confere liderança, assimila e introduz códigos de comunicação indispensáveis à disseminação tanto das opções tomadas como de uma cultura de planeamento, incorpora na estrutura o seu sentido de estratégia. A sua perspetiva abrangente reúne os múltiplos aspetos das operações da instituição, interligando as preocupações dos órgãos consultivos com as questões que se colocam à gestão (Hinton, 2012). Num cenário em que o processo não é presidido pelo Reitor/Presidente, as propostas serão sempre frágeis enquanto não forem por si homologadas, formal ou informalmente. A estratégia não terá a notoriedade necessária enquanto o Reitor/Presidente não a tomar como sua. Se tal não acontecer, no extremo, a estratégia é inexequível.

Acresce ainda a importância de enraizar uma matriz de interações que será mais sólida se for cultivada pelo Reitor/Presidente. Os compromissos delineados nas estruturas de topo são essenciais para o sucesso dos processos de planeamento. O Reitor/Presidente da Instituição de Ensino Superior tem de perfilhar os esforços de planeamento, mantendo a sua ação alinhada com as exigências que se colocam em cada uma das fases que integram a sucessão de ciclos. Por este meio, facilita-se o trabalho das estruturas de gestão, a quem cabe a difusão desses princípios pela instituição, comprometendo-a com as ações que sustentam o rumo traçado (Lerner, 1981). Sedimenta-se, assim, uma cultura institucional pró-planeamento.

- Porque deve o Grupo Interdisciplinar de apoio ao Planeamento ter representantes, com mandatos temporários?

Existem duas razões de fundo. A primeira resulta da sua natureza temporária. Na generalidade dos casos, os cargos de direção das subunidades são provisórios, pelo que existe uma necessidade de atualização destes tipos de representação. A segunda razão (porventura a mais promissora) relaciona-se com o mecanismo de fazer passar pelo espaço do planeamento um conjunto crescente de pessoas com elevadas competências e manifestos traços de liderança. Esta "rotatividade" será um fator importante para fazer disseminar os valores do planeamento. Envolvidos nas, e vinculados às, diferentes fases do processo, estes elementos farão uma aproximação aos propósitos, aos métodos e à linguagem do planeamento, fazendo com que se difunda a cultura institucional pró-planeamento pelas camadas que estruturam a comunidade académica.

- Porque deve o Corpo de "Pontos Focais" de Interação com o Planeamento ser ajustável?

Esta estrutura de pontos focais tem a vantagem de poder ser ajustada de acordo com as diferentes fases ou com a profundidade dos ciclos de planeamento. A relação com as famílias, com os alunos, com os empregadores, com as administrações públicas, com a sociedade, ou mesmo com as restantes Instituições de Ensino Superior, integradas nas redes a que se pertence, não é a mesma quando se pretende obter informação, quando é necessário comunicar objetivos, quando se procura auscultar ou quando se buscam parcerias para ações concretas. A composição de pontos focais coincidirá, para efeitos específicos, com o conjunto de membros externos representados no Conselho Geral (30% do número de elementos, de acordo com Mano e Marques, 2012), noutros casos ganhar-se-á se se arranjarem outras composições.

- O que se ganha em estabilizar a composição do corpo técnico?

Um dos resultados que o processo de planeamento deve pretender atingir é a consolidação gradual de competências para planear melhor. Realizando, de modo consistente e metódico, os exercícios que corporizam o processo de planeamento, criando discursos sólidos e coerentes para justificar as propostas mais adequadas, preparando, consubstanciando e abrindo os dispositivos de acompanhamento e avaliação ajustados a cada fase do processo, a equipa de planeamento será um dos mais relevantes resultados da consolidação duma cultura pró-planeamento, assegurando o fortalecimento continuado da organização.

O argumento é reforçado quando se aponta como um dos cinco erros que mais comprometem as ações de planeamento o facto de não se estabilizar uma equipa técnica. Para além do mais, cabe a esta equipa resolver os problemas, inconsistências e riscos de morosidade que as restantes componentes envolvidas no processo, por via da sua natureza diversa e, por vezes, conflituante, incorporam.

No documento *A Practical Guide to Strategic Planning in Higher Education* (Hinton, 2012), assinalam-se duas razões para sustentar a opção por estabilizar uma equipa de trabalho permanente:

- O trabalho de planeamento requer um "amadurecimento" dos conhecimentos, sobretudo os que se prendem com o contexto de funcionamento da instituição, bem assim, a total perceção da constelação de relações que gravitem em torno dela e que influenciam o seu desempenho. Se a estrutura for criada apenas com o objetivo de preparar o plano, desagregando-se ou sendo relegada para uma constituição minimalista, nas fases seguintes, parte do capital de conhecimento adquirido perde-se.

- Na fase de implementação essa estrutura permanente terá facilidade de introduzir, sempre que necessário, um certo grau de plasticidade no plano de maneira a permitir reajustar as prioridades, reafetar recursos, redirecionar estratégias de comunicação, realinhar as linhas de contacto com os "pontos focais".

Sintetizando a reflexão sobre o contexto institucional facilitador da criação de uma cultura de planeamento, é preciso dizer que o modelo apresentado configura uma orientação possível. Por certo existem formulações mais extensivas, em que as estruturas de planeamento fazem planos para o *campus*, para os usos dos recursos, para o posicionamento estratégico, etc., outras mais próximas do Senado e com incumbências mais de monitorização e aconselhamento, outras ainda mais direcionadas (do tipo estruturas de missão), criadas, com recurso ao recrutamento de elementos nas diferentes áreas de ação administrativa e de conhecimentos, somente para elaborar o plano.

Em suma, há várias opções, umas de pendor mais prospetivo/ estratégico, outras mais do tipo "observatório", umas com um corpo estável, outras de natureza eminentemente pontual. Todavia, quando se admite a necessidade de integrar os diferentes estratos de racionalidade (formal, instrumental, comunicativa, adaptativa), para que uma instituição de natureza eminentemente complexa (como é uma Universidade) projete progresso e o sustente no longo prazo, será útil que se considerem modelos transversais do género do que aqui esboçamos. Consideremos, de seguida, aspetos relativos à organização das estruturas técnicas.

## Estruturas operacionais

Seguindo de perto o modelo apresentado pelo *Excellence in Higher Education Organizational Checklist* (Ruben, 2002), o desenho de competências e respetivas áreas de atuação pode ser orientado para os campos apresentados na caixa 2.5.

Caixa 2.5 Sobre os diferentes focos de atuação na prática de planeamento. Com base em Ruben (2002)

---

**Foco na liderança:**

↗ definir claramente a missão, valores, planos e metas a atingir;

↗ desenhar os espaços de consenso, as direções e as prioridades;

↗ encorajar a criação e usar circuitos de feedback e de espírito crítico que melhorem continuamente a sua própria liderança, propagando essa prática para toda a cadeia de gestão;

↗ auscultar as preocupações que dominam o "espaço público", deslocando a instituição no sentido de a aproximar da comunidade/região.

**Foco na envolvente:**

↗ sistematizar e aprender continuamente com as necessidades, expectativas, manifestações de (in)satisfação dos grupos para quem se direcionam os programas e serviços;

↗ compreender as necessidades específicas dos grupos para quem se direcionam programas e serviços;

↗ usar a informação dos pontos anteriores para melhorar os programas e serviços disponibilizados;

↗ melhorar a comunicação, estreitar relacionamentos, reforçar a reputação junto dos grupos para quem se direcionam programas e serviços.

**Foco na estratégia:**

↗ formalizar o processo de planeamento;

↗ elaborar um plano incorporando a missão, visão e valores, traduzindo-os em prioridades, metas quantificáveis, cadeias de ações e projetos;

↗ motivar as unidades que compõem a instituição a desenvolver e sincronizar planos próprios, com o "plano estratégico chapéu".

---

**Foco nos recursos de recolha e análise de informação:**

↗ definir critérios claros sobre os patamares a atingir e metodologias simples para avaliar a aproximação ou o afastamento das diferentes unidades, programas, serviços e respetivas atividades face aos critérios estipulados;

↗ criar formas eficientes de recolher informação sobre os resultados, metas, progressos, vistos em horizontes de curto e de longo prazo;

↗ recolher e analisar informação com o fito de rever e melhorar as orientações que balizam a visão, os planos ou as respetivas metas;

↗ trabalhar informação proveniente dos exemplos de referência, posicionando a instituição face às melhores práticas.

**Foco nos "ecossistemas" de trabalho:**

↗ mobilizar os recursos humanos para que possam dedicar o seu potencial máximo à instituição, contribuindo para que se cumpra, a cada dia, a missão da respetiva unidade;

↗ encorajar rotinas que levem à excelência, participação, gosto pela diversidade de perspetivas e pelo desenvolvimento profissional;

↗ sinalizar e reconhecer contributos individuais e outros provenientes de grupos específicos;

↗ implementar sistemas que avaliem a qualidade dos "ambientes de trabalho" e da satisfação dos recursos humanos.

**Foco na normalização de procedimentos:**

↗ definir critérios de qualidade para os diferentes programas e sistemas de funcionamento;

↗ definir procedimentos eficientes, estandardizados, e bem documentados;

↗ monitorizar os procedimentos no sentido de perceber se seguem normativos de estandardização, eficiência e os respetivos critérios de documentação;

↗ rever e melhorar a matriz de procedimentos regularmente e com facilidade.

**Foco nos resultados atingidos e nas metas a atingir:**

↗ garantir capacidade de posicionar a performance de cada unidade face à missão, à visão, aos planos e às metas;

↗ fazer com que os grupos para os quais se direcionam os programas e serviços percebam que se está a atender às suas necessidades e expectativas;

↗ garantir que o ambiente de trabalho é bom e que os que colaboram com a instituição gostam de trabalhar nela;

↗ perceber se em cada um dos três pontos anteriores existe a capacidade de acompanhar as melhores práticas.

Qualquer modelo que projete a implementação do planeamento numa Universidade parte da consciencialização de que organizações com elevados níveis de complexidade necessitam de metodologias adequadas para definir e gerir, de modo eficiente, os seus objetivos estratégicos.

O esquema esboçado na figura 2.13 estrutura uma forma de pensar o modelo de planeamento aumentando as diferentes camadas de racionalidade.

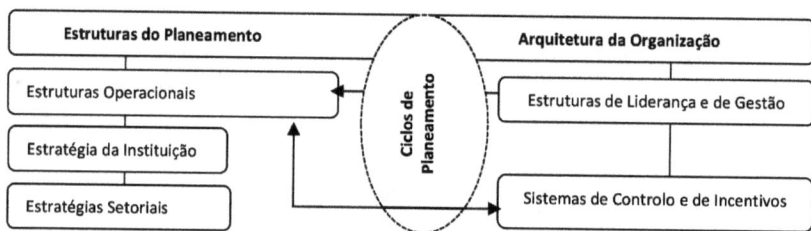

Figura 2.13 Modelo para a implementação de uma estratégia. Adaptado de Mouwen (1997)

A estrutura de Liderança e de Gestão define o referencial para o planeamento estratégico, para a estrutura operacional, bem assim, para as estratégias setoriais. Por sua vez, a componente operacional da organização elabora os diferentes níveis de estratégia e coordena a implementação nos sistemas de controlo e de incentivos. As equipas de planeamento surgem na intersecção dos dois espaços (liderança e gestão). Nuns casos, mais próximas das estruturas de liderança e de gestão de topo, noutros mais diluídas nas esferas operacionais.

As equipas ou as comissões de planeamento são, por norma, nomeadas. No caso das comissões permanentes esse processo de nomeação tem, necessariamente, apenso um "caderno de encargos" (Hinton, 2012). Quanto à composição das equipas (grupos permanentes), trata-se de um ponto difícil de precisar. Todavia, o guia *A Practical Guide to Strategic Planning in Higher Education* (Hinton, 2012) diz que, para o seu bom funcionamento, estas devem ter entre

10 e 12 elementos. O estudo da Academy Administration Practice (2013), "Strategic Planning in Higher Education – Best Practices and Benchmarking", diz que em média estas estruturas são compostas por 25 membros. De qualquer modo, consideramos que esta média traduz um número exagerado. A dimensão ideal, com os devidos ajustamentos a propósitos e contextos específicos, gravitará em torno do número proposto por Hinton (2012).

Também neste caso existe a referência à necessidade de incluir dirigentes de topo dos serviços administrativos. Quanto à representação académica e dos alunos, a sua inclusão tem por objetivo garantir compromissos de longo prazo. Os representantes do Senado, Diretores das Faculdades, os dirigentes das associações de estudantes são alguns dos agentes que devem ser incluídos, ainda que regulados por mecanismos de substituição claros.

Na tabela que se segue procura-se ilustrar as diferentes formas de organização das estruturas que promovem (dimensão política), facilitam (contexto institucional) e executam (equipas técnicas) e, por isso, são responsáveis pelo planeamento estratégico em Instituições de Ensino Superior. Ainda que as diferenças de terminologia dificultem alguma comparabilidade, parece-nos que podemos tirar ensinamentos deste exercício, onde se reúnem dez exemplos.

**Tabela 2.3** Formas de organização das estruturas responsáveis pelo planeamento estratégico nas IES

| IES | FÓRMULA INSTITUCIONAL | ENQUADRAMENTO DA ESTRUTURA OPERACIONAL |
|---|---|---|
| Universidadade de Rutgers Nova Jérsia (Estados Unidos da América) | Comité de Direção e Grupos Consultivos | • Presidente<br>• Vice-Presidente de Planeamento de Instalações e Capital<br>• Chanceler interino<br>• Vice-Presidente Executivo para Assuntos Académicos<br>• Vice-presidente sénior para Administração<br>• Administrador<br>• Vice-presidente com área de Comunicação e *Marketing*<br>• Reitor provisório das áreas Biomédicas e Ciências da Saúde<br>• Chanceler<br>• Vice-Presidente da área dos Assuntos Académicos e Administração<br>• Vice-presidente com área do Orçamento<br>• Grupos de Aconselhamento do Planeamento Estratégico)<br>• Reitoria / Presidência<br>• Docentes<br>• Funcionários<br>• Estudantes<br>O processo de planeamento é operacionalizado por uma Comissão Executiva para o Planeamento Estratégico |
| Queen's University (Reino Unido) | Queen's University Planning Committee<br><br>Comissão mista do Senado Universitário e do Conselho de Curadores (administradores) | Quatro membros eleitos pelo Senado (não necessariamente oriundos do Senado), representantes dos seguintes grupos: 1 estudante, 1 docente, 1 elemento da reitoria (*Dean*) e 1 elemento com formação específica na área financeira.<br>Dois membros do QUPC (*Queen's University Planning Committee*) nomeados, por recomendação do Conselho de Governança dos Curadores e do Comité de Nomeação, por e para o Conselho de Curadores, um dos quais, preferencialmente, com experiência comprovada em (desenvolvimento) imobiliário, construção, gestão de projetos, engenharia ou outras áreas afins e relacionadas com o planeamento e desenvolvimento de Projetos de Capital.<br>O processo de planeamento é operacionalizado pelo:<br>• Reitor/Presidente e Vice-Reitor/Presidente (área académica)<br>• Presidente do Conselho de Curadores (ou alguém delegado)<br>• Responsável da Comissão de Finanças no Conselho de Curadores (ou alguém delegado) |

| Bristol University (Reino Unido) | Gabinete de Planeamento Estratégico.<br><br>Comissão independente que aconselha o Vice-Chanceler, o Conselho e o Senado em questões de gestão corrente e académicas. Funciona na dependência do Vice-reitor, do secretário e do administrador da Universidade | • Vice-Reitor (Presidente) – Representante do Vice-Reitor (Chair)<br>• Pró-reitores<br>• Diretores das Faculdades<br>• Diretor Financeiro<br>• Tesoureiro e responsável pelo património<br>• Diretor de Recursos Humanos<br>• Secretário – Responsável dos Serviços Académicos<br>• Responsável pelo Planeamento<br>Outros elementos, designadamente chefias de determinadas áreas consideradas de relevo, podem ser chamados a participar em reuniões.<br><br>O processo de planeamento é operacionalizado por um Comité, que presta assessoria ao Gabinete da Governança |
|---|---|---|
| Universidade de Valladolid (Espanha) | O Planeamento Estratégico assenta numa organização onde interagem quatro tipos de estruturas (de direção, consultivas, de participação, técnicas) | Órgãos de direção:<br>1. Conselho de Governo: responsável pela análise, debate e aprovação das bases para a aprovação do plano estratégico – missão, visão, valores, objetivos estratégicos e objetivos operacionais, bem como as ações com vista a esses objetivos. Aprova a Comissão do Plano Estratégico (CPE)<br>2. CPE: Reitor, Vice-reitor da área do planeamento estratégico, e o Secretário-geral. Restante equipa, até um máximo de 34: Equipa de Governo da Universidade de Valladolid, 5 Decanos ou Diretores de Centro, 5 Diretores de Departamento, 1 Diretor de Instituto, 3 membros do Senado, 3 estudantes, 2 PAS, o Presidente do Conselho Social e o Presidente da Fundação Geral<br>3. Reitor<br>Órgãos consultivos:<br>4. Senado<br>5. Conselho Social<br>6. Junta Consultiva<br>7. Agentes Económico-sociais<br>Órgãos de participação:<br>8. Mesas de trabalho (comunidade universitária)<br>O processo de planeamento é operacionalizado por uma Comissão para o Planeamento Estratégico interligando os órgãos técnicos:<br>9. Gabinete do Plano Estratégico<br>10. Gabinete de Estudos e Avaliação<br>11. Área de Identidade Corporativa<br>12. Área de Comunicação |

| Universidad de Huelva (Espanha) | Unidad para la Dirección Estratégica<br><br>Funciona na dependência direta da Reitoria | Órgãos de aprovação:<br>Definem as normativas, além de prestarem informações ao Senado Universitário<br>• Conselho de Direção<br>• Conselho de Governo<br>• Conselho Social<br><br>Órgãos de participação:<br>• Mesas (grupos de trabalho) através das quais os membros da comunidade universitária, aderindo voluntariamente, poderão participar diretamente.<br>Comissão Externa<br>• Integrada por pessoas de distintos grupos de interesse externos à Universidade, que possam acrescentar pontos de vista enriquecedores.<br><br>O processo de planeamento é operacionalizado por uma Comissão Executiva do Plano Estratégico – emanada do Conselho de Direção. Com um formato mais reduzido (para favorecer a operacionalidade), tem o encargo principal de desenvolver o plano.<br>A composição técnica compreende uma Unidade para a Direção Estratégica (UDE), liderada por uma Comissão para a Direção Estratégica. Configura-se como um órgão de apoio, com dependência direta ao Reitor.<br>A sua missão será assessorar tecnicamente o Plano Estratégico e a implementação da Direção Estratégica na Universidade, assim como de assegurar o seu posterior acompanhamento. |
| Universidade Estadual de Campinas (Brasil) | Comissão de Planejamento Estratégico Institucional<br><br>Esta comissão é responsável pela análise, aprovação e recomendações para o processo de Gestão Estratégica da Universidade | • Coordenador Geral da Universidade<br>• Pró-Reitores<br>• Diretores das Faculdades, Institutos e Colégios<br>• Coordenador dos Centros e Núcleos<br>• Representantes eleitos dos docentes, dos discentes e dos funcionários<br>• Representante da comunidade externa<br><br>O processo de planeamento é operacionalizado pela Comissão de Planejamento Estratégico Institucional |

| Universidade de Brasília (Brasil) | Decanato de Planejamento e Orçamento.<br><br>Funciona na dependência da Reitoria e presta aconselhamento ao Presidente da Câmara de Planeamento e Orçamento | • Diretoria de Planejamento (DPL)<br>• Diretoria de Orçamento, Contabilidade Setorial e Custos (DOR)<br>• Diretoria de Avaliações e Informações Gerenciais (DAI)<br>• Diretoria de Processos Organizacionais (OPR)<br>• Apoio Administrativo<br><br>O processo de planeamento é operacionalizado por um quadro de assessorias |
|---|---|---|
| Universidade Federal de São Carlos (Brasil) | Plano de Desenvolvimento Institucional<br><br>Funciona com base no Grupo Âncora e Grupos de Trabalho dedicados aos Aspetos Académicos, Físicos e Ambientais e Organizacionais | Estrutura do Grupo Âncora<br>• Reitor;<br>• Vice-Reitor e Coordenador do Grupo de Trabalho para os aspetos físicos e ambientais;<br>• Pró-Reitora de Graduação;<br>• Pró-Reitor de Pós-Graduação;<br>• Pró-Reitor de Pesquisa;<br>• Pró-Reitor de Extensão;<br>• Pró-Reitor de Administração;<br>• Pró-Reitora de Assuntos Comunitários e Estudantis;<br>• Pró-Reitor de Gestão de Pessoas;<br>• Coordenadora do Grupo de Trabalho para os aspetos académicos;<br>• Coordenador do Grupo de Trabalho para os aspetos organizacionais<br><br>O processo de planeamento é operacionalizado por equipas específicas para aspetos académicos, aspetos físicos e ambientais, aspetos organizacionais. |
| Universidade Lúrio (Moçambique) | Gabinete de Planificação | O processo de planeamento é operacionalizado por um órgão de administração universitária diretamente subordinado ao Reitor, competindo-lhe responder e dar parecer sobre assuntos atinentes ao desenvolvimento da Universidade; planificar e projetar o seu desenvolvimento através da definição de estratégias a curto prazo que viabilizem o Plano Estratégico da UniLúrio; monitorar a implementação do Plano Estratégico e propor medidas tendentes a melhorar o funcionamento dos órgãos; contribuir para a tomada de decisões em diferentes áreas, garantindo qualidade ( ) |

| Universidade de Coimbra (Portugal) | Projeto especial para elaboração do plano estratégico

Funciona na dependência direta do Reitor, sendo coordenado pela Vice-Reitoria para as áreas do Planeamento e Finanças, Avaliação Institucional e Ação Social Escolar | O Reitor (a quem cabe elaborar o Plano Estratégico e apresentá-lo ao Conselho Geral, com base no Programa de Ação apresentado aquando da sua candidatura ao cargo), por despacho cria um Projeto Especial para levar a efeito a execução do plano estratégico.

O processo de planeamento é operacionalizado por um coordenador executivo (nomeado) e uma equipa técnica permanente (também nomeada) articulada entre as Divisões de Planeamento, Gestão e Desenvolvimento e de Avaliação e Melhoria Contínua (unidades ligadas à Administração). Outros recursos pertencentes à comunidade académica (docentes e técnicos) prestam apoios pontuais em áreas específicas. Quer a monitorização, quer a avaliação são asseguradas pela Divisão de Planeamento, Gestão e Desenvolvimento, que tem como missão "prestar serviços de apoio ao desenvolvimento e tomada de decisão contribuindo para a definição e promoção do planeamento estratégico e operacional". |
| --- | --- | --- |

Este exercício permite constatar que existem abordagens muito distintas, quer quanto ao modo como se compõe a fórmula institucional que suporta o esforço de planeamento, quer no que respeita ao enquadramento criado para a equipa operacional. Apesar da importância que esta área representa para o futuro das Universidades, e por extensão, para a sociedade, esta informação sobre os modelos adotados e a forma de funcionamento das soluções de integração referentes aos processos de planeamento, na larga maioria dos casos, não é divulgada. Tão-pouco se conhecem as competências técnicas, os referenciais que adotam (consciente ou inconscientemente) os métodos de trabalho ou as dificuldades que as equipas técnicas enfrentam. Cremos que essa análise mais fina teria grande relevância, quer para as instituições que estão a iniciar processos, quer para as que estão a densificar os ciclos de planeamento. Umas teriam bitolas por onde se orientar, outras referências para, através da comparação, melhorar as suas estruturas operacionais e os respetivos contextos institucionais. Para esse aprofundamento seria necessário levar a efeito um estudo mais detalhado, recorrendo a instrumentos diretos para obter essa informação.

Um resultado a extrair dessa análise, seria a comparação entre, por um lado, a ação dos referenciais de racionalidade adotados pelos atores incluídos na dimensão política e nos sistemas institucionais e pelos elementos das estruturas operacionais, e por outro a eficácia dos processos de planeamento. Deste modo, responder-se-ia à pergunta: como calibrar a intervenção das correntes de planeamento racionalista e colaborativo? Como articular a racionalidade formal com a instrumental, estas com a comunicativa, e todas com a necessidade de assegurar fórmulas de adaptabilidade que garantam progresso continuado às Universidades? Progresso pode não implicar crescimento ou expansão, todavia mobiliza, sempre, avanço civilizacional. O planeamento e as camadas de racionalidade que o informam são nucleares para que a Universidade se mantenha no cerne desse desígnio.

## Conclusão

A racionalidade formal envolta em cientificidade, objetividade, positivismo, atém-se ao valor dos fins em si mesmos. Permite escolher um rumo entre vários e estabelecer prioridades para o atingir. Racionalidade instrumental possibilita apurar os meios mais adequados para atingir o propósito ambicionado. A racionalidade estratégica cria interdependência entre os decisores e os outros atores, ao passo que a racionalidade comunicativa desvia o foco da solidez das propostas/decisões para a intensidade da interação social.

A prática do planeamento que segue a racionalidade comunicativa remete os planeadores para a função de ouvintes de todas as partes com vista à congeminação dos consensos que apaziguem os diferentes pontos de vista. Em vez de fazer valer a sua especialização científica e técnica, o planeador perfila-se como um ator aprenden-te que, quando muito, detém maior experiência, cabendo-lhe por isso (e só por isso) facultar informação aos participantes. Todavia, a sua atenção direciona-se para captar os pontos de convergência. À liderança política não cabe reunir as partes interessadas em torno de uma proposta, mas sim fazer com que todos concordem sem que ninguém, ou nenhum grupo, exerça primazia sobre os demais. A *praxis* do planeador resume-se à ação comunicativa.

Clarificados estes traços definidores das diferentes práticas, não cre-mos que seja adequado advogar a substituição de um modelo por outro. Deve-se, isso sim, considerar a relevância de cada posicionamento em cada instituição e em cada contexto. Deste modo encontrar-se--ão respostas para as questões: em planeamento, quem faz o quê, porquê, quando, como, e para que efeito? Diferentes paradigmas de planeamento estão atrelados a subtipos de racionalidade. Identificar variantes de práticas de planeamento é uma forma de integrar os paradigmas com os alinhamentos de racionalidade correspondentes.

O planeamento pró-adaptabilidade consubstancia um esforço nes-se sentido. Requer uma abordagem sistémica, define meios mas não fins, considera a flexibilidade que habilita as instituições não só a proceder a adaptações face a contingências, mas também a beneficiar das perturbações e tensões esperadas e inesperadas. Proporciona meios que consentem fins indefinidos, garantindo que as perdas serão mitigadas sempre que surjam eventos inesperados. Cria um referencial que combina o planeamento racional (racionalidade fun-cional e instrumental) e o comunicativo (racionalidade comunicativa). Demanda por atores e por grupos de atores envoltos em formas e interação direcionadas, mas também equipas multidisciplinares com competências e experiências técnicas capazes de conduzir o processo de planeamento nas suas diferentes fases. Os consensos de curto prazo, próprios do paradigma comunicativo, convertem-se em compromissos de longo termo.

A prática do planeamento tem de criar clareza não apenas no processo, mas também na substância. Todos os atores envolvidos, a começar pelos planeadores, têm de ponderar as suas prioridades e o seu código de valores. Cabe-lhes a missão de dotar as institui-ções de atributos que lhes permitam mobilizar mudanças graduais e continuadas capazes de capitalizar oportunidades, consolidar redes de conectividade e internalizar aprendizagens com vista a evitar – e/ou inovar a partir de – quadros de tensão e de rotura.

## 2.2 Riscos e contra-indicações: o olhar reflexivo

### 2.2.1 Anotações críticas sobre Planeamento Estratégico

*[Naomar Almeida-Filho[52], Denise Coutinho[53] e Rogério Quintella[54]]*

## Planeamento Estratégico Importado para as Universidades

No final do séc. XX, as técnicas de planejamento estratégico (*Strategic Planning*) tornaram-se hegemônicas no cenário da gestão acadêmica, principalmente nos Estados Unidos. Preocupadas com maior eficiência num ambiente de redução do apoio governamen-tal, no contexto do neoliberalismo, universidades norteamericanas

---

[52] Médico com Doutorado em Epidemiologia. Professor Titular do Instituto de Saúde Coletiva da Universidade Federal da Bahia; Reitor *pro-tempore* da Universidade Federal do Sul da Bahia.

[53] Psicóloga com Doutorado em Letras. Professora Associada do Instituto de Psicologia da Universidade Federal da Bahia; Assessora da Universidade Federal do Sul da Bahia.

[54] Engenheiro Químico com Doutorado em Planejamento. Professor Titular de Estratégia da Universidade Federal da Bahia; Assessor de Projetos Estratégicos da Universidade Federal do Sul da Bahia.

adotaram técnicas de planejamento estratégico linear, originárias dos modelos de competitividade das organizações industriais (Porter, 1998). Apresentações dessas modalidades de planejamento estratégico, como por exemplo as de Keller (1983), Rowley *et al.* (1997) e Lerner (1999), abertamente promotoras das suas virtudes e aplicações, contribuíram para a difusão dessas tecnologias na área acadêmica. No extremo, modelos de planejamento estratégico foram inscritos nos marcos estatutários de algumas instituições de educação superior, como no caso da Universidade de Wisconsin (Paris, 2003).

Em paralelo, principalmente nos países da União Européia, modelos de gestão estratégica (*Strategic Management*) dominaram o cenário da administração universitária num contexto de internacionalização do Ensino Superior, induzida pelo processo político de formação do bloco econômico europeu, que resultou no Processo de Bolonha. Um importante centro difusor desse movimento foi o *European Centre for the Strategic Management of Universities* (ESMU), criado em 1986 para promover modelos de gestão estratégica das universidades européias e que, ainda hoje, mantém-se como importante centro difusor dessa perspectiva. Desafiadas pelo contexto político, as universidades européias articuladas pela *European Universities Association*, entidade que reúne hoje 650 associados de 45 distintos países, encontraram nessa perspectiva de planejamento, respostas imediatas (ou talvez imediatistas) à crise financeira e política da educação superior no continente europeu (Tabatoni *et al.*, 2009).


## Gestão Estratégica da Ciência

Em todo o mundo, mas em especial nos países industrializados, além da incapacidade de os governos se responsabilizarem pelos crescentes custos da educação superior, a explosão da produção de conhecimento aplicado sob a forma de tecnologias tem-se configurado como enorme desafio para as Universidades, produzindo uma dupla crise institucional, tanto do ponto de vista acadêmico quanto administrativo (Tavernier, 2005). Nesse sentido, Cao e Zang (2009) propuseram elevar a outro patamar, mediante uma perspectiva inovadora, a problemática da gestão universitária, com base no que definem como necessidade urgente de "gestão estratégica da ciência", incorporando a perspectiva do planejamento estratégico não-linear, inspirada em Mintzberg e colaboradores, como resposta qualificada e talvez solução sustentável para a crise contemporânea da educação superior. Essa crise, agudizada pelas dificuldades crescentes da Universidade em manter sua capacidade inovadora, tem-se mostrado tão séria e profunda que Barnett (2000), em um artigo oportunamente intitulado "University knowledge in an age of supercomplexity", chega a afirmar: "Por várias razões, percebe-se que a função do conhecimento na universidade está sendo minada. Alguns, de fato, chegam a sugerir que estamos testemunhando «o fim do conhecimento» na educação superior".

## Complexidade/Sistemas Adaptativos Complexos

Nesta era da supercomplexidade, a estrutura administrativa e a dinâmica de gestão de instituições hipercomplexas como universidades, institutos de pesquisa e outras organizações produtoras de conhecimento, são sobredeterminadas por vários elementos, tais como: variação de porte institucional, pluralidade de campos de conhecimento, diversidade de modalidades de organização, baixo nível de hierarquização. Nesse último aspecto em particular, observa-se uma grande mobilidade na hierarquia existente, com a peculiaridade da mudança de posição hierárquica do sujeito a depender da situação. Por exemplo, numa reunião de colegiado, o Diretor da unidade se subordina ao coordenador do programa ou curso; um Reitor pesquisador se subordina a outro gestor numa reunião de pós-graduação. Isso confere grande peso à subjetividade e às variáveis micropolíticas em processos decisórios e operacionais, acrescentando-lhes complexidade de gestão em grau elevado. É justamente nesse conjunto de variáveis hierárquicas e políticas que se pode encontrar marcante distinção entre as universidades de tradição mediterrânea e a maioria de suas congêneres internacionais situadas em países de tradição anglo-saxã.

As seminais contribuições teóricas e empíricas de Ansoff (1987), Porter (1998) e Mintzberg (1990, 1998) nasceram primordialmente no ambiente empresarial, com foco na produtividade dos setores industrial e de serviços tecnológicos. Suas aplicações ao mundo acadêmico e, particularmente, às instituições universitárias, não podem prescindir de considerações e ajustes a esta realidade tão diversa, principalmente quando se busca a transformação estrutural e a inovação na gestão dessas organizações.

Do ponto de vista teórico, na literatura especializada, encontram-se poucas iniciativas de uso das perspectivas da complexidade para interpretar o contexto acadêmico e a instituição universitária, salvo exceções como, por exemplo, a proposição mais analítica que instrumental de Duke (1992), sem maiores repercussões posteriores. Mesmo em suas versões mais atualizadas, em geral são poucas as discussões sobre as matrizes metodológicas (tecnologias, instrumentos e aplicações) de modelos de gestão capazes de subsidiar de modo eficiente e efetivo o planejamento da inovação em instituições hipercomplexas. Ainda no plano das exceções, Munck e McConnell (2009) apresentaram um modelo de análise de cenários, talvez único do ponto de vista comparativo, para integração do planejamento estratégico à gestão de uma instituição universitária na Irlanda, sem no entanto maiores generalizações.

Nos modelos de planejamento estratégico convencional, acima referidos, os diferentes objetivos da organização são tipicamente considerados como independentes ou, nas abordagens mais sofisticadas, sequencialmente ou linearmente dependentes. No plano metodológico, este é o caso do célebre *Balanced Scorecard*-BSC (Kaplan e Norton 1992, 2004) e sua ferramenta Mapa Estratégico (Kaplan e Norton, 2008), dominantes no ambiente de mercado. O BSC é uma ferramenta de gestão estratégica que visa assegurar, a partir de um elenco de perspectivas e indicadores, que organizações consigam manter a coerência entre gestão de suas rotinas e planejamento estratégico. Os Mapas Estratégicos são diagramas de causa e efeito que mostram como a associação dos objetivos estratégicos de cada perspectiva organizacional pode levar as organizações a alcançar suas visões de futuro.

Já no planejamento não-linear, supõe-se que cada objetivo institucional interage com os demais, uma vez que as organizações constituem um sistema complexo de processos, funções e metas interligados, em constante transformação. O principal pressuposto do planejamento institucional não-linear, desde suas primeiras formulações (Senge *et al.*, 1993; Kiel, 1994), é que as instituições sociais constituem "sistemas adaptativos complexos" que compreendem redes em transformação constante. Nesse sentido, justifica-se a explicitação dos conceitos articulados de "mudança profunda" (*deep change*) e de "mudança sistêmica" (*systemic change*). Tais conceitos foram introduzidos no início dos anos 1990 por Douglas Kiel, em *Managing Chaos and Complexity in Government* (1994), como alternativa à noção clássica de mudança controlada, incremental ou linear, focalizando a gestão estratégica de instituições públicas. Posteriormente o conceito de mudança profunda foi apropriado por Quinn (1996), como base para uma teoria da liderança organizacional, e por Hammer (2004) para renovação estrutural de negócios ou empresas privadas.

Sistemas complexos caracterizam-se por propriedades especiais, como: emergência; co-evolução; sistemas dentro de sistemas; iteração de processos; diversidade de requisitos; conectividade (relações entre agentes são geralmente mais importantes que os próprios agentes); auto-organização (não há teleologia, mas constante reorganização para encontrar o melhor ajuste ao ambiente) (Kiel, 2008). Nessa perspectiva, o planejamento institucional sistêmico, além dos elementos acima considerados, orienta-se pelo seguinte:

- define o sistema com base nas interações entre pessoas, grupos, estruturas e ideias e as condutas, eventos e efeitos por eles produzidos;
- identifica tendências internas para a auto-organização que orientam a emergência da ordem, direção e capacidade do sistema;
- focaliza processos mais que estruturas ou efeitos;
- enfatiza a emergência como base da mudança resultante de infinitas possibilidades de interação entre elementos.

## Organizações Inteligentes

Para qualificar os processos de mudança sustentável das organizações, em 1990 Peter Senge escreveu um texto, intitulado *A Quinta Disciplina*, que se tornou um clássico nas ciências da gestão. Nesse e em outros trabalhos que se seguiram, introduz os conceitos de organização-que-aprende (*learning organization*) e de aprendizagem em equipe (*team learning*) (Senge, 2010). Na perspectiva mais ampla de uma ecologia das organizações complexas, esse autor e colaboradores desenvolveram o conceito de mudança para a sustentabilidade, como fundamentos do pensamento sistêmico aplicado à gestão (Senge *et al.*, 2005), aplicando-o particularmente à prospecção de contextos educacionais do futuro (Senge, 2012). Nessa abordagem, recursos financeiros e insumos concretos são necessários, mas não suficientes, para concretizar projetos de mudança profunda e sustentável em instituições sociais de alta complexidade. Nesse sentido, torna-se crucial identificar e mobilizar os vetores políticos e microssociais da organização.

Muitas abordagens contemporâneas de gestão, da *Workplace Democracy* (Rayasan, 2008) ao *Strategic Management* (Niven, 2008), convergem com as ideias de Senge ao valorizar a articulação entre planejamento e mobilização, com engajamento e participação de atores e agentes, buscando eficiência e sustentabilidade de resultados organizacionais e impactos sociais das intervenções. Trata-se, nesse caso, de garantir o aporte de investimentos imateriais sob a forma de métodos avançados de gestão estratégica sistêmica orientadas para a dinamização política da organização e transformação sustentada da sua cultura institucional, aplicando novas tecnologias gerenciais, incluindo estratégias etnográficas, mapas conceituais e processos educacionais (Senge, 2010).

Kiel (2008) aprofunda um dos temas da abordagem de Senge, ao destacar que, além de adaptativas e complexas, as organizações devem se transformar de modo contínuo para responder a um mundo em rápida mudança. Para tanto, sejam elas industriais ou educacionais, governamentais ou privadas, devem tornar-se "instituições que aprendem" através de mudanças profundas, sistêmicas e sustentadas. A transformação poderá produzir flutuações positivas que levam a estrutura organizacional a novos níveis de complexidade e ajuste adaptativo. A mudança profunda se refere à transição sustentada e sem-retorno de elementos da estrutura ou dos sistemas de transformação dos processos fundamentais de uma instituição ou organização. A mudança sistêmica se dá através de pontos-sensíveis, também chamados de nós-críticos, muitas vezes inesperados em natureza, localização e efeito. Mudanças abruptas em sistemas complexos podem produzir efeitos projetados de curto-

-prazo que, no longo-prazo, não se traduzem em sustentabilidade ou consolidação das mudanças (Kiel, 2008).

Diversas estratégias metodológicas têm sido propostas para instrumentalizar e representar os sistemas de modo a permitir melhor acesso à sua lógica interna e ao entendimento da sua dinâmica geral. Dentre elas, destacam-se estratégias que representam conceitualmente os sistemas institucionais como redes complexas, formadas por sujeitos, órgãos e instâncias institucionais, programas e projetos. Assim, o uso de técnicas de análise visual e simulação gráfica tornou-se um elemento central dos estudos da complexidade organizacional. Kiel (2008) justifica a construção de imagens gráficas de redes complexas pela insuficiência das técnicas de exploração matemática disponíveis para fornecer os necessários fundamentos de análise. Dentre os vários métodos desse tipo disponíveis na literatura especializada, Waddell (2010) destaca:

- *Social/Organizational/Inter-Organizational network analysis*: Esta é a clássica análise de redes sociais aplicada especificamente ao entendimento das relações internas a uma organização ou entre organizações.

- *Value Network Analysis* (VNA): Os papéis-chave e os *outputs* em um sistema são definidos através de VNA, apresentados de modo esquemático, ajudando a mudar a mentalidade dos interessados em direção a uma perspectiva de análise de redes.

- *Strategic Clarity Mapping* (SCM): Mapas conceituais das relações institucionais são elaborados visando à geração de entendimento mútuo entre os diversos atores de uma rede sobre suas respectivas estratégias para a solução de uma questão, incluindo seus modelos mentais.

- *Mind Mapping*: Esta técnica mapeia as relações entre um conceito central e as palavras, ideias e tarefas que a ela se relacionam. Essa técnica é útil ao planejamento, à solução de problemas e à tomada de decisões[55].

## Modelação e Avaliação dos Desenvolvimentos

Uma importante derivação do mapeamento de redes que busca sintetizar e articular diferentes grupos de métodos é a abordagem de Patton (1994), denominada *developmental evaluation*, apresentada como um conjunto articulado de princípios e procedimentos concebidos para desenvolver medidas e mecanismos de monitoramento dos efeitos ou impactos (*outcomes*) à medida em que emergem no sistema. Sua principal ferramenta metodológica é o Mapa de Rede de Impactos (*Outcome Network Mapping*). O Mapa de Rede de Impactos (MRI) compreende uma proposta de representação em rede não do sistema em si, mas da trama de iniciativas, interferências e influências visando à avaliação evolutiva da organização ou instituição (Earl *et al.*, 2001; Smutylo, 2005). Como ferramenta de orientação e indução transformadora, o MRI pressupõe e enfatiza não-linearidade e interação entre objetivos, podendo ser empregado tanto como dispositivo heurístico para exploração e compreensão da dinâmica das instituições sociais quanto como instrumento de planejamento estratégico de sua inovação institucional. Suas características permitem hierarquizar programas, projetos e ações por seu potencial de gerar transformação no sistema como um todo.

As vantagens dessa nova forma de planejamento e gestão estratégica ficam patentes quando se observa, por exemplo, que o planejamento linear (mesmo baseado na aplicação cuidadosa de ferramentas como o BSC) leva a simplificações grosseiras, como ignorar os impactos da

---

[55] Disponível em: http://networkingaction.net/2010/03/strategic-mapping-for-networks/. Acesso em: 2 de setembro de 2012.

Gestão Financeira sobre a Infraestrutura da organização, embora o fluxo oposto seja considerado. No planejamento não-linear, todas as funções que conectam um objetivo (ou projeto) estratégico a outro são biunívocas e, na maioria dos casos, multívocas. Dessa maneira, pode-se considerar, na modelagem da rede-sistema, pontos sensíveis, ou nós-críticos e trajetórias de transformação, por exemplo, de uma instituição universitária tomada como caso de instituição hipercomplexa.

## Boas Práticas

Alguns autores, no Brasil (Bastos *et al.*, 2004) e no mundo (Bryson *et al.*, 2010), pretendem subsidiar teoricamente ações de avaliação institucional, pautando a ideia de que "melhores práticas" de gestão pública podem ser implementadas a partir do conhecimento de processos microculturais e da ação pedagógica numa "organização que aprende". Dessa maneira, buscam reconhecer e atender a diretrizes e normas emanadas da política oficial de controle e acompanhamento de instituições públicas sem desafiar ou confrontar os termos inerciais da instituição, em geral sacralizados sob o rótulo de "cultura organizacional". No plano da educação superior pública, essa perspectiva justifica estratégias de gestão e controle institucional com base em modelos lineares normativos de planejamento estratégico, ignorando, recusando ou minimizando o primado da política na esfera da gestão institucional.

## Anotações críticas

Resta um comentário crítico sobre a problemática política do planejamento. Para superar a tentação pedagógica ou a tendência culturalista no campo institucional da educação superior pública, sobretudo no que se refere a instituições sociais regidas por lógicas sistêmicas e sustentadas por dinâmicas não-lineares de transformação, é imprescindível a cuidadosa compreensão de um aspecto importante da ação estratégica orientada para a transformação sustentada: a relação entre política e gestão.

Alain Badiou (1999), eminente filósofo francês, teórico social e estudioso da psicanálise, pode muito contribuir para a elucidação dessa questão crucial, num plano mais geral. O mundo contemporâneo é, assim, duplamente hostil aos processos de verdade. O sintoma dessa hostilidade se dá por recobrimentos nominais: onde se deveria manter o nome de um procedimento de verdade, vem um outro nome, que o recalca. O nome cultura vem obliterar o de arte. A palavra técnica oblitera a palavra ciência. A palavra gestão oblitera a palavra política. A palavra sexualidade oblitera o amor. O sistema cultura-técnica-gestão-sexualidade, que possui o imenso mérito de ser homogêneo no mercado e cujos termos, aliás, designam uma rubrica da apresentação mercantil, é o recobrimento nominal moderno do sistema arte-ciência-política-amor, que identifica tipologicamente os procedimentos de verdade (Badiou, 1999:12-3).

Enfim, evidencia-se a impertinência ou impossibilidade de introduzir uma tecnologia de gestão numa organização hipercomplexa da modalidade universitária sem considerar seu contexto político-institucional e suas diretrizes político-acadêmicas e ainda sem operar intervenções ou provocar mobilizações nos planos da micro-política institucional. É preciso tornar manifesto o que está sendo recoberto ou recalcado, quando procedimentos de gestão são acionados em lugar ou antes da ação política imprescindível para a sustentabilidade das transformações operadas no plano institucional concreto. Nesse sentido, a grande vantagem das metodologias não-lineares consiste em: aceitar e operar com a ideia de processos sobredeterminados e em rede (Freud, 1973 [1893/5];

Coutinho *et al.*, 2011); na possibilidade de visualização ostensiva da sistematicidade das mudanças provocadas e na transparência da rede de relações previstas para a sustentação dos processos de desestabilização ampliada, necessários para a transformação estrutural da instituição universitária.

## 2.2.2 Fazer Planeamento Estratégico em tempos de mudança

[*José Carlos Quadrado*[56]]

## A problemática

Porque se fala tanto de crise? As crises são a tónica de hoje e é quase impossível encontrar atualmente um documento de análise das externalidades no planeamento estratégico, com uma abordagem científica, que não refira a crise em termos explícitos ou as suas consequências.

O que por vezes alguns esquecem, ou parece não considerarem, é que sempre existiram crises. Este é de facto um dos primeiros motivos de alarme em qualquer processo de planeamento estratégico, não a crise, mas o desconhecimento de que as crises são omnipresentes, pois quem não conhece o passado tem uma forte possibilidade de cometer erros similares, se não os mesmos (Quadrado, 2014).

Há, todavia, uma caraterística das crises que importa relevar. As crises potenciam as mudanças. E essas últimas têm, hoje, caraterísticas muito diferentes. Na realidade pode afirmar-se que

---

[56] Professor Coordenador com Agregação do Instituto Superior de Engenharia de Lisboa, em comissão de serviço como Vice Presidente para a Planificação Estratégica e Internacionalização do Instituto Superior de Engenharia do Porto.

hoje a própria vida, quer dos indivíduos, quer das organizações, é constituída de mudança.

A mudança é, acima de tudo, renovação. Hoje no domínio do planeamento estratégico potencia-se uma visão onde a mudança contínua, muitas vezes também designada como dinâmica contínua, é a utopia.

Mas fazer planeamento estratégico onde a renovação, e mesmo, em casos extremos, a refundação, é a utopia, cria a sua própria problemática. A mudança hoje é menos previsível, é mais complexa e, acima de tudo, é mais veloz.

Muitos dos que trabalharam no planeamento estratégico nas últimas décadas dependiam de uma segurança temporal que era, desde logo, a base para as correções necessárias e o necessário acompanhamento das mudanças pretendidas ou induzidas. Isto era uma ajuda preciosa em instituições inerentemente conservadoras ou com dinâmicas de funcionamento e adaptabilidade muito lentas, como é o caso das Universidades, onde esta segurança contribuía para o sucesso (?) das mesmas. Assim, as universidades adaptaram--se a uma falsa realidade, em que elas indubitavelmente definiam os tempos e os ritmos de crescimento, no desenvolvimento de novo conhecimento e na sua transmissão. E assim se atrasaram muitas universidades face a outras instituições de desenvolvimento e mesmo transmissão de conhecimentos.

Ainda hoje nas universidades há muitos professores que não entendem como é possível que instituições lideradas por "ignorantes" não académicos tenham criado impérios na produção do conhecimento e mesmo na sua transmissão.

Quais as consequências destes processos de planeamento até aqui muito usados, onde a mudança era "controlada"? A volatilidade e a turbulência ambiental tornaram obsoleta qualquer planificação estratégica de longo prazo. Como a mudança não era tida como um objetivo, mas sim como um parâmetro razoavelmente controlado, os estrategas da mudança "controlada" viam os benefícios destas rigorosas planificações escaparem-se das suas mãos à medida que o ambiente externo se desajustava dos parâmentos estabelecidos para o plano estratégico.

Definir e planificar um grande projeto de mudança numa organização estruturada rigidamente, como é o caso das universidades, é não só muito difícil como também gerador de turbulência interna que deixa sequelas, ainda mais exacerbadas em tempos de crise.

Muitos perguntam porque falham tantos planos estratégicos. Segundo a visão tradicional, devido a três ordens de razões. O primeiro grupo de razões corresponde ao pecado original do planeamento: a falta de previsão atempada dos cenários possíveis. O segundo grupo de razões, muito popular na análise *post mortem* do processo de planificação, corresponde à falta de controlo na implementação do plano estratégico. O terceiro grupo de razões identifica-se genericamente com a falta de comunicação em todo o processo de planificação estratégica, desde a sua elaboração até à sua implementação, e mais além até à avaliação que introduz o necessário processo cíclico de planificação estratégica.

Muitos estrategas até advogam que um processo de planeamento estratégico é inerentemente um sucesso garantido, desde que: se consiga prever todos os macro cenários possíveis; se consiga implementar um sistema de controlo rígido e omnipresente na sua implementação; e se consiga implementar um sistema de comunicação perfeito.

É de referir que, quando, neste contexto, se menciona o planeamento estratégico, se tem em mente o conceito, não universalmente aceite, de que o plano estratégico é uma ferramenta integral, a qual incorpora a planificação, o controlo e a avaliação, desde a sua conceção até à sua renovação.

O planeamento estratégico em instituições com uma dinâmica muito lenta nunca prevê como lidar com os imprevistos, remetendo para processos de acompanhamento que se encarregarão da sua análise e receituário, o que quase sempre leva a uma minimização, se não mesmo ao potencial conflito entre os vetores estratégicos que suportam o plano estratégico.

A turbulência ambiental é vista, nestes processos conservadores de planeamento estratégico quase sempre como um risco, como algo inerentemente negativo, que há que evitar acima de tudo. Esta turbulência é vista como obscuridade e imprevisibilidade, ou seja, como o maior inimigo da ordem estática do planeamento estratégico.

O alcance do próprio plano estratégico é, muitas vezes, um assunto tabu que se esconde atrás de uma retórica inicial ou de um triunfalismo não preditivo ou cientificamente sustentado. Quase sempre se ignoram os efeitos da globalização, o que é tanto mais inaceitável por se saber que a maior parte das instituições funcionam num ecossistema global fechado no seu domínio de atuação. A título de exemplo deste autismo metodológico, encontra-se o desejo de milhares de universidades que nos últimos anos preveem estrategicamente (e, para muitos, de uma forma consubstanciada) alcançar uma posição entre os cem primeiros lugares dos *rankings* mundiais, como se esta centena tivesse a capacidade de uma elasticidade numérica não explicada pelas leis matemáticas.

Por último, importa assinalar que a maior falha nas atuais metodologias de planeamento estratégico é (talvez?!) a falta de entendimento da complexidade ambiental produzida pela interdependência. Os mercados financeiros há muito que entenderam que esta é a essência que urge acompanhar, pois desta complexidade tudo se constrói ou destrói, com uma dinâmica superior à capacidade de reação humana. Muitas universidades ainda expressam orgulhosamente uma aparente (enganadora) não interdependência, não só para consumo interno, mas também para promover o próprio plano estratégico como referente externo. Precisamente pela interdependência, esta atitude é suportável por algumas instituições (poucas) durante algum tempo (limitado), mas ela apenas induz falhas a longo prazo no planeamento estratégico, algumas vezes irrecuperáveis.

## A abordagem

Quando abordamos o planeamento estratégico de uma forma científica, sem dogmatismos e sem determinismos axiomáticos, os quais são estranhamente muito comuns na gestão universitária, observamos que nem todos os processos de mudança são iguais. Ainda que todos procurem nominalmente a qualidade para o utilizador final e para isso vejam as oportunidades e os benefícios dos "clientes", muitos ignoram os outros interessados.

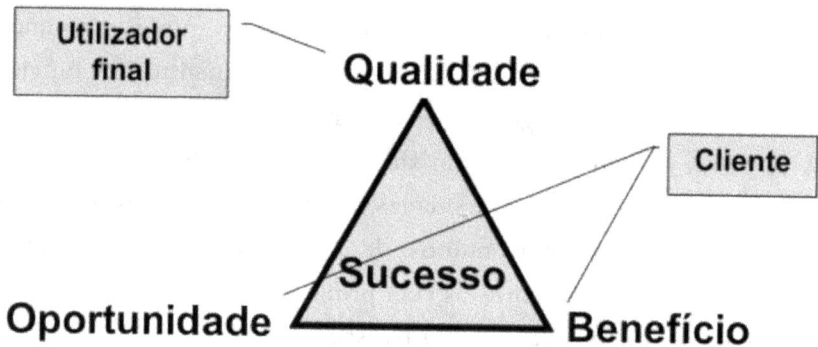

Figura 2.14 Visão clássica Oportunidade-Benefício-Qualidade dos processos de mudança

A visão nos planos estratégicos de sucesso é de que há muitos interessados, nomeadamente: quem patrocina o projeto de mudança e batalha ativamente por ele durante todo o seu desenvolvimento; quem garante que as normas e o funcionamento institucional se coadunam; os líderes *de facto*, cujo poder, *status* e prestígio as mudanças irão afetar; e também a equipa que trabalha no plano, cujas perceções em muito afetam o resultado final, independentemente do afastamento com que conduzem o processo.

O problema, todavia, não surge pela "real" incorporação de todos estes interessados, mas sim porque todos eles têm critérios distintos sobre como avaliar o sucesso do projeto. Alguns concentram-se na mudança de fundo e outros na forma como esta mudança se opera. Alguns estão mais ocupados com as tarefas e os resultados tangíveis que se procura encontrar, tais como as contribuições financeiras, as vantagens competitivas e o alcançar de resultados específicos em detrimento de outros. Outros preferem concentrar-se nos sentimentos pessoais que a mudança promove: as motivações para a mudança, a aprendizagem que deriva desta mudança e os impactos nas relações pessoais na instituição.

Assim, quando se cruzam os resultados obtidos com os processos de mudança a que as instituições estão sujeitas, pode observar-se que há uma correlação importante dos processos de mudança com vários fatores essenciais no desenvolvimento de um plano estratégico institucional, a vários níveis.

Esta correlação pode, por isso, ser usada como indutora de uma classificação das ações primordiais no planeamento estratégico, permitindo criar um receituário institucional dinâmico para auto-ajustar o plano estratégico.

A classificação multimodal que agora se propõe tem como objetivo incorporar as mudanças na essência do planeamento estratégico e mesmo potenciar a sua existência como fator competitivo, ajudando a criar uma nova natureza institucional de uma forma endogénica. A classificação multimodal agrega, sem priorizar, o grau de estruturação da mudança, a sua observabilidade, bem como a propriedade da sua origem e do seu desenvolvimento.

Quando se refere o grau de estruturação da mudança aborda-se o problema de balancear o objetivo e a metodologia da mudança, os quais podem ser reduzidos ao problema essencial a resolver para cada tipo de estrutura de mudança. Assim, para uma mudança com estrutura aberta, onde não se conhece nem o objetivo nem a metodologia, o problema essencial é o processo de aprendizagem e/ou de progressão da mudança. Por outro lado, para uma mudança com estrutura fechada, onde, quer o objetivo, quer a metodologia são conhecidos, o problema essencial é o de melhorar/otimizar a eficiência e os custos da mudança.

Naturalmente que não existem apenas estas situações limite, sendo que a experiência nos mostra que estas são, até, as menos vulgares. Uma situação mais frequente é a que se refere a uma mudança com estrutura semifechada. Nesta situação o objetivo é conhecido, mas não a metodologia da mudança, o que reduz o problema essencial ao fomentar a experimentação e ao partilhar de experiências.

Ainda outra mudança concetualmente possível, mas pouco vulgar, é a que se designa por semiaberta. Numa mudança com estrutura semiaberta, o objetivo não é conhecido mas a metodologia é já conhecida. Neste tipo de mudança o problema essencial é encontrar um bom guião.

Apresenta-se na tabela 2.4 um resumo desta classificação quanto ao grau de estruturação da mudança.

| Tipo de estrutura da mudança | Objetivo conhecido | Metodologia conhecida | Problema essencial |
|---|---|---|---|
| Aberta | Não | Não | Aprender e/ou progredir |
| Semiaberta | Não | Sim | Encontrar um bom guião |
| Semifechada | Sim | Não | Fomentar a experimentação e a partilha de experiências |
| Fechada | Sim | Sim | Melhorar/otimizar eficiência e custos |

Tabela 2.4 Grau de estruturação da mudança

Quando se refere a observabilidade da mudança, a classificação proposta é inerentemente mais simples, pois apenas se consideram dois tipos: a visível e a invisível. A visível apresenta como problema essencial o conhecer os benefícios e os custos da mudança. Por outro lado a mudança invisível apresenta como problemas essenciais o controlo da sua evolução e o consequente reporte dos progressos alcançados. Na tabela 2.5 apresenta-se um resumo desta classificação quanto à observabilidade da mudança.

| Tipo de observabilidade da mudança | Problema essencial |
|---|---|
| Visível | Conhecer os benefícios e custos |
| Invisível | Controlar a evolução e reportar os resultados |

Tabela 2.5 Observabilidade da mudança

Quando se refere a propriedade da origem e a propriedade do desenvolvimento/implementação da mudança, a classificação procura contextualizar esta mudança tomando como referencial a instituição em mudança. Assim, quando se classifica uma mudança como interna isso significa que, quer a propriedade da mudança, quer a propriedade da implementação da mesma, são da responsabilidade exclusiva da instituição que experimenta a mudança. Nesta situação o problema essencial é a gestão política da mudança.

Numa mudança do tipo contratada, ainda que a propriedade da mudança seja interna, a implementação fica a cargo de atores externos à instituição que desenvolvem e implementam a mudança. Nesta situação o problema essencial é o de supervisão da implementação do processo de mudança.

Existem também mudanças, aqui designadas de tipo externo, onde se passa exatamente o inverso, ou seja, a mudança tem origem externa, mas o desenvolvimento é interno. Nesta situação o problema essencial reside na identificação e coordenação de interesses.

Verifica-se na realidade que, relativamente à propriedade da origem e do desenvolvimento/implementação da mudança, a maioria das situações são do tipo partilhada, onde a origem e/ou o seu desenvolvimento são mistos. Nesta situação, o problema essencial é uma mistura dos problemas antes assinalados.

Na tabela 2.6 apresenta-se um resumo desta classificação quanto à propriedade da origem e à propriedade do desenvolvimento/implementação.

| Tipo de propriedade da mudança | Origem | Desenvolvimento / Implementação | Problema essencial |
|---|---|---|---|
| Interna | Interna | Interna | Gerir politicamente |
| Contratada | Interna | Externa | Supervisionar |
| Externa | Externa | Interna | Identificar e coordenar interesses |
| Partilhada | Mista | Mista | Mistura dos problemas anteriores |

Tabela 2.6 Propriedade da origem e do desenvolvimento/implementação da mudança

Com base nesta classificação multimodal, tornam-se visíveis as profundas diferenças na planificação e gestão dos processos de mudança. Por exemplo, gerir um processo de planeamento que contempla a mudança, e seja fechado, visível e externo é profundamente diferente de um que seja aberto, invisível e interno.

Os atores do processo de planificação em todas as suas vertentes necessitam, por isso, de possuir outras competências para a gestão do processo. Tradicionalmente era suficiente que a equipa que conduzia a planificação estratégica tivesse como competências a liderança, o trabalho em equipa, a comunicação, a negociação e a ética (Kálmán, 2006). Da metodologia apresentada reconhece-se que, adicionalmente, são competências fundamentais da equipa de planificação estratégica: aprender a aprender, identificar os interessados, planificar e coordenar; organizar.

Aprender a aprender é fundamental, pois os interessados nem sempre têm claros os objetivos no início do processo. Mas mesmo assumindo que essa clarividência existia, o facto de se saber que todos os projetos implicam mudança significa que, por definição, da mudança surgirá, muito provavelmente, algo novo. Importa também clarificar que é impossível para a equipa de planificação estratégica conhecer os métodos aplicáveis a todos os cenários possíveis. É necessário que a equipa de planeamento teste junto dos interessados as novidades do plano estratégico.

A identificação dos interessados é imprescindível, pois são eles a força motriz que impulsiona ou trava o processo de planificação estratégica. É imprescindível dar aos interessados o devido reconhecimento e mantê-los nas suas posições, ou seja, é indispensável manter o equilíbrio entre as expectativas dos interessados e a evolução do plano estratégico. Quem define exclusivamente os critérios de êxito de um projeto são os interessados.

A planificação e coordenação num cenário de mudança com uma dinâmica com variações rápidas tem, por si só, caraterísticas próprias. Nestas condições, planificar é adquirir e manter constantemente a perspetiva, enquanto coordenar é transmitir e fazer utilizar a dita perspetiva entre todos os interessados.

Desenvolver e transmitir a perspetiva são duas atuações que devem ser continuamente aperfeiçoadas.

A organização, em propostas cuja mudança é estruturalmente aberta, é distinta daquelas em que a mudança é estruturalmente fechada. Na situação tipo aberta, a mudança destina-se às pessoas, pelo que se assignam "papéis" aos distintos "atores" da mudança. Na situação tipo fechada, a mudança está orientada para as tarefas, pelo que se assignam tarefas distintas aos referidos "atores". Esta distinção deve ser considerada no processo de tomada de decisão.

O processo de planeamento em ambientes de mudança tendo como base a classificação multimodal aqui proposta, é o que se apresenta na figura 2.15.

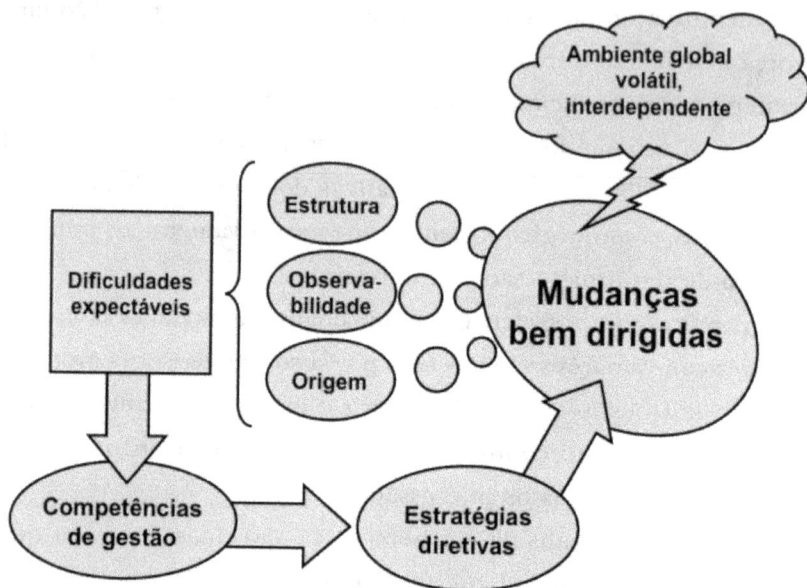

Figura 2.15 Planeamento em ambientes de mudança com base na
classificação multimodal proposta

Analisando a figura 2.15, pode observar-se que o planeamento, nestas condições, é sistematizável e que conduz a um sistema de retroação múltiplo de primeira ordem. Nestes sistemas, cuja dinâmica se encontra já bastante estudada, é relativamente trivial definir cientificamente quais os graus de intervenção no plano estratégico, através de estratégias diretivas cujo grau de intervenção pode ser otimizado recorrendo a metodologias já consolidadas. Ainda assim, é fundamental entender que esta metodologia, ainda que sistemática, não remove da essência da planificação estratégica, nem a criatividade, nem a inovação.

## O acompanhamento

No acompanhamento da implementação desta metodologia de planificação estratégica adequada a ambientes turbulentos é fundamental destacar a fundamental diferença entre a criatividade e a inovação.

A criatividade lida com as dinâmicas rápidas, acima de tudo associadas às perceções. A inovação está, por outro lado, mais ligada às dinâmicas mais lentas e que se adequam às realidades. Ambas são primordiais no exercício da planificação estratégica, sendo que a criatividade, pela sua dinâmica, é provavelmente a mais importante a considerar neste processo. Por isso as considerações que se seguem enfocam exclusivamente nesta vertente (Brabandere, 2007).

Como seres humanos, conhecemos o mundo mediante perceções. No entanto, as perceções são ficções da realidade, não mais do que erros cometidos pela nossa mente. As perceções são grandemente influenciadas e alteradas pelas emoções, estados de ânimo e mesmo a cultura de quem "se apercebe".

Na planificação estratégica, ao trabalhar com a mudança, sente-se entre os interessados (os que "se apercebem") a perceção da mudança. Se a mudança percebida os beneficia, então a perceção é positiva, os interessados reagirão favoravelmente. No entanto, se a perceção é negativa, as mudanças anunciadas produzem o medo dos interessados, que como tal reagem entrando em conflito.

O medo é uma das emoções mais poderosas no ser humano. Nos primórdios era fundamental para a sobrevivência e tem padrões fisiológicos e comportamentais bem conhecidos. No entanto é também uma das maiores fontes de energia. Não existem gestores institucionais que nunca tenham sentido o risco, ou as dificuldades associadas ao medo. Na planificação estratégica, há muito que se sabe que é nas situações difíceis que se obtém vantagens competitivas. Quase todos sabem lidar com o sucesso mas nem todos sabem lidar com os momentos difíceis. Tradicionalmente, assim se definia "a diferença entre as crianças e os adultos".

Para saber lidar com o conflito há que entender que o conflito é um processo que começa quando uma das partes tem a perceção de que a outra parte a afetou, ou está em vias de a afetar, negativamente, em algo do seu interesse. Para o conflito requere-se a perceção mútua da situação, a oposição ou incompatibilidade e a interação.

Na planificação estratégica várias foram as abordagens concetuais relativamente ao conflito. O enfoque tradicional, até à Segunda Guerra Mundial, foi de evitar o conflito, pois era visto como indício de mau funcionamento do grupo (Kriesberg, 2009). Após a Segunda Guerra Mundial, e até à década de 1970, o enfoque transita para as relações humanas e o conflito é visto como natural dentro das organizações, até como potencialmente uma força positiva. Depois dos anos 70 e até hoje, muda-se para o enfoque na interação. Nesta situação, o conflito é visto como absolutamente necessário para o desempenho eficaz do grupo. Nesta lógica, a título de exemplo, inicia-se nas instituições académicas a nível mundial um processo de promoção académica baseada na competição geradora do conflito sistémico e "interacionista".

Para que durante o acompanhamento da gestão do processo de conflito o mesmo possa ser devidamente compreendido, é importante conhecer as distintas etapas.

A primeira etapa do desenvolvimento do conflito corresponde à oposição ou incompatibilidade potencial, em que as condições criadoras da oportunidade para o conflito são de três tipos: a comunicação, a estrutura e as variáveis pessoais.

A comunicação no que diz respeito à quantidade, à qualidade, e à forma da mesma; a estrutura, que é fortemente dependente das obrigações da tarefa ou da profissão; e as variáveis pessoais, que dependem de fatores muito subjetivos como, por exemplo, as primeiras opiniões sobre alguma mudança.

A segunda etapa refere-se ao conhecimento e personalização. As condições do conflito estão naturalmente associadas à afetação negativa de algum fator de interesse, bem como a perceção e consciência sobre o próprio conflito. Os aspetos importantes do conflito incluem a importância da definição do conflito, o que permite delimitar o mesmo, e a importância atribuída às emoções, o que permite moderar as perceções atuando como catalisadores.

A terceira etapa é a etapa das intenções. Existe a consciência de que é necessário perceber as intenções da outra pessoa a fim de responder ao seu comportamento. As intenções transformam as perceções e emoções em comportamento explícito.

A quarta etapa é a etapa do comportamento, ou seja, é a face visível do conflito. Há a intenção franca de forçar a implementação das intenções de cada parte. Pode produzir-se uma diferença entre as intenções e o comportamento, quer pela perceção errónea das intenções do outro, quer pela representação incorreta das intenções próprias.

A evolução do conflito cresce na medida em que se incrementam os graus de conflito. Começam por ser apenas discordâncias menores e mal entendidos, crescendo para a confrontação aberta e desafio dos outros. Daqui cresce para ataques verbais assertivos, que são substituídos por ameaças e ultimatos. As últimas fases são alcançadas quando se cresce para ataques físicos agressivos e para os esforços abertos para destruir a outra pessoa.

A quinta e última etapa corresponde aos resultados, que podem ser funcionais ou disfuncionais. Os possíveis resultados funcionais são: a melhoria da qualidade das decisões; o estimulo à criatividade e mesmo à inovação; o incremento da curiosidade; e o fomento da autoavaliação. Os possíveis resultados disfuncionais incluem: o fomento do descontentamento; a dissolução de laços comuns; o atraso no fluxo da comunicação; a redução da coesão do grupo; e a subordinação das metas do grupo a lutas internas. É, pelo exposto, possível criar e administrar o conflito funcional estrategicamente, podendo utilizar-se técnicas de resolução e técnicas de estímulo, como ferramentas em tempo de mudança.

## A equipa

Ao aplicar a metodologia aqui proposta é importante que se criem equipas de trabalho, por oposição aos habituais grupos de trabalho criados para desenvolvimento dos planos estratégicos.

A equipa, quando encarregada da planificação estratégica, trabalha por um objetivo comum, satisfazendo colateralmente os objetivos individuais. Há interdependência entre os membros da equipa, o que permite gerar compromissos. Por oposição, os habituais grupos de trabalho apenas se reúnem para partilhar ativos e satisfazer essencialmente os objetivos individuais. Há, neste caso, uma total independência entre os membros, o que, quando muito, gera as participações, mas não compromissos.

Para materializar um plano estratégico em tempos de mudança é imprescindível contar com uma equipa e sem dúvida é igualmente imprescindível pertencer a uma equipa.

## 2.3 Relatos de experiências

### 2.3.1 Reflexões sobre a experiência de Planeamento Estratégico do Instituto Politécnico de Macau

[*Lei Heong Iok*[57], *Jorge B. Bruxo*[58]]

O Instituto Politécnico de Macau (IPM) foi criado, pelo Governo de Macau, em 1991, segundo o modelo então vigente em Portugal para as Instituições de Ensino Superior politécnico. Nesses tempos

---

[57] Presidente do Instituto Politécnico de Macau.
[58] Professor do Instituto Politécnico de Macau.

vivia-se em Macau o período de transição do exercício da soberania sobre o território detido pela República Portuguesa até 19 de
Dezembro de 1999 e reassumido pela República Popular da China
a partir das zero horas do dia seguinte, tendo nesse momento sido
instalados e começado a funcionar os órgãos da Região Administrativa
Especial de Macau.

O IPM, quando, em 1991, foi instituído e iniciou a sua activi-
dade, para além dos cursos criados nessa altura, recebeu cursos já
em funcionamento noutras instituições, com os respetivos alunos
e professores. Entre esses cursos, depois reorganizados, referem-se
os seguintes:

a) os cursos de comércio e de turismo então existentes no
   Colégio Politécnico da Universidade da Ásia Oriental, que
   tinha sido uma universidade privada, entretanto comprada
   pelo Governo de Macau;
b) cursos na área da saúde funcionando na Escola anexa ao
   Hospital Conde de São Januário;
c) cursos de tradução e interpretação português-chinês que
   estavam sendo lecionados na Escola Técnica da Direcção de
   Serviços dos Assuntos Chineses.

Os Cursos do Ensino Superior politécnico eram então estruturados
em cursos de dois anos, conferentes de diploma, e cursos de três
anos com atribuição do grau de bacharel. Mas o IPM também foi
incumbido da realização de cursos de curta duração, destinados à
formação e aperfeiçoamento profissional de pessoal da Administração
Pública, e mesmo do setor privado, tendo para este efeito sido
instalado, no IPM, o Centro de Formação e de Projetos Especiais.

Nos primeiros oito anos de funcionamento do IPM, ainda sob
Administração Portuguesa, ocorreu uma atividade pouco programada,
tentando responder-se casuisticamente às solicitações decorrentes

das necessidades do período de transição. Havia necessidade de aceleradamente formar e valorizar pessoal de Macau para os esforços de localização de quadros, que permitissem uma transição suave, de forma que as previstas mudanças político-administrativas assegurassem que os administrados não tivessem grandes problemas com os primeiros tempos da Administração Chinesa, sob a fórmula *Macau governado pelas suas gentes*. E de facto, para esta já histórica transição político-administrativa, sem sobressaltos, o IPM deu um contributo de não somenos importância.

Neste primeiro período o IPM recorreu muito a professores a tempo parcial e em regime de acumulação com outras atividades profissionais, sendo já trabalhadores a maioria dos estudantes, pelo que os cursos eram maioritariamente lecionados em regime noturno, estando as instalações dispersas por vários edifícios. Assim, as atividades letivas eram então pressionadas pelo imediatismo e pelo curto prazo, com os olhos postos no dia 20 de dezembro de 1999, antecipando e procurando evitar eventuais problemas decorrentes das previstas alterações político-administrativas.

O período seguinte, desde 20 de dezembro de 1999 até ao presente, isto é, o tempo da Região Administrativa Especial de Macau da República Popular da China, Macau e, em consequência, o IPM, têm vindo a assumir características algo diferentes das anteriores. O Instituto Politécnico de Macau, embora mantendo alguma pequena dispersão, passou a funcionar principalmente num *campus principal,* que lhe foi atribuído ainda nos finais da Administração Portuguesa, e no qual estão hoje concentrados quase todos os cursos curriculares conferentes de graus académicos. Depois de aí terem sido erguidos dois novos excelentes edifícios, o ensino passou a processar-se sobretudo em regime diurno, os cursos foram reorganizados para o grau de licenciatura, estando em vias de extinção os cursos conferentes de bacharelato. Passaram a organizar-se, em cooperação com famosas Instituições de Ensino Superior externas, cursos de mestrado e de doutoramento, o corpo docente valorizou-se e hoje mais de 60% é constituído por professores a tempo inteiro e com o grau de doutor. A investigação foi incrementada, as atividades extracurriculares foram intensificadas e diversificadas, tendo sido criadas condições para que a educação superior em Macau não descure o princípio de desenvolver em cada estudante uma *mente sã em corpo são*.

Mas as diferenças não se concentraram apenas no quadro dos *curricula* do ensino politécnico e no desenvolvimento da investigação, mas também noutras áreas. Refira-se, nomeadamente, a preocupação com as perspetivas futuras do recrutamento de novos alunos, considerando que, em Macau, se prevê a diminuição do número de finalistas do ensino secundário e o eventual aumento de admissões externas, já que nos últimos anos a procura é muitíssimo superior à oferta.

Têm sido promovidas ações para dar a conhecer aos estudantes do ensino secundário de Macau as reais condições oferecidas pelo IPM, facilitando visitas organizadas às suas instalações e instituindo um dia aberto, onde, além de visitas guiadas, se organizam conferências e debates, distribuindo-se várias publicações com material informativo, sem prejuízo da divulgação em jornais e revistas, que é intensificada por alturas do referido dia aberto. Isto sem descurar a permanente atualização de informações disponibilizadas por via eletrónica nos sítios e plataformas de que o IPM dispõe para esse efeito. E também se tenta alargar a informação para o exterior de Macau, especialmente para as Instituições de Ensino Superior com as quais o IPM tem estreitado laços de cooperação, especialmente com a China Continental, Hong-Kong e Taiwan, Portugal e demais países lusófonos.

Quanto à terceira idade, temos mantido e desenvolvido uma Academia do Cidadão Sénior que organiza variados cursos para os mais idosos, que já não estão no ativo profissional e pretendem ocupar os tempos livres de forma a valorizar-se.

Quanto à formação profissional, esta deixou de estar preferencialmente voltada para a Administração Pública, passando a centrar-se sobretudo nas necessidades do mercado de emprego privado. Por isso, dadas as necessidades do setor do jogo, foi criado um Centro de Formação especificamente dedicado a essa matéria.

Uma linha de desenvolvimento que não se descurou foi a da investigação, através de Centros especializados em áreas intimamente ligas às áreas de ensino, com a intenção de que as áreas didáticas e pedagógicas, por um lado, e as áreas de investigação e de publicações por outro, devem sempre andar de mãos dadas, para melhoria da qualidade do ensino e subida do IPM no *ranking* das instituições similares, sobretudo desta Região da Ásia-Pacífico: qualidade e prestígio são dois objetivos fundamentais.

Um outro ponto importante é o da intensificação da cooperação externa, com o aumento do intercâmbio de professores e de alunos de outras Instituições de Ensino Superior, principalmente da China, de Portugal, do Reino Unido, Estados Unidos e da Austrália.

A programação das atividades de uma instituição de Ensino Superior tem de respeitar o quadro de valores sociais e políticos generalizadamente aceites, bem como atender aos ambientes interno e externo, condições de eficiência do plano. O IPM adotou o lema *Conhecimento, Experiência, Universalidade,* significando que o ensino deve ser moldado na fusão dos valores chineses e ocidentais. Os valores orientadores do IPM são, esquematicamente, os seguintes:

a) a vida e o saber devem basear-se num conhecimento amplo;
b) é fundamental o *ethos* da liberdade e a liberdade de expressão;
c) a meta da excelência deve ser almejada por estudantes, professores e funcionários;
d) adoção dos valores orientais e ocidentais;
e) pragmatismo;
f) elevados padrões morais;

g) valorização do trabalho em equipa;

h) compromisso com a excelência e a inovação;

i) fortalecimento da intercomunicação e diálogo pessoais;

j) adoção de uma atitude positiva perante a vida.

Quanto ao ambiente interno e ao ambiente externo, devem ser cuidadosamente identificadas as vantagens existentes, não só quanto a recursos materiais, financeiros e tecnológicos, mas também quanto a competências científicas e tecnológicas dos recursos humanos existentes, apostando na valorização permanente destes, incentivando a participação em reuniões científicas e a cooperação em projetos de investigação com entidades de referência internacional.

O Plano deve ter como desiderato o fomento de parcerias institucionais com vantagens recíprocas, intercâmbio académico, pedagógico e científico ao abrigo de protocolos e acordos celebrados com entidades homólogas, cuidadosamente selecionadas.

A elaboração do Plano Estratégico do IPM baseia-se no seguinte:

a) perspetivas da evolução do Ensino Superior local;

b) decisão do Governo de Macau para *diversificação moderada da economia;*

c) avaliação dos pontos fortes e fracos para desenvolvimento do IPM.

A execução do plano tem de se desdobrar em partes anuais, devendo ter em conta o seguinte:

a) uma perspetiva anual, mas devido ao facto de existirem ano económico e ano académico diferentes, há que considerar diferentemente o que respeita à parte pedagógica e à parte científica, por um lado, e à parte económico-financeira, por outro.

b) a execução do plano deve ter sempre elasticidade para suportar planos de contingência, e a perspetiva de evitar perdas de recursos ou o melhor aproveitamento destes.

O primeiro plano estratégico do IPM foi aprovado no ano 2000, para se perspetivar o desenvolvimento do Instituto de uma forma integrada e coerente. Atualmente o IPM tem em execução um Plano estratégico para 2013-2020, o qual resultou da revisão e aperfeiçoamento do Plano de Desenvolvimento Decenal para 2010-2020, elaborado por um grupo de trabalho coordenado pelo Presidente do IPM.

## 2.3.2 Planeamento Estratégico adotado na implementação do ISPTEC

[*António André Chivanga Barros,
Baltazar Agostinho Gonçalves Miguel, Eduardo Lopes Marques*[59]]

### Introdução

A criação e a implantação do Instituto Superior Politécnico de Tecnologias e Ciências (ISPTEC) foi sustentada a partir da proposição, em 2005, da Universidade de Tecnologias e Ciências (UTEC). Contudo não foi implantada com esta denominação devido à Legislação Angolana, que autoriza, inicialmente, o funcionamento de Instituições privadas como Instituto ou designação semelhante, podendo estas depois da sua consolidação progredir para a categoria de Universidade.

É desta forma que foi publicado o Decreto 111/11, que autoriza o funcionamento do Instituto Superior Politécnico de Tecnologias e Ciências (ISPTEC). Para a sua implantação foi elaborado o Plano de Desenvolvimento Institucional (PDI), um documento norteador

---

[59] Respectivamente Diretor Acadêmico, Diretor Geral e Chefe do Departamento de Ciências Sociais Aplicadas do ISPTEC, Angola.

das políticas de gestão pedagógica, acadêmica e administrativa da instituição.

O Plano de Desenvolvimento Institucional (PDI) é um instrumento de gestão que formula os eixos estratégicos e as respetivas linhas de ação e descreve os indicadores de referência para a execução de atividades relacionadas à implantação do ISPTEC. Para isto, são consideradas as condições internas e externas como fatores impulsionadores da qualidade dos processos institucionais. Por isto, a análise do ambiente e as suas estratégias devem resultar na contínua avaliação dos processos, na perspetiva de reformulações necessárias para garantir que o ISPTEC cumpra com a sua missão de " formar profissionais qualificados e comprometidos com o desenvolvimento sustentável de Angola".

A missão descrita acima é sustentada por um olhar consistente dos idealizadores do ISPTEC, com base na visão de esta instituição vir a " ser reconhecida como a Instituição de referência nas próximas duas décadas". Como se observa, a visão é um norteador e acumulador de convicções que direcionam a trajetória da instituição e constitui-se na imagem projetada no futuro desta organização educacional. Assim, a visão pode ser percebida como a direção desejada, o caminho a ser percorrido e uma perspetiva do ISPTEC a médio e longo prazos, definindo como pretende ser vista pela comunidade interna e externa no percurso da sua existência.

Filosoficamente, entende-se por valores algo determinado pela interação entre o sujeito e o objeto. E é nesta apreciação que se estabelece a hierarquia de valores institucionais, de acordo com as necessidades, prioridades e capacidades intrínsecas da comunidade acadêmica atuante nesta instituição. O Plano de Desenvolvimento Institucional (PDI) do ISPTEC tem definido como valores institucionais:

- "a Ética, Honestidade e Justiça;

- a Responsabilidade Social e Ambiental;
- o Estímulo ao Pensamento Crítico e Reflexivo; e
- a Gestão Participativa e o Trabalho em Equipe e a Dedicação à Investigação, ao Ensino e à Extensão".

Na visão sociológica, embora a sociologia não seja considerada como ciência valorativa, esta área reconhece os valores como fatos sociais. No campo de análise, os valores podem surgir como um estatuto fundamental na definição da estabilidade e coerência das sociedades ou das mudanças sociais ou podem surgir como "fenômenos de reflexos" das infraestruturas da sociedade. Neste contexto, o PDl do ISPTEC é um Plano Estratégico que define os rumos da Instituição em termos de desenvolvimento e que descreve com clareza a missão, visão e valores necessários para construir uma universidade diferenciada em Angola.

O Plano de Desenvolvimento Institucional do ISPTEC, como descrito, é o documento de planeamento da instituição e é um espaço que delineia os objetivos de médio e longo prazos e as medidas reais necessárias para a consecução de tais objetivos. É nesse contexto que a comunidade universitária tem a oportunidade de lançar, tendo para si a experiência do passado e o conhecimento do presente, os caminhos a seguir como instituição de Ensino Superior em Angola.

## Desenvolvimento

O Instituto Superior Politécnico de Tecnologias e Ciências (ISPTEC) iniciou as suas atividades de ensino no ano letivo de 2012, quando ingressaram alunos em oito cursos aprovados pelo Ministério de Tutela. Os cursos foram oferecidos nas áreas de Engenharias e Tecnologias (seis cursos) e na área de

Ciências Sociais Aplicadas (dois cursos). Para assegurar a sua implantação fez-se a mobilização da comunidade do ISPTEC para elaborar a primeira versão do Planeamento Estratégico. O desenvolvimento dos trabalhos foi possível devido à massiva participação do grupo de gestores representados no Conselho de Direção da instituição. Foram inclusos nas discussões vários colaboradores, como chefes dos departamentos, docentes, funcionários e convidados externos, oriundos, principalmente, da Promotora da Instituição.

Os debates, no âmbito da elaboração do planeamento estratégico, foram realizados essencialmente nas instalações do ISPTEC e possibilitaram definir os eixos estratégicos da instituição. Estas discussões resultaram na ampliação dos debates para a construção de uma proposta consistente, com garantia do uso eficiente de recursos e com potencial para o alcance dos resultados pretendidos, todos eles expressos na missão, visão e valores da instituição.

Por se tratar de um processo dinâmico em constante avaliação, modificação e reestruturação, e atendendo ainda a algumas normas estabelecidas pela Promotora Institucional, o Plano de Desenvolvimento Estratégico (PDI) é objeto de duas reuniões anuais do Conselho de Direção Alargado, com a presença de profissionais da Instituição, para, a partir da análise dos objetivos e metas operacionais propostos para o período de um ano, verificar os resultados esperados e os ajustes necessários em função do previsto anteriormente.

Ainda no âmbito do planeamento estratégico e na perspetiva de uma melhor expressão dos resultados de tais debates, foi construída a pirâmide que descreve os seis eixos estratégicos institucionais, articulados com os respetivos objetivos a serem alcançados para a consolidação da Instituição nas próximas duas décadas, conforme a figura 2.16.

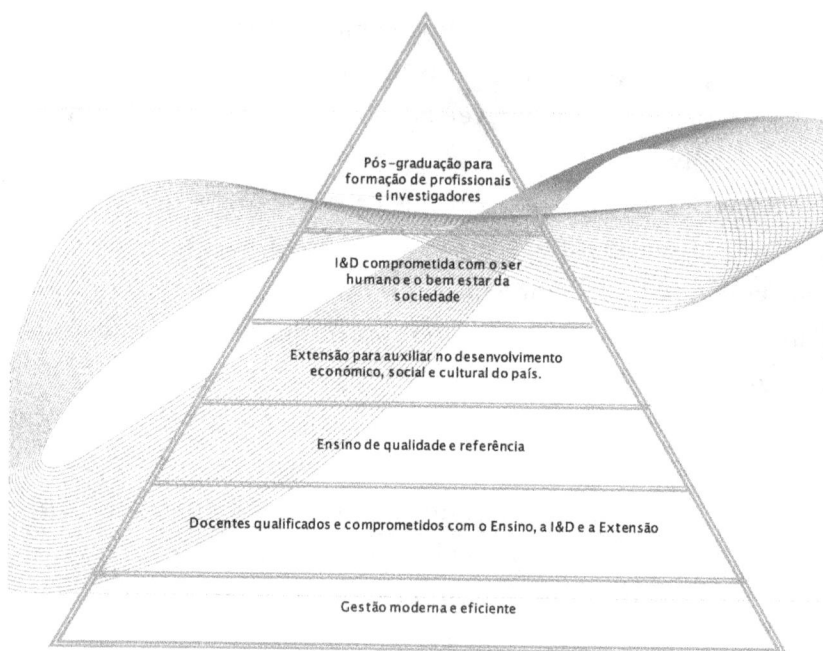

Figura 2.16 Eixos estratégicos norteadores da atuação do ISPTEC

Neste contexto, são descritos a seguir os princípios norteadores dos seis eixos estratégicos e os avanços registrados até agora, desde a implantação desta instituição educacional.

## Gestão moderna e eficiente

Este eixo estratégico, presente na base da pirâmide, define a gestão moderna e eficiente como estratégia para abranger as diversidades e os complexos fenómenos associados à gestão de uma universidade. A implementação deste eixo é baseada no desenvolvimento de um plano de ação capaz de prever o uso de modelos de gestão sustentados na aplicação de ferramentas de gestão, como os sistemas de gestão educacional, sistemas de avaliação institucional, sistema integrado de gestão de recursos humanos, sistema de gestão de biblioteca, políticas de formação de recursos humanos e implementação de procedimentos que garantam um fluir eficaz das atividades de gestão. Há que ressaltar que, com esta estratégia, são hoje implementadas ações de caráter administrativo que suportam a execução de atividades de ensino, pesquisa e extensão características das universidades modernas.

Por outro lado, a institucionalização do Plano de Carreira Docente do ISPTEC, que integra o pessoal especializado e com qualificação superior, a quem compete assegurar as funções de caráter académico e científico nos domínios específicos da formação de quadros de excelência, para diferentes ramos de atividade económica e social do país, bem como da promoção da pesquisa científica, constitui-se nas estratégias de gestão moderna da instituição.

## Docentes qualificados e comprometidos com o ensino, pesquisa e extensão

A proposta do ISPTEC como um modelo diferenciado de Educação Superior em Angola é alicerçada por políticas de qualificação docente como garantia permanente da qualidade dos processos de ensino e aprendizagem, pois a Universidade é o espaço que privilegia, antes de tudo, a construção e a transmissão de conhecimentos já consagrados e é uma instituição de investigação, com estímulo à curiosidade, à ousadia e à iniciativa.

Por ser uma instituição educacional, o ISPTEC tem o compromisso com a busca do saber e deve ser um lugar privilegiado da produção e disseminação do conhecimento sistematizado, do exercício da reflexão, do debate e da crítica, aliados à responsabilidade social. Seu objetivo consiste na persistente busca do saber que deve convergir na estrutura e esforços conjuntos como garantia da sua existência.

Neste preâmbulo, a formação docente é entendida como uma possibilidade de o profissional docente construir as competências teórico-metodológicas, aliadas a uma visão contemporânea do mundo que o cerca, consciente das contradições e diversidades manifestas. Face a este facto é que se compreende a necessidade de a instituição pensar e organizar políticas de formação que respondam às necessidades deste tempo em constante transformação.

Com este olhar o ISPTEC tem instituído as suas políticas de formação para suportarem a qualificação docente, em nível de mestrado e doutoramento, constituindo-se na estratégia de garantia de competências no âmbito do desenvolvimento de ensino, pesquisa e extensão, os três grandes pilares sustentadores das universidades modernas. Aliadas à formação específica são também implementadas ações de formação pedagógica como estratégias para auxiliarem o corpo docente do ISPTEC no exercício de atividades de ensino e aprendizagem no seu quotidiano escolar.

## Extensão para auxiliar no desenvolvimento econômico, social e cultural do país

Angola encontra-se, atualmente, num processo de desenvolvimento acentuado, sendo ultimamente considerada como um dos países que mais cresce no mundo. Num ambiente de rápidas transformações, cabe às Instituições de Ensino Superior o desafio de reunir nas suas atividades ações relevantes, incluindo aquelas relacionadas com a redução das desigualdades sociais e económicas, para a socialização da experiência científica e cultural historicamente acumulada pela humanidade.

As atividades de extensão em desenvolvimento favorecem a apropriação, pela comunidade, dos conhecimentos construídos no ISPTEC, de modo a contribuir com a transformação da sociedade em que a instituição está inserida.

A extensão é uma estratégia de mudança que possibilita a atuação concomitante na formação de profissionais especializados e comprometidos com o desenvolvimento sustentável do País. O ISPTEC pretende ser uma das forças atuantes e sinalizadoras de novos cenários de desenvolvimento social, económico, científico, tecnológico e cultural em Angola, com postura alicerçada nos princípios da indissociabilidade. É assim que esta instituição concebe a extensão como uma forma de reunir e administrar os esforços, recursos e atividades para tornar o conhecimento acessível à sociedade. Neste sentido, tem construído projetos de integração com a comunidade, contribuindo para o desenvolvimento do país e, consequentemente, a qualidade de vida das pessoas.

A extensão, com seu caráter interdisciplinar, multidisciplinar e transdisciplinar, extrapola a abordagem especializada de cada área de conhecimento ou curso e favorece a visão integrada da sociedade. Essa atividade, no âmbito da política da instituição, propõe formar profissionais cidadãos que pautem suas ações pela ética fundada no entendimento de que o ser humano tem valor por si mesmo. Assim, as ações de extensão, articuladas com o ensino e a pesquisa, orientam-se para a defesa da justiça, do respeito pelas diferenças, da autonomia e da liberdade entre os homens. Por meio da extensão, a instituição surge com um papel transformador sobre outros setores da sociedade e um instrumento da busca da melhoria da qualidade de vida do conjunto da sociedade. Trata-se de fazer extensão voltada para os interesses e necessidades da maioria da população, aliada aos movimentos de superação de desigualdades e da exclusão social, e implementadora de políticas públicas comprometidas com o desenvolvimento solidário, democrático e sustentável.

A partir das áreas temáticas de extensão são propostas e caracterizadas as linhas de extensão que deverão ser articuladas através de projetos, cursos, eventos, apoio tecnológico, de acordo com a experiência histórica do ISPTEC. Importante ressaltar que, não sendo ainda aprovadas pela Promotora Institucional, as áreas temáticas da extensão convergem para as seguintes linhas de extensão, como descrito abaixo:

ÁREA TEMÁTICA MEIO AMBIENTE E SUSTENTABILIDADE – LINHA 1: EDUCAÇÃO AMBIENTAL // Implementação e avaliação de processos de educação ambiental para a diminuição da poluição do ar, águas e solo; impactos ambientais de empreendimentos e de planos básicos ambientais; preservação de recursos naturais e planeamento ambiental; meio ambiente e qualidade de vida; cidadania e meio ambiente.

ÁREA TEMÁTICA TECNOLOGIA E PRODUÇÃO – LINHA DE EXTENSÃO 1: DESENVOLVIMENTO TECNOLÓGICO // Processos de investigação e produção de novas tecnologias, técnicas, processos produtivos, padrões de consumo e produção; serviços tecnológicos; estudo de viabilidade técnica, financeira e económica; adaptação de tecnologias.

ÁREA TEMÁTICA TECNOLOGIA E PRODUÇÃO – LINHA DE EXTENSÃO 2: EMPREENDEDORISMO // Constituição e gestão de empresas juniores, pré-incubadoras, incubadoras de empresas, parques e pólos tecnológicos, cooperativas e outras ações voltadas para a identificação, aproveitamento de novas oportunidades e recursos de forma inovadora, com foco na criação de empregos e negócios que estimulam a proatividade.

ÁREA TEMÁTICA EDUCAÇÃO – LINHA DE EXTENSÃO 1: LÍNGUAS ESTRANGEIRAS // Processos de ensino-aprendizagem de línguas estrangeiras e sua inclusão nos projetos pedagógicos do ISPTEC; desenvolvimento de processos de formação em línguas estrangeiras; literatura; interpretação e tradução.

ÁREA TEMÁTICA EDUCAÇÃO – LINHA DE EXTENSÃO 2: DESENVOLVIMENTO HUMANO // Temas das diversas áreas do conhecimento, especialmente de ciências humanas, biológicas, sociais aplicadas, exatas e da terra, da saúde, ciências agrárias, engenharias, linguística (letras e artes), visando a reflexão, discussão, atualização e aperfeiçoamento humano. Para a integração do ISPTEC nas áreas temáticas definidas, já estão em andamento, em diferentes graus de desenvolvimento, os seguintes projetos:

***Centro de Estudo de Línguas (CEL):*** Tem como missão a formação, com a competência linguística para comunicação no país e no exterior, para fins profissionais ou turísticos e possibilita o conhecimento de outras línguas como forma de contribuir para o bem-estar social e económico de qualquer sociedade.

***Centro de Prestação de Serviços (CPS):*** O centro aqui referenciado tem como objetivo articular-se com a comunidade na perspetiva de propor soluções técnicas e tecnológicas para as diversas demandas da sociedade. Para a realização das atividades, buscar-se-á utilizar a estrutura do ISPTEC, principalmente no que tange à sua infraestrutura laboratorial e à massa crítica constituída pelo corpo docente e técnicos administrativos.

***Centro de Gestão de Processos de Seleção (CGPS):*** Busca planear e executar todas as ações relacionadas com os processos de seleção de empresas e Instituições Angolanas, no âmbito de seleção de estudantes, corpo técnico e administrativo, realizando processos como as inscrições, testes psicotécnicos, testes de conhecimento, testes vocacionais, entre outros. As ações aqui referenciadas são sustentadas por um amplo planeamento do setor para garantir a sua articulação com os demais setores do ISPTEC.

***Empresa Júnior:*** A Empresa Júnior é entendida internacionalmente como uma Associação Civil sem fins lucrativos constituída por professores e alunos de nível superior com o intuito de atender empresas públicas e/ou privadas no âmbito da prestação de serviços de consultoria e assessoria de qualidade a custos reduzidos, tendo como suporte as teorias ministradas em sala de aula.

***Centro de Estudos Socioeconómicos:*** Contemplar tanto informações sociais quanto económicas que sirvam posteriormente para auxiliar no desenvolvimento de estudos, análises, previsões na perspetiva do desenvolvimento sustentável de Angola, através da coleta, sistematização, organização, compilação e disposição dos dados para posterior consulta não só por parte da comunidade académica mas, e principalmente, por parte da sociedade como um todo.

*Centro de Incubação de Empresas (INCUBE):* Perspetiva-se a sua criação para potencializar a incubação de empresas através de articulação com a comunidade externa e interna, com base nos processos desenvolvidos no ISPTEC e outros propostos pela comunidade.

*Programa Institucional de Iniciação à Extensão (PIEX):* O objetivo do programa consiste na proposição de estratégia para impulsionar o desenvolvimento de extensão no ISPTEC, como forma de contribuir para a formação profissional e cidadã por meio da participação de estudantes dos cursos de licenciatura da instituição no desenvolvimento de projetos de iniciação a extensão universitária.

*Programa Proação:* É um projeto de extensão universitária de iniciativa social, com o intuito de estimular o desenvolvimento social e o espírito crítico dos discentes, bem como a atuação profissional pautada na cidadania e na função social da educação superior, a partir do exercício de atividades técnico-profissionais específicas enquanto estudantes do ISPTEC.

Como se observa ao longo das descrições acima, são implementadas ações que perspetivam o desenvolvimento de extensão para potencializar a articulação com a sociedade e melhorar o desenvolvimento institucional.


## Pesquisa e desenvolvimento comprometidos com o ser humano e o bem-estar da sociedade

O progresso científico é o motor do desenvolvimento. Hoje em dia, a investigação científica e a inovação tecnológica são fonte de conhecimento e meio de formação avançada de recursos humanos.

Assim, têm um forte impacto no desenvolvimento socioeconómico dos países, ao contribuírem para o aumento da competitividade do tecido produtivo, para a modernização das instituições e a melhoria tanto do emprego como das condições de bem-estar das populações.

O reconhecimento, pelo Governo da República de Angola, da importância da Ciência, Tecnologia e Inovação (CTI), está refletido nos Decretos Presidenciais para a Política Nacional de Ciência, Tecnologia e Inovação (PNCIT) de julho de 2011 [1, 2, 3], que referem:

> A edificação de uma sociedade moderna passa pela optimização dos recursos disponíveis de forma a aumentar a produção científica e tecnológica e a transferência de conhecimento, tecnologia e práticas inovadoras capazes de alavancarem o crescimento socioeconómico do País. (...) Para a PNCTI, a promoção da pesquisa de ponta, a médio e longo prazos revela-se estratégica, (...) mesmo quando o retorno financeiro deste tipo de pesquisa possa não ser visível a curto prazo.

O ISPTEC ganha aqui uma particular relevância dada a sua associação com uma das empresas mais produtivas do país e que assume como tal a sua responsabilidade social e um papel determinante no desenvolvimento económico da República de Angola. Esta associação induz no ISPTEC a motivação acrescida do empreendimento de ações que garantam a realização de projetos de investigação científica, estimulando o desenvolvimento da cultura do conhecimento no nosso país, um facto que se deve necessariamente refletir no ensino ministrado pela Instituição.

É nestes termos que foram propostas as áreas de investigação científicas do ISPTEC que objetivam contribuir para a promoção do conhecimento e a melhoria dos níveis de produtividade e de competitividade, em todos os setores da economia, com a utilização intensiva da ciência e da tecnologia. E, também, o envolvimento de profissionais qualificados e sensíveis às mudanças técnicas e tecnológicas observadas no mundo. Esse contributo, ao otimizar/melhorar os processos produtivos, deve ir ao encontro de uma exigência maior da sociedade, nomeadamente a busca por soluções que concorram efetivamente para satisfazer as suas necessidades em termos de promoção do bem-estar das populações, tendo sempre presente as preocupações ambientais. Assim, foram definidas as seguintes áreas de pesquisa do ISPTEC, que, apesar de irem ao encontro da proposta do governo nacional, ainda necessita da aprovação da Promotora Institucional para o seu funciomanento pleno:

*Área de Energia:* O setor da ENERGIA é uma área-chave de pesquisa científica do ISPTEC, por estar associada à exigência de sustentabilidade na exploração de recursos naturais e na gestão de volumes significativos de resíduos, por forma a não comprometer a qualidade do meio ambiente, nem a disponibilidade de recursos naturais em benefício das gerações atuais e futuras.

*Área de Gestão, Economia e Sociedade:* Para esta área, o processo recente de crescimento económico verificado em Angola imprimiu uma dinâmica que exige, entre outros aspetos, uma mobilização de esforços na sociedade e a materialização de análises objetivas e de base científica na forma de estudos, para que o referido processo se converta em desenvolvimento económico sustentável. A resposta a essas exigências passa necessariamente pelo aprimoramento das qualificações técnicas dos recursos humanos do país, o que representa um desafio para a Academia.

*Área de Ambiente e Sustentabilidade:* As inegáveis mudanças climáticas, acompanhadas do processo de crescimento demográfico e económico a um ritmo significativamente acelerado, têm levado a constantes discussões sobre a atitude dos países e das respetivas sociedades relativamente ao meio-ambiente. Essa situação inclui também países como Angola, cujo crescimento económico acelerado assenta essencialmente num importante recurso natural:

o petróleo. Em função disso, a área de pesquisa de Ambiente e Sustentabilidade configura-se como um contributo para que o crescimento referenciado ocorra de forma sustentável e permita que a utilização e disponibilização dos recursos beneficie não somente as gerações presentes, mas também as futuras.

*Área de Geociências:* Compreender o planeta Terra é um desafio fundamental para a comunidade científica nos dias atuais e futuros. Genericamente todos os aspetos práticos da sociedade humana, meio ambiente, economia, política, são e serão, cada vez mais, influenciados pela relação humana com o planeta Terra. Enfrentar esses desafios requer abordagens que transcendem as fronteiras disciplinares.

*Área de Tecnologias de Informação e de Comunicação (TIC):* Esta área é caracterizada como área de pesquisas no âmbito de Engenharia de informática e comunicação, e proporciona reflexões sobre as capacidades para receber e compreender os dados sensoriais, para o raciocínio e para a ação racional no ambiente de informática.

*Área de Biotecnologia:* O desenvolvimento da Biotecnologia busca melhorar a qualidade de vida dos seres vivos e está associado a investigação nos domínios da educação, da ciência e da tecnologia. É nesta perspetiva que o ISPTEC pretende realizar a capacitação de um número expressivo de profissionais, habilitados para o estudo e desenvolvimento de tecnologias, a fim de gerar conhecimentos e proporcionar uma agregação de valor relevante nas diversas etapas das cadeias produtivas do país.

As áreas descritas são desdobradas em Grupos de Pesquisa e estas em Linhas de Pesquisa, como estratégia para fomentar e consolidar a investigação científica no ISPTEC. Para impulsionar as políticas de pesquisa são desenvolvidas pesquisas ao nível de iniciação científica através do Programa Institucional de Iniciação a Investigação Científica (PIC), que visa executar projetos de investigação e dar resposta aos estudantes de licenciatura no âmbito do desenvolvimento científico e na complementação da formação académica.

***Pós-graduação para a Formação de Profissionais e
Investigadores:*** Formação em nível de pós-graduação é uma forma
organizada de aperfeiçoamento profissional centrada em objetivos
que visam a qualificação do profissional, para melhoria do seu
desempenho no trabalho através de reflexões que dão origem ao
aprofundamento, domínio, bem como a ampliação dos conhecimentos necessários para o desenvolvimento pessoal e profissional.

Admite-se que, pela formação em nível de pós-graduação, o
profissional poderá encontrar tempos e espaços para refletir e contribuir com a constituição de uma sociedade mais cidadã e mais
democrática, propiciando um contínuo processo de autoavaliação que
oriente para a construção de competências pessoais e profissionais.
Compreende-se que "[ ] a formação pode ser entendida como um
processo de desenvolvimento e estruturação da pessoa que se realiza
com o duplo efeito de uma maturação interna e de possibilidades
de aprendizagem e de experiências dos sujeitos" (Altenfelder, 2005).

A pós-graduação é um "espaço" de interlocução que possibilita
a análise da prática a partir de referenciais teóricos ou troca de
experiências, para assegurar um plano de formação continuada.
Este deve contemplar, além das necessidades inerentes ao trabalho
específico, os conteúdos relacionados com os diferentes conhecimentos profissionais. Nesse sentido, apropriamo-nos da discussão
que propõe Zabala (1998) fazendo referência à aprendizagem dos
conteúdos, classificados, segundo a sua tipologia em conteúdos
conceituais, procedimentais e atitudinais.

A pós-graduação para a formação de profissionais e investigadores é baseada na oferta de cursos de especialização, mestrados
e doutoramentos além dos cursos de curta duração voltados para
a formação da comunidade angolana para melhor qualificá-la.
Entretanto, a legislação angolana permite a oferta de cursos de
mestrado e doutoramento depois do fechamento do primeiro ciclo
formativo, caracterizado pela conclusão dos estudos dos primeiros

alunos ingressantes no ISPTEC. Nesta perspetiva, a instituição já trabalha na definição e delineamento dos primeiros cursos de especialização, que se constituirão como alicerce capaz de delinear as próximas ações relacionadas a este nível de ensino.

## Progresso de implantação do ISPTEC baseado no planeamento estratégico

Com a descrição dos eixos estratégicos há que se ressaltar que o Instituto Superior Politécnico de Tecnologias e Ciências (ISPTEC) tem avaliado a sua implementação e feito reajustes na perspetiva de qualificar os processos académicos, pedagógicos e de gestão que devem resultar na consolidação da Instituição.

O Plano Estratégico Institucional é permanentemente avaliado para ajustes constantes às metas a médio e longo prazos, através dos *milestones* da Instituição. Nesta perspetiva estão descritas as metas até 2032 com maior efetividade no âmbito da implementação das parcerias de cooperação, lançamento de cursos para a formação de executivos e conclusão da formação dos primeiros profissionais formados no ISPTEC, a partir de 2016, até a consolidação desta como a Instituição de Referência em Angola, em 2032.

Contudo, os desafios do Planeamento Estratégico são avaliados com proposição de ajustes, debatidos em reuniões semestrais nas respetivas áreas para se perceber se os objetivos propostos pelas áreas ainda se alinham com as metas previamente estabelecidas. Desta forma, é possível realizar a reflexão crítica para ajustes pontuais, principalmente quando se observa distorções decorrentes da convivência prática.

As limitações observadas até agora no âmbito da implementação do planeamento estratégico são decorrentes da qualificação do corpo docente, que exige maior formação principalmente na perspetiva de realizar e consolidar as atividades de ensino, pesquisa e extensão, baseadas nos princípios da indissociabilidade. Por isto, a instituição tem trabalhado na formação específica e pedagógica como forma de qualificar o corpo docente e garantir que as metas contidas no planeamento sejam plenamente alcançadas.

## Referências bibliográficas

Altenfelder, Anna Helena (2005). Desafios e tendências em formação continuada. Constr. psicopedag, 13 (10), São Paulo.

Decreto-Executivo Nº 111/11, de 5 de agosto (que autoriza o funcionamento do Instituto Superior Politécnico de Tecnologias e Ciências – ISPTEC).

Decreto-Lei Nº 223, de julho de 2011 (Política Nacional de Ciência, Tecnologia e Inovação – PNCIT).

Planeamento Estratégico ISPTEC.

Plano de Desenvolvimento Institucional ISPTEC.

Zabala, Antoni (1998). *A prática educativa: como ensinar*. Porto Alegre: Artmed.

## 2.3.3 A crise do Ensino Superior e os desafios das Instituições de Ensino Superior no Brasil e Amazonas

[*Maria dos Reis Camelo*[60], *Sálvio de Castro e Costa Rizzato*[61]]

## Introdução

A gestão das Instituições de Ensino Superior – IES depara-se cons-tantemente com os dilemas desta gestão, diante de tantos desafios impostos da atualidade – legislação educacional, diretrizes curricula-

---

[60] Centro Universitário do Norte-Amazonas.

[61] Universidade do Estado do Amazonas.

res, critérios de avaliação, possibilidade da abertura de IES com fins lucrativos, crescimento do número de IES e de cursos de graduação, educação a distância, limitação de verbas, dentre outros – além da resistência à gestão entre alguns dos atores da educação, mesmo entre os que atuam como gestores, talvez em decorrência de sua formação.

Nos anos recentes, países de todo o mundo vêm debatendo a possibilidade de promover alterações em seus sistemas de educação e de investigação da ES, no sentido de estimular e gerar novas formas de aprendizagem e de produção, gestão e aplicação do conhecimento. Nesse contexto, têm sido colocados em xeque a contribuição e o papel dos sistemas e das instituições de ES, em sua tarefa de transmitir, produzir e disseminar conhecimento com compromisso e responsabilidade social, mostrando atenção aos desafios globais e de construção de sociedades mais justas e igualitárias.

Essa discussão tem revelado a necessidade de gerar mudanças para construir sistemas e instituições que promovam a equidade e a ampliação dos mecanismos de inclusão social, ao mesmo tempo em que mantenham a qualidade da formação. Nessa perspectiva, têm sido indicadas como estratégias a ampliação das redes acadêmicas, bem como a construção de novos modelos e possibilidades de aprendizagem, pesquisa e inovação, a fim de que as IES atuem com maior sentido e pertinência social.

## A crise no Ensino Superior

Em muitos sentidos, pareceria que o Ensino Superior no Brasil poderia escapar da síndrome de massificação, politização, burocratização e má qualidade que afeta a maioria das instituições universitárias latino-americanas. O Ensino Superior brasileiro é muito diferenciado, com dois importantes sistemas públicos e um amplo e diversificado setor privado.

A Educação Superior, um dos níveis da educação formal brasileira, é ministrada em Instituições de Educação Superior (IES) públicas e privadas, e conforme estabelece o art°.43 da Lei de Diretrizes e Bases – LDB, tem como objetivo, entre outros: estimular a criação cultural e o desenvolvimento do espírito científico e do pensamento reflexivo; incentivar o trabalho de pesquisa e investigação científica, visando o desenvolvimento da ciência e da tecnologia e da criação e difusão da cultura e, desse modo, desenvolver o entendimento sobre o homem e o meio em que vive; estimular o conhecimento dos problemas do mundo presente, em particular os nacionais e regionais; prestar serviços especializados à comunidade, estabelecendo com ela relações de reciprocidade; promover a extensão, aberta à participação da população, visando à difusão das conquistas e benefícios resultantes da criação cultural e da pesquisa científica e tecnológica geradas na instituição.

A educação passa por vários problemas, como a falta de capacitação dos educadores, de planejamento curricular atualizado, democrático e flexível, de um projeto político-pedagógico eficiente e eficaz que esteja inserido em seu real contexto social e de interação, integração e comprometimento social e econômico de todos os envolvidos na comunidade escolar, que norteiam nossas escolas e que sofrem com a repressão de alguns educadores que não almejam tais mudanças, pois, para que se mude algo, é necessário que modifiquemos nosso pensamento e nossas ações e que aprendamos a aceitar as diferentes opiniões individuais e coletivas. A crise na educação é estabelecida pelos problemas gerados por métodos classificatórios de avaliação, currículos fechados e falta de recursos, materiais, criatividade, motivação – tanto de professores como de alunos —, respeito e valorização das diversas ideias e opiniões. Nós, educadores, temos de criar, pesquisar, refletir e agir para mudar essa realidade que envolve nossa educação.

Isto não significa naturalmente que o Ensino Superior no Brasil não tenha problemas, dramatizados pela expansão das matrículas entre 1998 e 2012 – de 2,1 milhões para 7 milhões de estudantes em quinze anos. Esta expansão acompanhou uma tendência internacional de ampliação progressiva do acesso ao Ensino Superior e coincidiu, no Brasil, com um regime militar que sempre desconfiou e muitas vezes agiu contra estudantes, professores e cientistas. Reformulação do Ensino Superior foi um dos compromissos da Presidência da Nova República de Tancredo Neves e que foi assumido por seu sucessor, José Sarney. Para este fim o governo instalou uma Comissão Nacional que deveria apontar os caminhos do futuro.

Administrar um sistema destas proporções, em um país com recursos limitados, já é em si mesmo uma tarefa difícil. A crise que o Ensino Superior brasileiro enfrentou na década de noventa do séc. XX, entretanto, vai muito além de uma questão administrativa, ou da ausência de recursos; é uma crise de valores, ideias e objetivos, que repercute sobre os problemas administrativos e financeiros, que são, geralmente, os mais visíveis.

A crise do Ensino Superior brasileiro tem uma relação direta com as respostas possíveis que uma sociedade dá a uma questão básica: para que, afinal, servem as Instituições de Ensino Superior? Não se trata de simples retórica. Em cada sociedade existem grupos distintos que entendem esta questão de maneira diferente, e tratam de adequar a realidade a seus interesses e objetivos específicos, afirma Schwartzman (1988).

O Diretor de Educação da Organização para a Cooperação e Desenvolvimento Econômico (OCDE), Andreas Schleicher, enfatiza que o Brasil deve aumentar os investimentos na educação básica para melhorar também o ensino. Dados coletados pelo Programa Internacional de Avaliação de Alunos (Pisa) de 2012 mostram que o país investe em média US\$ 26.765 por estudante entre 6 e 15 anos. Um terço da média dos demais países da

OCDE – US$ 83.382 –, e pouco mais da metade do que a OCDE considera como investimento mínimo por aluno, US$ 50 mil. Representantes do governo reconhecem que é preciso fazer mais e em ritmo acelerado.

De acordo com os dados do IBGE, apenas 14,31% da população brasileira entre 18 e 24 anos frequentam Curso de Graduação. Na Região Norte, e principalmente no Estado do Amazonas, a situação se torna mais crítica, com apenas 10,37%, o, que corrobora o caráter desafiador do salto pela Meta 12 constante do relatório substitutivo ao Projeto de Lei nº 8.035/2010 relativo ao novo Plano Nacional de Educação (Brasil, 2012). A Meta 12 define a elevação da taxa de escolarização bruta para 50% e da taxa de escolarização líquida para 33% da população de 18 a 24 anos.

## Os desafios da educação superior

A maioria das oportunidades e desafios se relaciona com questões do mercado educacional. Assim, necessário se faz considerar que as IES, principalmente as privadas, ainda que submetidas à economia e às regras mercadológicas, devem se manter compromissadas com a educação e com a formação para a cidadania, visando à transformação social para enfrentamento crítico e consciente das forças hegemônicas. Nesse contexto, cada instituição se percebe agora com maior oferta de serviços; com preços, infraestrutura, metodologias e estratégias de mercado diferentes; e com novos mantenedores mais ou menos agressivos, mais ou menos ortodoxos (Cardim, 2004:223-237).

Os desafios e as oportunidades partem da percepção e da aprendizagem de cada Instituição de Ensino Superior e de seu posicionamento, que podem ser identificados de acordo com os seguintes extremos: uma instituição fechada, com uma abordagem de administração tradicional, ou uma instituição em constante permuta entre o ambiente interno e externo e com uma abordagem sistêmica e contingencial; uma gestão tradicional, ou uma gestão democrática e participativa; uma gestão de submissão às regras do mercado, ou uma gestão com preparo para se inserir nele, baseada no compromisso com a transformação social por intermédio de uma educação de qualidade.

Em suma, para o êxito da gestão de IES é necessário que a formação dos gestores universitários e, se possível, dos professores contemple as competências necessárias para a gestão, a reflexão, a crítica e o compromisso com a educação. Dessa forma, orientados pelos conhecimentos da administração e da gestão escolar e comprometidos com a qualidade do ensino, os serviços prestados, a sobrevivência da IES, a legislação educacional vigente e a responsabilidade social, evitariam que, juntamente com seus atores, transformem-se em refém do mercado.

No final da década de 1990, buscando conferir maior organicidade às políticas de Ensino Superior, bem como à educação básica, foi elaborado o Plano Nacional de Educação (PNE 2001-2010), que apresentava como principais objetivos: i) a elevação global do nível de escolaridade da população; ii) a melhoria da qualidade do ensino em todos os níveis; iii) a redução das desigualdades sociais e regionais, no tocante ao acesso e à permanência, com sucesso, na educação pública; e iv) a democratização da gestão do ensino público, nos estabelecimentos oficiais, obedecendo aos princípios da participação dos profissionais da educação na elaboração do projeto pedagógico da escola e a participação das comunidades, escolar e local, em conselhos escolares ou equivalentes.

Dessa forma, o PNE 2001-2010 previa a expansão da ES brasileira, de forma a promover: o crescimento da oferta de educação superior para, pelo menos, 30% da faixa etária de 18 a 24 anos, até o final da década; o estabelecimento de uma política de expansão que diminua a desigualdade de oferta por regiões do país; a implantação de um sistema interativo de educação a distância; a institucionalização de um amplo e diversificado sistema de avaliação interna e externa, que englobe os setores público e privado, e promova a melhoria da qualidade do ensino, da pesquisa, da extensão e da gestão acadêmica.

Ao longo do período 2001-2010 manteve-se a tendência, iniciada na década anterior, de crescimento da ES no setor privado. No entanto, apenas ao final do período observou-se aumento também no setor público. Conforme dados do Censo 2012 (Tabela 2.7), do total de IES no Brasil, 2.416, apenas 304 (13%) eram públicas; as demais (87%) eram privadas. Da mesma forma, o percentual de matrículas no setor privado também se mostrou muito mais elevado: esse setor corresponde a 73%, e o setor público, a apenas 27%. Essas IES estavam divididas em 193 universidades, 56% públicas federais, estaduais e municipais; 139 centros universitários, 2.084 Faculdades, Escolas e Institutos, todos majoritariamente privados.

| Ano | IES | | Matrículas | |
|---|---|---|---|---|
| | Públicas | Privadas | Públicas | Privadas |
| 1998 | 299 | 674 | 804.729 | 1.321.229 |
| 2003 | 207 | 1.652 | 1.136.370 | 2.750.652 |
| 2008 | 236 | 2.016 | 1.273.965 | 3.806.091 |
| 2011 | 284 | 2.081 | 1.773.315 | 4.966.374 |
| 2012 | 304 | 2.112 | 1.897.376 | 5.140.312 |

Tabela 2.7 Número de IES e matrículas no Brasil – setores público e privado. INEP Censo da Educação Superior 2012.

Nos últimos 15 anos a expansão das matrículas na Educação Superior foi de 231%. Enquanto a variação nas IES privadas chegou a 289%, nas instituições públicas foi somente de 135%, comprovando que o Governo não vem demonstrando capacidade de atender a demanda do mercado. Mesmo considerando a aumento significativo de IES e de matrículas, a partir da LDB/1996, a taxa de escolarização líquida da população de 18 a 24 anos continua muito baixa (14,31%), especialmente ao considerarmos que a meta do PNE 2001-2010 era de, pelo menos, 30% dessa faixa etária até o final da década, e na região Norte/Amazonas este índice é de apenas 9,9%. Nenhuma das regiões brasileiras chegou a alcançar a meta. Quem teve um melhor resultado foi a região sul, com a taxa de 18,6%.

Embora as políticas recentes tenham contribuído para o incremento na oferta de vagas e, mais recentemente, para o aumento de matrículas no setor público, um problema permanece latente: a ociosidade. Ao mesmo tempo em que aumenta o número de alunos matriculados, também cresce a ociosidade nas IES: conforme o Instituto Nacional de Estudos e Pesquisas Educacionais Anísio Teixeira (INEP), em 2012 houve o ingresso de 1.970.392 novos estudantes nos cursos presenciais, ao mesmo tempo em que 1.354.015 vagas não foram ocupadas. A ociosidade nas instituições públicas é de 15%, enquanto nas IES privadas é de 46%. No Amazonas a ociosidade nas IES públicas, que oferecem 21% das vagas, é de 5%. As Instituições privadas oferecem 79% das vagas, com a ociosidade a atingir 28%.

Os dados relevam grande diferença entre o setor público e o privado quanto à oferta de vagas e à ociosidade. Um dos principais motivos para a ociosidade de vagas no setor privado tem sido apontado como o esgotamento da capacidade de as famílias pagarem pela ES (Amaral, 2008:19-22).

Na última década houve uma significativa expansão da modalidade de educação a distância, uma vez que essa opção de expansão da oferta de educação superior, à época da elaboração do PNE 2001--2010, ainda não se configurava como uma alternativa viável, do ponto de vista tecnológico ou do pedagógico. Nos últimos anos a chamada Educação a Distancia – EAD vem se apresentando como uma opção cada vez mais viável para resolver a equação: "aumento da demanda *versus* insuficiência de recursos".

Segundo Escudero (2001), a qualidade oficial pode representar uma mola emblemática sobre todos os tempos atuais, e os sistemas escolares são legitimados socialmente através disso. Por isso a melhoria e a qualidade em educação são medidas de troca educativa, e é bastante improvável encontrar hoje alguma IES que não declare persegui-las.

Pépin (2002) enfatiza que na Espanha a questão da oferta (*input*) e da igualdade de oportunidade de acesso (educação para todos) tem sido durante muito tempo a prioridade principal das políticas públicas de educação e de seu financiamento, mas hoje cada vez mais se insiste em uma qualidade e eficácia maiores nos resultados (*output*) e no controle dos gastos.

A qualidade é a inovação educativa que demanda neste momento o sistema educativo e a sociedade em que estamos inseridos. E a educação deve responder às expectativas que se tem colocado sobre ela, como disse Antúnez (2001). É descrito que as inovações são necessárias para as organizações quando seus resultados são insatisfatórios, quando as circunstâncias do contexto combinam, quando desde esse contexto se pedem novos serviços ou diferentes, quando a própria organização modifica sua estrutura ou tamanho ou quando outras organizações analogicamente proporcionam um melhor serviço que o nosso.

Trigueiro (2000: 79) colabora com a ideia, dizendo: "a busca da qualidade é o vetor principal das transformações nas IES contemporâneas. É em relação a essa premissa que se dirige o esforço adaptativo das IES ao seu ambiente externo e aos novos desafios percebidos internamente". É a partir dessa referência que se justifica a formulação de um projeto pedagógico, acadêmico ou institucional mais abrangente. O que se defende é a necessidade de as IES, sejam públicas ou particulares, assumirem uma condição muito mais ativa na construção de seu destino que a situação atual, passando a exercer, efetivamente, seu digno e relevante papel de líderes na proposição de novas soluções, seja para o País e para sua região, seja para suas próprias e legítimas demandas internas – de sua comunidade discente, docente e de técnico-administrativos.

Segundo Silva e Jardon (2003), até há bem pouco tempo, a gestão das IES não levava em conta a utilização de indicadores acadêmicos que contemplassem os aspectos pedagógicos. Com a implementação da política de avaliação para o Ensino Superior do MEC, a aplicação de indicadores foi ampliada e passou a ser um referencial para a sociedade, destacando-se o indicador desenvolvido para atestar o grau de conhecimentos e competências adquiridos pelos alunos, na fase de conclusão dos cursos de graduação, denominado Exame Nacional de Cursos (Provão).

Paralelamente, a política adotada pelo MEC também estabelece critérios para avaliação das condições da oferta de ensino das IES, gerando uma série de indicadores com variações conforme a área de conhecimento. Tal processo de avaliação ocorre por ocasião de visitas das comissões verificadoras do MEC, constituídas pelos professores especialistas, que atribuem conceitos para diferentes atributos, com o objetivo de verificar as condições de oferta de ensino.

De acordo com os dados do Conceito Preliminar de Curso – CPC, que avalia o rendimento dos estudantes, a infraestrutura da instituição, a organização didático-pedagógica e o corpo docente, 71,6% dos cursos apresentaram desempenho satisfatório, com os conceitos 3, 4 e 5. Foram avaliados 8.184 cursos de 1.762 instituições nas áreas de ciências sociais aplicadas e ciências humanas, além dos eixos tecnológicos de gestão e negócios, apoio escolar, hospitalidade e lazer, produção cultural e *design*. Os cursos representam 38,7% do total de matrículas da educação superior no país.

O Índice Geral de Cursos – IGC também apresentou números positivos. O cálculo inclui a média ponderada dos conceitos preliminares de curso no triênio de referência (2010 a 2012) e os conceitos da Coordenação de Aperfeiçoamento de Pessoal de Nível Superior

(Capes), responsável por avaliar os programas de pós-graduação das instituições. Ao todo, foram avaliadas 2.171 instituições.

O governo brasileiro disponibilizou o Plano Nacional de Educação – PNE 2011-2020, onde apresenta e analisa a construção das políticas públicas para ES no Brasil em torno de três eixos:

1. democratização do acesso e flexibilização de modelos de formação. Tal como entendida pelo fórum, indica: fazer do acesso à ES um direito implica, pois, na implantação de políticas de inclusão e de equidade que promovam mudanças na identidade e missão das instituições;

2. elevação da qualidade e avaliação. Quanto à elevação da qualidade da educação superior, vale destacar que a qualidade está vinculada à pertinência e à responsabilidade com o desenvolvimento sustentável da sociedade.

3. compromisso social e inovação. No que diz respeito ao compromisso social e à inovação da educação superior, o documento identifica que tal compromisso está vinculado prioritariamente a dois temas: (i) produção de ciência, tecnologia e inovação, voltadas ao atendimento de demandas locais e regionais; (ii) formação, nos níveis de ensino precedentes, de bases que permitam a todos os estudantes acessarem a ES, por mérito. Em outras palavras, o compromisso social das instituições aponta para a responsabilidade destas com a produção de conhecimento e com a formação de professores com vistas à educação de qualidade para todos e para toda a vida.

O PNE 2011-2020 elegeu prioridades que, de um lado, objetivam a expansão e a democratização da oferta de vagas, a promoção da permanência dos estudantes no processo educativo e a garantia da conclusão de seus cursos e, de outro, a oferta de cursos e atividades alicerçadas em um tipo de qualidade que garanta o cumprimento de seu papel social. Assim, ações de inclusão, de atendimento à diversidade, de promoção da igualdade e de gestão democrática constituem a agenda da educação superior brasileira para o próximo decênio. Para atingir esses objetivos, de acordo com o documento, cabe ao Estado incrementar ações para:

1. Expandir a oferta de educação superior, sobretudo da educação pública, sem descurar dos parâmetros de qualidade acadêmica.
2. Prosseguir com as políticas, os programas e as ações que visam à inclusão social.
3. Estabelecer uma política de democratização da educação superior que diminua as desigualdades de oferta existentes entre as diferentes regiões do país.
4. Assegurar efetiva autonomia didática, científica, administrativa e de gestão financeira para as universidades públicas.
5. Promover melhor articulação da oferta de educação superior com o desenvolvimento econômico e social do país.
6. Estabelecer um padrão de qualidade para a educação superior, concretizando-o no custo-aluno-qualidade anual, de modo a torná-lo base de cálculo para seu financiamento.
7. Elevar o percentual de gastos públicos em relação ao Produto Interno Bruto (PIB) para 10%.
8. Criar, no prazo máximo de três anos, o Sistema Nacional de Educação e definir, em lei, a regulamentação do regime de colaboração, instituindo mecanismos de regulação e de gestão da educação superior. Podemos verificar que o documento do CNE (Conselho Nacional de Educação), um documento essencialmente técnico, aponta para dois elementos essenciais à agenda sobre a Ensino Superior no país, primeiro ao inserir o tema da autonomia das IES, e segundo ao enfatizar o regime de colaboração, pois se trata

da base para a formação e a consolidação de um sistema nacional articulado de educação, reservando a cada ente da federação uma parcela de responsabilidade que deve ser assumida, na perspectiva da mútua colaboração para a construção de uma política de Estado para a educação, em geral, e para a ES em particular.

São vários os desafios para a Educação Superior brasileira na próxima década, caso seja mantida a política de continuar a expansão de vagas e, ao mesmo tempo, promover e ampliar a qualidade de cursos e instituições, bem como a relação com a sociedade. Dentre esses desafios, podemos destacar: i) a democratização do acesso e permanência; ii) a ampliação da rede pública superior e de vagas nas IES públicas; iii) a redução das desigualdades regionais, quanto ao acesso e à permanência; iv) a formação com qualidade; v) a diversificação da oferta de cursos e níveis de formação; vi) a qualificação dos profissionais docentes; vii) a garantia de financiamento; viii) a relevância social dos programas oferecidos; e ix) o estímulo à pesquisa científica e tecnológica.

Ao formular sua visão de futuro, as organizações definem suas metas estratégicas e definem ações no sentido de cumpri-las. Segundo Takashima e Flores (1996:29), meta é o valor pretendido para o indicador de um produto ou processo a ser atingido em determinadas condições estabelecidas no planejamento. É fixada pelas necessidades e expectativas traduzidas do cliente (interno ou externo), levando em conta os objetivos e as estratégias da organização, referenciais externos de comparação e os indicadores e metas do nível superior. No nível mais elevado da estrutura organizacional, os indicadores e as metas são, em geral, fortemente relacionados aos objetivos e estratégias da organização.

Ao estabelecer sua estratégia institucional, as organizações estabelecem metas de curto e longo prazos a serem alcançadas, assim como indicadores que possibilitam o acompanhamento das ações decorrentes de seus planos de ação.

Para Takashima e Flores, um indicador deve ser gerado criteriosamente, de forma que assegure a disponibilidade dos dados e resultados mais relevantes no menor tempo possível e ao menor custo. Com esse trabalho constatamos que o maior desafio do Governo Federal será cumprir a meta proposta pelo PNE de incluir 40% dos jovens na faixa etária de 18 (dezoito) a 24 (vinte e quatro) anos no Ensino Superior até 2021 e, para as IES, ter qualidade na Educação oferecida à sociedade e não aumentar custos.

A reflexão é de que há expansões movidas por pressões externas e há expansões resultantes de dinamismo interno das IES. As primeiras tendem a deprimir a qualidade, enquanto que as outras são processos de ganhos de qualidade. Na verdade, é preciso amadurecer, ou pelo menos calibrar melhor, o argumento, porque análises recentes do SES norte-americano têm apontado presença de outra razão para a sua expansão contínua: a incapacidade das IES de resolverem seus problemas sem aumentar seus custos – tipicamente, alocam uma equipe para estudar e resolver o problema e algum recurso financeiro para que possam cumprir a tarefa. O desafio hoje é decidir critérios para fazer escolhas de modo a que os problemas sejam bem resolvidos dentro dos orçamentos.

Este desafio também é enfrentado no Brasil, assim como em qualquer negócio, e no Ensino Superior também não será diferente: ter qualidade e não aumentar custos. Ao contrário, quando o foco é a prestação de serviços educacionais, em função da grande quantidade de consumidores, preferencialmente os custos devem se reduzir ao máximo, possibilitando que o preço destes serviços seja mais acessível ao consumidor.

Em síntese, um dos maiores desafios da Educação Superior brasileira é a implementação de uma política que tenha como foco o conjunto do sistema e não apenas uma parte dele. Tal política deverá atentar para as características desse sistema, composto por instituições públicas e privadas, com diferentes formatos organizacionais, múltiplos papéis e funções locais, regionais, nacionais e internacionais. Ao mesmo tempo, essa política deve respeitar as premissas de expansão com garantia de padrões de qualidade, gratuidade nos estabelecimentos públicos, gestão democrática e autonomia, respeito à diversidade e sustentabilidade financeira. Por fim, consideramos que é preciso pensar os desafios da Educação Superior para os próximos dez anos, tendo em vista que a principal característica do mundo atual é a mudança constante e ininterrupta, acelerada pelas novas tecnologias, e cujos efeitos afetam todo o planeta e praticamente todas as áreas e condições da atividade e da vida do homem e da sociedade. Assim, é preciso pensar o futuro do Ensino Superior, assumindo valores e princípios e articulando ações e estratégias que permitam cumprir sua missão num mundo em constante mudança.

## Referências bibliográficas

Amaral, N. C. (2008). Expansão-avaliação-financiamento: Tensões e desafios da vinculação na educação superior brasileira. *In Reunião Anual da ANPED*, 31. Caxambu, Mato Grosso, 19 a 22 de outubro.

Antúnez, S. (2001). El profesorado, ¿um obstáculo para las innovaciones? *e Gestión e innovación escolar. Temáticos de Escuela Española*, 3.

Brasil (2012). INEP - *Censo da Educação Superior: 1998-2012. Brasília: INEP* . htp// www..mec .gov.br/ .

Brasil (2012) Ministério da Educação. Conferência Nacional de Educação – CONAE. Brasília, 2010. http://portal.mec.gov.br/conae.

Brasil (1996). Lei n° 9.394, de 20 de dezembro de 1996. Estabelece as diretrizes e bases da educação nacional. http://www.planalto. gov.br/ccivil_03/Leis/L9394

Cardim, P. A . G. (2004). Gestão universitária em tempos de mudança. *In* S. S. Colombo (org.), *Gestão Educacional: uma Nova Visão*. São Paulo: Artmed.

CNE (2009). Documento Referência para o Fórum Nacional de Educação Superior. Brasília.

Escudero M. J. M. (2001). "Calidad y Mejora de la Educación: procesos y estrategias". *In Conferencia en el Instituto Canario de Calidad*. Barcelona: Ariel

Pépin, L. (2002): La calidad de La educación: preocupación central de todos los países y de la cooperación en la Unión Europea. *In Organización y Gestión Educativa.* (3). Monográfico sobre la Ley de Calidad. 56-60.

Silva, G. L. e Jardon. C. (2003). *Estrutura de Indicadores acadêmicos para instituições de ensino. In* C. H. Rocha e S. R. Granemann (orgs.), *Gestão de Instituições Privadas de Ensino Superior.* São Paulo: Editora Atlas.

Schwartzman, S. (1988) Brasil: Oportunidade e Crise no Ensino Superior - Publicado originalmente como "Brazil: Opportunity and Crisis in Higher Education", *Higher Education* 17: 99-119.

Takashima, N. T. e Flores, M. C. (1996). *Indicadores da Qualidade e do desempenho: como estabelecer metas e medir resultados.* Rio de Janeiro: Qualitymark.

Trigueiro, M. G. S. (2000). *O ensino superior privado no Brasil.* Brasília: Paralelo 15 Editores.

# CAPÍTULO 3
## PROCESSOS DO PLANEAMENTO ESTRATÉGICO
## NO ENSINO SUPERIOR

## 3.1 Guia do Planeamento Estratégico na Universidade de Coimbra

[*Margarida Mano*[62], *Fernando Carvalho*[63] *e Filipe Rocha*[64]]

Portugal, a Europa e o Mundo atravessam tempos de fortes e rápidas mudanças, onde frequentemente as organizações, demasiado concentradas na gestão imediata de modelos datados, tendem a subestimar a perecibilidade dos mesmos. Constitui por isso um desafio essencial para as lideranças, a obtenção de um equilíbrio virtuoso entre as forças de preservação (dominantes na gestão do presente), as forças de destruição (caraterísticas dos necessários cortes seletivos com o passado) e as forças de criação que preparam o futuro das organizações.

A dinâmica das tendências ambientais impõe naturalmente novas exigências às universidades: mais e melhores serviços num

---

[62] Professora da Faculdade de Economia da Universidade de Coimbra, Vice--Reitora para as áreas das Finanças, Planeamento Estratégico e Ação Social da mesma Universidade.

[63] Professor da Faculdade de Economia da Universidade de Coimbra.

[64] Chefe da Divisão de Planeamento, Gestão e Desenvolvimento da Universidade de Coimbra.

quadro de menores fontes de financiamento, crescente nível de interdependência entre a dimensão nacional e internacional, entre o domínio público e o privado e entre as opções económicas e educativas; incorporação nos novos espaços europeus de ensino e investigação; avaliação e gestão da qualidade; maior transparência e controlo orçamental; processos de acreditação; novas exigências sociais de formação; maior procura de investigação aplicada; resposta adequada à crescente competitividade decorrente de uma concorrência local e global entre instituições de Ensino Superior. Num contexto de maior envolvente e de forte pressão competitiva e mediática, é exigido à Universidade de Coimbra, instituição secular de referência, que pense e atue estrategicamente, isto é, que escolha e percorra caminhos que evidenciem, em simultâneo, a sua capacidade de adaptação ao meio envolvente e a afirmação do seu papel de bem público na sociedade. Dificilmente poderá a Universidade aperceber-se das necessidades dos seus estudantes, dos seus docentes e investigadores, do seu pessoal não docente e de outras partes interessadas, sem contar com o seu valioso contributo. Do mesmo modo parecerá também difícil que, apenas contando com o pensamento interno, se possa aperceber das alterações que vão ocorrendo na envolvente exterior e que terão sobre si fortes impactos, positivos ou negativos.

Para a Universidade de Coimbra, a gestão estratégica representa em si uma procura de equilíbrio entre a rutura criativa, proporcionada pelo "pensamento estratégico", e a concretização das escolhas na "ação estratégica". Mais do que uma exigência estatutária ou uma boa prática, o planeamento é uma aproximação estruturada de antecipação do futuro, uma oportunidade de mapear o caminho da UC em função de uma visão e deve ser concebido por forma a torná-la realidade.

Foi neste contexto e com base nos seus 720 anos de história, na sua marca de prestígio e num conjunto de ambições com que pretendia responder aos desafios das mudanças que marcavam o momento, que, em 2011, no início de mandato de um novo Reitor, a Universidade de Coimbra partiu para a construção de um processo integrado de planeamento estratégico.

O processo de planeamento estratégico da Universidade permite estabelecer as principais linhas de orientação em que deve assentar a sua estratégia, bem como as ações e critérios de avaliação, que facilitam o alinhamento dos seus recursos, procurando satisfazer as necessidades e corresponder às expectativas de todos aqueles a quem se pretende servir e que serão afetados pelas suas escolhas. Os benefícios do planeamento estratégico são efetivos, pois:

- o processo de planeamento exige uma grande atenção às tendências de desenvolvimento externo, levando a Universidade a ficar mais defendida de poder vir a ser surpreendida por novos problemas ou desenvolvimentos, permitindo-lhe ser proativa perante o seu futuro;
- são envolvidas todas as Faculdades e Unidades Orgânicas, os estudantes e antigos estudantes, os docentes e investigadores e o pessoal não docente, garantindo que cada grupo contribua com uma perspetiva única para o processo. Este envolvimento permite que todos aqueles que têm maiores responsabilidades na sua implementação conheçam o plano e as razões que lhe estão subjacentes, facilitando a partilha nos objetivos da Universidade e o aumento do sentimento de pertença;
- todos os que são afetados pelas decisões da Universidade são envolvidos no processo de planeamento e a Universidade recebe as suas preciosas indicações quanto às áreas onde se tem obtido resultados positivos e sobre aquelas em que são necessárias melhorias;

- o envolvimento de todos os grupos de interesse externo poderá levar ao seu apoio contínuo e à sua participação na construção do futuro da Universidade de Coimbra;
- envolver todos os níveis de gestão da Universidade no processo de planeamento assegurará o seu propósito estratégico, mesmo em períodos de mudança de liderança, contribuindo para uma maior estabilidade governativa.

O processo de planeamento exige tempo, muito esforço e alguns recursos, sendo desenvolvido a três níveis – o da estratégia da Universidade; o das Faculdades e outras Unidades Orgânicas e, finalmente, o da estratégia funcional da organização das subunidades –, garantindo-se o alinhamento entre todos eles.

Trata-se de um processo aberto, transparente e participativo, orientado pela ideia de conseguir a máxima qualidade do ensino, da investigação, da valorização e transferência de conhecimento. Neste âmbito, foi desenvolvido um conjunto de iniciativas que visaram sensibilizar toda a comunidade académica para o contexto da mudança, promover uma profunda reflexão e um amplo debate sobre os desafios com que a Universidade se defrontava no momento e no futuro, e implicar todas as partes interessadas na procura de ideias e caminhos a trilhar nos anos seguintes. As iniciativas então desencadeadas permitiram uma participação ativa de toda a comunidade académica e de todos os que com a UC se relacionavam.

Pretendeu este primeiro processo integrado de planeamento, com os mesmos olhos de Uns e Outros, iniciar um ciclo contínuo, que deverá estar permanentemente aberto à incorporação de fatores emergentes.

Adaptado de *Com os olhos no Futuro*, Margarida Mano
*in Rua Larga* n.º 32, maio 2011

# Ponto de partida

Nos termos do Regime Jurídico das Instituições de Ensino Superior e dos Estatutos da Universidade de Coimbra, compete ao Reitor a elaboração e apresentação ao Conselho Geral das propostas de Plano Estratégico de médio prazo e Plano de Ação para o quadriénio do seu mandato[65].

Com a eleição do Reitor, João Gabriel Silva, em março de 2011, foi então desencadeado o processo de planeamento estratégico, tendo como ponto de partida o documento *"UC – Espaço de saber e iniciativa – programa de ação de João Gabriel Monteiro de Carvalho e Silva, candidato ao cargo de Reitor da Universidade de Coimbra"*.

A Universidade de Coimbra iniciou, assim, um exigente processo de planeamento estratégico, com o objetivo de dotar a instituição com uma ferramenta de apoio à decisão da gestão de topo e cuja ideia-chave é a afirmação da Universidade de Coimbra enquanto instituição europeia de referência, sendo desde logo explicitado que se iria seguir um modelo de gestão participativa.

Caixa 3.1 Despacho Reitoral para a elaboração do PE da UC

> *A elaboração do plano estratégico da Universidade de Coimbra para o período 2011-2015 deverá ter como ponto de partida o programa de ação da minha candidatura ao cargo de Reitor, com base no qual fui eleito. Entendo ainda que deverá ser seguido um modelo de gestão participativa, através de um processo dinâmico de discussão alargada, envolvendo não só todos os membros da comunidade académica, mas também entidades externas à Universidade que com ela se relacionam e podem trazer um valor acrescentado ao seu plano estratégico.*
>
> Despacho Reitoral n.º 79/2011, de 11 de abril

O processo baseou-se em três princípios centrais e transversais:

— Envolvimento: sendo a Universidade uma comunidade de pessoas que lhe dão corpo com o seu trabalho de todos os

---

[65] Artigo 49.º, n.º1 a) do Despacho Normativo 43/2008, de 1 de setembro de 2008.

dias, foi desenvolvido um modelo de gestão participativa que envolveu, através de um amplo e dinâmico processo de auscultação, as partes interessadas. Só através deste envolvimento se pode garantir a responsabilidade coletiva no desenvolvimento dos valores, convicções e expectativas, a integração das capacidades e ações individuais no coletivo e a melhor qualidade na coordenação de esforços.

— Alinhamento estratégico: a estratégia foi definida, de forma sequencial, em três níveis – estratégia corporativa (da Universidade), estratégia das unidades e estratégia das subunidades e serviços –, garantindo-se o alinhamento total entre todos eles.

— Melhoria contínua: o processo deve levar a uma estratégia que satisfaça as necessidades e exceda as expectativas das partes interessadas.

Sendo fundamental afetar meios ao primeiro processo integrado de planeamento estratégico – desenvolvido apenas com recursos internos –, o Reitor determinou a criação do projeto especial "Planeamento Estratégico da Universidade de Coimbra 2011-2015". Sob a dependência direta do Reitor e com a coordenação da Vice-Reitora para o Planeamento, foram afetos ao projeto os recursos humanos considerados necessários para a sua concretização, quer pessoal técnico, quer pessoal docente (nomeadamente docentes das Faculdades de Economia e de Psicologia e de Ciências da Educação), para desenvolvimento e implementação das ações a desenvolver com os membros da comunidade académica.

No que respeita às etapas do processo, os diferentes modelos de planeamento estratégico preconizam, com algumas variações entre eles, diversos passos a percorrer. Podemos, no entanto, agrupá-las em três grandes fases comuns: a análise estratégica, a formulação estratégica e a implementação e acompanhamento da estratégia. E embora possa existir uma ordem temporal lógica no desenvolvimento do processo, o mais realista é admitir que este resulta da interação constante entre fases, havendo assim uma retroação de informação permanente.

Figura 3.1 Quadro de definição estratégica (i)

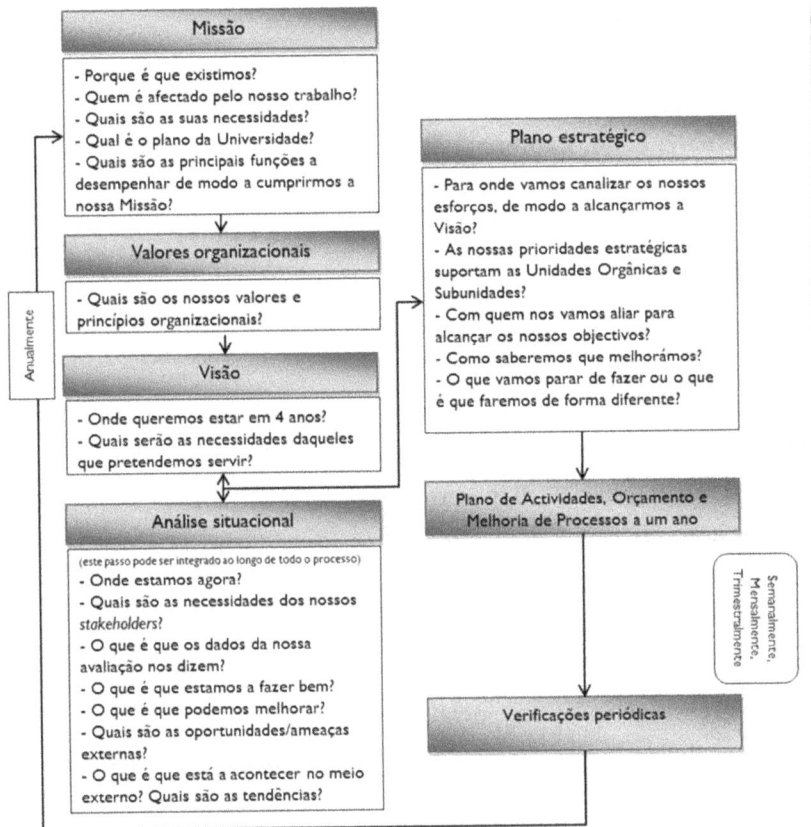

**Missão**
- Porque é que existimos?
- Quem é afectado pelo nosso trabalho?
- Quais são as suas necessidades?
- Qual é o plano da Universidade?
- Quais são as principais funções a desempenhar de modo a cumprirmos a nossa Missão?

**Valores organizacionais**
- Quais são os nossos valores e princípios organizacionais?

**Visão**
- Onde queremos estar em 4 anos?
- Quais serão as necessidades daqueles que pretendemos servir?

**Análise situacional**
(este passo pode ser integrado ao longo de todo o processo)
- Onde estamos agora?
- Quais são as necessidades dos nossos stakeholders?
- O que é que os dados da nossa avaliação nos dizem?
- O que é que estamos a fazer bem?
- O que é que podemos melhorar?
- Quais são as oportunidades/ameaças externas?
- O que é que está a acontecer no meio externo? Quais são as tendências?

Anualmente

**Plano estratégico**
- Para onde vamos canalizar os nossos esforços, de modo a alcançarmos a Visão?
- As nossas prioridades estratégicas suportam as Unidades Orgânicas e Subunidades?
- Com quem nos vamos aliar para alcançar os nossos objectivos?
- Como saberemos que melhorámos?
- O que vamos parar de fazer ou o que é que faremos de forma diferente?

**Plano de Actividades, Orçamento e Melhoria de Processos a um ano**

**Verificações periódicas**

Semanalmente, Mensalmente, Trimestralmente

O planeamento desenvolvido na Universidade de Coimbra enquadra-se nas referidas fases, mas a UC adaptou o modelo à sua realidade institucional individual (como aliás preconizam Taylor *et al.*, 2008), tendo como preocupação central dar resposta a sete questões muito concretas, que podem corresponder, na prática, a um modelo de sete passos:

- passo 1: projetar no futuro – "o que queremos?";
- passo 2: desenvolver uma análise envolvente – "onde estamos?";
- passo 3: desenvolver uma visão comum – "como envolvemos?";
- passo 4: estabelecer objetivos e como os atingir – "para onde e como queremos ir?";
- passo 5: desenvolver os planos – "como gerimos expectativas e recursos?";
- passo 6: implementar os planos – "como agimos de forma alinhada?";
- passo 7: acomopanhar e rever – "como monitorizamos, avaliamos e revemos o plano?".

## passo 1: projetar no futuro – "o que queremos?"

Como Missão e Valores, foi consensualizado que, tendo a última revisão dos Estatutos[66] sido aprovada em 2008, mantendo-se bastante atual, se seguiria o disposto nos artigos 2.º a 4.º, que definem, respetivamente, a missão e a matriz identitária da Universidade de Coimbra.

Com a consciência do serviço público que a Universidade de Coimbra presta e do papel de extrema relevância que desempenha no progresso económico, social e cultural de Portugal, e tendo por base a avaliação e ponderação do contexto em que desenvolve a sua missão, foi feita uma opção clara e partilhada por uma estratégia de diferenciação pela qualidade, mote com o qual a Universidade de Coimbra pretendia reforçar a sua presença no Espaço Europeu do Ensino Superior e de Investigação. Foi, assim, definida como Visão a afirmação da Universidade de Coimbra como instituição

---

[66] Despacho Normativo 43/2008, de 1 de setembro de 2008.

europeia de referência, sendo reconhecida como a universidade portuguesa de maior qualidade!

A excelência devia, assim, cada vez mais, surgir como princípio condutor, pretendendo a Universidade aumentar os níveis de competências e atrair os talentos de topo.

A opção por uma estratégia de diferenciação pela qualidade exige desde logo que a visão da Universidade seja partilhada por toda a comunidade universitária e que todos – Reitor, Vice-Reitores, Diretores das Faculdades e outras Unidades, docentes, investigadores, trabalhadores e estudantes – se sintam responsáveis pelo desenvolvimento dos valores, convicções e expectativas necessários ao aprofundamento desta atitude estratégica, da mudança de comportamentos e da assunção de compromissos. Exige ainda que a visão seja comunicada aos parceiros externos, que verão na Universidade um parceiro obrigatório no desenvolvimento de projetos de referência.

Mas avançar para a formulação da estratégia e para a definição de como fazer para alcançar os objetivos, caminhando em direção à visão, pressupõe naturalmente proceder a uma profunda reflexão da situação atual, nomeadamente através da análise do contexto interno e externo. Ainda no âmbito do modelo delineado, procedeu-se a uma primeira definição do ciclo de planeamento estratégico a implementar ao longo de todo o período de referência.

Procurando espelhar estes aspetos num referencial único para a estratégia a implementar, onde estivessem representadas não apenas as áreas estratégicas, mas também a importância do meio envolvente e do ciclo de planeamento, definiu-se o Quadro de Definição Estratégica da Universidade de Coimbra.

Numa época de profundas transformações, no Ensino Superior e na sociedade, a Universidade de Coimbra entendeu ser necessário definir áreas de intervenção – pilares estratégicos – onde iria focar os seus recursos e esforços. Estes foram subdivididos em pilares de missão e pilares de recursos.

No que se refere aos primeiros – pilares de missão –, relacionam-
-se de forma direta com as missões essenciais das universidades, e da
Universidade de Coimbra em particular, tendo sido subdivididos em
três pilares: a investigação, o ensino e a transferência de conhecimento,
esta considerada na perspetiva da cultura e das artes, da prestação
de serviços à comunidade e da inovação e criação de empresas.

No que concerne ao segundo grupo (pilares de recursos), estes
foram divididos em quatro tipos – pessoas, recursos económico-
-financeiros, infraestruturas e recursos organizacionais –, constituindo
o meio a partir do qual a Universidade iria desenvolver a sua estratégia para atingir os objetivos definidos.

Figura 3.2 Quadro de definição estratégica (ii)

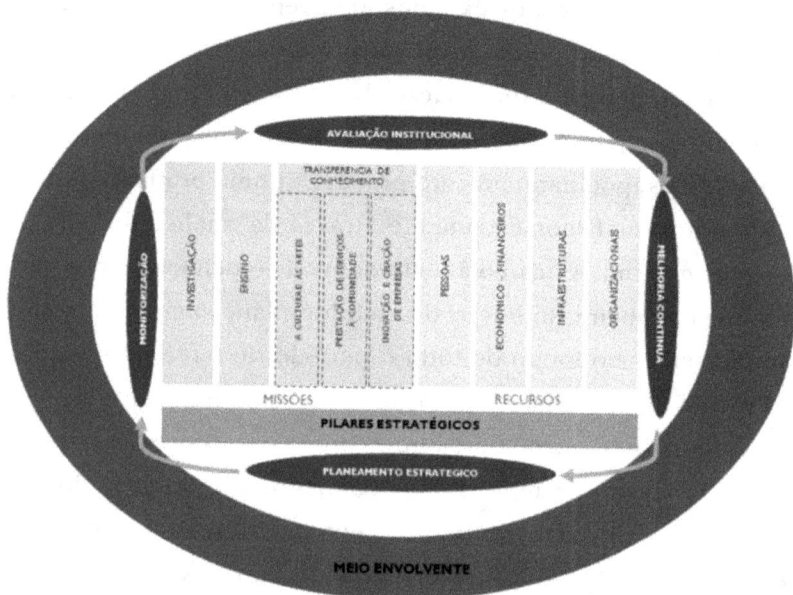

E num mundo cada vez mais globalizado, a interação com o
meio envolvente em que a Universidade de Coimbra se insere
e com que interage permanentemente assume uma importância
crucial. É, desde logo, o meio envolvente que gera oportunidades

e ameaças, influenciando e determinando as decisões estratégicas da instituição.

É também esta ligação da UC com os interlocutores exteriores, a todos os níveis – do local ao internacional – que tem um papel determinante no sucesso da estratégia definida.

Assim, a intensificação desta ligação ao meio envolvente, explorando e aproveitando novas oportunidades, incrementando o papel interventivo da UC e aumentando o seu prestígio e projeção a nível nacional e internacional, foi assumida como uma preocupação transversal a todo o Plano Estratégico, reforçada com a adoção de um processo de gestão participativa.

Finalmente, com a aprovação do Plano Estratégico e de Ação tem início, ao nível da estratégia institucional, um processo contínuo e dinâmico, integrado no ciclo de gestão da Universidade de Coimbra, que se reflete no Quadro de Definição Estratégica através do ciclo planeamento estratégico / monitorização / avaliação institucional / melhoria contínua, que será abordado mais à frente.

## passo 2: desenvolver uma análise envolvente – "onde estamos?"

Sendo a análise do meio envolvente, interno e externo, crucial para o processo de planeamento desenvolvido na Universidade de Coimbra, recolheram-se inúmeros contributos ao longo do processo de auscultação às partes interessadas, permitindo a elaboração da análise SWOT.

Para além de todos os contributos recolhidos, foram ainda tidos em conta a análise de documentos internos e externos considerados relevantes e o *benchmarking* a documentos de planeamento estratégico desenvolvidos noutras instituições de Ensino Superior, nacionais e internacionais, ajudando a compreender o planeamento estratégico no Ensino Superior no momento de elaboração do plano. Neste âmbito, foi criada uma subpágina específica no âmbito do processo[67], para um acompanhamento permanentemente atualizado.

Através da análise SWOT foi possível destacar pontos fortes e fracos ao nível do ambiente interno da Universidade de Coimbra, bem como identificar as principais tendências atuais na envolvente externa – classificadas como oportunidades ou ameaças –, fora do controlo da instituição mas com impacto relevante nela.

No que diz respeito à vertente interna, foram tidos em conta aspetos relacionados com tecnologia, pessoas, processos, estratégia e meios (financeiros, humanos e materiais). Para o elenco de pontos fortes foram consideradas as vantagens internas da Universidade em relação às suas "concorrentes", e para os pontos fracos, as respetivas desvantagens. Presumiu-se que, pelo seu caráter interno, seriam influenciáveis pela instituição.

Ao nível do ambiente externo foram evidenciadas as vantagens a retirar das oportunidades presentes e preocupações de mitigação das consequências das ameaças. Nesta vertente, foram ponderados aspetos como a conjuntura socioeconómica, o enquadramento sociogeográfico, a estrutura demográfica, os condicionalismos legais e a concorrência. Na análise de oportunidades foram evidenciados os aspetos positivos da envolvente com impacto significativo na instituição, ou seja, condições externas positivas fora do seu controlo mas que deverão ser consideradas no seu planeamento. Pelo contrário, para a sistematização das ameaças procurou-se inventariar os aspetos negativos da envolvente com impacto significativo na instituição.

Estas análises foram sendo enriquecidas, ao longo de todo o processo, com os resultados do processo de auscultação, o que permitiu chegar às análises finais plasmadas no Plano Estratégico.

---

[67] www.uc.pt/planeamento/benchmarking

## passo 3: desenvolver uma visão comum – "como envolver?"

Considerado desde o início como elemento fundamental deste processo de planeamento estratégico, foi seguido um modelo de gestão participativa através de um processo dinâmico de discussão alargada, envolvendo não só todos os membros da comunidade académica mas também entidades externas à Universidade que com ela se relacionam e que trazem valor acrescentado à sua estratégia.

Em matéria de gestão organizacional, diversos referenciais aconselham a que, numa primeira abordagem, se proceda à identificação exaustiva das partes interessadas. Esta identificação constituiu um processo complexo e contínuo e teve como ponto de partida o trabalho desenvolvido no âmbito do Sistema de Gestão da Universidade de Coimbra. Identificadas 41 partes interessadas – através da análise dos procedimentos do sistema de gestão e das atividades asseguradas pelos diferentes serviços –, procedeu-se à sua classificação entre internas e externas ou individuais e institucionais. Posteriormente procedeu-se a uma estimativa do nível de interesse que cada uma tem na instituição [interesse] e a capacidade que tem para a influenciar, diretamente ou indiretamente [poder], utilizando uma escala de 1 a 10 (1 – pouco poder/interesse; 10 – muito poder/interesse). Através da análise deste binómio, procedeu-se à avaliação do posicionamento de cada uma das partes interessadas relativamente à Universidade e, consequentemente, à determinação das que têm mais influência nos seus objetivos e na sua estratégia, sistematizando-as em quatro grupos:

— poder e interesse elevados (>5) – gerir ativamente: estas partes interessadas devem ser geridas ativamente, exigindo um grande comprometimento e esforço no sentido da sua satisfação por parte da instituição;

— poder elevado e interesse reduzido (poder > 5 e interesse < 5) – manter satisfeito: a instituição deve fazer um esforço suficiente para manter estas partes interessadas satisfeitas, no entanto este esforço deve ser comedido para não ser percecionado como exagerado;

— poder reduzido e interesse elevado (poder < 5 e interesse > 5) – manter informado: a instituição deve manter estas partes interessadas adequadamente informadas;

— poder e interesse reduzidos (< 5) – monitorizar: é importante monitorizar estas partes interessadas sem incorrer em comunicação excessiva.

Por fim, foi efetuada a representação gráfica através de uma matriz combinando as duas variáveis, posicionando-se cada parte interessada num dos quadrantes:

Figura 3.3 Identificação das partes interessadas (i)

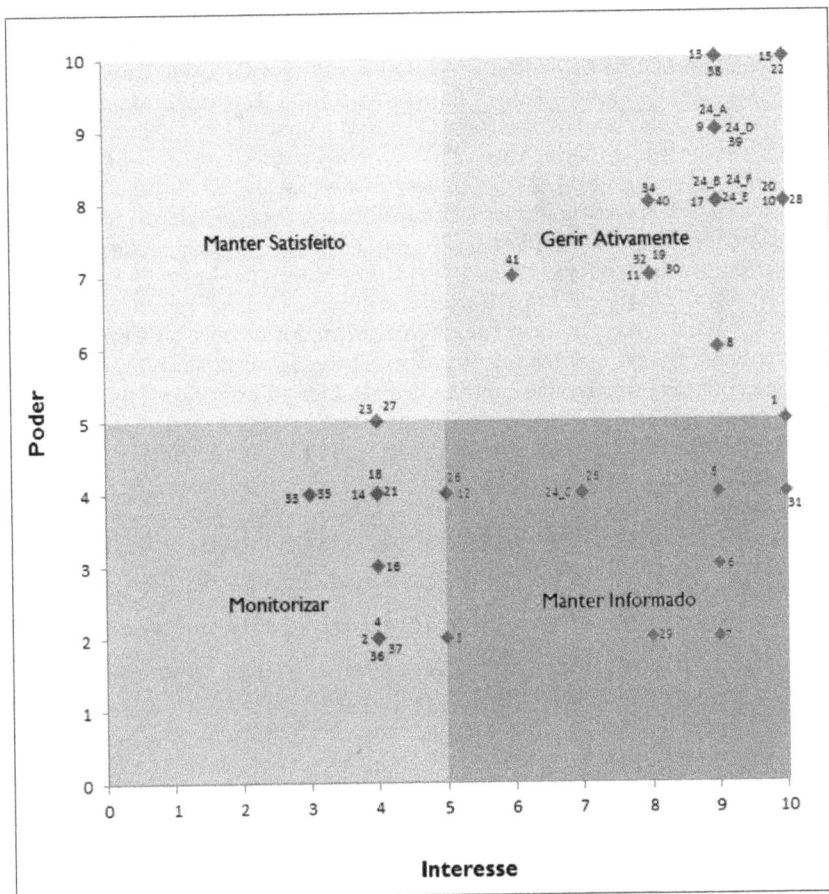

**Legenda:** 1-Estudantes; 2-Antigos docentes e investigadores; 3-Antigos estudantes; 4-Antigos trabalhadores não docentes; 5-Avençados; 6-Bolseiros; 7-Candidatos a estudantes [já iniciaram processo de candidatura] nacionais; 8-Clientes externos (perspetiva comercial); 9-Direção de Unidades Orgânicas; 10-Docentes; 11-Empregadores [inclui entidades de intermediação de emprego e entidades de acolhimento de estágios]; 12-Entidades beneficiárias de descontos facultativos [Casa do Pessoal, Acreditar, etc.]; 13-Entidades de tutela; 14-Entidades externas ligadas à comunidade da UC; 15-Entidades financiadoras (exclui tutela); 16-Fundação para a Computação Científica Nacional; 17-Fornecedores externos; 18-Instituições de Ensino Superior; 19-Investigadores responsáveis de projetos; 20-Não docentes; 21-Organizações sindicais; 22-Órgãos de Governo; 23-Outras unidades participadas pela UC [fundações, associações, empresas, etc.]; 24_A-Outros clientes internos da UC Unidades Orgânicas; 24_B-Outros clientes internos da UC | Unidades de Extensão Cultural e de Apoio à Formação; 24_C-Outros clientes internos da UC | Serviços de apoio direto aos Órgãos de Governo da UC; 24_D-Outros clientes internos da UC | Unidades de I&D; 24_E-Outros clientes internos da UC | Estruturas de caráter temporário (art.º 25.º Estatutos UC); 24_F- Outros clientes internos da UC | Provedor do Estudante; 25-Potenciais candidatos a estudantes; 26-Sociedade em geral; 27-Solicitadores de execuções de penalidades financeiras; 28-Investigadores (incluindo inventores); 29-Candidatos ao exercício de funções públicas na UC ou a bolsas; 30-Júri; 31-Candidatos a estudantes internacionais; 32-Estudantes internacionais; 33-Entidade Centralizada para Constituição de Reservas de Recrutamento; 34-Entidades parceiras de consórcios, protocolos, etc.; 35-Comissão paritária; 36-Estudantes de outras instituições de Ensino Superior; 37-Diplomados por outras instituições de Ensino Superior; 38-Agência de Avaliação e Acreditação do Ensino Superior; 39-Serviços de Ação Social; 40-Administração local e regional; 41-Comunicação social.

Apesar de a representação anterior permitir ter uma perceção da localização exata de cada parte interessada no seio de cada quadrante em função da avaliação efetuada, apresenta-se um modelo alternativo que, através da listagem de partes interessadas por quadrante, facilita a leitura.

Figura 3.4 Identificação das partes interessadas (ii)

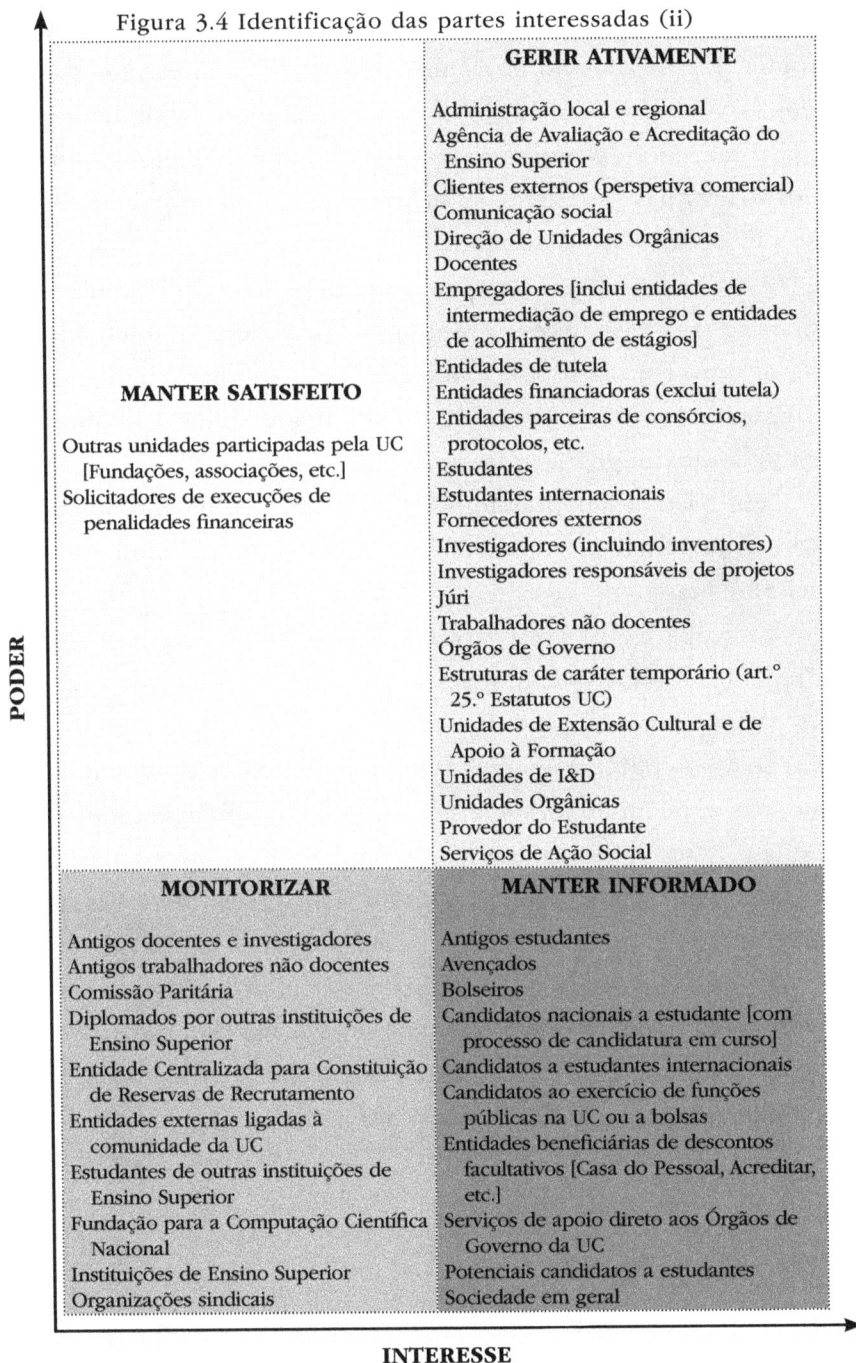

**PODER** (eixo vertical)

**INTERESSE** (eixo horizontal)

### GERIR ATIVAMENTE

Administração local e regional
Agência de Avaliação e Acreditação do Ensino Superior
Clientes externos (perspetiva comercial)
Comunicação social
Direção de Unidades Orgânicas
Docentes
Empregadores [inclui entidades de intermediação de emprego e entidades de acolhimento de estágios]
Entidades de tutela
Entidades financiadoras (exclui tutela)
Entidades parceiras de consórcios, protocolos, etc.
Estudantes
Estudantes internacionais
Fornecedores externos
Investigadores (incluindo inventores)
Investigadores responsáveis de projetos
Júri
Trabalhadores não docentes
Órgãos de Governo
Estruturas de caráter temporário (art.º 25.º Estatutos UC)
Unidades de Extensão Cultural e de Apoio à Formação
Unidades de I&D
Unidades Orgânicas
Provedor do Estudante
Serviços de Ação Social

### MANTER SATISFEITO

Outras unidades participadas pela UC [Fundações, associações, etc.]
Solicitadores de execuções de penalidades financeiras

### MONITORIZAR

Antigos docentes e investigadores
Antigos trabalhadores não docentes
Comissão Paritária
Diplomados por outras instituições de Ensino Superior
Entidade Centralizada para Constituição de Reservas de Recrutamento
Entidades externas ligadas à comunidade da UC
Estudantes de outras instituições de Ensino Superior
Fundação para a Computação Científica Nacional
Instituições de Ensino Superior
Organizações sindicais

### MANTER INFORMADO

Antigos estudantes
Avençados
Bolseiros
Candidatos nacionais a estudante [com processo de candidatura em curso]
Candidatos a estudantes internacionais
Candidatos ao exercício de funções públicas na UC ou a bolsas
Entidades beneficiárias de descontos facultativos [Casa do Pessoal, Acreditar, etc.]
Serviços de apoio direto aos Órgãos de Governo da UC
Potenciais candidatos a estudantes
Sociedade em geral

Com este exercício, vinte e quatro partes interessadas da UC foram classificadas no quadrante principal ("gerir ativamente") e, destas, a equipa de projeto considerou que dezasseis teriam um papel relevante no processo de planeamento estratégico, tendo sido envolvidas nas iniciativas de auscultação sob forma de inquérito, sessão de trabalho e/ou reunião.

Tendo em conta o importante papel que a Universidade de Coimbra lhes reconhece e o contributo que podem dar num processo deste tipo, considerou-se ainda fundamental envolver os antigos estudantes da UC no programa de auscultação, com a colaboração da Rede de Antigos Estudantes da UC.

Com base nestes pressupostos foi, então, delineado um calendário que permitisse a participação de todas as partes interessadas selecionadas.

A equipa de projeto levou a cabo um intenso trabalho de preparação iniciado com a seleção da melhor forma de envolver as partes interessadas. O formato selecionado para cada uma foi adaptado ao público em questão, tendo em conta a sua dimensão, as suas especificidades e o seu grau de envolvimento e proximidade com a Universidade. Os formatos utilizados passaram essencialmente por inquéritos, reuniões, sessões de trabalho ou combinações entres estes.

Às sessões de trabalho e de reflexão com as partes interessadas internas foi dado o sugestivo título de *Um dia pelo futuro da UC*, tendo sido criada uma identidade visual específica, ajudando a dar visibilidade ao conjunto de iniciativas a concretizar.

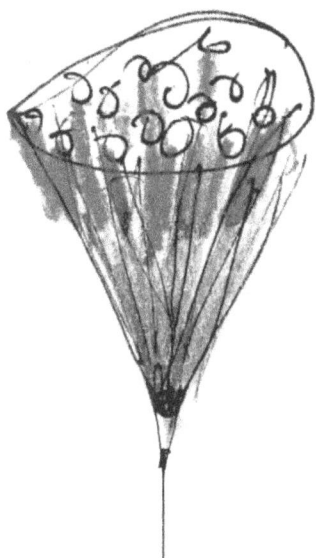

Figura 3.5 Memória descritiva da identidade visual das sessões: *Em esquiço (em construção) os "Lápis", em ramo (gesto anímico), convergentes, sinergizantes, traçam na linha ascencional – puxar para cima – a deixar rasto. Memória. Obra. Idade. [Autor: António Barros]*

Também a metodologia de trabalho aplicada a cada parte interessada e os conteúdos das reuniões foram adaptados às suas especificidades e ao objetivo específico de cada sessão de trabalho e reflexão, tendo por base a análise de eficácia em grupos/equipas de trabalho por parte dos docentes da área de psicologia do trabalho e das organizações da Faculdade de Psicologia e de Ciências da Educação da Universidade de Coimbra, que integraram a equipa de projeto.

| Partes interessadas | Planeamento Estratégico 2011-2015 Sessões \| Reuniões \| Inquéritos \| Outros | | | | | |
|---|---|---|---|---|---|---|
| | Abril | Maio | Junho | Julho | Agosto | Setembro |
| Agência de Avaliação e Acreditação do Ensino Superior | ■ | | | | | |
| Antigos estudantes | | | | | ★ | ◆ |
| Comunicação social | ◆ | ◆ | ◆ | ◆ | ◆ | ◆ |
| Direção de Unidades Orgânicas<br>Unidades Orgânicas<br>Serviços de Acção Social | ■ ■ | ■ ■ | | | ■ ■ | ■ |
| Docentes | ★ | ● ★ | | | | |
| Empregadores | | | | ★ | | ● |
| Entidades de Tutela | ■ | | | | | |
| Estudantes<br>[com intervenção do Provedor do Estudante] | | ● ★ | | | | |
| Investigadores<br>Investigadores responsáveis de projetos<br>Unidades de I&D | | | ● ● ●<br>★ ★ | | | |
| Trabalhadores não docentes | | ● | | ● ★ | | |
| Órgãos de Governo | ◆ | ◆ ■ | ◆ | ◆ ■ | ◆ | ◆ |
| Unidades de extensão cultural e de apoio à formação | | | ■ | | | |

Tabela 3.1

● Sessão **Um dia pelo futuro da UC** ■ Reunião ★ Inquérito ◆ Outro

O acompanhamento da comunidade académica ao longo do processo de planeamento foi constante, imprimindo-se assim um carácter participativo, assegurando a transparência e facultando a todas as partes interessadas o ponto de situação de forma permanente.

## Docentes

Em maio de 2011 iniciaram-se as sessões "Um dia pelo futuro da UC", sendo a primeira delas – sessão de auscultação com o pessoal docente – antecedida por um inquérito, enviado a todos os docentes (à data, 1513), que contou com uma taxa de participação de 28,4%.

O inquérito, anónimo e intitulado "60 segundos pelo futuro da UC", foi disponibilizado em plataforma *online* (*Limesurvey)* em abril, tendo os docentes sido notificados através de mensagem de correio eletrónico para o seu preenchimento.

Tendo como objetivo perceber o nível de conhecimento que os docentes tinham do programa de ação do Reitor, bem como a disponibilidade para contribuir num processo de gestão participativa, o inquérito era constituído por cinco questões de escolha múltipla. Dos respondentes, 70% afirmaram ter lido o programa de ação, 30% reconheceram a qualidade como ideia-chave do programa de ação e 79% apresentaram-se disponíveis ou muito disponíveis para contribuir para um processo de gestão participativa.

Os resultados deste inquérito foram remetidos aos docentes através de mensagem eletrónica, que serviu igualmente para solicitar aos docentes a confirmação da sua presença na sessão de trabalho "Um dia pelo futuro da UC", através de uma pré-inscrição *online (Limesurvey)*.

Para a sessão, que teve lugar no Auditório da Reitoria da Universidade de Coimbra a 9 de maio de 2011, inscreveram-se 124 docentes, representando as oito Faculdades. O objetivo concreto da sessão foi a recolha de ideias dos docentes, no âmbito do processo de gestão participativa, enriquecendo a estratégia, particularmente nos pilares estratégicos de missão, nomeadamente para incentivar a investigação, promover a qualidade no ensino, atrair os melhores estudantes, estimular a articulação entre o ensino e a investigação e, ainda, inovar na transferência do saber.

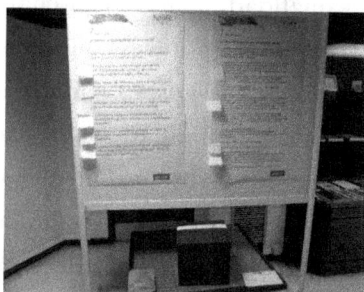

Após uma sessão plenária, de enquadramento e de apresentação da metodologia a seguir, os docentes foram distribuídos por nove grupos de trabalho. A distribuição foi efetuada de forma aleatória, por ordem de chegada e de registo dos docentes de cada Faculdade, procurar respeitar a representatividade de todas as Faculdades em cada grupo e tema de debate.

A cada grupo foi atribuído um tema de reflexão, de entre os seguintes:

— "promover a qualidade do ensino na UC";
— "atrair os melhores estudantes para a UC";
— "incentivar a investigação de qualidade na UC";
— "estimular a articulação entre o ensino e a investigação na UC";
— "inovar na transferência do saber da UC".

Para cada grupo foi previamente definido um moderador, cabendo o papel de redator a um elemento da equipa de projeto responsável pelo registo de toda a informação relevante produzida pelo grupo. Após as boas vindas e a apresentação dos elementos, foi relembrado o objetivo da sessão, apresentado o tema a discutir e descrita a metodologia a aplicar no trabalho em grupo, enunciando-se as etapas e os tempos previstos.

Os trabalhos de cada grupo iniciaram-se com a fase de geração de ideias, destinada a reflexões individuais. A cada participante foi solicitada uma reflexão individual sobre o tema em questão no grupo e produzisse duas ideias, registando-as nos cartões distribuídos para o efeito, com três campos para preenchimento: a ideia (o quê?), condições para a sua execução (o que é necessário?) e os critérios para o êxito da sua implementação (que resultados indicarão o sucesso da sua implementação?).

Todas as ideias produzidas pelo grupo foram transpostas para um suporte único, sendo projetadas na etapa seguinte da sessão, de debate das ideias geradas. O objetivo era, através da discussão de todas as ideias – em que estas seriam clarificadas, associadas, eliminadas, ou até emergindo, por vezes, novas ideias a partir das anteriores – chegar a um conjunto final de ideias de ações a implementar no âmbito do tema em debate no grupo.

Na fase final dos trabalhos da manhã, cada grupo de trabalho teve de proceder à eleição das sete ideias mais importantes, que consubstanciaria uma proposta conjunta de ações a implementar. Cada participante hierarquizou as ideias geradas pelo debate, no boletim de voto previamente distribuído, atribuindo sete pontos à ideia que considerou mais importante, seis à segunda mais importante e assim sucessivamente, até à sétima ideia, que recebeu um ponto. Nos casos de empate, procedeu-se a uma segunda votação, votando-se somente a ideia que se considerou mais importante. Apurados os resultados, cada moderador anunciou ao seu grupo as sete ideias mais pontuadas.

Enquanto decorria o almoço entre todos os participantes, os redatores dos grupos asseguraram a transcrição das sete ideias mais pontuadas para pósteres, por tema, de forma não hierarquizada.

Retomados os trabalhos após o almoço, os participantes puderam analisar os resultados de todos os grupos através da exposição dos pósteres gigantes com as 7 ideias principais que resultaram da discussão de cada tema em cada grupo. De seguida foi solicitado a cada participante que elegesse as ideias mais importantes por tema, através da colagem de um *post-it* nas ideias que considerava mais importantes.

Em simultâneo, e atendendo a que cada docente participou apenas na discussão de um tema (o do grupo em que foi inserido), foram disponibilizadas caixas de sugestões, junto a cada póster, para recolha de novos contributos.

Na parte final dos trabalhos, em nova sessão plenária, foram apresentados os resultados dos trabalhos de grupo (apresentação das duas ideias mais votadas em cada grupo) e os resultados da votação conjunta, identificando-se as 10 ideias mais votadas.

Das sessões de trabalho em grupo resultou um total de 143 ideias, tendo sido consideradas 62 como as mais importantes. Considerando as duas mais votadas de cada grupo, obteve-se um total de 18 ideias mais significativas. Durante a sessão da tarde foram recolhidos 323 votos, que resultaram na eleição das dez ideias mais importantes. Para além destas dez ideias, foi ainda possível recolher 17 sugestões e contributos.

As dez ideias escolhidas incidiram em especial na integração dos estudantes na investigação, nas políticas de comunicação externa, na formação pedagógica e científica, na atração dos melhores estudantes e na interação com o exterior, nomeadamente, com escolas e empresas. As sugestões e contribuições incidiram principalmente na atração dos melhores estudantes, na qualidade do ensino e da avaliação dos docentes, no incentivo ao estudo e à investigação e na aposta na comunicação externa.

## Avaliação da satisfação

De modo a aferir a satisfação dos participantes na sessão realizou-se um questionário *online (Limesurvey)*, anónimo, que obteve uma taxa de resposta de 63%. A sessão apresentou um grau de satisfação de 88,2% e um grau de satisfação em relação à sua estrutura de 82,2%, salientando-se uma maior satisfação em relação à abertura e à metodologia de trabalho.

Foram destacados como principais aspetos positivos:

- abertura à participação da comunidade universitária;
- partilha de problemas e ideias com docentes de outras Faculdades;
- metodologia utilizada;
- a boa organização e a eficácia com que decorreu o evento.
- Foram salientados como aspetos a melhorar:
- tempo de discussão nos grupos de trabalho;
- prévia comunicação dos temas;
- distribuição de temas de forma não aleatória.

## Pessoal não docente

A segunda sessão de reflexão "Um dia pelo futuro da UC" foi destinada ao pessoal não docente e obedeceu a uma metodologia diferente da sessão com os docentes, sendo dividida em duas partes de trabalho presencial, realizadas em dias diferentes, e entre as quais se realizou o trabalho dos grupos criados para o efeito.

Foram chamados a participar todos os dirigentes da Universidade (da Administração, dos Serviços de Ação Social e das Unidades), com o objetivo de representar as suas equipas de trabalho, procurando assim representar todo o corpo de pessoal não docente.

Atendendo a este objetivo de representação de todo o universo, nos casos em que não existia dirigente foi solicitado aos responsáveis das unidades que indicassem um representante do pessoal não docente.

A primeira parte, realizada em maio de 2011, teve como objetivo apresentar o processo de planeamento estratégico e explicar os objetivos e a metodologia de trabalho a seguir, pretendendo-se desde logo que o dirigente/representante conhecesse em pormenor o processo de planeamento em curso, se envolvesse no processo e recolhesse contributos junto da sua equipa de trabalho.

O objetivo estabelecido para a sessão com pessoal não docente foi a reflexão sobre os pontos fortes e fracos da instituição e sobre as oportunidades e ameaças do meio envolvente, tendo sido criados grupos de trabalho com a finalidade de, através do recurso a análises SWOT, gerar ideias e ações para minimizar os pontos fracos e para ultrapassar as ameaças, tirando partido dos pontos fortes e aproveitando as oportunidades.

Foram, assim, constituídos oito grupos de trabalho, com um máximo de 6 elementos cada, tendo cada um dos grupos focado a sua reflexão num dos pilares de recursos – pessoas, económico-financeiros, infraestruturas e organizacionais.

O trabalho de cada grupo foi desenvolvido no período que decorreu entre a primeira e a segunda parte da sessão, realizada cerca de um mês e meio depois, possibilitando a cada dirigente que obtivesse os contributos da sua equipa de trabalho. Com este desdobramento pretendeu-se envolver todo o corpo não docente, enriquecendo-se a estratégia através da reflexão dos dirigentes com as respetivas equipas de trabalho. Durante o hiato de um mês e meio que separou as duas partes, os dirigentes recolheram os seus contributos e os grupos reuniram as vezes que entenderam necessárias, de forma a proceder às análises SWOT e a elencar um conjunto de propostas de ações com valor estratégico.

A segunda parte da sessão teve como objetivo a análise e discussão dos contributos, através da apresentação dos trabalhos realizados pelos grupos definidos, assegurando-se assim um amplo e diversificado leque de ideias. As contribuições tiveram sempre por base o pressuposto de que se referiam à Universidade de Coimbra e não aos serviços em particular.

Cada grupo expôs os seus resultados, através da apresentação do resultado do diagnóstico efetuado e da reflexão sobre pontos fortes, pontos fracos, oportunidades e ameaças e da apresentação de um conjunto de cinco ações consideradas mais importantes e urgentes para o respetivo pilar de recursos. Para cada ação, cada grupo definiu iniciativas de médio prazo para a concretização das orientações estratégicas, definindo indicadores (critério de aferição da eficácia das ações definidas), condições de execução (requisitos que se considera necessário reunir para que a ação possa ser levada a cabo) e valor estratégico da ação (valor acrescentado para alcançar a visão da UC).

Obtiveram-se quatro pares de ações, indicadores e condições de execução, dois por cada pilar de recursos:

- no pilar pessoas, sobressaíram as ideias relacionadas com a instituição de uma política comum de gestão de recursos humanos;
- no que concerne aos recursos económico-financeiros, sublinhou-se a importância da racionalização energética conjugada com um sistema de alertas;
- no âmbito dos recursos organizacionais mereceu destaque a ideia de desenvolver um suporte *online* de todos os serviços especializados que a UC presta à comunidade através das suas Unidades Orgânicas, e ainda defendida a ideia de desenvolver um projeto que aposte na internacionalização da UC;
- relativamente às infraestruturas, foi salientada a importância da eficiência energética e do desempenho ambiental dos edifícios, bem como da reestruturação e reorganização das bibliotecas da Universidade de Coimbra.

## Estudantes

O primeiro contacto com os estudantes ocorreu também em maio de 2011, através de mensagem dirigida aos 115 eleitos pelos seus pares para representar os estudantes na Associação Académica de Coimbra (AAC) ou nos Núcleos de Estudantes, bem como nos órgãos de governo da Universidade (Senado e Conselho Geral) ou das suas unidades (Assembleias de Representantes e Conselhos Pedagógicos), solicitando a sua presença na sessão de reflexão "Um dia pelo futuro da UC".

A sessão teve como objetivo a recolha de contributos no âmbito do processo de gestão participativa, enriquecendo a estratégia da UC particularmente nos pilares estratégicos de missão, através da reflexão dos estudantes. A sessão contou também com a presença, enquanto observador, do Provedor do Estudante.

Para alcançar os objetivos da sessão, e após uma sessão plenária destinada a apresentar o processo, os objetivos e a metodologia, foram criados cinco grupos de trabalho, compostos de forma aleatória. Para a composição dos grupos, cada estudante selecionou uma palavra com a qual se identificava, de entre um conjunto de palavras-estímulo afixadas num painel. Cada uma dessas palavras estava associada a um tema, sendo os estudantes divididos, através da sua seleção, em grupos de trabalho.

De acordo com as opções dos estudantes, foram assim debatidos, na sessão, cinco temas:

— "Tornar a UC mais atrativa para os estudantes";
— "Melhorar o sucesso académico na UC";
— "Melhorar a preparação científica e o desenvolvimento de competências profissionais";
— "Promover o desenvolvimento pessoal dos estudantes";
— "Aumentar a interação UC/escolas".

Após a sessão plenária formaram-se os grupos, designando cada um o seu porta-voz, responsável por conduzir os trabalhos, registar as ideias e apresentar os resultados em sessão plenária. Foi fornecido a cada grupo um breve enquadramento do tema que iriam debater e um conjunto de questões para ajudar à reflexão e à geração de ideias.

A primeira parte dos trabalhos foi dedicada à emergência de ideias individuais, com cada estudante a redigir três ideias relativas ao tema em discussão. Seguiu-se o debate de todas as ideias geradas entre os elementos de cada grupo, procedendo-se, de forma análoga ao trabalho desenvolvido pelos docentes, à clarificação, à associação, à eliminação ou à criação de novas ideias, fruto da reflexão conjunta.

Estando definido um conjunto de ideias para o tema em análise no grupo, os elementos elegeram as três ideias mais importantes, através do método considerado, pelo grupo, como o mais adequado para alcançar esse resultado.

No final do dia realizou-se nova sessão plenária, destinada à apresentação dos resultados por cada grupo.

Desta sessão resultaram 15 ideias selecionadas como mais importantes, com especial incidência na ação social (nomeadamente bolsas e alojamento), nas políticas de comunicação externa, na formação pedagógica e científica dos docentes e na estrutura curricular dos ciclos de estudo.


## Avaliação da satisfação

De modo a aferir a satisfação dos participantes na sessão realizou--se um questionário *online (Limesurvey)*, anónimo, obtendo-se uma taxa de resposta de 41,9%.

O inquérito teve por objetivo avaliar a sessão e identificar os aspetos mais positivos e a melhorar. Salienta-se que a sessão apresentou um grau de satisfação de 89,7% e um grau de satisfação em relação à sua estrutura de 76,7%, salientando-se uma maior satisfação em relação à metodologia de trabalho.

Como principais aspetos positivos foram destacados os seguintes:

- Abertura, por parte da Equipa Reitoral, à participação dos estudantes;
- interação de estudantes dos diferentes órgãos com a Equipa Reitoral;
- a dinâmica de grupo e a organização.

Já quanto aos aspetos a melhorar, foram salientados os seguintes:

- divulgação prévia dos temas a abordar na sessão;
- maior período de tempo para a discussão final;
- discussão de vários temas por grupo.

## Investigadores

Quanto ao pilar investigação, foi decidido organizar sessões distintas, dada a abrangência e diversidade do público que se pretendia auscultar. Assim, realizaram-se três sessões, em junho de 2011, cada uma delas destinada a elementos de equipas de investigação de:

- Unidades de Investigação e Desenvolvimento (I&D) integradas;
- Laboratórios Associados;
- Associações Privadas Sem Fins Lucrativos.

Em termos de metodologia, embora o objetivo fosse idêntico – recolher contributos no âmbito do processo de gestão participativa, enriquecendo a estratégia da UC, particularmente no pilar estratégico investigação –, foram seguidos caminhos diferentes.

Na primeira sessão, destinada aos Diretores e coordenadores de Unidades de Investigação e Desenvolvimento integradas, após a reunião plenária de apresentação do processo de planeamento, dos objetivos e da metodologia a seguir, foram formados grupos de trabalho, tendo em conta a intenção manifestada previamente. Efetivamente, para ultrapassar um dos aspetos a melhorar apontados nas sessões anteriores (docentes e estudantes), juntamente com o convite foi remetido o elenco de temas específicos a abordar, tendo sido solicitada a seleção e indicação do tema preferencial.

Os temas abordados, relativos ao pilar de investigação, centraram-se em:

— Financiamento: "Como poderá a UC contribuir para que as suas Unidades de I&D sejam mais competitivas no acesso ao financiamento?"
— *Output*: "Como poderá a UC contribuir para que as suas Unidades de I&D publiquem mais e melhor, melhorando os indicadores de produtividade científica?"

— Atratividade: "Como poderá a UC contribuir para que as suas Unidades de I&D possam atrair mais e melhores investigadores?"
— Redes de investigação: "Como poderá a UC contribuir para que as suas Unidades de I&D participem mais em redes internacionais de I&D?"

Cada grupo foi responsável por selecionar e indicar um porta-voz, responsável por conduzir o grupo pelas diversas etapas do processo e apresentar as ideias do grupo na sessão plenária, cabendo o papel de redator a um elemento da equipa de projeto responsável pelo registo de toda a informação relevante produzida pelo grupo.

Após o período de reflexão individual foi solicitado que cada participante elencasse três ideias relativas ao tema em discussão, registando-as através da identificação da ideia (o quê?), das condições para a sua execução (o que é necessário?) e dos critérios para o êxito da sua implementação (que resultados indicarão o sucesso da sua implementação?).

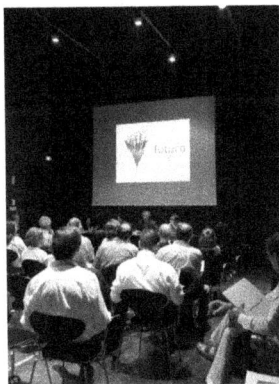

Seguiu-se a fase de debate das ideias geradas, em que estas foram clarificadas, associadas, eliminadas, ou até emergindo, por vezes, novas ideias a partir das anteriores, alcançando-se um conjunto final de ideias de ações a implementar. Finalmente, cada grupo tentou chegar a acordo para a seleção das três ideias mais importantes no âmbito do tema específico em debate.

Atendendo a que os intervenientes poderiam ainda ter contributos relevantes a dar para outros temas no pilar estratégico de investigação, foi dado a cada grupo um período de tempo para um momento de geração de ideias sem restrição de tema, aplicando-se uma metodologia semelhante: reflexão individual, reflexão conjunta e seleção das ideias mais importantes.

No final do dia realizou-se a sessão plenária, de apresentação e debate dos resultados de cada grupo, resultando uma seleção de 20 ideias, iniciativas ou ações para melhorar a investigação da UC, principalmente nas áreas em debate – financiamento, *output*, atratividade e redes de investigação.

A segunda sessão temática dedicada à investigação destinou-se aos Laboratórios Associados[68] ligados à Universidade de Coimbra, tendo sido solicitada a participação dos Diretores e de outros elementos das suas equipas.

Esta sessão teve uma agenda diferente de todas as outras, optando-se por reunir todos os participantes numa sessão plenária de discussão em grupo. Assim, depois da receção aos participantes e da apresentação do processo de planeamento e dos objetivos da sessão, prosseguiu-se diretamente para a partilha de pontos de vista entre todos os participantes e para a discussão de ideias, com base em cinco temas:

---

[68] "Os Laboratórios Associados são instituições de investigação científica (públicas ou privadas sem fins lucrativos), selecionadas pelas suas características para colaborar na prossecução de objetivos específicos de política científica e tecnológica do Governo, sendo consultados para a definição dos programas e instrumentos desta mesma política" (Fundação para a Ciência e a Tecnologia, Ministério da Educação e Ciência).

— Financiamento: "Como poderá a UC contribuir para que os Laboratórios Associados sejam mais competitivos no acesso ao financiamento?";

— *Output:* "Como poderá a UC contribuir para que os Laboratórios Associados publiquem mais e melhor, melhorando os indicadores de produtividade científica?";

— Atratividade: "Como poderá a UC contribuir para que os Laboratórios Associados possam atrair mais e melhores investigadores?";

— Redes de investigação: "Como poderá a UC contribuir para que os Laboratórios Associados participem mais em redes internacionais de I&D?";

— Divulgação: "Como poderá a UC contribuir para que os Laboratórios Associados aumentem a divulgação, de forma eficaz, do conhecimento produzido?".

Os pontos de vista e ideias distintos que foram surgindo na sessão foram atentamente ouvidos pela Equipa Reitoral e pela equipa de projeto. Salientou-se o facto de este método proporcionar um maior diálogo e conhecimento mútuo dos laboratórios.

Na última sessão sobre o pilar estratégico de investigação participaram os Diretores, coordenadores e representantes de Associações Privadas Sem Fins Lucrativos ligadas à Universidade de Coimbra, tendo sido seguida a mesma metodologia da sessão com as Unidades de I&D, com a tónica em três temas:

— Financiamento: "De que forma o estreitamento da relação com a UC pode aumentar a competitividade das APSFL no acesso ao financiamento?";

— Divulgação: "De que forma se pode aumentar a divulgação do conhecimento produzido pelas APSFL, associado à UC?";

— Rede de investigação: "De que forma o estreitamento da relação com a UC pode contribuir para que as APFSL participem mais em redes internacionais de I&D?".

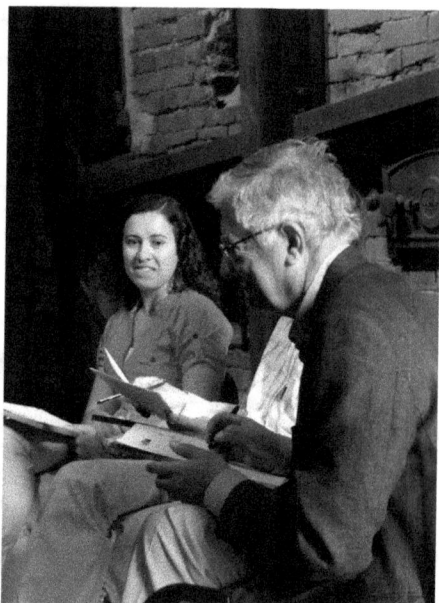

Foram discutidas, no seio de cada grupo de trabalho, as ideias geradas pelos seus elementos, e selecionadas as três ideias mais importantes para cada tema em discussão. Na sessão plenária, o porta-voz de cada grupo procedeu à sua apresentação, seguindo-se intervenções dos participantes e um momento de debate entre todos os participantes.

Desta sessão resultou, assim, uma seleção final de nove ideias para melhorar a investigação da UC, nas áreas específicas do financiamento, divulgação e redes de investigação.

## Empregadores

O processo de auscultação aos empregadores ou potenciais empregadores dos diplomados da Universidade de Coimbra, uma das partes interessadas externas, revelou-se o mais moroso e complexo.

Teve início com uma fase de seleção de participantes, com base nas relações e nos contactos já existentes entre as diversas áreas da Universidade e empresas ou outras entidades, nas listagens dos maiores e melhores empregadores ao nível regional e nacional e na listagem de *spin-offs* geradas na UC. Foi ainda solicitada aos Diretores das Faculdades a indicação de empresas das suas áreas de atuação que entendessem ser relevantes para dar o seu contributo para a estratégia da Universidade.

Após diversas etapas de seleção, chegou-se a um conjunto final de 80 empresas, com as quais foram estabelecidos contactos telefónicos pela equipa de projeto, no sentido de solicitar colaboração aos sues responsáveis, através do preenchimento de um inquérito inicial a ser enviado após indicação de disponibilidade para participar no processo.

Na fase seguinte, foi disponibilizado o inquérito contendo perguntas focadas nas áreas da empregabilidade, da oferta formativa e das competências dos graduados pela UC. O inquérito diferia numa última questão consoante se tratasse de um empregador de âmbito nacional ou de âmbito regional.

A informação recolhida através da resposta ao inquérito foi trabalhada pela equipa de projeto, extraindo-se as principais tendências e dinâmicas das respostas obtidas.

Por fim realizou-se uma sessão presencial com as empresas e entidades participantes, para apresentação de resultados e debate sobre as linhas de orientação que a UC deveria seguir para maximizar as relações que tem com as atuais e futuras partes interessadas.

Salientou-se que as competências comportamentais e técnicas que os empregadores procuram nos recém-licenciados coincidem, no geral, com as que as universidades desenvolvem atualmente, sendo também estas as principais competências de que os empregadores previam vir a necessitar nos anos seguintes.

Quanto à oferta formativa a privilegiar nos próximos anos, destacam-se a organização e gestão, as competências comportamentais e os cursos mais orientados para o mercado.

A reflexão dos empregadores salientou a imagem da UC, o estatuto reconhecido internacionalmente, a credibilidade, a qualidade do ensino e a maximização do potencial ao nível da formação dos estudantes. Foram ainda referidos aspetos relacionados com a necessidade de reforçar o nome e a imagem da Universidade de Coimbra não só ao nível nacional mas também ao nível internacional, com o objetivo de ser o centro de decisão no panorama nacional e ser uma referência no Ensino Superior ao nível internacional. Foram também referidos a importância de existir uma maior ligação da universidade e do corpo docente ao mundo empresarial, o fomento do ensino ao longo da vida e um enfoque não apenas nas aptidões técnicas mas também nas áreas comportamentais dos estudantes.

## Antigos estudantes

O envolvimento dos antigos estudantes contou com o importante contributo da Rede de Antigos Estudantes da Universidade de Coimbra (Rede UC) e foi efetuado através de um inquérito remetido aos inscritos nesta rede, tendo sido recebidas 2.175 respostas.

Pretendeu-se desta forma recolher contributos, enriquecendo a estratégia da UC nos pilares estratégicos de missão,. Suscitou-se, assim, a reflexão dos antigos estudantes com base na sua experiência pessoal de relacionamento com a UC e na sua experiência profissional, por forma a perceber quais as ações mais importantes para procurar uma melhor aproximação ao mercado de trabalho.

O inquérito foi constituído por quatro grupos de questões:

— Grupo I – identificação do curso frequentado na UC;
— Grupo II – competências que a Universidade proporcionou e as que deve proporcionar nos próximos anos;
— Grupo III – ações a desenvolver pela Universidade nos próximos anos;
— Grupo IV – dados sociodemográficos do inquirido.

A capacidade de adaptação ao mundo do trabalho e o espírito empreendedor foram consideradas como as competências mais importantes a desenvolver, e foram identificadas como principais competências percecionadas as científicas e a capacidade de relacionamento interpessoal. Como prioridade de ações a privilegiar nos próximos anos, foram salientadas a maior ligação ao meio e ao tecido empresarial e o maior incentivo ao empreendedorismo e/ou à incubação de empresas.

## Síntese

O quadro seguinte sintetiza o processo de gestão participativa desenvolvido na Universidade de Coimbra no âmbito do processo de planeamento, identificando as partes interessadas auscultadas, a forma como participaram no processo e as áreas onde se registou maior ou menor impacto da sua participação.

Identificam-se, neste quadro, algumas partes interessadas externas (como entidades da tutela ou a Agência de Avaliação e Acreditação do Ensino Superior), auscultadas através da realização de reuniões de trabalho com elementos da Equipa Reitoral.

# Tabela 3.2 Quadro síntese do processo de gestão participativa

| Partes interessadas | Planeamento Estratégico 2011-2015 Sessões, Reuniões e Inquéritos | Impacto Pilares Estratégicos | | | | Análise de contexto |
|---|---|---|---|---|---|---|
| | | I | E | TC | R | |
| Agência de Avaliação e Acreditação do Ensino Superior | Reunião de trabalho (abril 2011). | | | | | |
| Antigos estudantes | Inquérito sobre as competências adquiridas e a desenvolver na UC (agosto 2011). Contacto através de e-mail com divulgação dos resultados do inquérito e reforço à participação no processo de planeamento estratégico. | | | | | |
| Comunicação social | Análise sistemática de *clipping*. | | | | | |
| Direção de Unidades Orgânicas Unidades Orgânicas Serviços de Ação Social | Reuniões de trabalho: (08/04/2011; 19/04/2011; 04/05/2011; 20/05/2011, 07/07/2011; 07/09/2011); Reunião com os Diretores das Unidades Orgânicas não Faculdades (20/06/2011); Reunião com Presidente do Conselho Geral (07/07/2011). | | | | | |
| Docentes | Inquérito aos docentes com o objetivo de avaliar a disponibilidade para colaborar no processo de planeamento estratégico (abril 2011); Sessão de trabalho *Um dia pelo futuro da UC* (09/05/2011), seguida de inquérito à satisfação dos participantes. | | | | | |
| Empregadores [inclui entidades de intermediação de emprego e entidades de acolhimento de estágios] | Inquérito a um painel de 80 empregadores com relevância a nível nacional e na região Centro (julho a setembro); Sessão de trabalho *Um dia pelo futuro da UC* (14/09/2011). | | | | | |
| Entidades de Tutela | Reunião de trabalho com autoridades da Tutela (06/04/2011). | | | | | |
| Estudantes [com intervenção do Provedor do Estudante] | Sessão de trabalho *Um dia pelo futuro da UC* (19/05/2011), envolvendo estudantes membros dos órgãos de gestão da UC, dos núcleos de estudantes e da Associação Académica de Coimbra. Após a sessão foi aplicado um inquérito à satisfação dos participantes. | | | | | |
| Investigadores Investigadores responsáveis de projetos Unidades de I&D | Sessões de trabalho *Um dia pelo futuro da UC* com Centros e Unidades de Investigação (27/06/2011), Laboratórios Associados (28/06/2011), Associações Privadas Sem Fins Lucrativos (29/06/2011). | | | | | |
| Trabalhadores não docentes | Sessões de trabalho *Um dia pelo futuro da UC* (18/05/2011 e 01/07/2011). | | | | | |
| Órgãos de Governo | Reunião com Presidente do Conselho Geral (07/07/2011); Reunião com o Senado (04/05/2011); Envolvimento do Reitor e Equipa Reitoral em todo o processo de planeamento e em todas as sessões e reuniões promovidas neste âmbito. | | | | | |
| Unidades de Extensão Cultural e de Apoio à Formação | Reunião com os Diretores; Sessão de trabalho *Um dia pelo futuro da UC* (30/06/2011), seguida de inquérito à satisfação dos participantes. | | | | | |

I - Investigação, E - Ensino, TC - Transferência de Conhecimento, R - Recursos

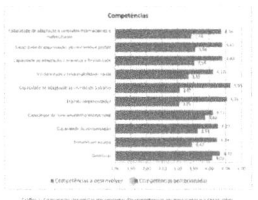

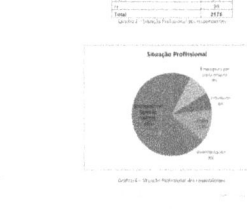

## passo 4: estabelecer objetivos e atingi-los – "para onde e como queremos ir?"

A formulação estratégica para cada pilar obedeceu a uma estrutura fixa, baseada na determinação de um objetivo que, para ser alcançado, pressupôs a definição de meta(s), de um conjunto de iniciativas estratégicas, de *key performance indicators* (*kpi*) e de ações.

Cada meta determina a posição quantificada que se pretende alcançar no final do período de referência (2011-2015), correspondendo à concretização da intenção definida pelo objetivo. A sua definição permite eliminar a subjetividade, reforçar o compromisso, identificar a ambição e fomentar a melhoria contínua.

Para alcançar a meta é necessário agir, com base na concretização das iniciativas estratégicas e na implementação das ações. As iniciativas estratégicas permitem, assim, traduzir o objetivo geral de cada pilar em objetivos mais concretos, sendo a sua realização o elemento fundamental para alcançar as metas. Para tal, foi necessário decompor as iniciativas em ações concretas a desenvolver, previstas no Plano de Ação.

Quanto aos indicadores de desempenho, devem permitir um efetivo acompanhamento do caminho percorrido e a medição dos resultados alcançados, obedecendo a sua seleção a um conjunto de requisitos. Para além de respeitar os princípios básicos – serem claros, específicos, verificáveis, relevantes, económicos e viáveis em termos de esforço de apuramento –, devem permitir a tomada de decisão pelos órgãos de governo e de gestão da Universidade de Coimbra, sendo selecionado um painel que assegure a cobertura de todos os pilares estratégicos. Devem também ser indicadores que contribuam para a avaliação externa da Universidade (por exemplo em *rankings*) e/ou para a comparação com outras instituições ou referenciais credíveis.

Os indicadores deverão ainda permitir vários patamares de avaliação. Desde logo, um primeiro conjunto de indicadores associados às metas dos pilares estratégicos, permitindo a avaliação da evolução geral da Universidade e que serão decisivos ao nível do Conselho Geral. O patamar institucional engloba já um conjunto mais alargado de indicadores, de segundo nível, abrangendo todos os constantes de um painel mais vasto, sendo fundamentais para o acompanhamento da implementação das iniciativas estratégicas.

É essencial clarificar conceitos, fórmulas de cálculo e periodicidades de obtenção, bem como os valores de partida, para o respetivo período de referência (ano, ano letivo, quinquénio, ), sendo de destacar que a existência de pontos de partida bem caracterizados é essencial. Naturalmente, as unidades definem, no âmbito dos seus Planos de Ação, os seus painéis específicos, de forma devidamente alinhada com os níveis superiores, dando origem aos patamares de avaliação inferiores.

A elaboração do painel dos principais indicadores de desempenho (*kpi*) teve ainda a preocupação de garantir a cobertura de todas as perspetivas estratégicas de *Balanced Scorecard* (organização, aprendizagem e desenvolvimento, económico-financeira, sociedade). No Plano Estratégico, tendo em conta a missão e os valores institucionais definidos e a visão que a Universidade de Coimbra se propôs alcançar, bem como as iniciativas estratégicas propostas, foi elaborado o mapeamento estratégico, como forma de apoiar a implementação da estratégia e o seu acompanhamento e avaliação. Esta metodologia permitiu apoiar o alinhamento não só de objetivos, mas também de recursos, energias e motivações, possibilitando a definição de ferramentas de acompanhamento e monitorização, de avaliação e de comunicação.

No mapeamento estratégico da UC, procurou garantir-se o equilíbrio da estratégia definida, evidenciando os objetivos estratégicos e o modo como se relacionam entre si nas diversas perspetivas e pilares de missão da Universidade de Coimbra, através de relações implícitas de causa-efeito e respeitando as quatro perspetivas de *Balanced Scorecard*. Apesar das diversas possibilidades de interligação entre os objetivos estratégicos, foram tidas em conta, na elaboração do mapa estratégico, as relações de impacto consideradas dominantes.

Na sequência das fases anteriores, e designadamente das auscultações efetuadas e de todos os contributos recebidos, procedeu-se à elaboração de uma primeira versão do Plano Estratégico. Atendendo ao modelo de gestão participativa e de envolvimento das partes interessadas definido para o processo de planeamento na Universidade de Coimbra, foi decidido disponibilizar esta primeira versão à comunidade, para discussão pública.

Figura 3.6 Bases para a discussão do Plano Estratégico da UC

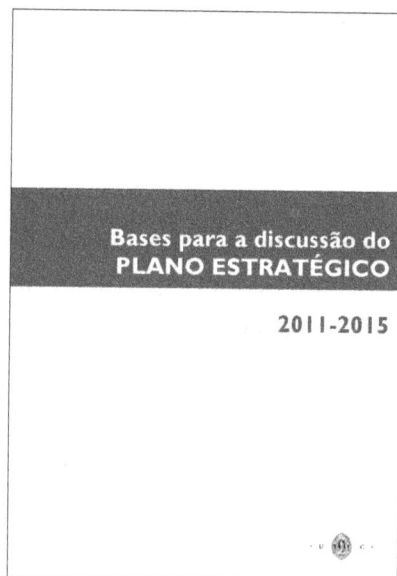

Este documento não incluía ainda as metas ou o plano de ação que viriam a ser posteriormente definidos. Mas continha já a parte mais substancial da estratégia delineada, contemplando um ponto de enquadramento do processo de planeamento, a apresentação da missão, dos valores e da visão, e a proposta de linhas de orientação estratégica, para todos os pilares (de missão e de recursos), propondo já os objetivos a alcançar.

Esta fase de discussão pública teve como objetivo principal recolher da comunidade académica a validação (ou não) das linhas de estratégia já definidas, nomeadamente no que respeita à integração dos contributos recebidos ao longo dos meses de auscultação junto das partes interessadas e à interpretação que foi feita desses mesmos contributos. Em simultâneo, permitiu recolher novos contributos, sugestões ou opiniões de todas as partes interessadas.

O documento "Bases para a Discussão do Plano Estratégico 2011--2015" foi disponibilizado na página da internet do processo de planeamento[69], sendo divulgado a toda a comunidade académica e a todos os participantes externos à UC ao longo do processo.

Obtiveram-se, nesta nova fase de interação com a comunidade, mais de trinta novos contributos, distribuídos pelos diversos pilares.

Esta fase do processo de planeamento foi de grande importância para a versão final do Plano Estratégico 2011-2015, não só pelo valor acrescentado, mas também por garantir o envolvimento de todas as pessoas associadas à Universidade de Coimbra, assegurando-se um processo inclusivo de participação alargada e a transparência de todo o processo.

## passo 5: desenvolver os planos – "como gerir expectativas e recursos?"

Outra das fases cruciais do processo de planeamento foi a seleção e definição do conjunto de ações mais importantes a contemplar no Plano de Ação, complemento natural do Plano Estratégico e parte integrante do que viria a constituir o documento final.

---

[69] www.uc.pt/planeamento

As ações determinam o caminho a tomar, indicando a intenção de agir em determinado sentido e definindo o que a instituição se propõe fazer para concretizar os objetivos estabelecidos. Têm assim, de certa forma, uma função delimitadora da direção estratégica.

Para o Plano de Ação da Universidade foram apenas consideradas as principais ações a desencadear pela Equipa Reitoral, no plano institucional, destinadas a concretizar as iniciativas estratégicas elencadas, sendo as ações de cada unidade consubstanciadas nos respetivos planos, a desenvolver no nível seguinte do processo de planeamento.

Através da análise detalhada do documento de partida, "*UC – Espaço de saber e iniciativa – programa de ação de João Gabriel Monteiro de Carvalho e Silva, candidato ao cargo de Reitor da Universidade de Coimbra*", foram extraídas as principais ideias, dando-se início à construção dos primeiros esboços do que viria a constituir o Quadro de Definição Estratégica e resultando também desde logo a identificação de uma lista de mais de 100 ações, organizadas por programas/atividades. Alargada a análise a outras fontes de informação, internas e externas, das mais variadas naturezas, foi-se procedendo à integração de novas ações nas matrizes de programas, atividades e ações resultantes do programa de ação de candidatura a Reitor. Desta forma, obteve-se uma primeira base de informação que serviu de suporte para os trabalhos das fases seguintes.

Neste âmbito foi, mais uma vez, fundamental a colaboração de todos os membros da comunidade académica. Como foi amplamente referido, existiu durante o processo de planeamento um esforço no sentido da transparência e do envolvimento de todas as partes interessadas. Os contributos, opiniões e sugestões recolhidos nos diversos momentos de auscultação, ao longo de todo o processo, foram tidos em conta e inseridos nas ações do Plano. Também a fase de discussão pública contribuiu com sucesso para a melhor definição de ações.

O processo de acompanhamento levado a cabo pela Equipa Reitoral e Diretores das unidades foi também de extrema importância, promovendo reuniões dedicadas exclusivamente à determinação de ações. Adicionalmente, aos Vice-Reitores foi solicitada a definição de ações tendo em conta as áreas de atuação que lhes estão atribuídas, procurando-se deste modo a responsabilização e comprometimento da gestão de topo.

Tendo um papel crucial na operacionalização e agilização de fatores que contribuam para o alcance dos objetivos propostos, as ações, ligadas às iniciativas estratégicas, têm de estar perfeitamente calendarizadas no tempo (período previsto para a sua concretização) e pressupõem a existência de um ou mais indicadores que permitam a avaliação da atividade desenvolvida e dos resultados alcançados.

Após a definição das ações procedeu-se à elaboração do documento final, o Plano Estratégico e de Ação 2011-2015, integrando todos os conteúdos elaborados e recolhidos ao longo do período do processo de planeamento, e cobrindo todas as suas fases, desde a análise de contexto à formulação estratégica.

O plano de ação institucional (correspondente ao primeiro nível de planeamento) integrou também a versão final do documento, cuja estrutura se pode resumir da seguinte forma:

| |
|---|
| **Nota de abertura** (Presidente do Conselho Geral) |
| **Razão de ser** (Reitor) |
| **Enquadramento** |
| **A nossa Missão** |
| **Os nossos Valores** |
| **A nossa Visão** |
| Análise de contexto |
| Formulação estratégica |
| As nossas Linhas de Orientação Estratégica |
|    Pilares de missão |
|    Pilares de recursos |
|    Síntese de metas |
| Avaliação estratégica |
| Indicadores de apoio à decisão |
| O ciclo de gestão: acompanhamento e monitorização |
| Principais ações de iniciativa reitoral |

Tabela 3.3 Índice do Plano Estratégico e de Ação 2011-2015

O Plano Estratégico e de Ação 2011-2015 foi aprovado pelo Conselho Geral da Universidade a 8 de outubro de 2011, sendo um documento interno da UC e reservado à comunidade académica. Contudo, dado a sua importância, optou-se pela criação e divulgação, na página da internet do processo de planeamento, de uma versão reduzida, o Plano Estratégico 2011-2015.

No mesmo sítio foi também disponibilizada uma versão pública em língua inglesa do documento Plano Estratégico 2011-2015.


## passo 6: implementar os planos – "como agimos de forma alinhada?"


### Acompanhamento Permanente

Uma das razões para o sucesso do processo de planeamento da Universidade de Coimbra foi o permanente envolvimento da gestão de topo. O processo foi dinamizado pelo Reitor e pela Equipa Reitoral, sendo acompanhado em permanência pelo Conselho Geral e pelo Senado, e resultando de um forte compromisso com os Diretores de todas as unidades (Faculdades e não Faculdades) e com os Administradores (da Universidade e dos Serviços de Ação Social), garante do alinhamento com as fases subsequentes do processo.

O processo foi permanentemente acompanhado por todos, quer através de reuniões regulares, quer através de contributos formais. As reuniões de acompanhamento regulares entre Equipa Reitoral e Diretores de unidades iniciaram-se a 8 de abril, com a reunião de arranque do processo, seguindo-se-lhe as diversas reuniões de ponto de situação, de apresentação de resultados e de reflexão e trabalho, o que permitiu ir validando e consolidando cada um dos passos anteriores.

Sempre que necessário as reuniões contaram ainda com a partilha de experiências de outras instituições, como foi o caso da participação de Pierre Espinasse, *senior advisor* no projeto *Full Costing* da *European University Association*, que apresentou o caso do processo de planeamento estratégico na Universidade de Oxford.

## Comunicação e Divulgação

Um Plano Estratégico apenas faz sentido se for amplamente conhecido e interiorizado pela comunidade académica, pelo que um processo de planeamento – ainda mais um processo baseado num modelo participativo –, pressupõe, desde o primeiro momento, uma forte componente comunicacional. A visão tem de ser, desde logo, partilhada por toda a comunidade universitária e comunicada aos parceiros externos, pois apenas disponibilizando toda a informação se poderá procurar garantir um efetivo envolvimento das partes interessadas. Mas essa comunicação tem de ser uma constante ao longo de todo o ciclo, pois a falta de comunicação em qualquer fase, desde a elaboração do plano até à sua implementação e avaliação, é uma das razões porque pode falhar um processo de planeamento.

Fazendo uso dos instrumentos de comunicação existentes na Universidade, e dada a necessidade de divulgar o processo de planeamento estratégico da UC, foi disponibilizado, desde o início do processo, o sítio do planeamento estratégico, suporte comunicacional de todo o processo de planeamento. Mais tarde foi também disponibilizada a sua versão em língua inglesa[70].

Numa primeira fase, o sítio apresentava toda a informação de contextualização do processo de planeamento, contendo informação relativa ao quadro de definição estratégica, visão da UC e linhas

---

[70] www.uc.pt/en/planning

orientadoras, iniciativas e documentos. A página foi sofrendo as adaptações e atualizações necessárias ao longo de todo o processo, sendo também o local por excelência para a recolha de sugestões e/ou contributos, de uma forma permanente durante todo o processo e mais intensivamente no período de discussão do documento "Bases para a Discussão do Plano Estratégico 2011-2015".

A divulgação via mensagem eletrónica ou através de mecanismos internos de comunicação (*newsletter*, por exemplo) foi outro dos instrumentos mais utilizados no decorrer de todo o processo de planeamento, adaptando-se o conteúdo da mensagem ao público--alvo, já que se optou por uma divulgação direcionada.

Todas as partes interessadas, independentemente da sua classificação nos diferentes referenciais, foram permanentemente chamadas a intervir, quer através de convite direto, quer através da ampla divulgação de iniciativas a partir do sítio e da televisão web da UC.

Seguindo a política de proximidade e envolvimento da comunidade académica em todo o processo, a Equipa Reitoral deslocou-se às várias Faculdades, Unidades Orgânicas não Faculdades, Unidades de Extensão Cultural e de Apoio à Formação, Administração e SASUC para apresentar o Plano em cada uma delas.

Realizaram-se, assim, 12 sessões de apresentação, com um duplo objetivo: por um lado, divulgar o Plano Estratégico e de Ação da Universidade de Coimbra 2011-2015; por outro, introduzir e explicar o segundo nível do processo de planeamento estratégico – definição da estratégia das Faculdades e respetivas iniciativas estratégicas, ações e objetivos, tendo sempre por base o Plano. Importa ainda referir que todas as sessões tiveram a mesma estrutura, estando sempre presente a Equipa Reitoral e a Direção da unidade onde se realizava a sessão. A finalizar cada sessão houve sempre um espaço dedicado ao debate e ao esclarecimento das dúvidas colocadas.

## Implementação da Estratégia

O processo de planeamento estratégico só pode ter sucesso se a estratégia for implementada. Embora esta seja uma constatação óbvia, a forma de cada instituição o fazer pode diferir e não pode ser descurada, devendo ser cuidadosamente preparada. Para colocar em prática a estratégia, a Universidade de Coimbra definiu o seu plano de ação, ou melhor, o conjunto dos seus planos de ação.

Após as sessões de divulgação do Plano e de arranque para o segundo nível do planeamento estratégico, deu-se início aos trabalhos de formulação dos planos de ação de cada unidade. O desafio colocado às Unidades Orgânicas – definir um Plano de Ação em pouco mais de um mês e meio – foi ultrapassado com sucesso por todas elas, num esforço conjunto, cumprindo-se assim o segundo nível do processo de planeamento estratégico da UC.

Todas as unidades foram autónomas na elaboração dos respetivos planos e iniciaram o processo de definição das suas linhas estratégicas, estabelecendo as suas próprias metas e formulando as principais ações a desencadear no período de 2011-2015, em alinhamento com a estratégia definida para a Universidade. Este processo de definição dos planos de ação consubstanciou-se em cinco fases:

— fase 1: assimilação do Plano Estratégico e de Ação da Universidade por parte dos responsáveis e da comunidade específica de cada unidade;

— fase 2: reflexão, por parte da comunidade de cada unidade, relativamente à sua estratégia;

— fase 3: construção das propostas de Plano de Ação, de forma alinhada com as metas, iniciativas e ações da Universidade;

— fase 4: conclusão e apresentação das propostas de Plano de Ação, em interação com a Equipa Reitoral, garantindo-se o alinhamento e a concertação entre todas as unidades;

— fase 5: apresentação do Plano de Ação consolidado da Universidade.

O plano de cada unidade consubstanciou-se na definição de um conjunto de ações, organizadas para dar resposta às iniciativas estratégicas institucionais de cada pilar, no âmbito da esfera de ação da respetiva unidade. Inerente ao mapeamento das ações, está a sua calendarização, a alocação de recursos a cada uma e a definição das respetivas responsabilidades.

Seguindo o princípio do alinhamento dos vários níveis de planeamento, as diferentes Unidades definiram também as ações a desenvolver internamente por cada subunidade/serviço para alcançar as metas a que a unidade se propôs. E dada a aproximação de um novo ciclo de avaliação do desempenho individual, foi recomendado que os objetivos individuais dos trabalhadores fossem definidos com base neste alinhamento.

A equipa de projeto dinamizou, sempre que necessário e solicitado, reuniões de apoio à formulação de iniciativas e ações estratégicas, bem como de metas. Realizaram-se reuniões com todas as unidades, que tiveram como principal objetivo o esclarecimento de eventuais dúvidas no processo, mas também o apoio na resolução de casos específicos de cada uma, num esforço para que a harmonização e o alinhamento da estratégia da Universidade se pautassem pelo maior rigor possível ao nível das iniciativas, das ações e das metas.

O Conselho Geral aprovou o conjunto de Planos de Ação de todas as unidades, uma vez propostos pelas Unidades e apresentados pelo Reitor, em reunião realizada a 12 de dezembro de 2011.

## passo 7: acompanhar e rever – "como monitorizamos, avaliamos e revemos o plano?"

A criação de uma cultura de acompanhamento permanente e avaliação regular da atividade, através de um processo regular de monitorização, é determinante. Traçado o caminho, é indispensável aferir a progressão e os desvios em relação aos objetivos definidos. A monitorização regular, por pilar estratégico, assume um papel crucial, permitindo avaliar o grau de cumprimento dos objetivos comparativamente às metas que se pretende alcançar. Dada a sua importância, foi desde logo explicitado no Plano Estratégico qual a forma e a periodicidade do acompanhamento a efetuar ao longo do ciclo.

Os indicadores de apoio à decisão possibilitam ao Conselho Geral acompanhar com uma regularidade semestral a tendência global de evolução do impacto das iniciativas estratégicas de cada pilar, sendo ainda reportado a este órgão, com a mesma periodicidade, o grau de concretização dos planos de ação da UC e das Unidades Orgânicas.

Este reporte, concretizado através dos relatórios de monitorização anuais e complementados por relatórios intermédios (referentes ao primeiro semestre de cada ano), fornece dados orientadores essenciais para a avaliação e para a tomada de decisão pelo Conselho Geral, pela Equipa Reitoral, pelos Diretores das unidades e pelos dirigentes dos serviços.

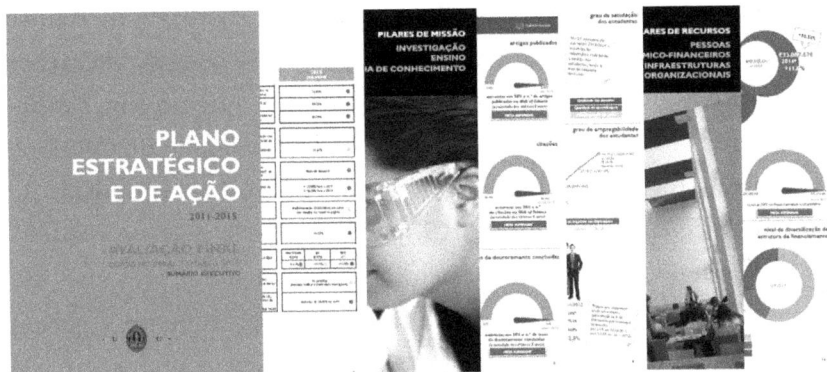

Por forma a garantir a plena integração do processo de planeamento no ciclo de gestão da instituição, foi incorporado anualmente no Relatório de Gestão e Contas da Universidade de Coimbra o essencial do relatório de monitorização de cada ano.

Para garantir que o sistema de monitorização não se restringe a um processo de medição, mas que nele está incorporada uma vertente dinâmica, foram integrados mecanismos de implementação de estratégias de melhoria contínua, conforme previsto no Quadro de Definição Estratégica. Assim, para além da adoção de eventuais ações preventivas consideradas relevantes, o processo de avaliação contempla a análise e sinalização de desvios face ao planeado e desencadeia ações corretivas, com acompanhamento da sua eficácia, de acordo com os princípios de garantia da qualidade e de melhoria contínua. Evitam-se, desta forma, falhas na avaliação, que acabam por impossibilitar o fecho do processo cíclico de planificação estratégica.

O processo de avaliação sai também enriquecido pela autoavaliação regular efetuada pelos responsáveis pela implementação da estratégia aos diversos níveis – da Universidade às unidades, subunidades e serviços.

A avaliação permite ainda aferir a permanente adequação entre as metas definidas, as iniciativas estratégicas e a evolução do meio envolvente. Tratando-se de um documento dinâmico e flexível, procede-se à revisão do Plano Estratégico e de Ação sempre que se mostre necessário, na sequência quer de desvios, quer de alterações significativas de contexto – interno ou externo– que possam ser determinantes na evolução da estratégia da Universidade de Coimbra, tendo o Reitor apresentado ao Conselho Geral duas propostas de revisão no quadriénio 2011-2015.

Pretendendo manter os princípios que estiveram presentes no processo de planeamento estratégico – designadamente a gestão participativa, a auscultação das partes interessadas e a transparência –, a Universidade mantém permanentemente abertos os canais de comunicação junto de toda a comunidade académica e da sociedade civil, transmitindo a evolução da implementação do Plano e permitindo, em simultâneo, a receção de sugestões de melhoria.


## Conclusão

Após a tomada de decisão quanto ao desenvolvimento de um processo de planeamento deu-se início a uma série de trabalhos, nomeadamente reuniões com os diferentes órgãos da UC. Incentivou-se o debate e surgiram as primeiras ideias e sugestões de um caminho que se previa longo.

Procurou-se o envolvimento de todos, através de um processo participativo, de comunicação e interação, integrando todas as partes interessadas, evidenciando a transparência e o rigor.

Elaborado o documento de Bases que serviu à discussão pública, foi igualmente fundamental o contributo das partes interessadas. Definidas as ações, procedeu-se à elaboração do documento final, que, depois de aprovado pelo Conselho Geral, mereceu ampla divulgação. Por forma a assegurar que os objetivos e metas são compridos na íntegra, seguem-se as fases previstas do ciclo: a implementação, a monitorização e a avaliação.

Com o Plano Estratégico, um inquestionável instrumento de apoio à decisão para a gestão de topo, a Universidade de Coimbra traçou o rumo – um rumo estrategicamente delineado, que contribuiu decisivamente para a sua afirmação como instituição europeia de referência.

## 3.2 Relatos de experiências

### 3.2.1 O Centro Pedagógico e Científico da Língua Portuguesa

[*Carlos Ascenso André*[71]]

### Contexto e enquadramento inicial

Importa, desde logo, proceder a uma leitura atenta da realidade do ensino do Português na China e da sua evolução ao longo do final do século XX e, em especial, ao longo da última década; essa leitura demonstra um considerável crescimento nos últimos anos, a todos os títulos surpreendente: em 6 ou 7 anos, o número de universidades que oferecem graduação em Português passou de 6 para 21 e o número de alunos de umas centenas para mais de 1500. Uma verdadeira explosão, portanto. E uma previsão sem excesso de otimismo permite antever que, nos próximos dez anos, haverá mais de dois mil estudantes universitários de português (dois mil e quinhentos, se contarmos Macau), mais de trinta universidades, mais de cento e cinquenta professores. Nesse contexto, Macau afirmava-se como uma plataforma importante no que toca à afirmação da lusofonia: tal condição era favorecida pela

---

[71] Professor da Faculdade de Letras da Universidade de Coimbra, presentemente em licença especial em Macau, onde é Coordenador do Centro Pedagógico e Científico da Língua Portuguesa do Instituto Politécnico de Macau.

sua história, com cinco séculos de administração portuguesa, pela sua posição geográfica, estrategicamente localizado numa das pontas do grande delta do Rio das Pérolas e com estreitas ligações a grande parte da Ásia, e pela opção política, assumida pelo governo chinês quando do processo de transição, de manter o Português como uma das línguas oficiais. Acresce, além disso, que o IPM possuía uma vasta tradição (cem anos) no ensino de línguas e da tradução, já que era herdeiro da Escola de Tradução, existente desde início do século XX e responsável pela formação de uma enorme geração de tradutores qualificados. A estes aspetos positivos juntavam-se dois outros, de sinal contrário, indiciadores de fragilidade, em resultado deste crescimento repentino: a deficiente formação de docentes qualificados e a insuficiência de recursos materiais e humanos.

## A decisão

Perante todas estas realidades, o IPM decidiu criar o Centro Pedagógico e Científico da Língua Portuguesa, o que aconteceu em novembro de 2012. O objetivo era aproveitar todos estes elementos favoráveis e potenciá-los, em ordem à afirmação da língua portuguesa e ao desempenho de um papel ativo na qualificação de recursos humanos docentes (formação contínua), em especial para a China continental, e de produção de materiais que pudessem ser úteis no ensino do Português na China.

## Desenvolvimentos relevantes

Em cerca de um ano, o CPCLP iniciou a sua instalação, do ponto de vista físico e do ponto de vista de recursos humanos. Foi dotado de um corpo mínimo de funcionárias administrativas (3) e de um Director/Coordenador, português, com larga experiência na gestão de projetos educativos no Ensino Superior, em Portugal. Desenvolveu o processo de recrutamento de docentes doutoradas (2), que iniciaram atividades no início do novo ano chinês, em fevereiro de 2014, número esse que, entretanto, se elevou a 5. Iniciou o diálogo com instituições universitárias da China continental onde o Português é ensinado, seja como formação específica, seja como formação subsidiária, por forma a desenhar modalidades de apoio e cooperação. Efetuou um inquérito aos docentes de Português na China continental, com vista a apurar: número de estudantes; número de docentes; tipo de formação dos docentes e suas nacionalidades; modelos de cooperação existentes; natureza dos cursos; necessidades mais prementes; enquadramento institucional dos cursos.

## Linhas estratégicas de actuação e projectos a curto prazo

Feita a análise dos resultados, partiu-se para a definição de modelos de cooperação. Projetaram-se visitas a todas as instituições para os anos de 2014 e 2015, que envolveram reuniões de trabalho e aulas lecionadas por professores portugueses e professores chineses do IPM. Conceberam-se acções de formação, concretizadas já no ano de 2014 e enquadráveis em âmbitos diversos: a) ações de formação para docentes dos ensinos básico e secundário em Macau; b) ações de formação para professores de instituições universitárias chinesas, traduzidas em cursos intensivos, lecionados nas férias de verão; c) pequenas ações nas próprias universidades da China continental. Estabeleceram-se laços de cooperação com instituições portuguesas e de outros países lusófonos, especialmente reforçados em colóquios internacionais (Conferência Internacional sobre a Língua Portuguesa no Mundo, em Lisboa, em outubro de 2013, Forum de Gestão do Ensino Superior dos Países e Regiões de Língua Portuguesa, em dezembro de 2013, em Recife e novembro de 2014, em Angola). Definiram-se projetos de investigação. Finalmente, estruturou-se um curso de pós-graduação numa instituição chinesa, em parceria entre o IPM, essa universidade da China continental e uma universidade portuguesa, eventualmente conducente a um curso de Mestrado.

## Primeiros resultados

Logo no primeiro ano de existência, o IPM conseguiu ter um retrato aproximado da situação do Português na China e produzir trabalhos apresentados em reuniões científicas internacionais. Assim, o CPCLP começou a projetar-se como: a plataforma de ligação do IPM ao mundo da lusofonia; o espaço de projetos de investigação da lusofonia no IPM; um centro de formação por excelência no caso do português.

O tempo decorrido desde a fundação não foi muito; menos, ainda, se se considerar que, depois da criação, o Centro apenas iniciou trabalhos após a chegada do Coordenador, em maio de 2013. Por isso, numa instituição com tão escasso tempo de existência e atividade e, mesmo assim, incipiente, os desafios em aberto e as ideias para o futuro estão, em si mesmos, contidos no que fica exposto.

### 3.2.2 Planeamento Estratégico da Faculdade de Medicina da Universidade Mandume Ya Ndemufayo

[*Ana Gerardo*[72]]

O processo de planeamento estratégico da Faculdade de Medicina é considerado um instrumento de trabalho que estabelece as prin-

---

[72] Decana da Faculdade de Medicina da Universidade Mandume-Ya-Ndemufayo, Lubango, Angola.

cipais linhas de projeção da nossa gestão universitária. O mesmo desenvolve-se sobre um pilar estratégico: a Excelência Académica e a Investigação Científica que a projeta num rumo de excelência, assumindo compromissos de avaliação e impacto de progressos alcançados.

Neste contexto, foram planificadas e realizadas um conjunto de iniciativas de acordo ao presente e futuro da Faculdade, que só se alcançarão com a exigência de maior qualidade na formação e investigação, para aumentar o desempenho de todos os docentes, discentes e pessoal administrativo.

## Enquadramento

As perspetivas da *Política Nacional de Saúde de Angola* até 2025 são "uma vida saudável para todos", num contexto de desenvolvimento nacional sustentável e de um sistema nacional de saúde que responda às expectativas da população, prestando cuidados de saúde de qualidade com equidade e com eficiência.

Neste sentido, a Faculdade de Medicina da UMN procura ser uma entidade de excelência na formação de licenciados em Medicina, com um corpo docente altamente qualificado, destinado a preparar profissionais competentes, para desenvolver ações integrais de saúde de qualidade orientadas ao cidadão, à família e à comunidade, pautando-se por uma elevada ética profissional e pela utilização dos mais altos conhecimentos científicos e técnicos.

## Desenvolvimentos relevantes do ponto de vista institucional e seu enquadramento no sistema de ensino

- Existência de um movimento de alunos/monitores devidamente regulamentado para o cumprimento de suas funções e objetivos.

- Primeira graduação dos licenciados em Medicina da Faculdade com uma eficiente retenção escolar.
- Existência de relações de cooperação e parceria com IES nacionais e estrangeiras e outras instituições afins.
- Existência e funcionamento de um regulamento do regime científico.
- Três projetos em fase de execução de tarefas, segundo cronograma:
    - Projeto Borboleta: caracterização de descapacitação óssea de duas famílias na Província do Cunene;
    - Projeto de Medicina Comunitária;
    - Projeto de Montagem de Laboratórios de Ensino.
- Realização das VI Jornadas Científico-Pedagógicas (2014).
- 1.º *Workshop* sobre Metodologia de Investigação Científica (2013).
- Estratégia de superação para docentes, técnicos administrativos e alunos/monitores.
- Cumprimento da estratégia de formação contínua pós-graduada: 63,6 % dos docentes são mestres, 1 professor em Mestrado, 2 em Doutoramento.
- Implementação de metodologias pedagógicas e didáticas inovadoras para dinâmica do processo docente-educativo.

Resultados atingidos e desafios em aberto:

- Ensino de qualidade em expansão nas diferentes áreas ou centros de saúde.
- Relação com os principais órgãos públicos, com a sociedade civil e com as instituições privadas.
- Capacitação contínua dos gestores da instituição.
- Melhoria da gestão das infraestruturas (salas de aula, laboratórios, biblioteca e equipamentos) da Faculdade.
- Melhoria da gestão das infraestruturas tecnológicas para gestão da informação da instituição.
- Criação do Centro de Investigação em Genética.

## Ideias para o futuro

- Criação de um cenário de transformação e desenvolvimento contínuo, que distinga os estudantes, os desenvolva e, sobretudo, os comprometa na busca de oportunidades internas e externas de forma a corresponderem aos atuais desafios que a modernidade e competitividade impõem na aprendizagem das Ciências Médicas.
- Adoção de uma postura crítica perante a Ciência e a Educação Médica, para a melhoria da qualidade dos serviços de Saúde a serem prestados pelos Médicos formados na Faculdade de Medicina da Universidade Mandume ya Ndemufayo.
- Conversão dos projetos científicos num instrumento de gestão útil e eficaz que dinamize o modo de atuar dos profissionais da Faculdade, bem como um meio de impacto para a sociedade.
- Formação de um corpo docente angolano, captando talentos a partir do movimento de alunos-monitores para responderem às necessidades funcionais da Faculdade de Medicina para o ensino e aprendizagem, bem como para a investigação científica e a gestão universitária.

## Processo do Planeamento Estratégico

Pilar estratégico: Excelência Académica e da Investigação Científica

- Garantir a articulação entre docência, assistência médica e investigação, sendo esta última o eixo na solução dos problemas nas diferentes áreas de atuação.
- Promover o processo de formação integral dos estudantes desde a captação, ingresso, formação por competências, desenvolvimento e impacto na sociedade.

- Assegurar e melhorar a formação continuada dos estudantes monitores como futuros professores da Faculdade de Medicina.
- Garantir a **responsabilidade** e **compromisso social dos estudantes** de acordo ao encargo da sociedade angolana, os diferentes Ministérios e Faculdade.
- Criar projetos de intervenção comunitária como elemento central do processo de aumento da qualidade da atenção médica de saúde.
- Reforçar os serviços de saúde prestados à família, população e comunidade como indicador de excelência de formação do médico.
- Promover a qualidade dos serviços prestados na biblioteca da Faculdade, através da dinamização de grupos de trabalho para estudo e apoio técnico.
- Promover a gestão de alianças de financiamento dos projetos de investigação de dimensão internacional, nacional e regional.
- Fomentar a articulação com outras unidades orgânicas e Centros de Investigação para garantir a formação académica continuada de pós-graduação dos profissionais da Faculdade.
- Reforçar as infraestruturas e equipamentos dos laboratórios para permitir a dinâmica do processo de ensino-aprendizagem das diferentes disciplinas.
- Promover um processo de captação e de desenvolvimento da reserva de quadros e científica da Faculdade.
- Aumentar a correspondência das investigações científicas com as demandas da sociedade.
- Aplicar o método clínico e epidemiológico na identificação e solução dos problemas de saúde nas pessoas, famílias, grupos e comunidade.
- Garantir o funcionamento dos laboratórios de ensino para elevar a efetividade e qualidade do processo docente-educativo.

### 3.2.3 Entrevista a Celina Maria Godinho (UNTL)[73]

*Quem está/esteve envolvido na elaboração do Plano Estratégico das Faculdades da Universidade Nacional Timor Lorosa'e (UNTL)?*

A elaboração do Plano Estratégico das Faculdades envolve as várias comunidades académicas, desde o Senado estudantil até ao próprio Senado da Universidade. De maneira muito resumida, organiza-se da seguinte forma: É elaborado um plano que depois é discutido pelos Senados estudantis de cada departamento bem como pelos docentes, segundo as necessidades dos próprios departamentos. De seguida, os responsáveis departamentais levam este plano ao Senado da Faculdade, sendo aí alvo de discussão e aprovação. Por fim, o Senado da Faculdade remete-o à Universidade para nova discussão e aprovação final.

*Existe algum modelo (ex. australiano) que seja utilizado como referência?*

Sim, de facto. Antigamente – ou seja, no início do programa da Universidade, no período 2000-2005 – existiam outros modelos, como o australiano, o indonésio, o português ou o brasileiro. Mas agora o plano é elaborado com base nas experiências passadas, quer dizer, assenta num processo de revisão das necessidades e características de cada Faculdade.

*Quem acompanha a monitorização do Plano?*

Normalmente – e sobretudo aquando da primeira vez – é o Reitor da Universidade, mas também é acompanhado pelos Senados das Faculdades, pelo decano das Faculdades, pelos Chefes de Departamento e pelos restantes intervenientes na sua implementação: docentes, estudantes e pessoal administrativo.

---

[73] Faculdade de Educação Artes e Humanidades, Universidade Nacional Timor Lorosa'e.

*O Ministério acompanha? Na Universidade quem tem essa responsabilidade? E nas Faculdades?*

Sim, o ministério acompanha efetivamente, até porque a UNTL é a única universidade pública no país.

*Quais as principais dificuldades para implementar o Plano Estratégico?*

Os fatores de maior dificuldade na implementação do Plano Estratégico da Universidade são os seguintes:

- A elaboração do orçamento, feito e organizado de forma muito centralizada na Universidade, o que dificulta bastante no momento de apresentar propostas. Em concreto, para realizar uma atividade, a proposta é feita no departamento, segue para o vice-decano responsável pela administração e finanças, segue para o Decano da Faculdade, que por sua vez encaminha para a Reitoria, para o serviço de administração e Finanças. É um processo burocrático e moroso.

- O sistema de *tender* existente em Timor Leste, mediante o qual, por exemplo, quando precisamos de comprar equipamentos para os laboratórios, a Universidade tem de analisar, pesquisar, fazer uma proposta e realizar um concurso com vários candidatos para selecionar um vencedor.

- O facto de, além do Reitor da Universidade, as decisões também serem tomadas pelo Ministro da Educação.

- A falta de recursos humanos, financeiros e de gestão e também ao nível das instalações.

- A distância aos países onde compramos preferencialmente alguns dos bens de que precisamos, por exemplo, livros ou outros materiais, por uma questão linguística (não só a Indonésia mas também Portugal e o Brasil).

- O facto de alguns recursos humanos ainda não cumprirem totalmente as regras do sistema da universidade – por exemplo o horário do trabalho, que é de 8 horas diárias.
- Pouca investigação científica por parte dos docentes, que desta forma não executam o orçamento aprovado pelo plano estratégico para a área da investigação.
- E, de forma geral, a falta de sala de aulas, de materiais didáticos e de outras infraestruturas e equipamento ao nível do ensino e da aprendizagem.

*Quais as principais vantagens na implementação do Plano Estratégico?*

As principais vantagens do Plano Estratégico residem em possibilitar maiores benefícios e condições para os vários atores da Universidade segundo as suas necessidades, além, claro, da enorme vantagem que é a garantia de que as atividades programadas se realizarão durante um período determinado pelo Plano. Pode dizer-se que se trata de "um regulamento assente em princípios de boa-fé", que tem de ser respeitado por todos os agentes envolvidos de forma a podermos alcançar um maior desenvolvimento e estabilizar princípios estruturantes da Universidade: princípio da igualdade, princípio da verdade académica, princípio da utilização das línguas oficiais, princípio da transparência financeira, princípio da honestidade intelectual e o princípio do respeito pela curiosidade científica.

*Acha que o Plano vai ser útil? De que forma?*

O Plano Estratégico da Universidade é sempre de uma grande utilidade e da maior importância, até porque permite desenvolver qualitativamente a universidade e de acordo com a sua visão no sentido de "um Centro de Excelência do Ensino Superior em Timor Leste". Tem ainda uma importante Missão até 2020: que a UNTL possa alcançar a excelência, através da vertente académica, da investigação e da relação com a comunidade, sendo, ao mesmo tempo, competitiva, para o que necessita de adotar práticas de nível mundial no Ensino Superior.

É, por isso, muito importante que a UNTL estabeleça o seu Plano Estratégico por forma a consolidar os seus VALORES, através de:

- Excelência;
- Criatividade e inovação;
- Transformação e aprendizagem contínua;
- Liderança;
- Colaboração e transparência;
- Responsabilização.

Assim sendo, o Plano Estratégico da Universidade é um procedimento de confiança por parte da própria instituição mas também um mecanismo para o exterior, nomeadamente para os *stakeholders* ou parceiros de outros países.

### 3.2.4 Análise SWOT do Ensino Superior Português

[GT2[74]]

### Introdução

Durante o ano de 2013 o GT2 focou a sua atividade na elaboração de uma análise SWOT do Ensino Superior Português (ESP),

---

[74] O Grupo da Qualidade para o Ensino Superior (GT2), um dos 3 grupos de trabalho da Comissão Setorial para a Educação e Formação (CS/11) do Sistema Português da Qualidade, elaborou em 2013 uma Análise SWOT do Ensino Superior Português. Para mais informação, *v.* http://www1.ipq.pt/PT/SPQ/ComissoesSectoriais/CS11/Pages/GT2-Ensino-Superior.aspx,

com o objetivo de desenvolver uma ferramenta de diagnóstico e avaliação do mesmo.

Numa primeira fase foi analisado o ambiente externo, com identificação das principais ameaças e oportunidades, e, numa segunda fase, desenvolvida uma análise das Instituições de Ensino Superior (IES) enquanto organizações complexas, com a identificação dos principais pontos fortes e pontos fracos. No final foi elaborada uma matriz de sugestões/ações, rica em iniciativas estratégicas orientadas para a redução do impacto das ameaças e pontos fracos, ao mesmo tempo potenciadoras das oportunidades e pontos fortes identificados.

A análise foi desenvolvida de acordo com um plano preestabelecido que incluiu várias sessões de trabalho do GT2, sessões alargadas aos membros da CS11, o lançamento de um inquérito aos estudantes com assento nos órgãos de gestão das IES representadas no GT2, duas sessões de reflexão com oradores convidados e um Encontro a nível nacional intitulado "Análise SWOT do Ensino Superior português: oportunidades, desafios, e estratégias de qualidade".

Os contributos dos participantes foram analisados e incluídos na matriz de ações e sugestões.


## Análise do Ambiente Externo

Com o objetivo de contextualizar o ESP, procuraram-se variáveis/informações económicas, demográficas, tecnológicas, político-legais e socioculturais, na perspetiva de passado recente, prospetiva de evolução a médio prazo e também tendências recentes que pudessem influenciar, positiva ou negativamente, o Ensino Superior Português.

Para a identificação das ameaças e oportunidades foram considerados:

- os principais indicadores de caraterização da população portuguesa em termos demográficos e o seu enquadramento no contexto da União Europeia a 27;
- informação relevante sobre a educação e a estrutura das qualificações dos portugueses, bem como a dimensão dos desafios que ainda se colocam relativamente às necessidades de melhoria dos seus níveis de qualificação;
- alguns dados sobre Investigação e Desenvolvimento;
- características do sistema de Ensino Superior em Portugal em termos de oferta e procura.

### Ameaças e oportunidades

| AMBIENTE EXTERNO | |
| --- | --- |
| OPORTUNIDADES | AMEAÇAS |
| Internacionalização | Tendência demográfica |
| Aprendizagem ao longo da vida | Incerteza dos perfis de competência futuros |
| Agenda 2020 | Indefinição do papel do Ensino Público e do Ensino Privado |
| Políticas de aumento da qualificação | Desvalorização atribuída ao diploma do Ensino Superior |
| Mercado dos PALOP | Ausência de políticas de gestão dos Recursos Humanos |
| Globalização e multiculturalismo | Aumento da concorrência entre IES sem regulamentação |
| Valorização pela sociedade das competências desenvolvidas – atitudes, comportamentos e valores | Importância dada aos *rankings* internacionais |
| Crescente papel dos movimentos de cidadania | Ausência de integração entre os ciclos de Ensino (Básico, Secundário, Superior) |
| Novas áreas científicas e interdisciplinaridade de saberes | Ausência de estratégia política para o Ensino Superior no país |
| Rede / Oferta do Ensino Superior em Portugal | Crise financeira generalizada |
| Aumento de competitividade entre IES | Modelo de Financiamento Público |
| Ensino Superior como motor de desenvolvimento | Incerteza na definição de critérios das entidades reguladoras |
| Desenvolvimento tecnológico | Divergência ensino/mercado |

| | |
|---|---|
| Novas formas de aprendizagem | Tendência de redução do financiamento público |
| Existência de uma entidade independente reguladora do Ensino Superior (seguindo os padrões internacionais em vigor) | Falta de cooperação entre as IES |
| Rede *alumni* | Apenas no Contexto das IES Privadas |
| Transferência de saber das IES para tecido empresarial | Lóbi muito forte das IES Públicas junto do poder político e da Comunidade Europeia |

## Análise do Ambiente Interno

### Pontos fortes e pontos fracos

| AMBIENTE INTERNO | |
|---|---|
| PONTOS FORTES | PONTOS FRACOS |
| Reconhecimento e reputação dos diplomados portugueses (Massa crítica de talento de classe mundial) | Escassez de mecanismos de remediação das competências dos estudantes à entrada |
| Maturidade das instituições | Pouca mobilidade dos docentes e discentes entre instituições |
| Reforma de Bolonha consolidada | Duplicação da oferta por um grande número de instituições |
| Qualidade reconhecida do Ensino Superior a nível nacional e internacional | Escassez de oferta de unidades curriculares em língua estrangeira |
| Prestígio da investigação | Envelhecimento do corpo docente |
| Diversidade de valências oferecidas | Dependência de financiamento nacional não competitivo |
| Participação crescente em redes nacionais e internacionais de investigação | Sistemas de informação insuficientes em áreas não tradicionais |
| Serviços de apoio social | Posição relativa nos *rankings* internacionais (na área da investigação) |
| Diversidade de perfis de formação | Rigidez do corpo docente |
| Património tangível e intangível | Rigidez dos *curricula* |
| Modelo de governação | Qualidade da comunicação |
| Oferta formativa para a requalificação de ativos | Isolamento de cada escola face às congéneres |
| Forte cooperação com o tecido empresarial e parceiros institucionais | Pouco investimento na ligação ao exterior |

| | |
|---|---|
| Habilitação dos estudantes para o exercício de uma profissão | Número insuficiente de investigadores a tempo integral |
| Qualidade do capital humano e tecnológico | Fraca investigação interdisciplinar |
| Diversificação da produção científica | Insuficiente aposta ao nível do *e-learning* (referenciais de Qualidade) |
| Prestação de serviços externos à comunidade | Ensino não fomenta criatividade e empreendedorismo |
| Credibilidade da gestão das IES portuguesas na prossecução da defesa do interesse público | Ecossistema não compatível com os existentes nos principais centros mundiais (em termos de investigadores, por exemplo) |
| IES consideradas força motriz para o desenvolvimento do país | Fraca promoção do domínio da língua nativa |
| Forte identificação dos estudantes com as instituições | Sistema de *hard accountability* (demasiado enfoque nos indicadores de *performance*) |
| Forte orientação para a prestação do serviço ao estudante | **Apenas no contexto das IES Privadas** |
| Maior orientação prática dos cursos e adequação dos perfis ao mercado | Falta de cultura de investigação |
| **Apenas no Contexto das IES Privadas** | Transferências do saber (existe espaço para melhoria, por exemplo no aumento da investigação aplicada) |
| Cultura de proximidade das instituições com os estudantes (relação professor--aluno e outros) | Desequilíbrio das áreas científicas da oferta formativa ("mais cursos de papel e lápis") |
| Flexibilidade de gestão e potencial de eficiência organizativa | Inexistência da carreira docente |

## Ações e Sugestões

Da análise SWOT resultou uma matriz de ações/sugestões, salientando-se uma grande ênfase na partilha de conhecimentos, na criação de parcerias e de redes de cooperação que permitam um maior aproveitamento dos recursos e o potenciar das sinergias.

Foram identificados 17 pontos fracos e 16 ameaças, destacando-se:

- a fraca mobilidade dos docentes e discentes entre instituições;
- a duplicação da oferta por um grande número de instituições;

- o isolamento de cada escola face às congéneres; e
- os problemas decorrentes da evolução demográfica e do contexto económico.

Na análise dos pontos fortes do ESP fica realçada:

- a maturidade e qualidade das IES portuguesas, reconhecida internacionalmente;
- a qualidade dos seus recursos;
- o prestígio da investigação;
- a qualidade dos diplomados; e
- a participação crescente em redes e a cooperação com o tecido empresarial.

Na análise do ambiente externo surgem como oportunidades:

- a internacionalização;
- o próximo QREN (Portugal 2020);
- a formação ao longo da vida;
- novas formas de aprendizagem (ex: *e-learning*);
- o desenvolvimento das redes *alumni*; e
- a transferência de saber das universidades e politécnicos para o mercado de trabalho.

Ao confrontar as ameaças com as oportunidades, surgiram como sugestões:

- a colaboração e cooperação externa, não só em países de língua portuguesa mas também em países emergentes;
- a colaboração interna/nacional entre IES; e
- a promoção de ofertas formativas com entidades parceiras internacionais.

Neste sentido, a globalização e o multiculturalismo são vistos, em estreita relação com a internacionalização, como uma área de crescimento e desenvolvimento do Ensino Superior.

Fomentar a articulação institucional entre a oferta de cursos por regiões e redefinir os tipos de interfaces das IES com a sociedade, criar um observatório do cidadão em rede para partilha e divulgação de boas práticas no âmbito da responsabilidade social, dar maior visibilidade e mais valorização à investigação que se faz, assegurar a transparência, equidade e rigor na gestão do ensino público e privado, diversificar e aumentar os serviços prestados à comunidade, capacitar os recursos humanos à necessária internacionalização, são outras das sugestões relevantes que surgem na sequência desta análise.

Foram tidas em conta as movimentações internacionais, os problemas e desafios de hoje, tais como a demografia, o emprego, o papel do Estado, a transparência, a regulação e a garantia de qualidade, a governança da rede de Ensino Superior, as funções dos órgãos de gestão, entre outras, sendo que as sugestões de melhoria refletem as atuais tendências, que cada vez mais apontam para a colaboração entre IES, empresas, entidades nacionais e internacionais, públicas e privadas.

## Matriz de ações e sugestões

| PONTOS FORTES | PONTOS FRACOS |
|---|---|
| Criar Observatório do Cidadão em Rede para partilha e divulgação de boas práticas na área da Responsabilidade Social | Abrir / Consolidar espaços curriculares para o desenvolvimento de competências transversais, incluindo competências de comunicação interpessoal e intercultural, empreendedorismo, trabalho em equipa e aprendizagem de línguas |
| Fortalecer oferta de Aprendizagem ao Longo da Vida, aproveitando parcerias, através de pequenos módulos não conferentes de grau | Criar programas atrativos de captação de mecenato (*fundraising*) |

| | | |
|---|---|---|
| **OPORTUNIDADES** | Criar redes entre as IES portuguesas e as dos Países e Regiões de Língua Oficial Portuguesa, com o objetivo de potenciar a sua cooperação (ex: formação de docentes; investigação; reconhecimento de graus) | Criar / Desenvolver programas de colaboração entre os estudantes e as IES que incentivem o desenvolvimento de atividades em projetos de investigação ou outras atividades |
| | Estabelecer critérios de atribuição de ECTS em atividades extracurriculares (ex.: voluntariado) | Dinamizar *workshops* com participação das IES para discutir políticas no sentido de encontrar um equilíbrio entre o domínio da língua portuguesa, a adoção do inglês como língua de instrução, e o desenvolvimento de competências em línguas estrangeiras |
| | Promover programas de investigação em parceria que visem a contratação de investigadores mais jovens, aproveitando a alta qualificação destes e incentivando a fidelização de cérebros ao Sistema de Ensino Superior português | Reforçar os programas de mobilidade internacional dos docentes, não docentes e discentes |
| | Promover projetos de intercâmbio de conhecimentos (técnicos e pedagógicos) entre o corpo docente (ex: observação de aulas por pares; colaboração em preparação das aulas) | Criar modelos de referenciais de qualidade para o ensino a distância (A3ES) |
| | Desenvolver o trabalho colaborativo entre IES, no sentido de contribuir para a autorregulação da rede, identificando forças e oportunidades e alianças existentes ao nível de projetos de investigação e de cooperação, oferta formativa, organização de planos curriculares e contratações | Potenciar o valor das redes de antigos estudantes para as IES |
| | Promover consórcios com empresas nacionais e internacionais na investigação aplicada em áreas de desenvolvimento (ex.: exploração de Gás Natural) | |

| | |
|---|---|
| Criar e desenvolver incubadoras | Promover encontros / *workshops* entre as várias IES para partilha de boas práticas (CS/11 – GT2, A3ES, CRUP, CCISP, APESP) |
| Criar um portfólio de serviços e oferta de formação direcionados para o meio empresarial | Criar plataforma de *e-learning* comum (partilha de tecnologia e capital humano) |
| Desenvolver estudos e envolver parceiros na construção dos *curricula* sobre as necessidades de mercado (empregabilidade) e apoiar a constituição dos *curricula* de alguns ciclos de estudos às mesmas | Reforçar o número de unidades curriculares lecionadas em inglês |
| Apostar na formação pós-graduada como forma de requalificar profissionais e desenvolver competências | Normalizar a filiação da produção científica (ex.: publicações) no sentido de valorizar a investigação no Ensino Superior |
| Diversificar e aumentar os serviços prestados à comunidade | Promover a aquisição de competências / atualização de necessidades específicas à entrada (ex: avaliação de competências específicas de cada curso à entrada no ES, cursos de verão, ano zero, criação de grupos de trabalho entre instituições de ligação à IES e escolas secundárias para promoção de iniciativas) |
| *Marketing* das IES portuguesas no mercado global – criar uma estratégia nacional | Assegurar transparência, equidade e rigor nos critérios de financiamento público |
| Aproveitar o potencial de mercados emergentes através da investigação e da língua portuguesa | Fomentar a articulação institucional entre a oferta de cursos por regiões (ex: criação de fóruns regionais de discussão da gestão de topo das IES) tendo em vista a criação de estratégias integradas |
| | Conjugar estratégias de recursos humanos com uma cultura de investigação de excelência |
| | Refletir / Redefinir as interfaces das IES com a sociedade |

AMEAÇAS

### 3.2.5 Universidade elabora Plano Estratégico pensando no futuro

[*Renata Reynaldo*[75]]

A elaboração do Plano Estratégico Institucional (PEI) 2013-2027, que define o posicionamento institucional da UFPE como universidade pública de qualidade e referenciada socialmente, e a implantação do novo modelo administrativo com o propósito de modernizar a racionalizar os processos da instituição, marcaram a ação da Pró--Reitoria de Planejamento, Orçamento e Finanças sob a gestão do Pró-reitor Hermano Perrelli de Moura.

O PEI, que aponta como missão da Universidade a geração de conhecimento científico para o desenvolvimento do Brasil, vislumbra como futuro o ano de 2027, que é quando a Faculdade de Direito do Recife (FDR), que se incorporou à Universidade em 1946, completa 200 anos. O documento está sendo elaborado a partir de consultas à comunidade acadêmica, que pode participar, desde abril deste ano, pelo endereço na web[76] ou pelo grupo UFPE 2027 do Facebook.

Para sistematizar essa participação, foram criados oito grupos de trabalho: Formação Acadêmica de Graduação e Pós-Graduação; Pesquisa, Inovação e Extensão; Desenvolvimento Estudantil; Gestão; Internacionalização; Gestão de Pessoas; Informação, Comunicação e TI; e Infraestrutura e Segurança. "Como outras ações associadas ao processo de planejamento estratégico, nascerão o Plano de Desenvolvimento Institucional, o novo Estatuto e o novo Regimento, o Plano Diretor dos nossos *campi* e o Instituto Futuro – a escola de estudos avançados da UFPE", afirma Hermano.

Outra ação que mobilizou esforços da equipe da Proplan no período, a implantação do novo modelo administrativo, tem o propósito de mo-

---

[75] Universidade Federal de Pernambuco

[76] www.ufpe.br/planejamento

dernizar e racionalizar as iniciativas da UFPE e atender à necessidade de adequar os processos de gestão da instituição à sua atual e complexa dimensão. Com a atuação conjunta das Pró-Reitorias de Gestão Administrativa (Progest) e de Gestão de Pessoas e Qualidade de Vida (Progepe), a iniciativa prevê principalmente a implantação de coordenadorias – de Biblioteca Setorial, Administrativa e de Infraestrutura, Finanças e Compras – em cada um dos 12 centros acadêmicos da UFPE, incluindo os *campi* de Caruaru e Vitória de Santo Antão.

Segundo Hermano Perrelli, a mudança promove um ajuste necessário na UFPE, "cujos indicadores atuais apontam um crescimento nos últimos 16 anos, sobretudo o número de operações administrativas, que cresceram na mesma proporção sem que tivesse havido uma equiparação no suporte tanto de pessoal quanto de infraestrutura na gestão".

A reformulação parte do princípio de que "não é mais cabível que todos os procedimentos de hoje convirjam para a mesma estrutura administrativa do passado", segundo Perrelli. "Precisamos diluir esses gargalos que se formam nos diversos setores da Reitoria, para dar maior agilidade e efetividade aos procedimentos de gestão", explica.

A definição e implantação de um processo (baseado no ciclo PDCA) de planejamento, execução e monitoramento de ações institucionais – Plano de Ação Institucional (PAI) – é outra iniciativa que objetiva melhorar a governança e o funcionamento da UFPE.

## Por quê o Plano Estratégico?

As Universidades constituem-se em instituições indispensáveis à geração do conhecimento e suas aplicações em prol da qualidade de vida dos povos. Todavia, sua relevância e contribuição a projetos de desenvolvimento nacionais depende das conjunturas e contextos políticos e institucionais. No Brasil, desde o Governo Lula, as Universidades Federais se fortaleceram e ampliaram sua capacidade de influência a todo o território nacional. Dois Programas foram relevantes: a interiorização das instituições, com a criação de novos *campi* no interior do país, e o Programa de Reestruturação das Universidades Brasileiras (Reuni), que permitiu a criação de novos cursos de graduação, novas edificações para laboratórios de pesquisa e salas de aula. Houve também a renovação do corpo de servidores técnicos e docentes. Em paralelo, a pós-graduação brasileira, sob a coordenação da CAPES/Ministério da Educação, cresceu e se qualificou. No triênio 2010-2012 foram avaliados mais de 3300 cursos de pós-graduação em todas as áreas do conhecimento.

Nesse contexto, as universidades federais enfrentam dois grandes desafios: atender as demandas sociais crescentes por mais vagas e superar os entraves burocráticos oriundos de uma legislação que impede o bom funcionamento da pesquisa e gera imensas dificuldades para a inovação. Daí a necessidade de um novo arcabouço jurídico e regulatório que, a partir da definição das missões, visão e prioridades acadêmicas, fortaleça as Universidades brasileiras, em sua dimensão nacional e internacional. Por isso, planejar o futuro e as próximas décadas é uma necessidade.

É nesse contexto que a Universidade Federal de Pernambuco (UFPE), uma das dez mais importantes instituições do Brasil, iniciou seu planejamento estratégico para 2027, quando faremos 200 anos, em referência á Faculdade de Direito do Recife (fundada em 1827), a primeira do Brasil, criada nos moldes da Universidade de Coimbra. Esse plano deverá ser apresentado no Conselho Universitário da instituição, de modo que descrevemos aqui sua missão, valores e eixos estratégicos, além do método utilizado.

## A UFPE hoje

A UFPE é uma das 63 instituições federais do Brasil ligadas ao Ministério da Educação. Ela se compõe de 12 centros acadêmicos, distribuídos em três *campi*, compondo 72 departamentos, 2.213 professores (dos quais 70% com doutorado e 80% em dedicação exclusiva), 4.134 servidores técnico-administrativos. O corpo discente é composto por 35.385 estudantes, dos quais 29.483 são de graduação (102 cursos) e 5.902 de pós-graduação (69 mestrados acadêmicos, 10 mestrados profissionais e 49 doutorados). É, portanto, uma das maiores e melhores Universidades do Brasil, conforme mostram os resultados da avaliação da pós-graduação feita pela CAPES/MEC recentemente, com sete Programas de perfil internacional, 18 programas muito bons, 26 bons, além de 12 regulares.

## Missão, visão e valores

A UFPE, instituição pública, tem como missão a formação de pessoas e a construção de conhecimentos e competências científicas e técnicas de referência mundial, segundo princípios éticos, culturais e sócio-ambientais. Ela almeja ser uma universidade de classe mundial, comprometida com a transformação e desenvolvimento da humanidade. Suas ações se baseiam em valores ligados à luta pelo desenvolvimento social inclusivo do Brasil, fomentando em seus estudantes princípios éticos, solidários, cooperativos, exercitando a criatividade e a ação integrada em equipes interdisciplinares.

## UFPE internacional

Para ser uma universidade de padrão internacional, a UFPE precisa atender pelo menos cinco requisitos: i) formar com qualidade seus estudantes na graduação e pós-graduação; ii) realizar pesquisa em áreas estratégicas para o Brasil e o contexto em que se insere; iii) atuar na Sociedade exercitando seu compromisso social; iv) ser reconhecida pelos seus pares através de processos de avaliação baseados no mérito; v) atuar junto aos seus egressos para que esses contribuam para o fortalecimento da instituição junto à Sociedade.

## Método do plano estartégico institucional PEI/UFPE-2013/2027

Como atingir essa missão nos próximos 15 anos? Sendo o PEI/UFPE uma proposta de referência para o futuro da instituição, seu processo de elaboração se pautou por ampla discussão com todos segmentos da comunidade universitária e com a Sociedade. Suas propostas deverão ser apreciadas, proximamente, pelo Conselho máximo da UFPE. A sua elaboração teve como princípios gerais um processo participativo, uma forte interação com o projeto do novo Estatuto da UFPE que está em andamento, a interação com o processo de avaliação institucional e o uso de sistemas sociais em redes. Sua elaboração teve as etapas seguintes:

### 1. Organização da equipe executora

Os trabalhos do PEI iniciaram em junho 2013, através de uma Portaria do Reitor que criou uma equipe composta por 17 professores, compondo o GAPE – Grupo de Apoio ao Planejamento Estratégico – e uma comissão gestora com quatro pessoas, sob a coordenação da Pró-Reitoria de Planejamento e da Secretaria de Gestão Estratégica. Além de nove grupos temáticos e duas comissões, de avaliação e consultiva. A comissão consultiva foi composta por 15 pessoas, que contribuíram, de forma presencial ou não, através de entrevistas, seminários, palestras.

## 2. Processo de planejamento

O processo de planejamento foi dividido em cinco fases:

Fase 1: Preparação

Criado o GAPE em 28.05.2013, foram definidos nove grupos temáticos: formação acadêmica de graduação e pós-graduação, pesquisa, inovação e extensão, desenvolvimento estudantil, gestão institucional, internacionalização, gestão de pessoas, informação, comunicação e tecnologias da informação, cultura.

Fase 2: Diagnóstico

Em paralelo aos grupos temáticos, foi elaborado um texto de referência da Visão de Futuro para a UFPE 2027, em uma oficina de 10 horas de trabalho, que contou com a participação de 41 pessoas da comunidade, incluindo gestores, docentes e técnicos. Foram consultados documentos de avaliação da UFPE, tais como relatórios de gestão para o Tribunal de Contas da União, do Programa de Reestruturação das Universidades Federais, da Comissão Própria de Avaliação. Também foi implantado o programa de comunicação para as redes sociais (facebook e blog), com vistas a: i) mobilizar a comunidade universitária para participar do debate sobre a UFPE do futuro; ii) disponibilizar uma plataforma de debates temáticos, aberta e transparente para subsidiar a construção do PEI; iii) desenvolver um modelo participativo no processo de construção dos documentos estratégicos.

Fase 3: Análise SWOT

Nessa fase foram identificados fatores críticos internos (forças e fraquezas), definidos a partir da avaliação institucional, e externos (oportunidades e ameaças), a partir do texto de referência sobre visão de futuro da UFPE. Em seguida foi construída a matriz de correlação de fatores internos e externos (SWOT) com a comunidade universitária. Daí saíram os desafios estratégicos para a instituição.

Fase 4: Definição da visão, missão e valores, construção do mapa estratégico e definição dos objetivos e ações estratégicas.

Fase 5: Síntese do PEI/UFPE 2013-2027 para submissão ao Conselho Universitário.

## 3. Declaração de Visão de Futuro

Texto elaborado a partir de palestras, entrevistas e seminários com a Comissão Consultiva. O seminário conclusivo teve duração de 10 horas e contou com a participação dos gestores da Universidade. O documento apresenta teses relativas à: i) posição da UFPE como instituição acadêmica (pública, multi-*campi*, internacional, cosmopolita); ii) formação acadêmica (modernos métodos de ensino e aprendizagem); iii) pesquisa e inovação (foco na geração do conhecimento e na avaliação); iv) extensão e cultura (compromisso social); v) gestão (estrutura organizacional flexível, não burocrática e ajustável a novas demandas); vi) recursos humanos (concursos baseados no mérito).

## 4. Diagnóstico e Matriz SWOT da Universidade

A força da UFPE resulta de vários indicadores, como credibilidade e tradição institucional, abrangência e quantidade dos cursos ofertados, capacidade de captação de recursos financeiros, competência do corpo funcional, qualidade da produção acadêmica, etc. As ameaças referem-se à comunicação deficiente, falta de cultura de avaliação, baixa capacidade de execução, visão acadêmica fragmentada, qualidade e manutenção dos espaços físicos e política de internacionalização insuficiente. As oportunidades referem-se à demanda crescente pela educação superior, ao posicionamento geográfico e cultural da UFPE e ao aumento da demanda por pesquisa e inovação. Como ameaças externas cite-se o processo de globalização e mercantilização do ensino e as deficiências do sistema educacional em todos os níveis, além da falta de autonomia na gestão da instituição, junto com o entorno e a mobilidade urbana deficiente (violência, energia, acessibilidade).

Pode, portanto, resumir-se a matriz SWOT em termos de ameaça sendo a "baixa capacidade de execução", enquanto a força da instituição está na "capacidade de captação de recursos financeiros e no quadro qualificado de docentes, discentes e técnicos administrativos".


## 5. Objetivos e ações estratégicas

Para atender a uma UFPE internacional de qualidade em 2027, os seguintes objetivos estratégicos se colocam:

- Tornar a UFPE uma das 100 melhores Universidades do mundo
- Consolidar e expandir a interiorização
- Implantar uma política de internacionalização
- Desenvolver a educação midiática
- Promover a expansão de cursos garantindo a qualidade
- Institucionalizar uma política de acompanhamento e redução de retenção e evasão na graduação
- Implantar um escritório de projetos para viabilizar a integração da Universidade com a Sociedade, dentro de um programa de extensão, cultura e inovação.
- Implantar uma política de avaliação (interna e externa)
- Redefinir a política de contratação de pessoal para garantir a excelência da instituição

486

- Ser referência na gestão e governança de tecnologia de informação e comunicação
- Aperfeiçoar o programa de capacitação de pessoal para garantir a excelência da instituição
- Oferecer condições de acesso, permanência e conclusão exitosa da formação acadêmica estudantil
- Ampliar, modernizar e manter a infraestrutura física
- Implantar sistemas integrados de informação e comunicação robustos e consistentes
- Assegurar recursos orçamentários necessários para implementação da estratégia.

## Elementos para uma conclusão provisória

Com o processo de planejamento estratégico da UFPE aqui apresentado e que se encontra em curso procurámos construir, através de mecanismos de participação (a construção do novo Estatuto é fundamental), uma cultura voltada para a formação profissional qualificada de seus recursos humanos. É essa qualificação que colocará a instituição em um patamar de referência internacional na pesquisa e na formação acadêmica. Para isso, a instituição deve se ancorar na qualidade de seus recursos humanos e na sua capacidade de interagir com a comunidade não universitária de modo a minimizar seus pontos fracos, ligados à burocratização e lentidão das ações e dispersão. Por isso, torna-se urgente a aquisição e implantação de novos mecanismos e procedimentos modernos de gerência administrativa. E planejar as ações para um futuro que já começou é uma necessidade, para que a instituição cumpra seu compromisso com a Sociedade, na busca por um mundo mais fraterno, justo e solidário.

### 3.2.6 Gestão participativa em uma equipe em formação: o caso do *campus* de Planaltina da Universidade de Brasília

[*Marcelo Bizerril*[77]]

A Faculdade UnB Planaltina (FUP) é um *campus*, criado em 2006, que teve a gestão do seu processo de implantação coordenada pelos professores e funcionários recém contratados, resultando em um rico exercício de planejamento participativo. Nesse capítulo consideramos que os bons índices de participação da comunidade acadêmica na gestão da FUP são resultantes do estabelecimento de uma *cultura de participação* e do fortalecimento de um sentimento de *pertencimento* à instituição. O desafio que se coloca atualmente para a FUP é manter a integração conquistada, com o passar do tempo e com o crescimento do *campus*.

### Descrição de caso

A Universidade de Brasília (UnB) foi fundada em 1961, associada ao processo de construção de Brasília, a nova capital do país. Em 2005 foi publicada uma proposta preliminar de expansão da universidade em três novos *campi*, a serem construídos em um raio de cerca de 50 km do *campus* central. O primeiro a ser inaugurado, em 2006, foi o *campus* de Planaltina, que é o tema desse estudo de caso.

O *campus* da UnB na cidade de Planaltina se chama Faculdade UnB Planaltina (FUP) e teve seus trabalhos iniciados em 2006, com apenas dez professores contratados e dois cursos de graduação em funcionamento. As contratações de novos professores, assim como as possibilidades de crescimento e abertura de novos cursos, foram

---

[77] Professor da Faculdade UnB Planaltina, Universidade de Brasília.

sendo concretizadas ao longo do tempo e não seguiram a proposta inicial publicada em 2005. Apenas ao final de 2007, a UnB pactuou com o Ministério da Educação metas concretas para a primeira etapa de crescimento do *campus*, que seriam a contratação de 100 professores e a abertura de 480 vagas anuais para novos estudantes. Ao fim do ano de 2008 foi eleita uma direção para o *campus*, com mandato de 4 anos para conduzir os trabalhos. Até então a direção do *campus* era *pro tempore*, e foi ocupada por três diferentes professores do próprio *campus*. O processo de instalação do *campus* é descrito em mais detalhes por Bizerril e Le Guerroué (2012).

Ao mesmo tempo em que a situação do *campus* se aproxima ao contrário do que é proposto nesse roteiro de planejamento, dada a falta de um planejamento estratégico adequado, o fato de a gestão ter sido relegada aos próprios professores e funcionários do novo *campus* possibilitou um rico exercício de planejamento participativo no processo de sua implantação.

Dado o grande aumento no número de novos *campi* no Brasil (assim como no mundo) nos últimos anos, cogitamos que a experiência da FUP faça parte de uma realidade menos incomum do que possa parecer.

Passados oito anos de existência, a FUP consolidou a etapa inicial pactuada com o Ministério da Educação, ofertando hoje cinco cursos de graduação, cinco mestrados e um doutorado, e abrigando 100 professores e cerca de 100 funcionários, atendendo a mais de 1300 estudantes. Considerando obras em andamento e as já concluídas, o *campus* aumentou em cerca de 10.000m$^2$ a sua área construída. Mais detalhes dos avanços e da estrutura do *campus* podem ser vistos em Bizerril e Le Guerroué (2012) e Bizerril (2013).

Tanto nos setores internos da Universidade de Brasília quanto nas relações com outras universidades, a FUP vem se destacando como um *campus* de configuração interdisciplinar e participativa, com reduzido número de instâncias deliberativas, mas com diversas possibilidades de participação nas decisões estratégicas do *campus*. O envolvimento do corpo docente e de funcionários na gestão do *campus* também é um aspecto de destaque. Assim, ainda que o esforço por motivar o envolvimento na gestão seja necessariamente constante, pode considerar-se que a FUP apresenta bons índices de participação, e esse fato se deve, sobretudo, a duas ações: o estabelecimento de uma *cultura de participação*, e o fortalecimento do sentimento de *pertencimento* à instituição.

Falamos aqui de uma *cultura de participação* porque o envolvimento não se dá de forma espontânea. Sabemos que o envolvimento das pessoas é imprescindível na gestão participativa e que essas, por sua vez, se incomodam com decisões tomadas pelos gestores sem terem sido ouvidas, no entanto é preciso existir canais de participação e, sobretudo, o desejo de participar.

A *cultura de participação* foi se definindo na FUP logo nos primeiros anos, quando se estabeleceu o hábito de convocar assembleias ampliadas, abertas a todos os interessados, sempre que surgia um tema polêmico ou de maior repercussão a ser discutido no âmbito da universidade. Isso ocorreu de tal modo que o Conselho da FUP, instância máxima deliberativa da Faculdade, passou a sugerir consultas mais ampliadas à comunidade acadêmica para diversas temáticas, antes de deliberar sobre elas. As consultas à comunidade também se dão pela lista de *e-mails* aos docentes e funcionários, ou ainda pelo site da FUP, quando se deseja a opinião dos estudantes.

No caso da FUP, a maioria dos professores e funcionários foi contratada ao longo do crescimento do *campus*. Uma ação positiva foi a direção receber pessoalmente cada um dos novos membros, apresentando o *campus* e convidando-os para serem agentes da sua construção. No caso dos professores, em seus planos de trabalho era pedido que incluíssem, além das intenções em termos de ensino e pesquisa, a disponibilidade para o envolvimento na gestão. No caso dos funcionários, foi deixado claro que cada um tinha responsabilidades pelos seus setores, assim como capacidade e conhecimento técnico para sugerir a melhor forma de organizar seu setor, tendo na direção o apoio institucional para o setor, ao invés de apenas um órgão de fiscalização.

Outras ações que promoveram e ampliaram as possibilidades de participar da gestão do *campus* foram:

- o aumento no número de coordenações e comissões ligadas às atividades da universidade;
- o facto de os Projetos Político-Pedagógicos dos cursos serem revistos e só terem suas versões definitivas com os cursos em andamento, com a participação dos novos professores;
- o estímulo ao envolvimento no Plano de Desenvolvimento Institucional (planejamento orçamentário quadrienal);
- a elaboração participativa, ao longo de um ano, do Projeto Político Pedagógico Institucional (PPPI), que incluiu consultas públicas, seminários, *workshops* e grupos de trabalho;
- as assembleias gerais ao início das atividades semestrais, com todos os professores e funcionários, para prestação de contas e planejamento coletivo;
- as assembleias gerais com os estudantes ao início de cada semestre, para apresentação das ações e propostas da gestão, e escuta das demandas estudantis.

Fica claro, no caso da FUP, que, uma vez estabelecida a cultura de participar, a regulação da prática participativa na gestão se dá pela própria comunidade, que passa a não permitir ser alijada das decisões mais importantes.

O *Pertencimento* tem sido amplamente discutido no Brasil em meio aos debates sobre educação ambiental e traz consigo a ideia de que, ao se sentir pertencente a uma comunidade e um lugar, o sujeito desenvolve os sentimentos de cuidado, confiança, identidade e responsabilidade, uma contraposição imediata à ideologia individualista da cultura capitalista moderna (Sá, 2005). Assim, foi feito na FUP um esforço em reduzir as possibilidades de subdivisões, evitando-se a criação de departamentos, e estabelecer espaços decisórios mais amplos, onde todos pudessem se sentir pertencentes e responsáveis por toda a universidade e não apenas a um curso ou departamento. Para evitar a disputa por recursos entre grupos é preciso que os sujeitos se reconheçam como parte do todo, e que conheçam e vivam os problemas dos outros, tratando-os como seus.

Finalmente, é importante destacar que a arquitetura do *campus* é um promotor da integração. No caso da FUP, professores dividem salas situadas em um único setor do *campus* e o almoço ocorre em grandes mesas, promovendo o encontro. Além disso, é comum a realização de confraternizações ao longo do ano, dentro e fora do espaço do *campus*.

A FUP é um caso emblemático da tentativa de implantação da gestão participativa no contexto da expansão das universidades públicas e aponta caminhos interessantes para as questões que se apresentam nessa situação, tais como: Como envolver as pessoas na execução de um planejamento de um *campus* se os planejadores forem pessoas externas e anteriores ao momento da instalação dos trabalhos?; Como fazer um planejamento participativo em um grupo ainda não consolidado?

O desafio que se coloca atualmente para a FUP é manter a integração conquistada, com o passar do tempo e com o crescimento do *campus*. Será preciso recriar continuamente formas de motivação para o envolvimento na gestão, a partir de desafios ao grupo e do fortalecimento da autoestima da comunidade acadêmica. A estrutura física e organizacional do *campus* também precisará ser cuidadosamente pensada nos momentos de expansão, para evitar o distanciamento entre as pessoas no dia a dia e nos processos de tomada de decisões.

A FUP assume a Gestão Democrática e Participativa como um princípio pedagógico, não restrito aos Conselhos e Fóruns de gestão, mas transversal às atividades de pesquisa, ensino e extensão. Para ser um local de formação de cidadãos, a universidade precisa ser um projeto coletivo, acima de interesses individuais ou de pequenos grupos, construído a partir da discussão. A discussão, por sua vez, abre espaço para conflitos que devem ser manejados para que não causem, com o tempo, rupturas e crises insuperáveis, comuns no meio acadêmico. No modelo democrático, gestões se sucederão em um grupo relativamente pequeno e que tenderão a conviver por muito tempo. Nesse contexto, a negociação, a persuasão e um certo nível de desprendimento são características essenciais à gestão.

## Referências bibliográficas

Bizerril, M. X. A. e Le Guerroué, J. L. (2012). FUP: a construção coletiva de um campus interdisciplinar. *In:* R. C. F. Saraiva e J. D. A. S. Diniz (orgs.), *Universidade de Brasília: trajetória da expansão nos 50 anos.* 1ª ed. Brasília: Decanato de Extensão, 23-30.

Bizerril, M. X. A. (2013). A estrutura acadêmica do campus da Universidade de Brasília em Planaltina-DF e seu potencial para a promoção do trabalho interdisciplinar. *In Atas da 3ª Conferência da FORGES – Política e gestão da Educação Superior nos países e regiões de língua portuguesa.* Lisboa: Universidade de Lisboa, 1-11.

Sá, L. M. (2005). Pertencimento. *In:* Brasil (DEA/MMA). *Encontros e caminhos: formação de educadores ambientais e coletivos educadores.* Brasília, 247-256.

Universidade de Brasília, Faculdade UnB Planaltina (2012). *Projeto Político Pedagógico Institucional da Faculdade UnB Planaltina.* Disponível em: http://www.fup. unb.br..

# BIBLIOGRAFIA

Alexander, E. R. (2000). Rationality Revisited: Planning Paradigms in a Post-
-Postmodernist Perspective. *Journal of Planning Education and Research*, 19,
242-256.

Altbach, P. G. (2001). Higher education and the WTO: Globalization runs amok.
*International Higher Education*, 23, 2-4.

Altbach, P. G. (2004). Globalisation and the university: Myths and realities in an
unequal world. *Tertiary Education and Management*, 10 (1), 3-25.

Altbach, P. G (2006). Who is paying for higher education – and why?, Spring 2002,
*International Higher Education: Reflections on Policy and Practice*, Center for
International Higher Education, Lynche School of Education, Boston College.
Consultado em http://www.bc.edu/cihe/, em junho de 2007.

Altbach, P. G. (2010). The realities of mass higher education in a globalized world.
*In* D. B. Johnstone *et al.* (eds.), *Higher education in a global society* (25-41).
Cheltenham (UK): Edward Elgar.

Amaral, A. e Magalhães, A. (2000). O conceito de *stakeholder* e o novo paradigma
do ensino superior, *Revista de Educação*, 13 (2), 7-28.

Amaral, A., Meek, V. L. e Larsen, I. M. (eds.) (2003). *The higher education managerial
revolution?* Dordrecht: Kluwer Academic Publishers.

Amaral, N. C. (2003). *Financiamento da educação superior: Estado X Mercado*. São
Paulo e Piracicaba: Cortez/Editora da Unimep.

Amaral, N. C. (2011). Hora da verdade para o financiamento da educação brasileira:
A visão dos 10% do PIB [em linha]. Assembleia Legislativa Brasileira. Consultado
em http://www2.camara.leg.br/atividade-legislativa/comissoes/comissoes-
-temporarias/especiais/54a-legislatura/pl-8035-10-plano-nacional-de-educacao/
arquivos/nelson-25.5.11 em 2014.

Ansoff, I. (1987). The emerging paradigm of strategic behavior. *Strategic Management
Journal*, 8 (6), 501-515.

Apps, J. W. (1988). *Higher education in a learning society*. San Francisco: Jossey-
-Bass.

Armacost, R., Pet-Armacost, J. e Wilson, A. (2004). Innovative integration of strategic
planning, benchmarking and assessment. *In 39th International Conference of
the Society for College and University Planning*, Miami Beach, Florida.

Austin, W. J. (2002). *Strategic planning for smart leadership*. Stillwater, OK: New
Forums Press.

Bacig, K. L. Z. (2002). *Participation and communication in strategic planning in higher education: A case study*. Unpublished doctoral dissertation, University of Minnesota, USA.

Badiou, A.S.P. (1999). *La fondation de l'universalisme*. Paris: Presses Universitaires de France.

Baldridge, J., Curtis, D., Ecker, G. e Riley, G. (1978). *Policy making and effective leadership*. Jossey-Bass Series, Higher Education Publishers.

Baldridge, J. V ., Julius, D. J. e Pfeffer, J. (2000). A memorandum from Machiavelli on the principled use of power in the academy. *In* A. M. Hoffman e R. W. Summers (eds.), *Managing colleges and universities: Issues for leadership*. Greenwood Publishing Group.

Banco Mundial (1995). *La enseñanza superior: Las lecciones derivadas de la experiencia*. Primeira Edição em Espanhol. Washington-DC: Banco Mundial.

Banco Mundial (2008). *Acelerando o passo. Educação terciária para crescimento económico na África Subsariana*. Washington, D.C.

Barnett, R. (2000). University knowledge in an age of supercomplexity. *Higher Education*, 40 (4), 409–422.

Barney, J. B. (2001). Is the resource-based theory a useful perspective for strategic management research? Yes. *Academy of Management Review*, 26 (1), 41-56.

Barr, N. (2004). Higher education funding. *Oxford Review of Economic Policy*, 20 (2), 264-283.

Barry. B. W. (1998). A beginner's guide to strategic planning. *The Futurist*, 32 (3), 33-36.

Bastos, A., Gondim, S. e Loiola, E. (2004). Aprendizagem organizacional *versus* organizações que aprendem: características e desafios que cercam essas duas abordagens de pesquisa. *RAUSP*, 39 (3), 220–230.

Batista, P. N. (1994). O consenso de Washington: A visão neoliberal dos problemas latino-americanos. *In* B. Lima Sobrinho *et al.*, *Em defesa do interesse nacional: desinformação e alienação do patrimônio público*. São Paulo: Paz e Terra.

Becher, T. e Trowler, P. (2001). *Academic tribes and territories*. SRHE & Open University Press.

Becker, G. (1993). *Human capital – A theoretical and empirical analysis with special reference to education* (3$^{rd}$ ed.). Chicago: The University of Chicago Press (1$^{st}$ ed. 1964).

Beelen, J. (2011). Internationalisation at home in a global perspective. [em linha]. *Revista De Universidad Y Sociedad Del Conocimiento* (RUSC), 8 (2), 249–264.

Birnbaum, R. (1988). *How colleges work: The cybernetics of academic organizations and leadership*. San Francisco: Jossey-Bass.

Bizerril, M. X. A. (2013). A estrutura acadêmica do campus da Universidade de Brasília em Planaltina-DF e seu potencial para a promoção do trabalho interdisciplinar. *In Atas da 3ª Conferência da FORGES – Política e gestão da Educação Superior nos países e regiões de língua portuguesa*. Lisboa: Universidade de Lisboa (1-11).

Bizerril, M. X. A.. e Le Guerroué, J. L. (2012). FUP: a construção coletiva de um campus interdisciplinar. *In* R. C. F. Saraiva e J. D. A. S. Diniz (orgs.), *Universidade de Brasília: trajetória da expansão nos 50 anos* (23-30). 1ª ed. Brasília: Decanato de Extensão.

Boarini, R. e Strauss, R. H. (2010). What is the private return to tertiary education? New evidence from 21 OECD countries. *OECD Journal of Economics Studies.*

Bok, D. (2003). *Universities in the marketplace: the commercialization of higher education.* Princeton University Press.

Bolton, A. (2000). Managing the academic unit. *Managing Universities and Colleges: Guides to Good Practice.* Buckingham: Open University Press.

Bolton, D. e Nie, R. (2010). Creating value in transnational higher education: the role of stakeholder management. *Academy of Management Learning & Education,* 9 (4), 701-714.

Brabandere, L. (2007). *The forgotten half of change (Achieving greater creativity through changes in perception).* Kaplan.

Braga, T. (1892-1902). *História da Universidade de Coimbra nas suas relações com a instrução pública portuguesa* (4 vols). Lisboa: Tip. da Academia Real das Ciências.

IBGE – Instituto Brasileiro de Geografia e Estatística (2008). Projeção da População do Brasil por sexo e idade: 1980-2050 – Revisão 2008.

Braun, D. e Merrien, F. (eds.) (1999). Towards a new model of governance for universities? A comparative view. *Higher Education Policy Series,* 53.

Bryson, J. M. (1988). *Strategic planning for public and nonprofit organizations: A guide to strengthening and sustaining organizational achievement.* San Francisco: Jossey-Bass.

Bryson, J. M. e Alston, F. K. (1996). *Creating and implementing your strategic plan: a workbook for public and non-profit organizations.* San Francisco: Jossey-Bass.

Bryson, J. M., Berry, F. S. e Yang, K. (2010). The state of public strategic management research: a selective literature review and set of future directions. *American Review of Public Administration,* 40 (5), 495–521.

Buza, A. G. (2012). Por um ensino superior de qualidade nos países e regiões de língua portuguesa. *In Atas 2ª Conferência FORGES,* Instituto Politécnico de Macau, 6, 7 e 8 de novembro de 2012.

Calhoun, H., Meyer, M. e Scott, W. (eds.) (1990). Structures of power and constraint. *Papers in Honour of Peter M. Blau.* Cambridge, MA: Cambridge University Press.

Cameron, K. S. (1983). Strategic responses to conditions of decline. *Journal of Higher Education,* 54.

Cameron, K. S. e Tschirhart, M. (1992). Postindustrial environments and organizational effectiveness in colleges and universities. *Journal of Higher of Education,* 63.

Cao, Z. e Zhangh, X. (2009). On the strategic management of colleges and universities [em linha]. pp. 359-363. Consultado em http://www.seiofbluemountain.com/upload/product/200909/2009jyhy02a31.pdf em 26 de junho de 2012.

Cardoso, L. (1997). *Gestão estratégica das organizações – Ao encontro do 3° milénio* (2ª ed.). Lisboa: Editorial Verbo.

Carrigan, D. (1980). An appropriate structure for governing institutions of higher education. *International Journal of Institutional Management in Higher Education,* 4 (2), 121-129.

Carvalho, P. (2012). Evolução e crescimento do ensino superior em Angola. *Revista Angolana de Sociologia*, 9, 51-58.

Cecilio, L. C. O. (2001). Pensando o planejamento na universidade. Revista de Administração de Empresas, 8 (2), 2-7.

Cerdeira, L. (2003). O financiamento do ensino superior português – A experiência de aplicação de uma fórmula (1994/2003). *XIII Colóquio da Secção Portuguesa da AFIRSE*, Lisboa.

Cerdeira, L. (2009). *O financiamento do ensino superior português: A partilha de custos*. Coimbra: Almedina.

Chaffee, E. E. (1985). The concept of strategy: From business to higher education. *In* J. C. Smart (ed.), *Higher education: Handbook of theory and research*, I (133--172). Nova Iorque: Agathon Press.

Chaffee, E. E. (1987). Organizational concept underlying governance and administration. *In* M. Peterson (ed.), *Key resources on higher education governance, management and leadership*. San Francisco: Jossey-Bass.

Chang, L. (2014). International student mobility trends 2014. *World Education News & Reviews*. Consultado em http://wenr.wes.org/2014/03/international-student-mobility--trends-2014-the-upward-momentum-of-stem-fields/ em 31 de março de 2015.

Chapleo, C. e Simms, C. (2010). Stakeholder analysis in higher education A case study of the University of Portsmouth. *Perspectives: Policy and Practice in Higher Education*, 14 (1), 12-20.

Chauí, M. (1999). A universidade operacional. *Revista Avaliação*. Separata CIPEDES – Centro Interdisciplinar de Pesquisa para o Desenvolvimento da Educação Superior, 4 (3), 13.

Clark, B. (1983). *The higher education system: Academic organization in cross--national perspective*. Berkley & Los Angeles: University of California Press.

Clark, B. (1996). Diversification of higher education: viability and change. *In* Meek *et al.* (eds.), *The Mockers and Mocked: Comparative perspectives on differentiation, convergence and diversity in higher education* (16-25). Oxford: Pergamon.

Clark, B. (1997). The entrepreneurial university: demand and response. *In 19th Annual EAIR Forum*, University of Warwick (August).

Clark, B. (1998). *Creating entrepreneurial universities: Organizational pathways of transformation*. Oxford: IAU Press-Issues in Higher Education, Pergamon.

Clark, B. (2001). The entrepreneurial university: New foundations for collegiality, autonomy and achievements. *Higher Education Management*, 13 (2), 9-24.

Clark, B. (2003). Sustaining change in universities: Continuities in case studies and concepts. *Tertiary Education and Management*, 9, 99-116.

Clark, B. (2006). Sustentabilidade de mudanças nas universidades: Continuidades em estudos de casos e conceitos. *Avaliação, Rede de Avaliação Institucional*. RAIES, 11 (1), 9-28.

CNE – Fórum Nacional de Educação Superior (2009). *Documento referência para o Fórum Nacional de Educação Superior*. Brasília.

Cohen, M. e March, J. (1974). *Leadership and ambiguity: The American college president*. (1986-2.ª ed.). Nova Iorque: McGraw-Hill.

Cohen, M., March, J. e Olsen, J. (1972). A garbage can model of organizational choice. *Administrative Science Quarterly*, 17, 1-25.

Comissão Europeia (2013). *O ensino superior europeu no mundo*. Bruxelas: Comissão Europeia.

Comte, A. (1851). *Système de politique positive ou traite de Sociologie, instituant la religion de l'humanité*. Paris: Librairie Scientifique Industrieller de L.Mathias.

*Conferencia en el Instituto Canario de Calidad*. (2001). Barcelona: Ariel.

Conferência Mundial de Educação Superior. (2009). Paris: UNESCO.

Conselho Nacional de Educação (2012). *Estado da Educação 2012. Autonomia e Descentralização*. Lisboa. Consultado em http://www.crup.pt/images/Estado_da_Educao_2012.pdf

Cope, R.G. (1987). *Opportunity from strength: Strategic planning clarified with case examples*. Report No. 8. Washington, DC: ASHE-ERIC.

Costa, A. F. e Caetano, A. (2011). *Empréstimos com garantia mútua a estudantes do ensino superior: Análise do inquérito de 2011 e comparação com o inquérito de 2009*. CIES-IUL.

Costa, J. (2001). *A Universidade no seu labirinto*. Lisboa: Editorial Caminho.

Coutinho, D., Almeida-Filho, N. e Castiel, L. D. (2011). Epistemologia da epidemiologia. *In* Naomar Almeida-Filho e M. Barreto. (orgs.). *Epidemiologia & Saúde: Fundamentos, Métodos, Aplicações* (29-42). Rio de Janeiro: Guanabara Koogan.

Cunha, M. R. (2011). *Gestão estratégica de IES: Modelos e funções do planejamento estratégico em universidades públicas e privadas de Palmas-Tocantins*. Dissertação de Mestrado em Educação do Curso de Ciência da Educação, Universidade Lusófona de Humanidades e Tecnologias.

Davoudi, S. e Porter, L. (2012). The Politics of Resilience for Planning: A Cautionary Note. *Planning Theory & Practice*, 13 (2), 299–333.

De Wit, H. (ed.). (2013b). *An introduction to higher education internationalisation*. Centre For Higher Education Internationalisation. Milan: Università Cattolica Del Sacro Cuore.

Dennet, D. (1995). *Darwin's dangerous idea: Evolution and the meanings of life*. Nova Iorque: Penguin Press.

Direção-Geral de Estatísticas da Educação e Ciência (DGEEC), Direção de Serviços de Estatísticas da Educação (DSEE) (agosto 2013). *Estatísticas da Educação 2011/2012* Consultado em: http://www.dgeec.mec.pt/np4/np4/96/%7B$clientServletPath%7D/?newsId=145&fileName=EEF2012.pdf

Direção-Geral de Estatísticas da Educação e Ciência (DGEEC), Direção de Serviços de Estatísticas da Educação (DSEE) (setembro 2013) *Perfil do Aluno 2011/2012* Consultado em: http://www.dgeec.mec.pt/np4/218/%7B$clientServletPath%7D/?newsId=308&fileName=PERFIL_DO_ALUNO_1112.pdf

Direção-Geral do Ensino Superior (DGES) (2010). *Acesso ao ensino superior: Dez anos de concurso nacional 2000-2009*. Direcção Geral do Ensino Superior.

Donaldson, T. e Preston, L. E. (1995). The stakeholder theory of the corporation: Concepts, evidence, and implications. *Academy of Management Review*, 20 (1), 65-91.

Dooris, M. J. (2003). Two decades of strategic planning. *Planning for Higher Education*, 31, 26-32.

Duke, C. (1992). *The learning university: Towards a new paradigm?* Buckingham, England; Philadelphia: Society for Research into Higher Education & Open University Press.

Earl, S., Carden, F. e Smutylo, T. (2001). *Outcome mapping – Building learning and reflection into development programs.* Ottawa: International Development Research Centre (IDRC).

*Educação em números: Portugal 2008.* GEPE – Gabinete de Estatística e Planeamento da Educação, Ministério da Educação.

Enderud, H. (1980). Administrative leadership in organised anarchies. *International Journal of Institutional Management in Higher Education*, 4 (3), 235-253.

Eraydin, A. (2013). "Resilience Thinking" for Planning. *In* A. Eraydin e T. Taşan-Kok (eds.), *Resilience Thinking in Urban Planning.* Dordrecht: Springer, 17–38.

ESIB – The National Unions of Students in Europe (2005). Bologna with student eyes, Bologna analysis. *The National Unions of Students in Europe Web site* em http://www.ond.vlaanderen.be/hogeronderwijs/bologna/documents/Bolognastudenteyes2005.pdf.

Estermann, T. (2014). University autonomy and institutional governance. *Director Governance, Funding & Public Policy Development – ATHENA Training Seminar.* Coimbra: European University Association, 3-4 de novembro.

EUA.CIA. The World Factbook (2010). Consultado em https://www.cia.gov/library/publications/the-world-factbook/geos/us.html

EUROSTAT (database). Consultado em http://ec.europa.eu/eurostat/data/database

Eurydice (2008). *A governança do ensino superior na Europa.* Lisboa: Unidade Portuguesa. Editorial do Ministério da Educação. [em linha] em http://eacea.ec.europa.eu/education/eurydice/documents/thematic_reports/091PT.pdf

Eurydice (2011). *Modernisation of higher education in Europe: Funding and the social dimension.* Consultado em http://eacea.ec.europa.eu/education/eurydice/documents/thematic_reports/131EN.pdf

Eurydice (2014). *Modernização do ensino superior na Europa: Acesso, retenção e empregabilidade.* Consultado em http://eacea.ec.europa.eu/education/eurydice/documents/thematic_reports/165PT.pdf

Eurydice (2014). *National student fees and support systems 2013/2014.*

Experton, W. (1996). Financiamiento de la enseñanza superior. *In* J. A. Delfino e H. R. Gertel (eds.) *Nuevas direcciones en el financiamiento de la educación superior: Modelos de asignación del aporte publico.* Buenos Aires: Ministerio de Cultura y Educación.

Fernandes, J. (2006). Trends in international student mobility: A study of the relationship between the UK and China and the Chinese student experience in the UK. *Scottish Educational Review*, 38 (2).

Ferrante, R., Hayman, J. Jr., Carlson, M.S. e Phillips, H. (1988). Planning for microcomputers in higher education: Strategies for the next generation. *ASHEERIC.* Washington, DC: The George Washington University. *Higher Education Report*, 7.

Fielden, J. (2008). *Global trends in university governance.* Washington: The World Bank.

Finnie, R., Usher, A. e Vossensteyn, H. (2004). *Meeting the need: A new architecture for Canada's student financial aid system* [em linha]. Consultado em http://jdi. econ.queensu.ca/Files/Conferences/PSEconferencepapers/Finnieconference paper.pdf

Florida, R. e Tinagli, I. (2004). *Europe in the creative age*. February. Funding by the Alfred P. Sloan Foundation. Co-Published in Europe with DEMOS. Consultado em http://www.demos.co.uk/files/EuropeintheCreativeAge2004.pdf

Fonseca, M. e Encarnação, S. (2012) *O sistema de ensino superior em Portugal em mapas e números*. A3ES Readings. Consultado em http://www.a3es.pt/sites/ default/files/R4_MAPAS&Nos.pdf

Freeman, C. (1995). The national system of innovation in historical perspective. *Cambridge Journal of Economics*, 19, 5–24.

Freeman, R. E. (1984). *Strategic management: A stakeholder approach*. Cambridge: MA Cambridge University Press.

Freeman, R. E. (1994). The politics of stakeholder theory: some future directions. *Business Etchics Quarterly*, 4, 409-421.

Freire, Adriano (1997). *Estratégia – Sucesso em Portugal*. Lisboa: Editorial Verbo

Freud, Sigmund. El mecanismo psíquico de los fenómenos histéricos (comunicación preliminar). Estudios sobre la histeria. *In Obras Completas de Sigmund Freud (Tomo I)*. Trad. Luis Lopez-Ballesteros y de Torres. Madrid: Biblioteca Nueva, 1973 [1893-5].

Fried, J. (2006). Higher education governance in Europe; autonomy, ownership and accountability – A review of the literature. *In* Kohler e Huber (eds.), *Higher education governance between democratic culture, academic aspirations and market forces*. Council of Europe Higher Education Series, No. 5.

Gaebel, M. (2013). EUA Occasional Papers – MOOCs, Massive Open Online Courses. Consultado em http://www.eua.be/publications/eua-reports-studies-and-occasional- -papers.aspx ?

Gell-Mann, M. (1994). Complex adaptive systems. *In* G. A. Cowan, D. Pines, e D. Meltzer (eds.), *Complexity: Metaphors, models, and reality* (17-45), Santa Fe Institute Studies in the Sciences of Complexity, Proc. Vo. XIX (Reading, MA: Addison-Wesley).

Gibbons, M. (1998). Higher education relevance in the 21st Century. *UNESCO World Conference on Higher Education*. Paris: World Bank.

Gibbons, M., Limoges, C., Nowotny, H., Schwartzman, S., Scott, P., e Trow, M. (1994). *The new production of knowledge. The dynamics of science and research in contemporary societies*. Londres: SAGE.

Glass, Anna (ed.) (2014). *The state of higher education 2014*. OECD Higher Education Programme IMHE.

Gomes, E. Duarte (2000). *Cultura organizacional: comunicação e identidade*. Coimbra: Quarteto.

Granada, C., e Simões, E. (2011). Da responsabilidade social das organizações à ética dos indivíduos. *In* M. A. Nunes Costa *et al.* (ed.), *Responsabilidade social – Uma visão Ibero-Americana* (151-169). Coimbra: Almedina.

Green, M. (ed.) (1997). *Transforming higher education: Views from leaders around the world*. American Council on Education, Series in Higher Education. Oryx Press.

Groof, J. de, Neave, G. R., e Švec, J. (1998). *Democracy and governance in HE, legislative reform programme for HE and Research*. Council of Europe, Kluwer Law International.

Grupo de Trabalho MADR/MEC (2014). *Uma estratégia para a internacionalização do Ensino Superior Português*. Ministério da Educação e Ciência.

Habermas, J. (1984). The theory of communicative action. Vol 1. Reason and the rationalizalion of society. Boston: Beacon Press.

Habermas, J. (1987). The theory of communicative action. Vol 2. Lifeworld and system: A critique of functionalist reason. Boston: Beacon Press.

Hammer, M. (2004). Deep change: How operational innovation can transform your company. *Harvard Business Review*, 82 (4).

Handy, C. (1994). *Deuses da gestão*. Lisboa: ed. CETOP.

Hanover Research – Academy Administration Practice. (2013). Strategic Planning in Higher Education – Best Practices and Benchmarking. Hanover Research – Academy Administration Practice.

Hellawell, D. e Hancock, N. (2001). A case study of the changing role of the academic middle manager in higher education: Between hierarchical control and collegiality? *Research Papers in Education*, 16 (2), 183–197.

Hénard, F., Diamond, L. e Roseveare, D. (2012). *Approaches to internationalisation and their implications for strategic management and institutional practice*. OCDE.

Henkel, M. e Little, B. (eds.) (1999). Changing relationships between higher education and the state. *Higher Education Policy Series*. Londres: Jessica Kingsley Publishers.

Hingá, J. (2013). *Instituições de ensino superior público em Portugal – Desafios à governação*. Relatório de Estágio de Mestrado em Administração Pública Empresarial. Universidade de Coimbra.

Hinton, K. E. (2012). *A practical guide to strategic planning in higher education*. Society for College and University Planning (SCUP).

Hirsch, W. Z. e Weber, L. E. (eds.) (2001). *Governance in Higher Education. The University in a State of Flux*. Londres: Economica.

Hudzik, J. K. (2013). Changing paradigm and practice for higher education internationalisation. *In* H. de Wit, *An introduction to higher education internationalisation* (47–60). Milão: Centre For Higher Education Internationalisation – Università Cattolica Del Sacro Cuore.

Hudzik, J. K. e McCarthy, J. (2012). *Leading comprehensive internationalization: Strategy and tactics for action*. NAFSA.

Hunt, C. M., Oosting, K. W., Stevens, R., Loudon, D. e Migliore, R.H. (1997). *Strategic planning for private higher education*. Binghamton: Haworth Press.

INE – Instituto Nacional de Estatística (2012). *Censos 2011. Resultados definitivos*. Lisboa: INE.

INE – Instituto Nacional de Estatística (2012). *Estatísticas da CPLP 2012*. Lisboa: INE.

INEP – Instituto Nacional de Estudos e Pesquisas Educacionais Anísio Teixeira. *Censo da Educação Superior 2005*.

INEP – Instituto Nacional de Estudos e Pesquisas Educacionais Anísio Teixeira. *Censo da Educação Superior 2008* (versão preliminar).

INEP – Instituto Nacional de Estudos e Pesquisas Educacionais Anísio Teixeira (2012). *Censo da Educação Superior: 1998-2012*. Brasília: INEP.

INEP – Instituto Nacional de Estudos e Pesquisas Educacionais Anísio Teixeira (2013). *Censo da Educação Superior 2013 – Base de dados*. Brasília: INEP.

INEP – Instituto Nacional de Estudos e Pesquisas Educacionais Anísio Teixeira (2014). *Censo da educação superior 2012: Resumo técnico*. Brasília: INEP.

Innes, J. E. (1995). Planning Theory's Emerging Paradigm: Communicative Action and Interactive Practice. *Journal of Planning Education and Research*, 14, 183–189.

Jacobs, B. e Van Der Ploeg, F. (2006). Getting European universities into shape. European University Institute, Florença: *Robert Schuman Centre for Advanced Studies – Policy Papers, RSCAS*, n° 06/01.

Jaspers, K. (1965). *The idea of the university*. Londres: Peter Owen.

Johnstone, D. B. (1986). *Sharing the costs of higher education. Student financial assistance in the United Kingdom, The Federal Republic of Germany, France, Sweden and the United States*. Nova Iorque: College Board Publications.

Johnstone, D. B. (2004). Cost-sharing and equity in higher education. *In* P. Teixeira, B. Jongbloed, D. Dill e A. Amaral (eds.), *Markets in higher education: Rhetoric or reality*. Dordrecht: Kluwer Academic Publishers.

Johnstone, D. B. (2005). Higher educational accessibility and financial viability: The role of student loans, world report on higher education: The financing of universities. In *International Barcelona Conference on Higher Education, Global University Network for Innovation (GUNI)*, Barcelona,, 24-25 de maio e 28-30 de novembro.

Johnstone, D. B. (2007). Financing higher education in the United Kingdom: Policy options from an international perspective. *In Seminar Series on Mass Higher Education in UK and International Contexts, Seminar Two – Funding of Higher Education*, Centre for Research in Lifelong Learning, at Glasgow Caledonian University in conjunction with The University of Edinburgh, The University of Sheffield, and Kingston University Londres. Langbank Scotland, 7-8 de fevereiro.

Johnstone, D. B. e Shroff-Mehta, P. (2003). Higher education finance and accessibility: An international comparative examination of tuition and finance assistance policies. *In* Eggins (ed.), *Globalization and Reform in Higher education*. Londres: Society for Research into Higher Education and the Open University. Também disponível em http://www.gse.buffalo.edu/org/IntHigherEdFinance.

Jongbloed, B., Enders, J., e Salerno, C. (2008). Higher education and its communities: Interconnections, interdependencies and a research agenda. *Higher Education*, 56, 303-324.

Jorge, M. L., Hernánde, A. L., e Cejas, M. Y. (2012). Stakeholder expectations spanish public universities: An empirical study. *International Journal of Humanities and Social Science*, 2 (10), 1-13.

Kálmán, A. (2006). *Teacher's roles – Learning styles (the process of adult learning)*. Budapest: OKKER.

Kaplan, R. e Norton, D. P. (1992). The balanced scorecard: Measures that drive performance. *Harvard Business Review*, January-February.

Kaplan, R. e Norton, D. P. (2004). *Strategy maps: Converting intangible assets into tangible outcomes*. Massachusetts: Harvard Business School Press.

Kaplan, R. S. e Norton, D. P. (2008). *The execution premium: Linking strategy to operations for competitive advantage*. Boston, MA: Harvard Business School Press.

Kashner, J. B. (1990). Changing the corporate culture. *In* D. W. Steeples (ed.), *Managing change in higher education* (19-28). San Francisco: Jossey-Bass.

Kaufman, R. e Herman, J. (1991). *Strategic planning in education: Rethinking, restructuring, revitalizing*. Lancaster, Pensilvânia: Technomic Publishing Company.

Keller, G. (1983). *Academic strategy: The management revolution in American higher education*. Baltimore: MD: Johns Hopkins University Press.

Keller, G. (1997). Examining what works in strategic planning. *In* M. Peterson, D. Dill, L. Mets & Associates (eds.), *Planning and managing for a changing environment: A handbook on redesigning postsecondary institutions*. San Francisco: Jossey-Bass.

Kennedy, K. (2003). Higher education governance as a key policy issue in the 21st century. *Educational Research for Policy and Practice*, 2, 55-70.

Kerr, C. (2001). *The uses of the university*. Cambridge, MA: Harvard University Press.

Kiel, L. D. (1994). *Managing chaos and complexity in government: A new paradigm for managing change, innovation and organizational renewal*. San Francisco: Jossey-Bass.

Kiel, L. D. (ed.) (2008). *Knowledge management, organizational intelligence and learning, and complexity*. Paris: UNESCO (EOLSS).

Kirkpatrick, S. e Loppnow, D. (2004). Accomplishing strategic goals through planning and continuous improvement processes. Paper presented at the *39th International Conference of the Society for College and University Planning*, Miami Beach, Florida.

Kogan, Maurice (2007), The Academic Profession and Its Interface with Management. *In* M. Kogan e Ulrich Teichler (eds.), *Key Challenges to the Academic Profession*. UNESCO Forum on Higher Education Research and Knowledge / International Centre for Higher Education Research Kassel – INCHER-Kassel. Paris e Kassel, 161-73.

Kotler, P. e Fox, K. (1985). *Strategic marketing for educational institutions*. Englewood Cliffs, NJ: Prentice Hall.

Kotler, P. e Murphy, P. (1991). Strategic planning for higher education. *In* M. Peterson (ed.), *Organization and governance in higher education* (259-262). Needham Heights, MA: Pearson Custom Publishing.

Kriesberg, L. (2009). The evolution of conflict resolution. *In* J. Bercovitch, V. Kremenyuk e I. W. Zartman (eds.), *The SAGE handbook of conflict resolution*. Thousand Oaks, CA: SAGE. Laredo, P. (2007). Revisiting the third mission of universities: Toward a renewed categorization of university activities? *Higher Education Policy*, 20 (4), 441-456.

Lei nº 62/2007 de 10 de setembro. *Diário da República* n.º 174 – I Série RJIES – Regime Jurídico das Instituições de Ensino Superior.

Lei nº 6.096, de 24 de abril de 2007. Institui o Programa REUNI. *Diário Oficial da União*, Brasília, 25 de abril.

Lei nº 9.394, de 20 de dezembro de 1996. Estabelece as diretrizes e bases da educação nacional. Brasil.

Lerner, A. L. (1981). Strategic planning for higher education. *The Journal of Higher Education*, 52, 470.

Lerner, A. L. (1999). *A strategic planning primer for higher education*. College of Business Administration and Economics, California State University, Northridge.

Lin, Vivian Lei Ngan (2013). The relationship between academic and administrative powers in higher education: a case study of Macau Polytechnic Institute. In *International Symposium*: "The Construction of a Modern University System – Governance in theory and practice". Instituto Politécnico de Macau.

Lobo e Associados (2002). *O controle e o combate à inadimplência*. Mimeografado. São Paulo.

Lockwood, G. e Davies, J. (1985). *Universities: The management challenge*. Windsor: SRHE and NFER-Nelson.

Louis, M. R. (1985). An investigator's guide to workplace culture. In P. J. Frost, F. L. Moore, M. R. Louis, C. C. Lundberg e J. Martin (eds.), *Organizational culture*. Beverly Hills: Sage.

Lourtie, P. (2013). Tendências da educação terciária: Diversidade, relevância e qualidade (e rankings). *In 3ª Conferência Forges: Políticas e gestão da educação superior nos países e regiões de língua portuguesa*, Recife.

Machado, M. L. (2004). *Strategic planning in Portuguese higher education institutions*. Tese de Doutoramento, Universidade do Minho, Portugal.

Machado-Taylor, M. L. (2011a). *Strategic planning in higher education*. Germany: Lambert Academic Publishing.

Machado-Taylor, M. L. (2011b). Complex adaptive systems: A trans-cultural undercurrent obstructing change in higher education. *International Journal of Vocational and Technical Education*, 3 (2), 9-19.

Machado, M. L. e Taylor, J. S. (2010). The struggle for strategic planning in European higher education: the case of Portugal. *Research in Higher Education Journal*, 6, 44-64.

Mainardes, E. W., Alves, H. e Raposo, M. D. (2010a). An exploratory research on the stakeholders of a university. *Journal of Management and Strategy*, 1 (1), 76-88.

Mainardes, E. W., Alves, H. e Raposo, M. D. (2010b). Categoriação por importância dos Stakeholders das universidades. *Revista Ibero-Americana de Estratégia*, 9 (3), 5-40.

Mainardes, E. W., Alves, H. e Raposo, M. D. (2011). The process of change in university management: From the "ivory tower" to entrepreneurialism. *Transylvanian Review of Administrative Sciences*, 33 (E), 124-149.

Mano, M. e Marques, M. (2012). Novos modelos de governo na universidade pública em Portugal. *Revista de Admistração Pública*, 46 (3), 721-736.

Marginson, S. e Considine, M. (2000). *The enterprise university: Power, governance and reinvention in Australia*. Cambridge: Cambridge University Press.

Marques, M. (2012). Modelos de governo e gestão universitária: uma visão sobre o contexto atual português. *Rede Internacional de Gênero e Comércio*, X (19).

Martins, F. M. (2012). Autoavaliação institucional e a qualidade da educação superior. *In Atas 2ª Conferência FORGES*, Instituto Politécnico de Macau, 6-8 de novembro 2012.

McMahon, W. W. (2004). The social and external benefits of education. *In* Geraint Johnes e Jill Johnes (eds.), *International handbook on the economics of education* (211-259). Cheltenham: Edward Elgar Publisher.

McNay, I. (1997). *Strategic planning and management for higher education in Central and Eastern Europe*. Budapest: TEMPUS.

MCTES – Ministério da Ciência Tecnologia e Ensino Superior (2006). *Tertiary education in Portugal, background report prepared to support the international assessment of the Portuguese system of tertiary education. A working document: Version 1.1* (abril). Lisboa.

MCTES – Ministério da Ciência Tecnologia e Ensino Superior (2007). *Termos de referência para as condições mínimas de acesso ao Fundo de Contragarantia Mútua, como acordado com as instituições bancárias (Banco BPI, Banco Comercial Português, Banco Espírito Santo, Banco Santander-Totta, Caixa Geral de Depósitos, Montepio Geral, Banco Internacional do Funchal (BANIF) e Banco Comercial dos Açores)*. Versão Final. Lisboa.

MCTES – Ministério da Ciência Tecnologia e Ensino Superior (2011). *Reforma e modernização do ensino superior em Portugal, 2005-2011: Síntese de acções de política e principais resultados*. Lisboa.

Meredith, M. (1985). Strategic planning and management: A survey of practices and benefits in higher education. Comunicação apresentada no *1985 Forum of the Association for Institutional Research*, Portland, Oregon.

MESCI – Ministério do Ensino Superior, Ciência e Inovação (2013). *Anuário Estatístico 2011/2012*. Praia.

Ministério da Fazenda, Brasil (2009). Relatório Resumido da Execução Orçamentária do Governo Federal – dezembro.

Mintzberg, H. (1990). The Design School: Reconsidering the basic premises of strategic management. *Strategic Management Journal*, 11 (3), 171-195.

Mintzberg, H. (1994). *The rise and fall of strategic planning: Reconceiving roles for planning, plans, planners*. Nova Iorque: Free Press.

Mintzberg, H. (1998). Covert leadership notes on managing professionals. *Harvard Business Review*, nov.-dec., 140-147.

Mintzberg, H., Ahlstrand, B. e Lampel, J. (1999). *Strategy safari: A guided tour through the wilds of strategic management*. Nova Iorque: The Free Press.

Mitchell, R. K., Agle, B. R., e Wood, D. J. (1997). Toward a theory of stakeholder identification and salience – Defining the principle of who and what really counts. *Academy of Management Management Review*, 22 (4), 853-886.

Mouwen, K. (1997). Implementing strategy in higher education. *Tertiary Education and Management*, 3(4), 293–297.

Munck, R. e McConnell, G. (2009). University strategic planning and the foresight/futures approach: An Irish case study. *Planning for Higher Education*, 38 (1), 31-40.

Nascimento, J. (2013). O ensino superior público em Cabo Verde: Análise crítica dos instrumentos do sistema nacional de avaliação. *In Fórum da Gestão do Ensino Superior nos Países e Regiões de Língua Portuguesa*, Recife.

Neave, G. (1988). The making of the executive head. The process of defining institutional leaders in certain Western European countries. *International Journal of Institutional Management in Higher Education*, 12 (1), 104-114.

Neave, G. (1995). The staining of the prince and the silence of the lambs: the changing assumptions beneath higher education policy, reform and society. *In* D. Dill e B. Sporn (eds.), *Emerging patterns of social demand and university reform: Through a glass darkly*. Oxford: Pergamon Press.

Negri, B. (1997). Financiamento da educação no Brasil. *In Textos para divulgação*. (Série Documental-1). Brasília: MEC/INEP.

Newsom, J. A. (1993). Constructing the 'postindustrial university': Institutional budgeting and university corporate linkages. *In* P. Altbach e B. Johnstone (eds.), *The funding of higher education: International perspectives*. Nova Iorque: Garland Publishing.

Niklasson, L. (1995). State, market and oligarchy in higher education. A typology and an outline of the debate. *Higher Education Management*, 7 (3), 345-353.

Niven, P. R. (2008). *Balanced Scorecard: Step-by-step for government and nonprofit agencies*. New Jersey: John Wiley & Sons, Inc.

Norris, D. M. e Poulton, N. L. (1991). *A guide for new planners*. Ann Arbor, MI: Society for College and University Planning.

Novoa, A. C. e Belmar, M. Q. (2014). *Análisis de las actividades de investigación + desarrollo + innovación + emprendimiento en universidades de iberoamérica*. Oleiros (La Coruña).

OCDE (2001). *Higher Education Management*, 13 (2), Paris, 1-129.

OCDE (2006). *Reviews of national policies for education–Tertiary education in Portugal, examiners' report*, 13 de dezembro. Paris, EDU/EC (206) 25.

OCDE (2011). *Education at a Glance*. Paris.

OCDE (2014). *Education at a Glance*. Paris.

Paris, K. A (2003). Strategic Planning in the University. *Office of Quality Improvement*, 1-23.

Paris, K. A. (2012). *Strategic planning in the university*. University of Wisconsin System Board of Regents, 2003. Consultado em http://oqi.wisc.edu/resourcelibrary/uploads/resources/Strategic%20Planning%20in%20the%20University.pdf em 26 de junho de 2012.

Parry, G. (2013). Colleges and the governance of higher education. *Higher Education Quarterly*, 67 (4), 315-339.

Patton, M. Q. (1994). Developmental evaluation. *Evaluation Practice*, 15 (3), 311-319.

Patton, M. Q. (2010). *Development innovation: Applying complexity concepts to enhance innovation and use*. Nova Iorque: Guilford Press.

Pedrosa, J. e Queiró, J. (2004). *Relatório do programa Gulbenkian sobre o governo das universidades.*

Pedrosa, J., Santos, H. C., Mano, M., e Gaspar, T. (2012). *Novo modelo de governança e gestão das instituições de ensino superior em Portugal: Análise dos usos do modelo em instituições públicas.* Lisboa: Conselho Nacional de Educação.

Peterson, M. W. (1986). Continuity, challenge and change: An organizational perspective on planning past and future. Planning for Higher Education.

Peterson, M. W. (1989). Analyzing alternative approaches to planning. *In* P. Jedamus, M. Peterson & Associates (eds.), *Improving academic management* (113-163). San Francisco: Jossey-Bass.

Peterson, M. W. (1992). Contextual planning: The challenge of the 21$^{st}$ century. Comunicação apresentada no *EAIR Annual Forum*, Bruxelas.

Peterson, M. W. (1993). Contextual planning: Preparing for a new postsecondary paradigm. Comunicação apresentada na *SCUP Annual Conference*, Boston, MA.

Peterson, M. W. (ed.) (1999a). *ASHE reader on planning and institutional research.* Needham Heights, MA: Pearson Custom Publishing.

Peterson, M. W. (1999b). Using contextual planning to transform institutions. *In* M. Peterson (ed.), *ASHE reader on planning and institutional research* (127-157). Needham Heights, MA: Pearson Custom Publishing.

Peterson, M. W. (2004). The emerging entrepreneurial university in the knowledge industry: Institutional planning and management in the 21$^{st}$ century. Comunicação apresentada na Universidade de Aveiro.

Peterson, M. W., Dill, D., Mets, L. & Associates (eds.) (1997). *Planning and managing for a changing environment: A handbook on redesigning postsecondary institutions.* San Francisco: Jossey-Bass.

PORDATA. Base de dados de Portugal contemporâneo. Consultado em www.pordata.pt

PORDATA (2013), Retrato de Portugal na Europa PORDATA, Indicadores 2011. 1$^a$ Edição: julho de 2013.

PORDATA (2013), Retrato de Portugal PORDATA, Indicadores 2011. 1$^a$ Edição: junho de 2013.

Porter, M. E. (1985). *The competitive advantage: Creating and sustaining superior performance.* Nova Iorque: Free Press.

Porter, M. E. (1998). *Competitive advantage: Techniques for analyzing industries and competitors.* Nova Iorque: Free Press.

Quadrado, J. C. (2014). The role of teaching decision analysis for sustainability in engineering schools. *In 2014 IEEE Global Engineering Education Conference (EDUCON)*, Istambul, 3-5 abril.

Queirós, M. (2000). Utilitarismo ou equidade? Dilemas para o ambiente e ordenamento. *Finisterra*, XXXV (70), 103–114.

Quinn, R. (1996). *Deep change: Discovering the Leader within.* San Francisco: Jossey--Bass.

Quintella, R. H. (1993). *The strategic management of technology in the Chemical and petrochemical industries.* Londres: Pinter Publishers.

Rasmussen, J. G. (1998). The chief and the ordinary professor: Decentralized and informal relationships as preconditions for strategic management in universities. *Tertiary Education and Management*, 4, 38-47.

Rayasam, R. (2008). Why workplace democracy can be good business [em linha]. *U.S. News & World Report Web Site*. Consultado em http://money.usnews.com/money/careers/articles/2008/04/24/why-workplace-democracy-can-be-good-business em 16 de agosto de 2010.

Rego, C., Abreu, A. e Cachapa, F. (2013). Algumas características das redes de ensino superior na Europa. *In* C. Rego, A. Caleiro, C. Vieira, I. Vieira e M. S. Baltazar (coords.), *Redes de ensino superior: Contributos perante os desafios do desenvolvimento* (129-153). Universidade de Évora: CEFAGE – Centro de Estudos e Formação Avançada em Gestão e Economia.

Ridder-Symoens, H. de e Ruegg, W. (1996). *Uma história da universidade na Europa, vol. I: As universidades na Idade Média*. INCM – Imprensa Nacional Casa da Moeda.

Rodrigues, A. (2003). Fórmula de financiamento do funcionamento das instituições do ensino superior público português – Génese e alterações ao longo do tempo. *In XIII Colóquio – Secção Portuguesa da AFIRSE/AIPELF*, novembro.

Romer, P. M. (1994). The origins of endogenous growth. *Journal of Economic Perspectives*, John Wiley & Sons Ltd., 8 (1), 3-22.

Rose, R. (ed.) (2003). *Connecting the dots... the essence of planning*. SCUP-Society for College and University Planning.

Rowley, D., Lujan, H. e Dolence, M. (1997). *Strategic change in colleges and universities: Planning to survive and prosper*. San Francisco: Jossey-Bass.

Ruben, B. D. (2002). Excellence in Higher Education Organizational Checklist. *NACUBO Electronic Bulletin*, Washington, DC: NACUBO, National Associaiton of College and University Business Officers, sept 12.

Sá, C., Dias, D. e Tavares, Orlanda (2013) *Tendências recentes no ensino superior português*. Editor A3ES Readings. Consultado em http://www.a3es.pt/sites/default/files/R7_TENDENCIAS.pdf

Sá, L. M. (2005). Pertencimento. *In Brasil (DEA/MMA), Encontros e caminhos: formação de educadores ambientais e coletivos educadores*, Brasília (247-256).

SADC (2007) Review of the Status and Capacities for the Implementation of the Protocol on Education and Training. SADC.

Salminen, A. (2003). New public management and Finnish public sector organizations: The case of universities. *In* A. Amaral, V. L. Meek e I. Larsen (eds.), *The higher education managerial revolution?* Dordrecht, NE: Kluwer Academic Publishers.

Sani, Q. (2013). *A educação superior no desenvolvimento da Guiné-Bissau: contribuições, limites e desafios*. Tese de mestrado, Universidade Tecnológica Federal do Paraná Câmpus Pato Branco.

Santos, B. S. (1989), Da ideia da universidade à universidade de ideias. *Revista Crítica de Ciências Sociais*, 27/28.

Santos, B. S. (1994). *Pela mão de Alice. O social e o político na pós-modernidade* (7.ª ed.). Ed. Afrontamento.

Santos, F. (1996). *A organização e gestão das universidades: Aplicação ao ensino superior público português*. Tese de Mestrado em Gestão e Estratégia Industrial, ISEG, Universidade Técnica de Lisboa, Portugal.

Santos, F. S. e Almeida-Filho, N. (2012). *A quarta missão da universidade*. Coimbra: Imprensa da Universidade de Coimbra.

Schmidtlein, F. (1990). Responding to diverse institutional issues: Adapting strategic planning concepts. *New Directions for Institutional Research*, 67, 83-93.

Schmidtlein, F. e Milton, T. (eds.) (1990). *Adapting strategic planning to campus realities*. San Francisco: Jossey-Bass.

Schwartzman, J. (1998). Questões de financiamento nas universidades brasileiras. 63. *Reunião Plenária do CRUB*, Fortaleza, 22 a 24 de março.

Schwartzman, S. (1988). Brasil: Oportunidade e crise no ensino superior [em linha]. Consultado em http://www.schwartzman.org.br/simon/oportun.htm. Publicado originalmente como "Brazil: Opportunity and Crisis in Higher Education". *Higher Education*, 17 (1).

SCUP (2014). *Report on trends in higher education planning 2014*. Society for College and University Planning. Consultado em http://www.scup.org/asset/75087/ReportOnTrendsInHigherEducationPlanning2014

Secretaria de Estado do Ensino Superior (2015). *Modelo de financiamento do ensino superior: Fórmulas e procedimentos*. Documento de Trabalho. Lisboa: SEES.

Senge, P. (2010). *A quinta disciplina: Arte e prática da organização que aprende* (26.ª ed). Rio de Janeiro: Best Seller. [1990]

Senge, P. (2012). Creating the schools of the future: Education for a sustainable society. *Solutions Journal,*. 3 (3), Burlington. Consultado em http://www.thesolutionsjournal.com/node/1116 em 21 de abril de 2013.

Senge, P., Kleiner, A. e Roberts, C. (1993). The fifth discipline fieldbook: Strategies and tools for building a learning organization. Crown Business.

Senge, P., Scharmer, O., Jaworski, J. e Flowers, B. (2005). *Presence: An exploration of profound change in people, organizations and society*. Nova Iorque: Doubleday.

Shah, M. (2013). Renewing strategic planning in universities at a time of uncertainty. *Perspectives: Policy and Practice in Higher Education*, 17(1), 24–29. Consultado em http://doi.org/10.1080/13603108.2012.679753

Shattock, M. (1999). Governance and management in universities: The way we live now. *Journal of Education Policy*, 14 (3), 271-282.

Shattock, M. (2000). Strategic management in European universities in an age of increasing institutional self-reliance. *Tertiary Education and Management*, 6 (2), 93-104.

Shattock, M. (2003). *Managing successful universities*. Society for Research into Higher Education – Open University Press.

Shattock, M. (ed.) (2009). *Entrepreneurialism in universities and the knowledge economy*. Society for Research into Higher Education – Open University Press

Shattock, M. (2010). Managing mass higher education in a period of austerity. *Arts and Humanities in Higher Education*, 9 (22).

Silva, A. F. (2013). A universidade: Conhecimento e desenvolvimento. *In* A. G. Matos, *Pra que serve a universidade pública?* (23-44). Recife: EdUFPE.

Silva, P. (2012). O papel das universidades no crescimento e desenvolvimento da Europa. Seminário realizado na Universidade de Évora em 15 de fevereiro.

Silva, R. (2013). A cooperação como recurso fundamental no processo de desenvolvimento das universidades. *In Atas 3ª Conferência FORGES*, Universidade Federal de Pernambuco, 4-6 de dezembro de 2013.

Simão, J., Santos, S. e Costa, A. (2002). *Ensino superior: Uma visão para a próxima década*. Trajectos Portugueses, Ed. Gradiva.

Simões, C. (2014). Expansão do ensino superior em Angola, desafios e oportunidades. *In Conferência inaugural 4ª Conferência FORGES*, Universidade Agostinho Neto, Luanda e Universidade Mandume Ya Ndemufayo, Lubango, 19-21 de novembro.

Singh, K. e Weligamage, S. (2010). Thinking towards stakeholder satisfaction in higher education: An application of performance prism. In *International Conference on Business & information*. University of Kelaniya, Sri Lanka.

Smith, D. e Langslow, A. (eds.) (1999). *The idea of a university (Higher education policy)*. Londres: Jessica Kinsley Publishers.

Smith, D., Scott, P., Bocock, J. e Bargh, C. (1999). Vice-Chancellor and Executive Leadership in UK Universities: New Roles and Relationships". *In* Henkel e Little (eds.), *Changing relationships between higher education and the state* (280-306). Londres: Jessica Kingsley Publishers.

Smutylo, T. (2005) *Outcome mapping: A method for tracking behavioural changes in development programs*. Rome: Institutional Learning and Change (ILAC).

Sousa, A. (1997). *Introdução à gestão – Uma abordagem sistémica*. Lisboa: Verbo.

Spoonley, N. (1997). The influence of technologies on financing options. *Tertiary Education and Management*, 3(4), 325-331.

Sporn, B. (1999). *Adaptive university structures: An analysis of adaptation to socioeconomic environments of US and European universities*. Londres: Jessica Kingsley Publishers.

Stiftel, B. (2000). Planning Theory. *In* R. Pelaseyed (ed.), *The National AICP Examination Preparation Course Guidebook*. Washington, DC: Am. Inst. Cert. Planners (4-16).

Stoner, J. e Freeman, E. (1992). *Administração* (5ª ed.). Rio de Janeiro: Prentice Hall.

Strategic Planning in Higher Education – Best Practices and Benchmarking (2013). Hanover Research Project.

Sursock, A. e Smidt, H. (2010). *Trends 2010: A decade of change in European higher education*. Bruxelas: European University Publications (EUA).

Tabatoni, P. e Barblan, A. (1998). *Principles and practice of strategic management in universities. Volume 1 – principles*. Genebra: Association of European Universities.

Tabatoni, P., Davies, J. e Barblan, A. (2009). *Strategic Management and Universities' Institutional Development*. Genebra: Association of European Universities.

Tan D. L. (1990). Strategic planning in higher education: Varying definitions, key characteristics, benefits, pitfalls and good approaches. *In Conference of the Southwest Society for College and University Planning.*

Tavernier, K. (2005). *Relevance of strategic management for universities. Tijdschrifr voor Economie en Management*, 1 (5). Disponível em: https://lirias.kuleuven.be/bitstream/123456789/120121/1/TEM_5_05_Tavernier.pdf

Taylor, James S., Amaral, A. e Machado, M. L. (2007). Strategic planning in U.S higher education: Can it succeed in Europe? *Planning for Higher Education*, SCUP-The Society for College and University Planning, 35 (2), 5-17.

Taylor, James S. e Machado, M. L. (2006). Higher education leadership and management: From conflict to interdependence through strategic planning. *Tertiary Education and Management*, 12, 137-160.

Taylor, James S., Machado, M. L. e Peterson, M. W. (2008). Leadership and strategic management: keys to institutional priorities and planning. *European Journal of Education*, Special Issue: New Public Management and Academic Practices, 43 (3), 369-386.

Taylor, James S., Wilkinson, R. B. e Darling, J. (1997). Critical components to successful planning: The Pittsburg State University model. Comunicação apresentada na VII SCUP Regional Conference, Salt Lake City, Utah.

Taylor, J. e Miroiu, A. (2002). *Policy-making, strategic planning and management of higher education*. Bucareste: Papers on Higher Education/UNESCO – Cepes.

Teixeira, A. (1989). *Ensino superior no Brasil: análise e interpretação de sua evolução até 1969*. Rio de Janeiro: Editora da Fundação Getúlio Vargas.

Teixeira, P. (2013). Financiamento e diferenciação no ensino superior – Tendências e tensões no espaço europeu de ensino superior. *In 3ª Conferência FORGES: Políticas e gestão da educação superior nos países e regiões de língua portuguesa*, Recife.

Teixeira, S. (1998). *Gestão das organizações*. Alfragide: McGraw-Hill.

*The Economist* (2005). The whole world is going to university [em linha]. Consultado em http://www.economist.com/printedition/2015-03-28

The State University of New Jersey. (2002). Strategic Planning in Higher Education: a guide for Leaders (5–11). New Jersey: Center for Organizational Development and Leadership.

Trakman, L. (2008). Modelling university governance. *Higher Education Quarterly*, 62, 63–83.

Trow, M. (1970). Reflections on the transition from mass to universal higher education. *Daedalus*, 99, 1-42.

Trow, M. (1973). *Problems in the transition from elite to mass higher education*. Carnegie Commission on Higher Education.

Trowler, R. (ed.) (2002). *Higher education policy and institutional change: Intentions and outcomes in turbulent environments*. Londres: SRHE.

UNESCO (2010). *Strategic planning. Concept and rationale*. Education Sector Planning Working Papers. Paris: International Institute for Educational Planning.

UNESCO e CRUB (1999). Tendências da educação superior para o Século XXI. *In Anais da Conferência Mundial sobre o Ensino Superior*, Paris, 5-9 de outubro de 1998.

UNESCO. Banco de Dados do Institute for Statistics – Data Centre. Disponível em http://www.uis.unesco.org/Pages/default.aspx

Universidade de Brasília. Faculdade UnB Planaltina (2012). *Projeto Político Pedagógico Institucional da Faculdade UnB Planaltina*. Disponível em http://www.fup.unb.br

Universidade de Coimbra (2011). *Plano estratégico e de ação UC 2011-2015*. Coimbra.

Usher, A. (2005). *Much ado about a very small idea: straight talk about income--contingent loans*. Toronto: Educational Policy Institute, Canadian Higher Education Report Series.

Usher, A. e Steel, K. (2006). *Beyond the 49th Parallel II, the affordability of university education*. Toronto: EPI – Educational Policy Institute.

Van der Wende, M. (2003). Bologna is not the only city that matters in European higher education policy. *International Higher Education*, 32 (9), 1-3.

van Vught, F. A. (1988). A new autonomy in European higher education? An exploratory analysis of the strategy of self-regulation in higher education governance. *International Journal of Institutional Management in Higher Education*, 12 (1), 16-26.

van Vught, F. A. (2003). The fragmentation of European higher education. *Seminar on Higher Education Governance*, Aveiro, University of Aveiro.

Veiga, A., Magalhães, A. M., Sousa, S., Ribeiro, F. M. e Amaral, A. (2014). A Reconfiguração da gestão universitária em Portugal. *Educação Sociedade & Culturas*, 41, 7–23.

Vossensteyn, H. (2002). Shared interests, shared costs: Student contributions in Dutch higher education. *Journal of Higher Education Policy and Management*, 24 (2), 145-154.

Vossensteyn, H. (2005). *Student grants and access in higher education. A seven--country study*. Enschede: CHEPS-Center for Higher Education Policy Studies.

Waddell, S. (2010). Strategic Mapping for Networks [em linha]. Consultado em http://networkingaction.net/2010/03/strategic-mapping-for-networks/

Watson, D. (2000). *Managing strategy*. Philadelphia: Open University Press.

Wilkinson, R. B., Taylor, J. S., Peterson, A. e Machado, M.L. (2007). *The practical guide to strategic enrolment management*. Virginia Beach, VA; USA: Educational Policy Institute (EPI).

Wilson-Strydom, M. e Fongwa, S. N. (2012). *Um perfil do ensino superior na África Austral, vol.1: Perspectiva regional*. África do Sul: SARUA.

Wolfe, B. L. e Haveman, R. H. (2002). Social and non-market benefits from education in an advanced economy. *In Conference Series 47, Education in the 21st Century: Meeting the Challenges of a Changing World*. Federal Reserve Bank of Boston.

Woodhall, M. (2003). Financing higher education: Old challenges and new messages. *JHEA/RESA*, 1 (1), 78-100.

Woodhall, M. (2004). Student loans: Potential, problems and lessons from international experience. *JHEA/RESA*, 2 (2), 37-51.

Woodhall, M. (2005). Financing higher education: The role of tuition fees and student support. *Higher Education in the World 2006, The Financing of Universities*, GUNI, 122-129.

WCHE – World declaration on higher education for the twenty-first century: Vision and action and framework for priority action for change and development in higher education (1998). Adopted by the World Conference on Higher Education. UNESCO, Paris, 5-9 October.

Zabala, A. (1998). *A prática educativa: Como ensinar*. Porto Alegre: Artmed.

Zaharia, S. (2002). A comparative overview of some fundamental aspects of university management as practiced in several European countries. *Higher Education in Europe, 27* (3), 301-311.

Zeca, S. P. N. e Cassamo, V. N. N. (2013). O docente universitário: reflexão em torno da expansão do ensino superior em Moçambique. *In Atas 3ª Conferência FORGES*, Universidade Federal de Pernambuco, Brasil, 4-6 de dezembro.

Ziderman, A. e Albrecht, D. (1995). *Financing universities in developing countries*. Washington D.C: The Falmer Press.

# ÍNDICE DE CONTRIBUTOS

Ana Gerardo (Faculdade de Medicina da Universidade Mandume-Ya-Ndemufayo, Lubango, Angola). 3.2.2: Relatos de experiência – Faculdade de Medicina da Universidade Mandume-Ya-Ndemufay

António André Chivanga Barros (Departamento de Ciências Sociais Aplicadas do ISPTEC). 2.3.2: Relatos de experiência – ISPTEC / Instituto Superior Politécnico de Tecnologias e Ciências de Angola

Arnaldo Brito (Assessor do MESCI, Cabo Verde). 1.4.5: Relatos de experiência – Autonomia e governança em Cabo Verde

Baltazar Agostinho Gonçalves Miguel (Departamento de Ciências Sociais Aplicadas do ISPTEC). 2.3.2: Relatos de experiência – ISPTEC / Instituto Superior Politécnico de Tecnologias e Ciências de Angola

Carlos Ascenso André (Centro Pedagógico e Científico da Língua Portuguesa do Instituto Politécnico de Macau). 3.2.1: Relatos de experiência – O Centro Pedagógico e Científico da Língua Portuguesa

Carlos Gonçalves (Instituto de Geografia e Ordenamento do Território, Universidade de Lisboa). 2.1.2: Desenho do Planeamento estratégico e Estruturas Orgânicas

Celina Maria Godinho (Universidade Nacional Timor Lorosa'e). 3.2.3: Relatos de experiência (Entrevista) – Planeamento Estratégico das Faculdades da UNTL

Conceição Rego (Universidade de Évora). 1.1.2: Sistemas de Ensino Superior nos países de língua portuguesa

Denise Coutinho (Universidade Federal da Bahia). 2.2.1: Anotações críticas sobre Planeamento Estratégico

Eduardo Lopes Marques (Departamento de Ciências Sociais Aplicadas do ISPTEC). 2.3.2: Relatos de experiência – ISPTEC / Instituto Superior Politécnico de Tecnologias e Ciências de Angola

Fernando Carvalho (Universidade de Coimbra). 3.1: Guia do Planeamento Estratégico na Universidade de Coimbra

Filipe Rocha (Universidade de Coimbra). 3.1: Guia do Planeamento Estratégico na Universidade de Coimbra

Grupo da Qualidade para o Ensino Superior / GT2. 3.2.4: Relatos de experiência – Análise SWOT do Ensino Superior Português

Henrique Pires (IPAM – Instituto Português de Administração de Marketing). 1.2.3: Dinâmicas de mudança – Portugal

Isabel J. Ramos (Universidade de Évora). 1.1.2: Sistemas de Ensino Superior nos países de língua portuguesa

João Teta (Universidade Agostinho Neto). 1.4.3: Relatos de experiência – Universidade Agostinho Neto

Joaquim Ramos de Carvalho (Universidade de Coimbra). 1.2.2: Tendências transformadoras

Jorge B. Bruxo (Instituto Politécnico de Macau). 2.3.1: Relatos de experiência – Instituto Politécnico de Macau

José Carlos Quadrado (Instituto Superior de Engenharia de Lisboa). 2.2.2: Fazer Planeamento Estratégico em tempos de mudança

Lei Heong Iok (Presidente, Instituto Politécnico de Macau). 2.3.1: Relatos de experiência – Instituto Politécnico de Macau

Ligia Pavan Baptista (Universidade de Brasília). 1.4.1: Relatos de experiência – A Universidade de São Paulo. 1.4.4: Relatos de experiência – O Programa Ciência sem Fronteiras

Luísa Cerdeira (Instituto de Educação, Universidade de Lisboa). 1.3.3: Financiamento: evolução e tendências – Contexto internacional. Portugal

Marcelo Bizerril (Faculdade UnB Planaltina, Universidade de Brasília). 3.2.6: Relatos de experiência – O *campus* de Planaltina da Universidade de Brasília

Margarida Mano (Universidade de Coimbra). 3.1: Guia do Planeamento Estratégico na Universidade de Coimbra

Maria Leonor da Silva Carvalho (Universidade de Évora). 1.1.2: Sistemas de Ensino Superior nos países de língua portuguesa

Maria de Lourdes Machado (A3ES, CIPES). 2.1.1: Origens e modelos de Planeamento Estratégico

Maria Raquel Lucas (Universidade de Évora). 1.1.2: Sistemas de Ensino Superior nos países de língua portuguesa

Maria dos Reis Camelo (Centro Universitário do Norte-Amazonas). 2.3.3: Relatos de experiência – Crise e desafios das IES no Brasil e Amazonas

Maria da Saudade Baltazar (Universidade de Évora). 1.1.2: Sistemas de Ensino Superior nos países de língua portuguesa

Naomar Almeida-Filho (Universidade Federal da Bahia). 2.2.1: Anotações críticas sobre Planeamento Estratégico

Nelson Amaral (Universidade Federal de Goiás / UFG). 1.3.3: Financiamento: evolução e tendências – Brasil

Nilma Lino Gomes (Ministra da Igualdade Racial do Brasil, ex-reitora da Unilab – Universidade da Integração Internacional da Lusofonia Afro-Brasileira). 1.4.2: Relatos de experiência – Unilab

Renata Reynaldo (Universidade Federal de Pernambuco / UFPE). 3.2.5: Relatos de experiência – Universidade Federal de Pernambuco

Ricardo Mendes (Universidade de Coimbra). 1.3.3: Financiamento: evolução e tendências – Países e regiões de língua portuguesa

Rodrigo Teixeira Lourenço (Instituto Politécnico de Setúbal). 1.3.1: Governação: modelos e princípios

Rogério Quintella (Universidade Federal da Bahia). 2.2.1: Anotações críticas sobre Planeamento Estratégico

Sálvio de Castro e Costa Rizzato (Universidade do Estado do Amazonas). 2.3.3: Relatos de experiência – Crise e desafios das IES no Brasil e Amazonas

Sônia Fonseca (Universidade Estadual de Santa Cruz / UESC). 1.2.3: Dinâmicas de mudança – Brasil

# Colaboração técnica:

Filipe Barbosa

Helena Rolas

Ireneu Mendes

Joana Hingá

José Miguel Nunes

Sónia Fonseca

www.ingramcontent.com/pod-product-compliance
Lightning Source LLC
Chambersburg PA
CBHW052010230326
41598CB00078B/2257